Fritz Curschmann

Hungersnöte im Mittelalter

Ein Beitrag zur deutschen Wirtschaftsgeschichte des 8. bis 13. Jahrhunderts

Verlag
der
Wissenschaften

Fritz Curschmann

Hungersnöte im Mittelalter

Ein Beitrag zur deutschen Wirtschaftsgeschichte des 8. bis 13. Jahrhunderts

ISBN/EAN: 9783957001559

Auflage: 1

Erscheinungsjahr: 2014

Erscheinungsort: Norderstedt, Deutschland

Hergestellt in Europa, USA, Kanada, Australien, Japan
Verlag der Wissenschaften in Hansebooks GmbH, Norderstedt

HUNGERSNÖTE IM MITTELALTER.

EIN BEITRAG ZUR DEUTSCHEN WIRTSCHAFTSGESCHICHTE DES 8. BIS 13. JAHRHUNDERTS.

VON

FRITZ CURSCHMANN.

Aus dem Historischen Seminar an der Universität Leipzig.
Prof. Dr. Lamprecht.

ALLE RECHTE,
EINSCHLIESSLICH DES ÜBERSETZUNGSRECHTS, VORBEHALTEN.

Vorrede.

Wenn ich die vorliegende Schrift jetzt der Öffentlichkeit übergebe, so möchte ich ihr einige Worte vorausschicken.
Über den ersten, den darstellenden Teil, habe ich wenig zu bemerken. Es war ein spröder Stoff, den ich zu bewältigen hatte. Ich hoffe, nicht zu weitschweifig geworden zu sein in der Angabe von Einzelheiten, die in ihren oft abenteuerlichen Übertreibungen historisches Interesse nur in beschränktem Mafse beanspruchen können, andererseits hoffe ich auch, nicht zu knapp geschrieben zu haben, so dafs die Bilder der Vergangenheit an Anschaulichkeit verlieren. Ich weifs nicht, ob man die Darstellung des Verlaufes einer Hungersnot in einem gleichsam typischen Bilde, wie man es aus den zahlreichen Einzelschilderungen hätte entnehmen können, vermissen wird. Ich habe darauf verzichtet. Das Bild wäre doch farblos geworden gegen die mit naiver Kraft entworfenen Bilder in den alten Quellen.

Bei der Gestaltung des zweiten Teiles, der Chronik der elementaren Ereignisse, habe ich manche Bedenken gehabt. Dass eine solche Chronik von allgemeinem wirtschaftsgeschichtlichen Interesse ist, und vielleicht auch für das Detail der politischen Geschichte manchen Aufschlufs liefern kann, glaube ich annehmen zu dürfen. Es sind ja auch schon mehrfach solche Zusammenstellungen gegeben worden von Alwin Schulz in seinem höfischen Leben zur Zeit der Minnesänger, Band I, S. 102 ff., von Lamprecht im deutschen Wirtschaftsleben, Band I, S. 1537—1557; ebenso bieten manche Regestenwerke, wie z. B. die mittelrheinischen Regesten von Goerz, bei den einzelnen Jahren Angaben über die Witterungsverhältnisse des behandelten Gebietes.

Der Umfang, den meine Chronik der elementaren Ereignisse allmählich angenommen hat, hat mir Bedenken erregt. Es mag unnatürlich erscheinen, wenn dieser Teil den darstellenden Teil an Umfang bedeutend übertrifft. Aber für meine Arbeit war es nötig, jede noch so unbedeutende Notiz, die sich auf Witterungsverhältnisse, die Ernte und Ähnliches bezog, zu sammeln. Ich habe bei der Zusammenstellung oft zu kürzen versucht, mich schliefslich aber doch entschlossen, das Material vollständig, wie ich es gesammelt habe, wiederzugeben und ich hoffe damit nichts Unnützes gethan zu haben und über mein engeres Gebiet hinaus anderen Forschern manches nützliche wirtschaftsgeschichtliche Material zu liefern. Kürzungen, die ich doch vorgenommen habe, beziehen sich entweder auf wirklich gleichgültige Einzelheiten, oder es sind an diesen Stellen Dinge, die schon vorher gesagt sind, mit übertriebener Breite weiter ausgeführt. Jedenfalls habe ich alle solche Kürzungen durch Gedankenstriche kenntlich gemacht (— —).

Ich hatte ursprünglich die Absicht, auch noch Preistabellen hinzuzufügen, ich habe dann aber darauf verzichtet, weil die Zusamenstellung der zerstreuten Einzelpreise wenig unmittelbaren Nutzen gehabt hätte. Um aber diese Preisangaben doch leicht auffindbar zu machen, habe ich wenigstens alle Getreidepreise, weil sie die wirtschaftlich wichtigsten sind, durch gesperrten Druck hervorgehoben. Sonstige Hervorhebungen durch Sperrdruck sollen lediglich dazu dienen, die Übersicht zu erleichtern oder besonders interessante und wichtige Stellen hervorzuheben.

Inhalt.

I. Teil.

Seite

- Einleitung 1
  - Frühere Bearbeitungen 1
  - Quellen... 2—5
  - Räumliche Begrenzung des behandelten Gebietes . 6—7
  - Zeitliche Begrenzung.. 8
  - Hungersnöte und Seuchen 9
  - Fames und caristia . 10—11
- Auffassung der Zeitgenossen über die Entstehung der Hungersnöte 12—17
- Verschiedene Ursachen für die Entstehung der Hungersnöte 18—24
- Dauer und räumliche Ausdehnung der Hungersnöte. 25—30
- Verschiedene Arten der Hungersnöte 31—34
- Versuch einer Statistik. 35—46
- Wirkungen der Hungersnot. 47
  - Notstandspreise 47
  - Wucher... 51
  - Verhalten der grofsen Massen in der Notzeit 52—54
  - Allgemeine Verarmung. 54—57
  - Nahrung in der Notzeit 57—59
  - Menschenfresserei 59—60
  - Krankheiten........ 61—62
  - Wanderungen der Notleidenden. 62—68
- Notstandspolitik 69
  - Geistliche und Laien... 69
  - Notstandspolitik Karls des Grofsen .. 70—73
  - Notstandspolitik von Fürsten und Städten 74—76
  - Kirchliche Notstandspolitik. 77—81
- Tabellen über Dauer und Ausdehnung der einzelnen Hungersnöte 82—85

II. Teil.

Chronik der elementaren Ereignisse 87—217

I.
DARSTELLENDER TEIL.

Einleitung.

Frühere Bearbeitungen.

Eine eingehende Behandlung der mittelalterlichen Hungersnöte, wie sie die vorliegende Arbeit geben will, kann vielleicht als ein etwas sonderbares Thema erscheinen. Eine Hungersnot ist ein Unglück, das mehr oder weniger zufällig entsteht, durch schlechte Ernte, Hagel, Überschwemmung, Krieg oder durch eine Vereinigung solcher unglücklichen Umstände. Eine rein descriptive Aufzählung von Unglücksfällen aber, auch wenn sie ein ganzes Land betroffen haben, mag wohl an sich verdienstlich sein, würde aber für eine weitere historische Erkenntnis doch nur wenig bedeuten.

Indefs eine Geschichte der Hungersnöte kann mehr besagen. Den Anstofs zur Entstehung der Hungersnöte geben allerdings elementare Ereignisse, die wir nicht anders, wie als etwas Zufälliges auffassen können. Allein für den Charakter dieser Nöte kommt denn doch als ein zweiter, sehr bedeutender Faktor, der Widerstand in Betracht, den die Wirtschaft des bedrohten Landes leistet. Von diesem Standpunkte aus kann eine Geschichte der Hungersnöte dann wohl als ein einigermafsen wertvoller Beitrag zur Erkenntnis der wirtschaftlichen Entwicklung einer bestimmten Zeit erscheinen.

Für eine Arbeit in diesem Sinne fehlen aber bis jetzt fast alle Vorarbeiten. Das Buch von L. Torfs, Fastes des calamités publiques survenues dans les Pays-Bas et particulièrement en Belgique, depuis les temps les plus reculés jusqu'à nos jours, Paris et Tournai, H. Casterman 1859, scheint seinem Titel nach allerdings wenigstens für ein gewisses beschränktes Gebiet das Thema zu erledigen. Es zerfällt in drei selbständige Abschnitte, die von Hungersnöten, Überschwemmungen und Epidemien handeln. Leider ist aber das Buch für eine wissenschaftliche Benutzung gänzlich unbrauchbar. Nur aus einigen Andeutungen läfst sich erkennen, dafs der Verfasser als Quellen für seine Darstellung einzig und allein einige grofse Kompilationen des 17. und 18. Jahrhunderts benutzt hat. Woher seine einzelnen Nachrichten stammen, läfst sich häufig nicht feststellen, da er Citate überhaupt nicht kennt. Bei der Benutzung eines solchen Materials und dieser Arbeitsweise kann man natürlich keine gesicherten Resultate erwarten, wenn auch die bei Torfs angegebenen Notjahre zum Teil mit denen übereinstimmen, die ich mit Hilfe des originalen Quellenmaterials gefunden habe. Dazu kommt, daſs Torfs als echter Ultramontaner die Tendenz verfolgt, nachzuweisen, daſs fast alles Gute in der Welt von den Mönchen kommt. Als klassisches Beispiel dafür mag es dienen, daſs er es einmal für nötig hält hervorzuheben, besonders wie auch ein protestantischer Schriftsteller die segensreiche Wirksamkeit der Mönche bei der Hungersnot von 1272 in Friesland anerkennt.[1])

Etwas brauchbarer ist schon ein Aufsatz von L. Wassermann im „Katholik"[2]) unter dem Titel „Die Hungerjahre und die Klöster in alter Zeit". Auch dieser Verfasser schreibt mit der Tendenz „die Zeitgenossen daran zu erinnern, mit welch heroischer Selbstverleugnung die viel verleumdeten Mönche unseren Voreltern in den Zeiten gröſster Not Hilfe gebracht haben." Dem entsprechend findet sich in dem Aufsatze eine Aneinanderreihung einer groſsen Anzahl von Einzelheiten aus allen Zeiten und Ländern über die Wohlfahrtspflege der Klöster in Notjahren. So weit die Angabe nach Zeit und Gegend, aus der sie stammten, für mich in Betracht kamen, waren sie mir meist schon bekannt, neu wurde ich nur auf die miracula Volcuini und eine Stelle in der Hist. Frisingensis von Meichelbeck hingewiesen.

Im übrigen ist die Geschichte der Hungersnöte nur noch für das Moselland schon einmal bearbeitet worden, allerdings nicht selbständig, sondern im Zusammenhange eines gröſseren Werkes von Lamprecht in seinem Deutschen Wirtschaftsleben.[3]) Diesen Ausführungen verdanke ich die Hauptanregung für die vorliegende Arbeit. Die Resultate, die hier für ein kleineres Gebiet festgestellt worden sind, habe ich meist auch für das übrige Deutschland bestätigt gefunden.

Quellen.

Als Quellen dienten der vorliegenden Arbeit fast ausschlieſslich die erzählenden Geschichtsdenkmäler des Mittel-

---

1) Torfs, S. 173 „Bien d'autres" dit Van Rhyn, „seraint également morts de besoin, sans les secours charitables des religieux." Cet aveu d'un homme qui ne professait pas une grande admiration pour les institutions monastiques, est précieux à recueillir; il confirme les faits rapportés par Heylen." Die Nachricht selbst stammt natürlich von Menko.
2) „Der Katholik", 72. Jahrgang, Dritte Folge, V. Band, 1892.
3) s. I, 589 ff. und 1537 ff. Chronik der elementaren Ereignisse.

alters. Dabei war die Ausbeute, die die einzelnen Autoren lieferten, sehr verschieden. Gerade eine Anzahl der gefeiertesten Namen der mittelalterlichen Geschichtsschreibung werden in den folgenden Ausführungen ganz oder doch fast ganz fehlen, so um nur einige zu nennen, Widukind, Wipo, Thietmar, Adam von Bremen, Otto von Freising. Man sieht, es sind Autoren, deren ganzes Interesse auf die Ereignisse des Staatslebens gerichtet ist. In ihre wohlgeordneten Geschichtswerke pafste eine bunte Aufzählung von allem, was wunderbar oder auffällig ist, von Hagel, Krankheit, Hungersnot und Mifsgeburten, nicht hinein; und eine Betrachtung der wirtschaftlichen Mächte in ihrer Bedeutung für den gesamten Verlauf der Geschichte lag ihnen natürlich noch fern.

Naive, unbekannte Mönche, die aufschrieben, was ihnen in ihrem engen Lebenskreise bemerkenswert erschien, lieferten dagegen oft die wertvollsten Nachrichten. Im allgemeinen ergeben die einfachsten Annalen bei weitem das beste Material, aus ihnen liefs sich ein gewisser Grundstock von Nachrichten entnehmen; sie dienten in erster Linie zur zeitlichen und örtlichen Fixierung der einzelnen Hungersnöte. Am wertvollsten waren hier oft wieder die allerkürzesten und sonst sehr unbedeutenden Annalen, Werke, die oft noch wirklich auf Ostertafeln eingetragen waren, die nichts von allen grofsen Ereignissen der Welt wissen und die neben ihrer Abtreihe häufig nicht viel mehr enthalten, als eben Nachrichten über Naturereignisse, über Krankheiten von Menschen und Vieh und was dem Verfasser sonst wunderbar und bemerkenswert erschien. Solche Nachrichten haben den Vorteil, dafs sie authentisch sind, meist sind sie im Jahre des Ereignisses selbst niedergeschrieben oder stützen sich doch auf unmittelbare gleichzeitige Nachrichten, in der Regel enthalten sie neben der Angabe fames valida, hiemps prolixa oder Ähnlichem keine näheren Bestimmungen, besonders keine Ortsangaben, sie beziehen sich eben nur auf den Ort der Niederschrift und seine nähere Umgebung. Eine Schwierigkeit bot die Bearbeitung dieser kurzen Annalen insofern, als gerade sie häufig von einem Kloster in das andere übertragen worden sind, um dort den Anfang eigener Klosterannalen zu bilden, oder aber, was die Benutzung noch schwieriger macht, mit schon vorhandenen Annalen vermischt zu werden. Um ein charakteristisches Beispiel dieser letzteren Art anzuführen, erwähne ich die Fortsetzung der Annalen von Lobbes.[1]) Diese Fortsetzung ist mit den Weifsenburger Annalen derartig verbunden worden,

---

1) Ann. Laub. cont. S. S. IV, 20 u. Ann. Weifsenburg. ed. Holder-Egger, Lamperti monach. Hersfeld. opera, p. 53, 55; vgl. bes. a. 1068, 1069.

dass wir jetzt Witterungsangaben, die für das Elsafs gelten, scheinbar auf Belgien bezogen wiederfinden. Ähnlich ist es mit den Achener Annalen gegangen, die in Erfurt[1]) wieder auftauchen, wo sie sich allerdings leicht durch ihre Angaben in Achener Mafs verraten.

Bei der höchst mühsamen Arbeit der Zurückführung der einzelnen Stellen auf ihren Ursprungsort, boten mir oft schon die Ausgaben der M. G. S. S. bedeutende Hilfe. Die wertvollste Führung durch dieses Labyrinth aber waren mir doch Wattenbachs Geschichtsquellen, ohne die die vorliegende Arbeit überhaupt kaum möglich gewesen wäre. So weit es nötig schien, habe ich aufserdem auch noch auf die Spezialuntersuchungen zurückgegriffen und möchte in dieser Hinsicht besonders Redlichs Aufsatz über die österreichische Annalistik im zweiten Bande der Mitteilungen des Instituts für österreichische Geschichtsforschung erwähnen; dazu kamen zahlreiche kleinere Untersuchungen, wie sie sich besonders im neuen Archiv für ältere deutsche Geschichtskunde zerstreut finden. So schwierig die Aufgabe der richtigen Fixierung der einzelnen Nachrichten oft war, so glaube ich doch hier fast überall zu einem abschliefsenden Ergebnisse gekommen zu sein.

Einfacher schon war die Verbesserung der chronologischen Fehler in den Annalen. Es handelte sich hier fast immer um den Nachweis einer Verschiebung der Zahlen um ein oder zwei Jahre, wie sie wohl meist erst beim Abschreiben der Originalquellen entstanden ist. Hier liefs sich das Richtige gewöhnlich schon durch eine Nachprüfung der zu demselben Jahre berichteten politischen Ereignisse finden.

Die Nachrichten, die in den ausführlicheren Chroniken geboten werden, haben schon einen anderen Charakter. Die Nachrichten der Annalen dienten zur Festlegung der einfachen Thatsachen, die eingehenderen Berichte der Chroniken bieten die wünschenswerte Illustrierung der Vorgänge im Einzelnen. Dafür ist aber bei ihnen oft die zeitliche Bestimmung unsicher und läfst sich nur mit Hilfe der aus den Annalen gewonnenen festen Grundlage erreichen. So datieren z. B. Sifried von Ballhausen und der Mönch von Fürstenfeld beide eine Hungersnot in Böhmen nur durch die Angabe „nach dem Tode Ottokars". Man würde also hiernach versucht sein, sie in das Jahr 1278 zu setzen, während sie thatsächlich erst zwei Jahre später begann. Auf die Erwähnung dieser Hungersnot folgt dann bei dem Monach. Fürstenfeld. bald eine andere: „etwas vor oder nach dem Regierungsantritt Rudolfs", ist sie

---

1) Ann. S. Petri Erphesfurd. S. S. XVI, 20 und Ann. Aquenses S. S. XXIV, 37, 38; vgl. die Jahre 1146, 1150 u. 1162.

datiert; es handelt sich, wie sich durch Hinzuziehung anderer, besonders annalistischer Quellen, ergiebt, um das Jahr 1271. Sehr häufig fehlt aber eine nähere Bestimmung in den Chroniken ganz, so dafs sich nur aus den begleitenden Umständen eine Datierung finden läfst.

Die Gesta der Bischöfe und Äbte sind den Chroniken nahe verwandt, sie sind aber oft sehr spät niedergeschrieben und enthalten für den vorliegenden Zweck verhältnismäfsig wenig. So finden sich z. B. in der ganzen langen Reihe der Gesta Treverorum nur zwei Nachrichten.

Auch in den Heiligenleben fand ich auffallend wenig brauchbares Material; wirklich genaue Angaben mit fester Datierung wird man ja hier kaum suchen, aber auch für die Anschauung der Zeit bieten sie nicht viel. In der Lebensbeschreibung selbst überwiegt der erbauliche Inhalt sehr, und auch in ihren Wundern zeigen die Heiligen für unseren Zweck zu wenig Abwechslung, sie heilen immer nur Blinde und Lahme und haben nie ein Wunder gegen die Hungersnot vollbracht. Aus diesen Gründen habe ich darauf verzichtet, dieses ungeheure Material vollständig durchzusehen, ich habe mich auf die Heiligenleben, die in den M. G. S. S. abgedruckt sind, beschränkt mit Ausnahme von wenigen, die allzu spät verfafst waren; und ich glaube mit dieser Begrenzung nichts wichtiges übergangen zu haben. Einen Ertrag gaben aber nur verhältnismäfsig wenige, meist sehr bald nach dem Tode ihres Heiligen verfafste Biographieen, die sich auch sonst vor der übrigen Litteratur dieser Art auszeichnen. Ich nenne hier in erster Linie die sehr wertvolle Passio Karoli comitis Flandriae, ferner die Leben Heriberts von Köln und Ottos von Bamberg.

Grundsätzlich habe ich auf die Durchsicht von Urkunden und Briefen verzichtet, ich glaube mit gutem Rechte, denn bei der ganzen Natur dieser Quellen ist auf einen Ertrag kaum zu rechnen. Ist dies schon von vornherein leicht glaublich, so sprechen dafür auch noch mehr Ergebnisse von Werken, die dieses Material verarbeitet haben. Lamprechts Wirtschaftsleben, das zum ganz überwiegenden Teile auf Urkundenstoff beruht, enthält in der Chronik der elementaren Ereignisse nur eine einzige Stelle aus einer Urkunde, die sich auf eine Hungersnot bezieht. Die Jahrbücher des deutschen Reichs erwähnen die meisten bedeutenden Hungersnöte und geben das Quellenmaterial fast vollständig an, und doch findet sich hier nur einmal eine Stelle aus einem Briefe.

Noch eine Quellengruppe ist zu erwähnen, die Kapitularien der fränkischen Zeit. Sie ergaben ein aufserordentlich wertvolles Material, besonders für die Notstandspolitik Karls des Grofsen; einmal liefs sich auch eine Hungersnot, wo die Annalen schweigen, allein aus den Kapitularien bestimmen. Die späteren Kaiser haben nur noch wenige Gesetze gegeben und sich darin nie mit Wohlfahrtspolitik befafst. Ich habe diese Gesetze nicht einzeln durchgeprüft, ich kann mich hier wohl wieder mit Recht auf das Schweigen der Jahrbücher berufen, die Material, was hier vorhanden gewesen wäre, nicht unberücksichtigt gelassen hätten.

Ein vollständiges Verzeichnis aller zu der vorliegenden Arbeit benutzten Quellenschriften würde zu weit führen, es wäre eine Aufzählung von mehreren Hundert Namen, im wesentlichen eine Wiedergabe der Titel aus den Inhaltsangaben der Monumenta Germaniae. Ein sehr grofser Bruchteil von Schriften würde auch darunter sein, deren Durchsicht kein Resultat ergab, die also in Wirklichkeit für diese Arbeit nicht in Betracht kamen. Irgend eine innerliche Scheidungslinie zwischen den Schriftstellern, die Material enthalten, und denen, die nichts beibringen, giebt es nicht. Im ganzen liefern die Annalen vielleicht $9/10$ oder mehr allen Stoffes, und höchst selten fand sich einmal eine Nachricht über eine Hungersnot in einem Königs- oder Bischofskatalog, aber auf der anderen Seite giebt es auch Annalen, die keine Nachricht bringen, und einige vereinzelte Nachrichten finden sich auch in den Katalogen.

Räumliche Begrenzung des behandelten Gebietes.

Was die räumliche Abgrenzung des von mir behandelten Gebietes angeht, so bin ich mir wohl bewufst, dafs dieses Gebiet weder geographisch, noch wirtschaftlich, noch politisch ein vollkommen abgeschlossenes Ganzes bildet. Wenn auch die Behandlung von ganz Europa oder auch nur Mitteleuropa nach der Überlieferung der Quellen so gut wie unmöglich war, so hätte es doch nahe gelegen, wenigstens Deutschland und Frankreich zusammen zu behandeln. Wenn ich mich dennoch entschlofs, mich auf Deutschland zu beschränken, so bestimmten mich dazu Erwägungen von rein praktischer Natur. Eine Arbeit, die sich über sechs Jahrhunderte erstreckt und die die ganze historische Quellenlitteratur dieser Zeit heranziehen will, läfst sich exakt nur mit einem einheitlichen publizierten und durchgearbeiteten Material ausführen, wie es für Deutschland eben in den M. G. S. S. vorliegt. Für Frankreich giebt es zwar auch in dem Recueil des historiens des Gaules et de la France eine grofse Sammlung, aber sie kann in ihrer Brauchbarkeit doch nicht mit den Monumenten verglichen werden. Die Kritik der einzelnen Quellenstellen wäre unendlich viel schwieriger und in ihren Ergebnissen sehr viel unsicherer gewesen. Schon die Hilfe, die die M. G. S. S. in Bezug auf originale und abgeleitete Überlieferung durch den verschiedenen Druck gewähren, fehlt, und die Quellenkritik ist hier überhaupt noch nicht so weit durchgeführt, wie für Deutschland, wo sie für meine Zwecke in genügender Abgeschlossenheit vorliegt. Ich habe im Verlaufe der Arbeit gewifs noch oft auch für Deutschland die Richtigkeit der geltenden Ansichten in dieser Richtung nachprüfen müssen, aber eine quellenkritische Prüfung selbständig vorzunehmen, wie das bei Heranziehung der aufserdeutschen Quellen oft nötig gewesen wäre, ist bei einer Arbeit, die zusammenfassen will, unmöglich.

Geographisch beschränkt sich die Untersuchung also auf Deutschland. Doch habe ich unter dieser grundsätzlichen Beschränkung, um auch für die Grenzgebiete möglichst richtige Resultate zu erreichen, das Gebiet immerhin sehr ausgedehnt. Im Westen ist Belgien vollkommen einbezogen worden, so dafs die äufsersten Quellen der Gegend von Calais und Cambrai angehören. Bei einem im Mittelalter so viel benutzten Schriftsteller wie Vincenz von Beauvais, bin ich auch noch beträchtlich über die angedeutete Linie hinausgegangen. Weiter südlich sind vollständig benutzt die Quellen aus den Bistümern Verdun, Toul und Dijon, aufserdem noch Rodulfus Glaber, und einige kleinere Quellen aus Lausanne. Alle diese Quellen bis auf Rodulfus Glaber, finden sich noch in den M. G. S. S. abgedruckt. Um für diese Grenzgebiete noch eine Kontrolle zu haben, habe ich aber für die wichtigsten Notjahre auch den Index chronologicus des Recueil des historiens des Gaules et de la France, bis zum elften Bande, zu Rate gezogen; von da an mufste ich mich freilich mit dem Sachverzeichnisse begnügen. Es ergaben sich dabei für das Gebiet östlich der Linie Calais-Dijon überhaupt keine neuen Nachrichten, und auch für das übrige Frankreich fand sich auffallend wenig Neues, so dafs ich schliefslich glaube, thatsächlich auch für den gröfsten Teil von Frankreich, eine fast vollständige Reihe von Hungersnöten gegeben zu haben.

Die Südgrenze meines Gebietes ergiebt sich von selbst durch den Zug der Alpen. Einzelne Angaben über Italien, die für die ältere Zeit zu erwähnen von Interesse war, verdanke ich den Angaben in den Jahrbüchern der deutschen Geschichte.

Im Osten läfst sich gegen die weiten Ebenen von Ungarn und Polen eine geographisch berechtigte Grenze überhaupt nicht ziehen, aber hier besteht eine Kulturgrenze. Östlich der Linie Wien-Krakau etwa giebt es für die von mir behandelte Zeit keine brauchbaren Quellen mehr. Für den nordöstlichen Teil der norddeutschen Tiefebene aber fehlen Nachrichten fast ganz, so dafs sich überhaupt ein sicheres Bild über die Lage in diesen Ländern nicht entwerfen läfst.

Die Nordgrenze des behandelten Gebietes endlich ergiebt sich meist von selbst durch das Meer, nur in Dänemark könnte die Abgrenzung Schwierigkeiten machen. Ich habe Dänemark ganz von der Betrachtung ausgeschlossen, denn es findet sich in den dänischen Quellen, die erst sehr spät einsetzen, abgesehen von der grofsen Hungersnot von 1315—17, nur eine Hungersnot von 1283, die aber mit keiner Hungersnot in Deutschland zusammentrifft. Aufserdem scheinen sich hier die Verhältnisse, — und dies tritt noch mehr hervor, da die wichtigste Quelle auf Seeland geschrieben ist, — schon sehr dem südlichen Schweden zu nähern.

Mit der soeben mitgeteilten Begrenzung glaube ich immerhin ein ziemlich gleichartiges Gebiet umschrieben zu haben; es ist das Land, auf dem sich während des Mittelalters im wesentlichen die deutsche Geschichte vollzieht, es ist ein Gebiet, das von Deutschen bewohnt wird oder unter unmittelbarem deutschen Einflusse steht, mithin wohl eine Gewähr für genügende kulturelle Gleichheit als Voraussetzung für die folgenden Untersuchungen bietet.

Zeitliche Begrenzung.

Der Anfangstermin für die vorliegende Untersuchung, ca. 700, ergiebt sich von selbst, da um diese Zeit die ältesten Annalen beginnen.

Als Endtermin habe ich das Jahr 1317 angenommen. Das erscheint willkürlich und bedarf einer Erklärung. Die Veränderungen in der Wirtschaft vollziehen sich allmählich, jede Periodeneinteilung hat hier etwas mehr oder weniger Gewaltsames. Aufgehört haben die Hungersnöte auch nicht im 14. Jahrhundert noch später, wir haben noch im Jahre 1848 bis 1849 in einem Teile Deutschlands eine Hungersnot erlebt, die in sehr vielen ihrer Symptome vollkommen den Hungersnöten früherer Jahrhunderte glich.[1] Bei meiner Begrenzung haben mich folgende Gründe geleitet: Um 1250 ist ein Einschnitt in der mittelalterlichen Geschichte allgemein üblich; wirtschaftlich ist die Zeit nachher besonders durch die immer wachsende Bedeutung der Städte bezeichnet. Wie weit

---

[1] Virchow, Gesammelte Abhandlungen aus dem Gebiete der öffentlichen Medizin, I, 234 ff. Mitteilung über die in Oberschlesien herrschende Typhusepidemie.

diese Änderung der wirtschaftlichen Verhältnisse einen Einfluſs auf die Entstehung und den Verlauf der Hungersnöte ausgeübt hat, kann ich nicht sagen, aber es ist nicht unwahrscheinlich, daſs sich ein solcher Einfluſs für die spätere Zeit würde nachweisen lassen. Eine Arbeit, die sich mit immer wiederkehrenden elementaren Ereignissen beschäftigt, muſs sich bei der Vergleichung und Gruppierung groſser, bestimmter Zeitabschnitte bedienen, wie sie in den Jahrhunderten von selbst gegeben sind, es lag darum nahe die Untersuchungen bis 1300 auszudehnen. Über diesen Zeitpunkt bin ich noch etwas hinausgegangen, weil es sich zeigte, daſs gleich in dem Anfang des 14. Jahrhunderts eine ganz bedeutende, allgemeine, ja vielleicht die am weitesten ausgedehnte Hungersnot des behandelten Zeitabschnittes überhaupt fällt. Dieser Umstand lieferte nicht nur sehr wertvolles neues Material, sondern verhütete auch verhängnisvolle falsche Schluſsfolgerungen, die sonst aus dem langen Aussetzen allgemeiner Hungersnöte leicht hätten gezogen werden können. Die Zeit nach 1317 verläuft dann bis zum schwarzen Tode ziemlich ruhig, ohne besondere elementare Ereignisse.

Hungersnöte und Seuchen.

Im übrigen bedarf mein so zeitlich und örtlich abgegrenztes Arbeitsgebiet noch einer sachlichen Begrenzung. Die ständigen Begleiter der Hungersnöte sind groſse Volkskrankheiten. Fames und mortalitas sind für den mittelalterlichen Annalisten fast untrennbare Begriffe. Es hätte darum sehr nahe gelegen, gleichmäſsig mit der Geschichte der Hungersnöte auch eine Geschichte der Seuchen zu geben, da beide Erscheinungen meistens neben einander hergehen, freilich auch nur meistens; es giebt auch selbständige Epidemieen, ich erwähne hier nur die groſse Ausdehnung des ignis sacer im Jahre 1094. Das vorliegende Material genügt nun aber nicht, um das Wesen dieser Seuchen recht zu erfassen; die Beschreibungen der Krankheiten sind zu selten, und es wäre für eine Seuchengeschichte sicher notwendig, noch weiteres Material beizubringen und besonders auch die italienischen und französischen Quellen in ihrem ganzen Umfange heranzuziehen. Das würde aber zu sehr von dem eigentlichen hier behandelten Gebiete abgeführt haben.

Ein weiterer Grund, warum ich von einer eingehenderen Behandlung der Seuchen abgesehen habe, ist der folgende. Sind schon Beschreibungen der Krankheitserscheinungen überhaupt selten, so verliert vollends beim Eintritt des gröſseren Übels der Hungersnot der mittelalterliche Schriftsteller jedes

Interesse für das Krankheitsbild, er begnügt sich mit der Thatsache, daſs viele Menschen sterben, die Ursachen, ob sie verhungern oder an einer oder etwa verschiedenen Krankheiten sterben, sind ihm gleichgültig. Diese Lage des Quellenmaterials muſs dazu veranlassen, ähnlich zu verfahren. Ich werde daher später an geeigneter Stelle die Seuchen, die die Hungersnöte begleiten, im wesentlichen nur in ihrer groſsen Folgeerscheinung, der groſsen Sterblichkeit, betrachten, ohne den einstweilen aussichtslosen Versuch zu machen, näher auf das Wesen der einzelnen Krankheiten einzugehen.

Fames und caristia.

Noch eine Vorfrage ist zu erledigen, bevor ich das Thema selbst angreife, die Frage, wie findet in den mittelalterlichen Quellen die Thatsache der Hungersnot ihren Ausdruck, insbesondere mit welchem Worte drücken die Quellen den Begriff der Hungersnot aus?

Da kann nun bis zum Beginne des 13. Jahrhunderts kein Zweifel bestehen; uns mag es schwierig erscheinen, den Begriff der Hungersnot zu definieren, für das Mittelalter war es ein feststehender Begriff, und fames ist das Wort, das dafür gleichmäſsig immer wiederkehrt. Von dieser Zeit an aber tritt das Wort caristia auf und wird allmählich immer häufiger. Ist nun caristia etwas anderes als fames? Ohne Zweifel ist caristia ursprünglich das mildere Wort, es heiſst eben nicht Hungersnot, sondern Teuerung[1]), es setzt also schon entwickeltere Verhältnisse voraus, wie das ja auch sein Auftreten erst in den späteren Jahrhunderten beweist. Bedeutete nun caristia wirklich immer nur Teuerung, so könnte es leicht ein falsches Bild geben, wollte man die Nachrichten über caristia im 13. Jahrhundert gleichmäſsig mit den Nachrichten von fames in der früheren Zeit zusammenstellen. Teuerungen kann es auch in den früheren Jahrhunderten gegeben haben, aber es ist uns kaum etwas davon überliefert, nur das ganz Auffallende, Schreckliche war des Aufschreibens wert. Nun finden sich aber im 13. Jahrhundert eine ganze Anzahl von Stellen, bei denen nicht nur alle Begleiterscheinungen der caristia für eine Hungersnot sprechen, sondern es giebt auch Stellen, wo die alten Schriftsteller deutlich beide Worte in gleichem Sinne gebrauchen. Vom Jahre 1277 heiſst es in einer österreichischen Quelle[2]): „Eodem anno maxima caristia in Karinthia facta est, ita ut homines se invicem comederent." Daſs hier

---

1) Du Cange ed. L. Favre 1883, tom. II, 171.
2) a. 1277 Cont. praedicat. Vindob. S. S. IX, 730, 38.

eine wirkliche Hungersnot gemeint ist, kann wohl nicht zweifelhaft sein. Im Jahre 1320 gebrauchen die Ann. Colbazienses[1]) das Wort caristia ganz allgemein zur Bezeichnung der schweren Notepoche der vorhergegangenen Jahre: Hic cessavit caristia magna et strages qua precedentibus tribus annis sive 4 multi invalescente fame et pestilencia — — mortui sunt. Ähnliche Beispiele lassen sich noch mehr anführen, aus denen hervorgeht, dafs caristia unter Umständen wirklich Hungersnot bedeuten kann.[2])

Noch häufiger aber ist es, dafs man mit caristia die Thatsache grofsen Mangels und hoher Preise bezeichnet, es folgt dann fames und das Sterben vieler Menschen als die unmittelbare Folge.[3]) Darnach läfst sich wohl feststellen, dafs, wenn das Wort caristia auftritt, daraus noch nicht etwa gefolgert werden darf, dafs hier nur von einer Preissteigerung die Rede ist, es kann damit auch eine wirkliche Hungersnot bezeichnet sein. Was gemeint ist, mufs die Betrachtung jeder einzelnen Stelle ergeben.

---

1) a. 1320 Ann. Colbaz. S. S. XIX, 717, 19.
2) 1281 Cont. Claustroneobg. IX, S. S. 746, 22; 1310 Ann. aus Dietkirchen M. G. Deutsch. Chr. IV, 1, p. 118; 1316 Ann. Vetrocell. S. S. XVI, 445, 11, Sigismund Rosicz S. S rer. Silesic XII, 38.
3) a. 1263 u. 1280 Cosm. cont. Ann. Prag. I S. S. IX, 179, 1 u. 196, 46; a. 1316 Aegid. li Muisis. De Smet Corp. chr. Fland. II, 207.

Auffassung der Zeitgenossen über die Entstehung der Hungersnöte.

Es wird zuerst darauf ankommen, die allgemeine Auffassung der Zeit vom Wesen der Hungernöte kennen zu lernen. Da sah man nun wohl die elementaren Ereignisse, Frost und Hitze, Hagel, Gewitter und Überschwemmungen, die den Hungersnöten vorhergingen; aber die Not nur als ein Produkt solcher Ereignisse aufzufassen, genügte der Zeitanschauung nicht. Die Schriftsteller berichten dergleichen wohl, aber schliefslich liegt für sie der wahre, letzte Grund für solches grofse, weite Landstriche verheerende Unglück doch tiefer. Man sieht in der Not ein direktes Eingreifen Gottes, eine Strafe für die Sünden der Menschheit. Mehrfach finden wir diesen Gedanken ausgesprochen, häufig klingt er in den ausführlicheren Schilderungen an. „Sed adhuc iratus erat Altissimus, et residuum maris fame flagellavit et pestilentia" heifst es in Emos Chronik.[1]) Ähnlich sprechen sich 400 Jahre früher Ludwig und Lothar in einem Rundschreiben[2]) vom Jahre 828 aus, in dem es heifst: „Quis enim non sentiat Deum nostris pravissimis actibus esse offensum et ad iracundiam provocatum, cum videat tot annis multifariis flagellis iram illius desaevire, videlicet in fame continua, in mortalitate animalium, in pestilentia hominum, in sterilitate pene omnium frugum, et, ut ita dixerim, diversissimis morborum cladibus atque ingentibus penuriis populum istius regni miserabiliter vexatum et afflictum atque omni abundantia rerum quodam modo exinanitum."

Dasselbe Bild der Geifsel Gottes gebrauchen Menko[3]) und die Passio Karoli.[4])

---

1) a. 1219 Emo S. S. XXIII, 490, 32.
2) Boret. II, 4, 25. Boretius hält die Recentio B für unecht, weil man Ludwig im Jahre 828 eine so demütige Sprache nicht zutrauen könne. Deswegen bleibt die Auseinandersetzung doch für die Anschauungen der Zeit charakteristisch, Mühlbacher nimmt Regesten Nr. 828, p. 304 keinen Anstofs.
3) a. 1249 Menko S. S. XXIII, 543.
4) Passio Karoli comit. Fland. c. 2 S. S. XII, 562, 39. Immisit ergo Dominus flagella famis et postmodum mortalitatis.

Das Schwert Gottes wird die Hungersnot in den Gesta abbatum Gemblacensium[1]) genannt, und als ob dies noch nicht genüge, geht der Verfasser sofort in ein anderes Bild über und vergleicht die Not mit der Belagerungsmaschine, dem Widder. Wie der Widder dröhnend gegen die Mauern der belagerten Stadt stöfst, so trifft die Hungersnot die Paläste der Reichen und die Hütten der Armen. Einen gerechten Richter nennt Menko[2]) Gott, weil er die Dänen, die in der Not den Friesen die Hilfe verweigert hatten, im folgenden Jahre durch eine Hungersnot straft.

Auch böse Mächte können eine Hungersnot hervorbringen, um den Menschen zu schaden. Einhard[3]) erzählt von einem Teufel, der in Höchst durch den Mund eines sechzehnjährigen Mädchens gestanden habe, dass er mit noch elf Genossen nun schon seit Jahren das Frankenreich heimgesucht hätte, sie hätten alle Saaten verdorben und Krankheit über Menschen und Vieh gebracht.

829 erklärte eine Pariser Synode[4]): „Sunt sane diversorum malorum patratores, quos et lex divina improbat et condemnat pro quorum etiam diversis sceleribus et flagitiis populus fame et pestilentia flagellatur." Es folgt dann eine Aufzählung der verschiedenen Missethäter. Ebenso wie hier die Väter der Kirche, so sucht in einem anderen Falle das Volk von Trier in den vorgeblichen Sünden eines Einzelnen die Ursache für das allgemeine Unglück.[5]) Es rottet sich zusammen und will die Zelle des Eremiten Symeon stürmen, der als ein vielleicht unheimlicher, aber harmloser Gast in der Porta nigra hauste. Für seine Sünden soll, wie sie behaupten, Überschwemmung und Hungersnot über das Moselland gekommen sein.

Der übernatürliche Ursprung der Hungersnot zeigt sich auch in dem, was ihr vorhergeht. Die Menschen werden gewarnt, ehe das Unglück über sie hereinbricht, damit sie noch vorher Bufse thun können[6]), und Elend und Tod sie nicht unvorbereitet überraschen. Fast jede Hungersnot wird durch

---

1) a. 1095 Gest. abb. Gembl. cont. auct. Godeschalco S. S. VIII, 547, 10 u. a. 1196 Cont. Aquicinct. S. S. VI, 433, 43; a. 1144 Cont. Gembl. S. S. VI, 388, 34.
2) a. 1272 Menko S. S. XXIII, 560, 18.
3) Einhardi transl. et miracula S. S. Marcellini et Petri S. S. XV, 253, 34. „Ego", ait, „sum satelles atque discipulus Satanae — — per annos aliquot sum sociis meis undecim regnum Francorum vastavi; frumentum et vinum et omnes alias fruges, quae ad usum hominum de terra nascuntur, iuxta quod iussi eramus, enecando delevimus, pecora morbis interfecimus, luem et pestilentiam in ipsos homines inmisimus."
4) Mansi XIV, col. 595. — 5) a. 1035 Miracula S. Symeonis S. S. VIII, 210, 40. — 6) a. 1125 Passio Karoli c. 2. S. S. XII, 562, 39.

schreckliche Himmelserscheinungen eingeleitet, Sonnen- und Mondfinsternisse, Kometen, Nordlicht haben ihre schlimme Vorbedeutung.

Sonnenfinsternisse treffen noch verhältnismäfsig selten mit Hungersnöten zusammen, meist können die Quellen aus ihnen nur das Entstehen von Krankheiten, Überschwemmungen u. s. w. herleiten, aber einige Fälle sind noch überliefert.

Am 11. August 1124[1]) fand eine Sonnenfinsternis statt. Sie ist in der Passio Karoli genau beschrieben und der Verfasser giebt an, dafs man sie als ein Vorzeichen der kommenden Hungersnot betrachtete. Von derselben Finsternis spricht auch Cosmas[2]), es folgt darauf eine Seuche unter den Rindern und Schweinen, die Bienen sterben und die Ernte verdirbt. Ebenso bringen die Ann. Hildesh.[3]) und die Summa Honorii[4]) diese Finsternis mit der Hungersnot in Verbindung. Aufserdem sind mir noch folgende Fälle bekannt geworden, wo die Quellen unzweifelhaft diese Verbindung annehmen: 19. Juli 939 totale Sonnenfinsternis, es folgt eine Hungersnot in Italien.[5]) 23. September 1093 ringförmige Sonnenfinsternis, es folgt Hungersnot in Sachsen.[6]) 2. August 1133 totale Sonnenfinsternis, es folgt viel Regen während der Ernte in Paderborn.[7]) 26. Oktober 1147 ringförmige Sonnenfinsternis, die grofse Hungersnot des Jahres bestand aber schon seit 1145.[8]) 31. Jan. 1310 ringförmige Sonnenfinsternis, caristia bladi et vini in Belgien ist die Folge.[9])

Eine Mondfinsternis geht der Hungersnot zweimal voran im Jahre 1259[10]) und 1263.[11])

Viel schlimmere Verkündiger der Hungersnöte sind aber die Kometen, wenn sie erscheinen steht immer ein schweres Unglück bevor. Die Chronisten berufen sich bei ihrer Erwähnung gern auf berühmte Gelehrte, die über den unheilvollen Einflufs dieser Gestirne geschrieben haben. So citiert

---

1) Dieses und alle folgenden Daten für Finsternisse aus Oppolzer Kanon der Finsternisse Bd. LII der Schriften der math.-naturwiss. Klasse der kaiserl. Akademie der Wissenschaften, Wien 1887.
2) a. 1124 Cosmas S. S. IX, 129, 9.
3) a. 1124 Ann. Hildesh. M. G. S. S. kl. Ausg., p. 66.
4) a. 1124 Summa Honorii S. S. X, 131, 23.
5) a. 939 Ann. Sangall. maior. S. S. I, 78. Liudprand lib. V, c. 2 M. G. S. S. kl. Ausg. 101.
6) a. 1093 Ann. August S. S. III, 134, 17.
7) a. 1133 Chr. reg. Col. M. G. S. S. kl. Ausg. 70.
8) a. 1147 Chr. reg. Col. M. G. S. S. kl. Ausg. 82; Ann. Floreff. S. S. XVI, 624, 42; Ann. Brunwil. S. S. XVI, 727, 26.
9) a. 1309 Aegid. Li Muisis chr. de Smet. corp. chr. Fland. II, 176.
10) 8. Mai 1259 Ann. Wessof. ed. Leuter Hist. Wessof. II, 33.
11) 20. Febr. 1263 Cont. Sancr. II, S. S. IX, 645, 28.

die Cont. Zwetliensis III[1]) Beda und andere Gelehrte, nach deren Zeugnis auf einen Kometen immer Hungersnot, Seuchen, Thronwechsel und anderes Unglück folgen soll. Als eine andere Autorität wird einmal Isidor angeführt. Er sagte in den Origines[2]): „Cometes stella est dicta eo quod comas luminis ex se fundat. Quod genus sideris quando apparuerit, aut pestilentiam, aut famem, aut bella significat." So glauben es alle Chronisten; als ob es eine logische Konsequenz wäre, so folgt bei ihnen auf den Kometen die Hungersnot. „Stella cometis. Fames acerrima" heifst es in einer süddeutschen Quellengruppe. „Stella cometes apparuit, et fames subsecuta est" sagen die Ann. Laub.[3]) und ähnlich andere Quellen. In einigen Fällen erscheint der Komet schon im Jahre vor dem Eintritte des Unglücks, so berichten Alpertus[4]) und die Ann. Ratisponenses[5]). Die merkwürdige Gestalt des Kometen machte bedeutenden Eindruck auf die Beobachter, und besonders der Lichtschein des Schweifes erregte ihre Aufmerksamkeit. Die Ann. S. Columbae Senon. vergleichen ihn einmal mit einer Lanze.

Im Ganzen finden sich 10 Fälle[6]), wo Hungersnöte durch das Erscheinen von Kometen angekündigt werden: 868, 909, 940 oder 941, 1005, 1031, 1145, 1197, 1217, 1264 und 1316.

---

1) Cont. Zwetl. III, S. S. IX, 656, 9. Stella que cometa dicitur visa est, per continuos 80 dies; que secundum Bedam et alios doctores ostentat vel famem, aut pestilenciam, vel mortalitatem, vel mutacionem regni, vel aeris intemperiem, aut ventorum inmanitatem.
2) Origines lib. III c. LXX, 16; Corp. grammatic. lat. vet. III, 166.
3) a. 941 Ann. Laub. S. S. IV, 16, 33.
4) a. 1005 Alpert. de diversit. temp. lib. I c. 6. S. S. IV, 704, 9.
5) a. 1145 Ann. Ratisp. S. S. XVII. 586, 11.
6) a. 868 Ann. Sangall. maior. u. s. w. S. S. I, 76; Ann. S. Columbae Sen. S. S. I, 103; Ann. Xant. S. S. II, 233, 9 u. Ann. Fuld. M. G. S. S. kl. Ausg. 67.
909 Ann. S. Col Sen. S. S. I. 104.
940 u. 941 Ann. Laub. u. s. w. S. S. IV, 16, 33; Herm. Aug. S. S. V, 114, 1; Widukind lib. II c. 32 M. G. S. S. kl. Ausg. 52; Liudprand lib. V c. 2. M. G. S. S. kl. Ausg. 101.
1005 Alpert. lib. I c. 6. S. S. IV, 704, 9; Ann. Laub. S. S. IV, 18, 17.
1031 Hist. Franciae fragm. Hist. de Fr. X, 212.
1145 Ann. S. Col. Sen. S. S. I, 107; Ann. Brunwil. S. S XVI, 727, 18; Chr. reg. Col. M. G. S. S. kl. Ausg. 81; Ann. Ratispon. S. S. XVII, 586, 11.
1197 Ann. Marbac. S. S. XVII, 168, 29.
1217 Ann. S. Stept. Frising. S. S. XIII, 56, 1.
1264 Cont. Zwetl. III S. S. IX, 656, 9; Hist. ann. 1264—1279 S. S. IX, 649, 20; Ann. Wratisl. antiqui S. S. XIX, 528, 28; Ann. Pol. III S. S. XIX, 637, 10; Ann. capit. Cracovic. S. S. XIX, 601, 37; Ann. Wessof. Leuter Hist. Wessof. II, 34.
1316 Ann. Parchens. S. S. XVI 608, 35; Joh. de Beka ed. Buchelius Ultraiceti 1643, p. 108; Jan de Klerk, Buch V, cap. X, v. 845; Collect. des Chroniques Belges I, 443; Königsaal G. Q. lib. I, c. 128; Font. rcr. Austr. S. S. VIII, 379.

16 Auffassung der Zeitgenossen über die Entstehung

Auch noch andere Himmelserscheinungen können auf kommendes Unheil deuten. Nach den Ann. Quedlinburg.[1]) sah man am 4. Februar 1025 mittags die Sonne in dreifacher Gestalt am Himmel, „quod mirabile prodigium rei eventu postea constat probatum." Eine Hungersnot folgte noch in demselben Jahre. Die Ann. Xant.[2]) zum Jahre 867 berichten von einem Nordlicht, es folgt die grofse Hungersnot von 868. Balduin von Ninove[3]) erzählt im Jahre 1192 von einer Lichterscheinung in der Nacht, so dafs man überall geglaubt, es brenne in der Nähe. Es ist das Zeichen für den Beginn einer grofsen Notperiode.

Auch einer der Planeten, der Saturn, kann, wie Magnus von Reichersberg zum Jahre 1145[4]) mit grofser Gelehrsamkeit auseinandersetzt, die Hungersnot hervorbringen. Der Saturn hat eine sehr kalte Natur; wenn er der Sonne in den Sommerzeichen des Tierkreises begegnet, so entsteht regnerisches und kaltes Wetter, trifft er die Sonne in den Winterzeichen, so verdoppelt sich die Kälte. Damals stand der Saturn im Widder, dem Frühjahrszeichen, er hatte schon 7 oder 8 unfruchtbare Jahre gebracht, und jetzt entsteht daraus eine Hungersnot. Ganz ähnlich berichteten wenige Jahre später die Magdeburger Annalen.[5])

Ein ganz eigentümliches Vorzeichen einer Hungersnot erwähnen die Ann. Rodenses.[6]) Zum Jahre 1144 heifst es: „Ventus fuit vehementissimus, quem semper ut ferunt fames sequitur et carum tempus." Es folgt dann sofort' der Bericht über die Hungersnot desselben Jahres. Derselbe Satz wird wörtlich 1145 wiederholt und im folgenden Jahre ist wieder die Hungersnot erwähnt. Verwandte Anschauungen zeigt eine Fortsetzung Gottfrieds von Viterbo[7]), in der die Hungersnot von 1224—25 mit einem Sturme in Verbindung gebracht wird. Der Sturm soll so heftig gewesen sein, dafs er die Körner aus den Ähren herausschüttelte, und durch die Mifsernte, die sich hieraus ergab, wurde eine Hungersnot hervorgerufen. Der Autor will hier schon einen ursächlichen Zusammenhang herstellen, aber die ganze Vorstellung hat etwas wunderbares. Offenbar derselbe Sturm wurde in Erfurt[8]) beobachtet und

---

1) a. 1025 Ann. Quedlinburg. S. S. III, 90, 17.
2) a. 867 Ann. Xant. S. S. II, 232, 42.
3) a. 1192 Bald. Ninov. S. S. XXV, 537, 40; vgl. Cont. Aquicinct. S. S. VI, 428, 13.
4) a. 1145 Magnus Reichersberg S. S. XVII, 460, 10.
5) a. 1150 Ann. Magdeburg. S. S. XVI, 190, 44.
6) a. 1144 Ann. Rod. S. S. XVI, 717, 5 u. 718, 4.
7) a. 1224 Cont. Funiacensis S. S. XXII, 343, 1.
8) a. 1225 Cron. S. Petri Erford. mod. S. S. XXX, 390, 8. u. 13.

auch hier soll er das Korn aus den Ähren herausgeschüttelt haben.

Weiter sind noch an einigen Stellen[1]) die Nachrichten von einem Sturm und einer Hungersnot einander so unmittelbar gegenüber gestellt, dafs es fast scheint, als wollten auch hier die Verfasser einen Zusammenhang annehmen. Isidor weifs von der schädlichen Wirkung der Winde nur, dafs der Ostwind Krankheiten erregt. Jedenfalls handelte es sich beim Wind als Vorzeichen einer Hungersnot um keinen weit verbreiteten Volksglauben.

---

1) a. 1145 Cont. Mell. S. S. IX, 503, 31; 1217 Ann. S. Benig. Div. S. S. V, 48, 46; a. 1263 Ann. Wessof. ed. Leuter Hist. Wessof. II, 34.

Verschiedene Ursachen für die Entstehung der Hungersnöte.

Gehen wir nun zu den thatsächlichen Gründen für das Entstehen einer Hungersnot über, so läfst sich sofort erkennen, dafs Mifsernten in der ganz überwiegenden Mehrzahl der Fälle die Ursache der Hungersnöte sind. Das ist fast selbstverständlich, denn was soll sonst den dringenden Mangel an Getreide, und darin liegt doch das Wesen der Hungersnot, hervorbringen, als eine ungenügende Ernte. Dennoch wird es sich lohnen, auch diese Entstehungsart näher zu betrachten, weil sie uns manchen Einblick in die mittelalterliche Volkswirtschaft gewährt.

Die Wirtschaft jener Zeit war gegen alle Störungen elementarer oder anderer Natur im höchsten Grade empfindlich. In der Regel lebte der Mensch von dem, was er auf dem eigenen Felde baute. Der Bauer bezahlte seinen Zins und mufste im übrigen sorgen, dafs er genug zum Leben hatte. An der Erzielung von Überschüssen hatte er wenig Interesse, er hätte sie kaum zu Geld machen können. Für Zeiten der Not besafs er daher weder Materialüberschüsse noch Geld, durch das er sich Lebensmittel hätte erwerben können. Bedeutend besser und sicherer waren natürlich schon die grofsen Grundherrschaften gestellt, besonders die Klöster, von denen wir ja eigentlich allein etwas genaueres über diese Verhältnisse wissen. Aber auch ihr Bestand ruhte doch durchaus auf agrarischer Grundlage. Wurden sie auch nicht so unmittelbar und schwer von ungünstiger Witterung und der daraus entstehenden Mifsernte betroffen, wie der einzelne kleine Bauer, so beruhte doch auch die Sicherheit ihrer wirtschaftlichen Existenz im wesentlichen darauf, was ihr eigenes Feld trug.[1])

Es berührt uns wunderbar, wenn wir in den Annalen un-

---

1) Siehe Herimanni liber de restauratione S. Martini Tornac. c. 70—72 S. S. XIV, 307 ff., das Schicksal eines Klosters, das nicht über genügenden Grundbesitz verfügte.

vermittelt zwischen den wichtigsten Staatsereignissen, zwischen den Nachrichten vom Tode von Königen und Päpsten, von Schlachten und Reichstagen, die scheinbar gleichgültige Nachricht von irgend einem Gewitter, von Hagel oder Sturm finden. Es war doch nicht nur das Gefallen am Merkwürdigen und Wunderbaren, das die Annalisten veranlafste dergleichen aufzuschreiben. Sie sahen die Ereignisse mit den Augen des Landwirtes in Hinblick auf die Aussichten für das Gedeihen der Saat.

Es ist auffallend, wie häufig ein langer und schneereicher Winter der Hungersnot vorangeht. Es giebt Nachrichten, bei denen die Hungersnot fast als die unmittelbare Folge des harten Winters erscheint. „Hoc anno hyems contigit asperrima, quam fames subsequitur praevalida" sagen die Ann. Laub. zu 1125.[1]) Ähnlich Widukind[2]): „Necem ducum asperrima hiemps hiememque secuta est fames validissima." Es scheint fast als wollten die beiden Quellen in dem harten Winter die alleinige Ursache für die Hungersnot sehen. Eine solche Auslegung ginge natürlich zu weit, aber ein schneereicher Winter, der bis in den März oder April hinein dauerte, schädigte allerdings die Wirtschaft in sehr hohem Grade. Konnte zur normalen Zeit im März oder April das Saatpflügen nicht stattfinden[3]), so wurde dadurch wieder die Aussaat verschoben, die ganze Wirtschaft befand sich schon zu Anfang des Jahres im Rückstande; war nun auch etwa der Sommer noch ungünstig, oder traten irgend welche unvorhergesehenen Unfälle ein, so konnten die Folgen leicht verhängnisvoll werden.

Uns sind mehrfach Fälle überliefert, wo sich die Entwickelung in der angedeuteten Weise vollzog. 994 dauerte, nach der Angabe der Ann. Quedlinburg. der Winter bis zum 5. Mai, der Sommer war auch kalt und ungünstig, und im Herbst stellte sich als Folge die Hungersnot ein.[4]) Ebenso ging der Not des Jahres 1125 ein sehr harter Winter vorher. Eine Reihe von Stellen berichten uns darüber. Aus Belgien haben wir Nachrichten aus Lobbes[5]), Fosse[6]), Gent.[7]) In Gembloux[8]) bezeichnet der Chronist Anselm den Winter ausdrücklich als valde noxia. Weiter erfahren wir aus

---

1) a. 1125 Ann. Laub. cont. S. S. IV, 22, 17.
2) a. 940 Widukind lib. II. c. 26, M. G. S. S. kl. Ausg. 50.
3) Lamprecht, Deutsch. Wirtschaftsleben I, 557.
4) a. 994 Ann. Quedlinburg. S. S. III, 72, 21 u. 34.
5) a. 1125 Ann. Laub. cont. S. S. IV, 22, 17.
6) a. 1125 Ann. Fossenses S. S. IV. 30, 20.
7) a. 1125 Ann. Bland. S. S. V, 28, 23.
8) a. 1125 Anselm. cont. Sigebert. S. S. VI, 379, 47.

Thüringen[1]), Franken[2]) und Böhmen[3]) übereinstimmend von dem plötzlichen Eintritte grofser Kälte am 20. Mai verbunden mit Hagelschlag und sogar Schneefall. Ebenso liefsen sich für andere Jahre noch ähnliche Beispiele erbringen.

Auch dem Vieh, das im Winter meist im Freien blieb, mufste starker Frost und viel Schnee grofsen Schaden zufügen.

Die Hauptgründe für die Mifsernte und darauf folgende Hungersnot liegen aber natürlich in der Witterung des Frühlings und Sommers. Das finden wir schon angedeutet, wenn die Ann. Laub.[4]) zum Jahre 973 schreiben: „Aestas pluvialis et frigida, et fames subsecuta." Grofse Trockenheit, viel Regen, Hagel entscheiden über den Ausfall der Ernte. Es wäre unnütz hier bei dergleichen Ursachen viel klassifizieren zu wollen, es wird nützlicher sein einmal die wirkliche Entstehung einer Hungersnot zu verfolgen an der Hand der besten Quelle, die wir für diesen Gegenstand besitzen, Reiners von Lüttich.[5])

Das Jahr 1194 schliefst günstig ab, Ernte und Weinlese sind gut. Dennoch sind im Mai des folgenden Jahres 1195 aus uns unbekannten Gründen die Getreidepreise schon sehr hoch, der Modius Roggen kostet 18 s., Spelz 9 s. und Gerste 8 s. Von Johanni an regnet es ununterbrochen bis Weihnachten. Am Jakobstage, am 25. Juli, verwüstet ein Sturm die Saat, Ernte und Weinlese sind schlecht. Das Jahr 1196 ist wieder regnerisch, die Armen beginnen schon sehr zu leiden. Am 24. Juli erhebt man den heiligen Lambert und veranstaltet eine Bittprozession. Das Korn gerät sehr schlecht, die Ernte beginnt erst spät, am 24. August. Die Getreidepreise haben sich auf der Höhe des vorigen Jahres gehalten, der Modius Roggen kostet 18 s. und Spelz 8½ s. Es folgt ein langer Winter bis zum März 1197. Nun beginnt das eigentliche Notjahr, viele Arme sterben vor Hunger, in der Not wird das Fleisch von gefallenem Vieh gegessen. Bis zum 11. Juni hält sich der Roggenpreis auf 18 s., der Spelz ist auf 10 s. gestiegen. Am 12. Juni kostet der Roggen schon 32 und der Spelz 17 s. Die Not nimmt noch immer zu, um den 25. Juli kostet der Roggen 40 s. und der Spelz 20 s. Zu Epiphanias 1198 gehen auch dem Jakobskloster, in dem Reiner schreibt, die Vorräte aus. Gegen Ende des Jahres 1198 sinken dann die Preise langsam, aber der Roggen kostet doch zu Weihnachten immer noch 12 s.

Reiner ist ein ruhiger und zurückhaltender Schriftsteller,

---

1) a. 1125 Cr. S. Petri Erford. mod. S. S. XXX, 361, 35.
2) Ekkeh. S. S. VI, 264, 26. — 3) Cosmas S. S. IX, 131, 35.
4) a. 973 Ann. Laub. S. S. IV, 17, 33.
5) Reineri annales S. S. XVI, 651 ff.

der jede Übertreibung vermeidet, aber seine Zahlen sprechen eine ebenso deutliche Sprache, als die abenteuerlichen Berichte Rodulfus Glabers oder der Prager Domherren. Wir haben hier eine Hungersnot entstehen sehen nur durch anhaltende schlechte Witterung, die die Ernte zweier Jahre hintereinander verdirbt. Es ist ein typischer Fall; ähnlich ist die Enstehungsgeschichte der meisten Hungersnöte gewesen, wenn sich auch nirgends wieder die einzelnen Stufen der Entwicklung so genau verfolgen lassen.

Ueberschwemmungen sind auch eine Ursache der Hungersnot, die mehrfach erwähnt wird, doch haben sie der Natur der Sache nach mehr lokale Bedeutung. Die Gesta Treverorum berichten 1035 von einer Hungersnot, deren Entstehung auf die Verwüstung des Mosellandes durch Überschwemmungen im Winter und Frühjahr zurückgeführt wird.[1]) Auch 1183 sind grofse Überschwemmungen im Mündungsgebiete des Rheins die Ursache einer Hungersnot.[2]) Das Jahr 1234 brachte dem Donauthale ungeheure Frühjahrsüberschwemmungen.[3]) Nach der Schneeschmelze trat der Flufs aus, überflutete weithin seine Ufer, zerstörte die Dörfer, viele Menschen ertranken, eine unzählige Menge Vieh wurde fortgerissen und alle Saaten verdarben. Eine Hungersnot folgte. Auch sonst wirken im Gebiet der grofsen Flüsse oft Überschwemmungen bei der Entstehung von Hungersnöten mit.

Überschwemmungen an der Meeresküste sind dagegen als Ursache von Hungersnöten kaum nachzuweisen. Niemals hören wir nach den grofsen Überschwemmungen in Holland von einer Hungersnot. Sehr genau sind wir über die Verhältnisse an der friesischen Küste durch die Chroniken Emos und Menkos unterrichtet, fast in jedem Jahre wird hier von gröfseren oder kleineren Überschwemmungen berichtet. Aber nur einmal, 1219[4]), scheint ein Zusammenhang mit einer Hungersnot vorhanden zu sein. Es mag das daran liegen, dafs damals, wie auch heute noch, der Getreidebau in Holland und Friesland nur eine untergeordnete Rolle spielte, und das Vieh natürlich leichter vor der Hochflut zu retten war.

Viehseuchen können natürlich allein keine Hungersnot hervorbringen, aber mehrfach wirken sie bei der Entstehung der Hungersnöte mit. 994 wurde Sachsen von einer schweren Seuche von Mensch und Vieh heimgesucht, die mit der all-

---

1) a. 1035 Gest. Trev. cont. I. S. S. VIII, 180, 11.
2) a. 1183 Ann. Egmund. S. S. XVI, 469, 37.
3) a. 1234 Cont. Lambac. S. S. IX, 558, 44; dazu auch Ann. S. Rudberti Salisburg. S. S. IX, 786, 4 u. Cont. Sancruc. II, S. S. IX, 638, 4.
4) a. 1219 Emo S. S. XXIII, 490, 32.

gemeinen Ungunst des Wetters eine Hungersnot hervorbrachte.[1]) Ebenso werden die beiden Notjahre 1225 und 1226 von einer Viehseuche[2]) begleitet, die 1224 begonnen hatte. 1272 führt Menko[3]) als vierten Punkt unter den Gründen der Hungersnot auch eine verheerende Krankheit unter den Schafen an, so dafs den Menschen nun auch die Milch fehlte.

Im Jahre 873[4]) erschienen nach dem Berichte der Ann. Fuld. zur Erntezeit ungeheure Heuschreckenschwärme. Wo sie sich niederliefsen, zerstörten sie die Saat auf den Feldern. Bei Mainz sollen sie in einer Stunde 100 Joch Getreide vernichtet haben. Eine Hungersnot war die Folge. Dasselbe berichten, wenn auch weniger ausführlich, die Hersfelder Annalen.[5]) Es ist aber auch der einzige Fall, wo sich eine Hungersnot mit Sicherheit auf Verwüstungen durch Heuschreckenschwärme zurückführen läfst. Ein Epigramm auf Bischof Rumold von Münster erwähnt als Grund für die Hungersnot von 941 Heuschrecken, die die Ernte vernichteten.[6]) Aber dieser Nachricht kann wenig Bedeutung beigelegt werden, da keine der zahlreichen Quellen, die sonst über dies Jahr berichten, etwas davon weifs. Ebenso steht es mit einer französischen Quelle[7]), die 1031 bei der Entstehung einer Hungersnot das Auftreten von Heuschrecken erwähnt; der Schaden kann nur gering oder ganz lokal gewesen sein, da alle anderen Berichte nichts von dieser Thatsache wissen und besonders auch Rodulfus Glaber schweigt. Auch 1242 bei der grofsen Hungersnot in Ungarn treten Heuschrecken auf, und sie mögen ja auch zur Erhöhung der Not beigetragen haben, der wirkliche Grund dieser Hungersnot lag aber in der Verwüstung des Landes durch den Tartareneinfall.[8])

Kriege wirken überhaupt nicht selten bei der Entstehung von Hungersnöten mit. Bei der Art der mittelalterlichen Kriegsführung, die ganz besonders auf die Verwüstung des platten Landes ausging, ist das leicht begreiflich. Eins

---

1) a. 994 Ann. Quedlinburg. S. S. III, 72, 26.
2) a. 1224 Chr. Albrici S. S. XXIII, 914, 38; Gotfr. Viterb. cont. Funiac. S. S. XXII, 343, 1; Ann. S. Rudberti Salisburg. S. S. IX, 783, 8; Ann. Gotw. S. S. IX, 603, 25; Cont. Garst. S, S. IX, 596, 5; a. 1225 Sächs. Weltchr. M. G. Deutsch. Chr. II, 245, 13; Chounradi Schirens. ann. S. S. XVII, 632, 48; Ann. Mellic. S. S. IX, 507, 27; a. 1226 Cononis Lausann. notae S. S. XXIV, 783, 45; Ann. Zwifalt. S. S. X, 59, 24; Ann. Neresh. S. S. X, 23, 23.
3) a. 1272 Menko S. S. XXIII, 560, 31.
4) a. 873 Ann. Fuld. M. G. kl. Ausg., p. 79.
5) a. 873 Ann. Hildesh. M. G. S. S. kl. Ausg, p. 18.
6) a. 941 G. Q. des Bistums Münster III, 187.
7) Hist. Franciae fragm. Hist. de France X, 212 D.
8) a. 1242 Ann. S. Rudberti Salisburg. S. S. IX, 788, 15 Cont. Sancruc. II, S. S. IX, 641, 11.

der charakteristischsten Beispiele ist der Slaveneinfall in Holstein im Jahre 1147. Am 26. Juni, also kurz vor der Ernte, überfallen die Slaven Lübeck und durchziehen dann verwüstend das ganze Land, darauf kommt es zu wechselnden Kämpfen zwischen Deutschen, Dänen und Slaven und alles führt schliefslich gegen Ende des Jahres zu einer Hungersnot.[1]) Ebenso sind die jahrelangen Raubzüge der Normannen der Grund zu der Hungersnot, von der 889 Nordfrankreich heimgesucht wurde. 3 Jahre lang wurde, wie Richer berichtet, das Feld nicht bestellt.[2]) 1082 verursachen die Kämpfe zwischen Leopold von Österreich und dem Herzoge von Böhmen eine Hungersnot in Österreich.[3]) Für die Hungersnot in Schwaben vom Jahre 1077 giebt Berthold als Grund neben der Mifsernte auch den Parteigängerkrieg an, der damals das Land verwüstete. Schliefslich ist auch die grofse Hungersnot, die von 1280—82 Böhmen heimsuchte, in erster Linie auf die inneren Kämpfe unter der Statthalterschaft Ottos von Brandenburg zurückzuführen.[4]) Es kam so weit, dafs im Herbste 1280 im weiten Umkreise um Prag die Äcker nicht mehr bestellt wurden.

Noch eine Gruppe von Ursachen, die bei der Entstehung von Hungersnöten mitwirken, ist zu erwähnen, die sich unter den Begriff der handelspolitischen Feindseligkeiten zusammenfassen lassen. Ausfuhrverbote, die mehrfach erwähnt werden, wirkten nach beiden Seiten verschieden; während sie das eine Land vielleicht schützten, konnten sie das andere, das auf die Zufuhr angewiesen war, sehr stark schädigen. Menko behandelt einen solchen Fall recht ausführlich.[5]) Seit 4 Jahren war in Friesland schon die Getreideernte schlecht gewesen, aber jetzt kam noch ein neues Unglück hinzu. Der Bischof von Münster verbot aus Feindseligkeit gegen die Friesen das Abhalten der Märkte an der Ems. Die Friesen konnten daher die Produkte ihrer Viehzucht nicht absetzen. Ebenso konnten sie auch in Dänemark und den Ostseeländern nichts für ihr Vieh eintauschen, denn überall wollte man nur gegen Geld verkaufen. Das Geld war aber auch wieder in Friesland selten geworden; vor drei Jahren erst war eine grofse Schar von Kreuzfahrern fortgezogen, und ihnen hatte

---

1) Helmoldi chr. Slav. lib. I, c. 66. M. G. S. S. kl. Ausg. 127; vgl. auch daselbst lib. II, c. 5, p. 202 die Verwüstung Mecklenburgs durch die Feldzüge gegen die Obotriten und die daraus entstehende Hungersnot.
2) a. 889 Richeri hist. lib. I, c. 5 M. G. S. S. kl. Ausg., p. 5.
3) a. 1082 V. Altmanni c. 25, S. S. XII, 237, 1.
4) a. 1280 Cont. Cosm. Ann. Prag. II S. S. IX, 196; vgl. dazu Palacky, Gesch. v. Böhmen II, 1, p. 298—306.
5) a. 1272 Menko. chr. S. S. XXIII, 560, 2.

24 Verschiedene Ursachen für die Entstehung der Hungersnöte.

man das meiste Bargeld mitgegeben. Schliefslich kam noch hinzu, dafs in einigen Orten Dänemarks ein Ausfuhrverbot für Getreide erlassen wurde. So geriet Friesland in die gröfste Bedrängnis, und als jetzt noch eine Viehseuche ausbrach, war die Hungersnot da.

Die Frage nach der Beendigung der Hungersnöte läfst sich ziemlich einfach beantworten. Wenn auch die Not schon mehrere Jahre gedauert hatte, so mufste sie doch schliefslich durch eine gute oder doch wenigstens befriedigende Ernte ihr natürliches Ende finden. Mit bewegten Worten schildert Rodulfus Glaber[1]) eine solche Wendung zum Besseren, die nach der schrecklichen Not der vorhergehenden Jahre das Jahr 1033 brachte: der Himmel hellte sich wieder auf, die Erde überzog sich mit freundlichem Grün und brachte in üppiger Fülle die ersehnten Früchte hervor.

Vielleicht kann man aber auch annehmen, dafs, wenn die Not schon mehrere Jahre gedauert hatte, der Menschenverlust schliefslich so stark war, dafs sich die Lebensbedingungen für die Überlebenden wesentlich besserten. Eine derartige hohe Bedeutung legt eine belgische Quelle[2]) einmal der Entvölkerung des Landes, die allerdings hier durch Fortwanderung während der Hungersnot entstanden sein soll, bei, indem sie schreibt, der Verlust wäre so grofs gewesen, dafs man nun die Zurückgebliebenen ganz gut durch Almosen hätte erhalten können.

---

1) a. 1033 Raoul Glaber lib. IV, c. 5 ed. M. Prou, p. 103; vgl. auch a. 1271 Monach. Fürstenfeld. Böhmer Fontes I, 12.
2) a. 1196 Cont. Aquicinct. S. S. VI, 433, 42.

Dauer und räumliche Ausdehnung der Hungersnöte.

Sehr häufig finden sich in den Quellen Angaben über die Dauer der Hungersnot. Aber bei dem begründeten Mifstrauen gegen alle Zahlenangaben mittelalterlicher Schriftsteller wird hier eine sehr genaue Nachprüfung notwendig sein. Wenn die Chronisten auch gern grofse Zahlen nennen, um das Schreckliche der Lage recht anschaulich zu machen, so finden sich doch unverhältnismäfsig selten in derselben Quelle mehrere Jahre hinter einander auch wirklich Nachrichten über eine Hungersnot.

Das Maximum der Angaben über die Dauer einer Hungersnot erreichen das Auctuarium Affligemense[1]) und die Chronica Andrensis[2]) mit 12 und 13 Jahren. Dafs eine wirkliche Hungersnot so lange angedauert hat, ist undenkbar, es kann sich nur um eine Teuerungsperiode handeln. So ist es in Andres auch gemeint, denn die 13 Jahre umfassen gerade die Regierungszeit des Abts Iterius 1195—1207, während der, wie der Chronist angiebt, der Weizenpreis für den Polkinus nie unter 10 s. sank. In den Anfang dieser Zeit fällt auch thatsächlich die schwere Hungersnot von 1196—1197, vielleicht hat sich die Gegend von Andres besonders langsam von diesem Schlage erholt. Die 12 Jahre des Auctuarium sind weniger leicht zu erklären, es scheint sich hier um einen Irrtum oder um eine starke Übertreibung zu handeln; hinzu kommt noch, dafs die Zahl 12 schon an sich als Rundzahl verdächtig ist. 1139 soll die Hungersnot begonnen haben, sie dauerte also bis 1151. Diesen Anfangstermin kennt von allen anderen belgischen Quellen nur das höchst unzuverlässige Chronicon Sancti Bavonis. Allerdings wird in den vierziger Jahren häufig von Hungersnöten in Belgien berichtet, und auch 1151 ist nach einer Pause von mehreren Jahren wenigstens in der Gegend von Lüttich wieder eine Hungersnot bezeugt, aber Affligem in der Nähe von Aalst ist zu weit von

---

1) a. 1139 Auct. Afflig. S. S. VI, 400, 32.
2) ca. a. 1197 Guielmi chr. Andren. S. S. XXIV, 714, 47. 732, 14.

Lüttich entfernt, als dafs wir Grund hätten, eine Ausdehnung der Hungersnot bis dorthin ohne weiteres anzunehmen. Es ist dieser Angabe also kein irgendwie selbständiger Wert beizulegen.

Auch die Erwähnung von sieben Hungerjahren in den Ann. Laubienses[1]), im Chr. S. Bavonis[2]) und bei Balduin von Ninove[3]) erinnert noch zu sehr an die sieben mageren Jahre in Ägypten; eine andere Quelle[4]) kennt auch einmal sieben gute Jahre. In Lobbes handelt es sich aber immerhin, wenn sich auch die Dauer von sieben Jahren nicht halten läfst, um eine Hungersnot von besonders langer Dauer, schon im Jahre vorher 1142 hatte sie begonnen, und auch in den folgenden Jahren hören wir mehrfach von Hungersnöten in Belgien. Dieselbe Not meint auch das Chr. S. Bavonis, nur setzt sie vielleicht, durch einen lokalen Notstand des Jahres 1139 bestimmt, den Anfangstermin unberechtigt früh an. Balduin betrachtet das Nordlicht, das 1192 erscheint, als ein Vorzeichen, er kennt weiter die schwere Hungersnot in den letzten Jahren des Jahrhunderts, und so kombiniert er sich eine Hungersnot von sieben Jahren. Thatsächlich herrschte Hungersnot in Belgien nur während der Jahre 1196 und 1197.

1042 oder 1043 soll in Lüttich eine Hungersnot[5]) von sechsjähriger Dauer begonnen haben, andere belgische Quellen kennen aber nur 1043 und 1044 als Notjahre. Auch eine Hungersnot von fünf Jahren, wie sie von Rodulfus Glaber[6]), der Historia monasterii Viconiensis[7]) und von Abt Isingrim von Ottenbeuern[8]) erwähnt wird, ist thatsächlich wohl kaum zu beweisen, doch nähern wir uns hier schon dem Möglichen.

Alle bedeutenden Hungersnöte erstrecken sich über mehrere, in der Regel zwei oder drei Jahre. Erwähnt nun irgend ein Annalenwerk zu zwei aufeinander folgenden Jahren eine Hungersnot, so ist daraus allerdings noch nicht mit Sicherheit zu folgern, dafs sich diese Hungersnot auch wirklich über die Dauer von zwei ganzen Jahren, also auch über zwei Ernten erstreckt hat, häufig ist damit nichts anderes gesagt, als dafs die Hungersnot nach der Mifsernte des ersten Jahres begann und nun natürlich auch im nächsten Jahre, das meist das eigentliche Notjahr war, fortdauerte. Und meistens be-

---

1) a. 1143 Ann. Laub. S. S. IV, 22, 50.
2) a. 1139 Chr. S. Bavonis De Smet, Corp. chr. Fland. I, 584
3) a. 1192 Bald. Ninov. S. S. XXV, 537, 40.
4) a. 1247 Chr. Ridesel. Kuchenbecker, Analecta Hass. III, 7.
5) Anselmi gest. eps. Leod. c. 53 S. S. VII, 221, 6.
6) a. 1005 Raoul Glaber lib. II, c. 9 ed. M. Prou. 44.
7) a. 1197 Hist. monast. Vicon. S. S. XXIV, 302, 30.
8) a. 1197 Ann. Ottenb. Isingr. min. S. S. XVII, 317, 1.

gann die Hungersnot schon zu Ende des Jahres, das den
Mifswachs brachte, wenn die geringe Ernte aufgezehrt war,
manchmal verzögerte sich der Ausbruch auch noch bis zum
Anfange des nächsten Jahres und selten bis zum Ende des
Winters oder Beginn des Frühjahrs.[1])

Dauerte auch eine Hungersnot schon mehrere Jahre, so
darf es uns doch nicht wundern, dafs unsere Quellen nur verhältnismäfsig selten mehrere Jahre hintereinander eine Hungersnot erwähnen, das thuen nur besonders sorgfältige Werke, wie
z. B. Menkos Chronik oder die Fortsetzung des Cosmas, meist
begnügen sie sich damit, beim ersten oder letzten Jahre an-
zugeben, die Hungersnot habe zwei oder drei Jahre gedauert.
Man mufs daher häufig Aussagen mehrerer Quellen zusammenstellen, um mit Sicherheit zu erfahren, wie lange die Hungersnot an einem bestimmten Orte gedauert hat, und es kann
dabei leicht vorkommen, dafs auch in guten Quellen einmal
in einem der Jahre eine Nachricht fehlt. Um ein Beispiel
anzuführen: in der Gegend von Köln herrschte drei Jahre
hintereinander von 1145—1147 eine Hungersnot. Es haben
Nachrichten darüber: 1145 die Ann. Brunwilarenses, 1146
wieder die Ann. Brunwil., die Ann. Remenses et Colonienses,
die Chr. regia berichtet von einem Kometen als Vorzeichen
der kommenden Not, 1147 erwähnt dann auch die Chr. regia
eine Hungersnot. Länger als drei Jahre aber wird an demselben Orte wohl kaum eine Hungersnot geherrscht haben.

Häufiger und bei gröfseren Hungersnöten fast die Regel
ist eine Dauer von zwei Jahren und zwar so, dafs auch wirklich zwei Mifsernten auf einander folgen. So berichten zu
den Jahren 1196 und 1197 Reiner von Lüttich und aus einem
anderen Teile von Belgien die Cont. Aquicinctina. Der Grund
zu der Verschleppung des Notstandes ins zweite und dritte
Jahr kann in einem Anhalten der ungünstigen Witterung
liegen, aber das wäre ein Zufall. Viel wichtiger ist die allgemeine Depression, von der sich die Wirtschaft nicht so
schnell erholt. Der Ackerbau lag ganz darnieder, oft wurde in
der Not das Saatgetreide ganz oder zum Teile verzehrt, am
schlimmsten aber mufste es wirken, dafs regelmäfsig, von
furchtbarer Panik ergriffen, die Landbevölkerung den Acker
überhaupt im Stiche liefs, und so die ganze Getreideproduk-
tion ins Stocken geriet. Immer wieder berichten die Quellen,
dafs während der Hungersnot zahllose Höfe leer standen. Aber
das Land wurde dadurch nicht entlastet, das Feld blieb zwar
unbestellt, aber die Flüchtlinge verliefsen die Gegend nicht,
sondern zogen nur in die nächste gröfsere Stadt, um dort bei

---

1) a. 1252 Cosmae cont. S. S. IX, 174, 10.

der Mildthätigkeit des Klerus Hülfe zu finden. Dafs man diesen Mifsstand erkannte, zeigt eine Stelle der Vita Ottos von Bamberg[1]), die berichtet, dafs der Bischof bei Beginn der Ernte dafür sorgte, dafs die Scharen, die sich in Bamberg angesammelt hatten, nun in ihre Heimat zurückkehrten. Er gab jedem der Flüchtlinge eine Sichel mit und einen Denar als Zehrgeld. Ebenso schicken die Mönche von Riddagshausen[2]) ihre Schutzbefohlenen zur Ernte wieder in die Heimat zurück.

Von der gröfsten Bedeutung für die Geschichte der Hungersnöte ist die Frage nach der Ausdehnung des Notstandsgebiets in jedem einzelnen Falle. Unmittelbar geben die Quellen hierüber sehr selten Auskunft, und finden sich einmal Angaben, per totam Galliam et Germaniam, per Saxoniam, per Baioariam, multis locis und ähnliches, so sind sie doch nur mit der gröfsten Vorsicht aufzunehmen. Im Ganzen ist anzunehmen, dafs der schreibende Mönch sichere Auskunft nur über seine nähere Umgebung geben konnte. Nur bei besonders gut unterrichteten Autoren, die auch sonst ihre Zuverlässigkeit und einen weiteren Blick bewiesen haben, werden wir Wert auf Angaben über die Ausdehnung der Notstandsgebiete legen dürfen. Menko berichtet von einer Hungersnot in Dänemark und Greifswald, und er ist zweifellos vollkommen orientiert, denn er spricht in demselben Zusammenhange von dem lebhaften Handelsverkehr der Friesen nach den Ostseeländern. Dafs aber auch sonst räumlich weit entfernte Quellen richtig über eine Hungersnot berichten können, zeigt die Übereinstimmung zweier süddeutscher Quellen, Bernolds[3]) und der Augsburger Annalen[4]), die von einer Hungersnot in Sachsen 1092 und 1093 berichten.

Ein Beispiel, wie sehr eine Quelle irren kann, wenn die Nachricht auch noch so bestimmt auftritt, giebt eine Stelle bei Magnus von Reichersberg.[5]) Es heifst da zum Jahre 1166: „Eodem anno fuit illa magna fames per universas terras." Das Wort illa deutet schon darauf hin, dafs die Nachricht später, vielleicht aus dem Gedächtnisse nachgetragen ist. Diese Vermutung wird bei näherer Betrachtung bestätigt. Die Chronik ist bis 1167 nichts anderes als ein Auszug aus den älteren in ihrem letzten Teile den Ereignissen gleichzeitigen Ann. Reichersberg. Hier findet sich aber nichts von einer

---

1) Heribordi dialog. de. v. Ottonis epsc. Babenberg. lib. I, c. 33 S. S. XX, 716, 1.
2) a. 1316 Magdebg. Schöppenchr. St. Chr. VII, 186, 1.
3) a. 1092 Bernoldi chr. S. S. V, 454, 10.
4) a. 1093 Ann. August. S. S. III, 134, 17.
5) a. 1166 Chr. Magni presbyt. S. S. XVII, 488, 40.

Hungersnot, die Nachricht ist also ein Zusatz, den Magnus gegen Ende des Jahrhunderts machte, als er seine Chronik verfaſste. Nun könnte ja diese Nachricht auf eine andere ebenfalls zeitgenössische Quelle zurückgehen; das wird aber wenig wahrscheinlich, wenn wir betrachten, was sonst über die Witterungsverhältnisse des Jahres 1166 überliefert ist. In Stederburg[1]) finden wir allerdings eine Hungersnot, ebenso Miſsernte in Magdeburg[2]), in einer Thüringer Quelle[3]) aber heiſst es: „abundancia magna frumenti et vini." Aus der Nähe von Reichersberg berichten die Cont. Cremifanensis[4]) und die Ann. Admuntenses[5]) übereinstimmend von Hagelschlag am 24. Juni, aber von einer Hungersnot wissen sie nichts. Nachrichten aus Baiern fehlen. Unter diesen Umständen kann von einer wirklich bedeutenden Hungersnot in der Gegend von Reichersberg keine Rede sein, höchstens wäre es möglich, aber auch nur möglich, an einen eng begrenzten Notstand zu denken. Ebenso gut kann die Nachricht aber auch einfach falsch sein. Wie der Irrtum dann entstanden ist, ob etwa, was allerdings bei der Lage von Reichersberg wenig wahrscheinlich ist, eine norddeutsche Quelle der Nachricht zu Grunde liegt, — dann wäre ja das Jahr richtig überliefert, — oder ob die Jahreszahl durch irgend einen Zufall verwechselt ist, läſst sich nicht entscheiden.

Eine bedeutende Überschätzung der Verbreitung des Notstandes zeigen die zwei Nachrichten der Ann. Fuld.[6]): 873 heiſst es: „fames per universam Italiam et Germaniam" und 874[7]): „fames per universam Galliam et Germaniam." Unterstützt wird diese Aussage noch durch eine Nachricht der Hersfelder Ann.[8]), die auch ganz allgemein angeben: fames in Germania. Und doch läſst sich sicher zeigen, daſs das Gebiet dieser Hungersnot nur ungefähr den Strich zwischen den Ursprungsorten dieser beiden Notizen, zwischen Mainz und Hersfeld umfaſste. Der Grund zu dieser Not waren gewaltige Heuschreckenschwärme, die 873 Deutschland, Frankreich und Italien durchzogen und bis nach Spanien kamen. Zahlreiche Autoren berichten von dieser Erscheinung, die die Zeitgenossen im höchsten Grade erregte. Aber von einer Hungersnot weiſs auſser den beiden angeführten keine Quelle etwas. Der Grund

---

1) a. 1166 Ann. Stederburg. S. S. XVI, 209, 45.
2) a. 1166 Ann. Magdebg. S. S. XVI, 192, 38.
3) a. 1166 Cr. S. Pertri. Erford. S. S. XXX, 370, 8.
4) a. 1166 Cont. Cremif. S. S. IX, 545, 39.
5) a. 1166 Ann. Admunt. S. S. IX, 583, 43.
6) a. 873 Ann. Fuld. M. G. kl. Ausg. 79.
7) a. 874 Ann. Fuld. M. G. kl. Ausg. 83.
8) a. 873 Ann. Alth. M. G. kl. Ausg. 6.

ist klar, die Heuschrecken erschienen in Mainz zur Zeit der Ernte, tempore novarum frugum, wie die Ann. Fuld. angeben. Als sie später nach Frankreich kamen, wird die Ernte schon zum grofsen Teile beendigt gewesen sein[1]), so dafs sie hier nicht mehr viel schaden konnten.

Es zeigt sich, dafs die Angaben der Quellen über die Ausdehnung der Hungersnöte sehr unzuverlässig sind. Irgend welche allgemein gültigen Regeln für die Behandlung der Schriftstellernachrichten in dieser Hinsicht lassen sich nicht finden; man wird also jede Quellenstelle nach ihrer Individualität behandeln müssen und wird im ganzen nur durch die geographische Lage der Quellenorte zu einander Auskunft über die räumliche Ausdehnung der Notstandsgebiete erhalten.

---

1) Am 16. August erschienen die Heuschreckenschwärme in Rheims, Ann. S. Dionysii Rem. S. S. XIII, 82, 26.

Verschiedene Arten der Hungersnöte.

Zwei Gruppen lassen sich unter der Menge der überlieferten Hungersnöte deutlich unterscheiden, solche, die lokal auf einen Teil des Landes beschränkt sind und solche, die das ganze oder doch den gröfsten Teil des in der vorliegenden Arbeit behandelten Gebietes umfassen. Aus dem Bereich der Betrachtung fallen selbstverständlich heraus die Hungersnöte, die in belagerten Städten entstehen.

Die lokalen Hungersnöte umfassen Gebiete, die schon von Alters her eine Einheit waren, und die wir auch heute noch als Einheiten anzusehen gewöhnt sind, Gebiete, die ihrer physikalisch-geographischen Natur nach unter denselben Witterungsverhältnissen stehen, die meist von demselben Stamme bewohnt werden, die oft auch politisch eine Einheit bilden, oder die doch die politischen Schicksale mit einander teilen; denn auch das hat ja eine, wenn auch nur sekundäre Bedeutung. Kurz, Gebiete, die kulturell und wirtschaftlich auf derselben Stufe stehen, und die darum unter den elementaren Schlägen, die die Wirtschaft treffen, gleich oder ähnlich leiden. Solche Gebiete sind, um einige Beispiele anzuführen: Böhmen, von drei Seiten von Gebirgen umgeben und politisch eine Einheit, Baiern und Schwaben, die beiden Teile, in die seit alters Süddeutschland sich scheidet. Im Nordwesten bildet das Land von den Abhängen der Ardennen bis zum Meere ein abgeschlossenes Gebiet, das bald einen entscheidenden Vorsprung vor allen anderen Gegenden gewinnt. Aus Lüttich, Cambrai, Doornik, Achin und Gent stammen die besten Nachrichten für unser Thema. Die niedersächsische Tiefebene ist entschieden von den süd- und westdeutschen Gebirgsländern getrennt, kulturell steht das Land etwas zurück, es hat auch meist seine besonderen Hungersnöte.

Natürlich sind die lokalen Hungersnöte nicht so eng beschränkt. Eine böhmische Hungersnot greift wohl auch auf Schlesien und Westgalizien über. Baiern und Schwaben werden von derselben Not getroffen. Eine Hungersnot in Belgien erstreckt ihre Ausläufer an den Mittelrhein und bis nach Westfalen, und ähnliche Fälle mehr.

Die Umgrenzung eines Notstandsgebietes ergiebt sich zuerst positiv aus der Zusammenstellung mehrerer Nachrichten über die Hungersnot aus benachbarten oder doch nicht zu weit von einander entfernten Orten, negativ aus Nachrichten über gute Ernte und Witterungsangaben aus Gegenden, die in der Nähe der Peripherie des wahrscheinlichen Notgebietes liegen; denn wo ein Schriftsteller dergleichen aufzeichnet, wird er Hungersnöte sicher nicht unbeachtet lassen; oder schliefslich aus Nachrichten, die auf eine wesentliche Abschwächung der Not deuten. Im Gegensatze zu fames, sterilitas, siccitas u. s. w. Das Schweigen der Quellen als Argument zu verwerten, wird nur mit einiger Vorsicht möglich sein. Im Ganzen glaube ich, werden sich so die Gebiete in der wünschenswerten Weise umschreiben lassen.

Es wird gut sein, einige Beispiele anzuführen. 1095 wird von einer Hungersnot in Belgien berichtet, es liegen Nachrichten vor aus: Lüttich, Gembloux, Doornik, Gent, das ganze Land war also von der Not betroffen. Aus den benachbarten Gebieten erfahren wir nichts, nur an einigen Stellen, in Utrecht[1]) und in Hessen[2]) ist die Seuche, die im vorhergehenden Jahre ganz Mitteleuropa betroffen hatte, noch nicht erloschen. Wie weit Frankreich von der Not ergriffen war, läfst sich endgültig nicht erkennen, Nachrichten darüber fehlen in den ostfranzösischen Annalen, und wenn Ekkehard[3]) von einer Hungersnot in Frankreich spricht, so wird man diese Nachricht dem Zusammenhange nach sehr wohl besonders auf die belgischen Gebiete beziehen können. 1259 ist Baiern von einer Hungersnot heimgesucht. Es berichten darüber Nachrichten aus Freising[4]), Scheftlarn[5]), Ranshofen[6]) und Salzburg[7]), wenn auch hier der Autor das immerhin mildere Wort caristia gebraucht. Nördlich der Donau macht sich der Notstand noch in Thalmässing[8]) durch hohe Preise bemerkbar. Das Viertel Weizen oder Roggen kostet 4 s. Hiermit ist das Notgebiet ungefähr umschrieben; östlich davon, in Lambach[9]), wird noch von einem heifsen und trockenen Sommer berichtet, aber nicht mehr von einem besonderen Notstande. In Böhmen verzeichnet man schon ein besonders

---

1) a. 1095 Ann. S. Mariae Ultraiect. S. S. XV, II, 1301, 36.
2) a. 1095 Ann. Ottenbur. S. S. V, 8, 40.
3) a. 1095 Ekkeh. chr. univer. S. S. VI, 213, 48.
4) a. 1259 Ann. S. Steph. Frising. S. S. XIII, 57, 10.
5) Ann. Scheftlar. min. S. S. XVII, 344, 24.
6) Ann. Wessof. ed. Leuter. Hist. Wessof. II, 33; vgl. Lorenz, Deutschlands Geschichtsquellen I, 176.
7) Ann. S. Rudb. Salisburg. S. S. IX, 795, 7.
8) Ellenhardi annal. S. S. XVII, 102, 40, Thalmässing nördl. von Eichstädt. — 9) Cont. Lambac. S. S. IX, 560, 12.

gutes Weinjahr.¹) Nachrichten aus Schwaben fehlen, aber am Rhein sind Weinlese und Ernte gut.²) In ähnlicher Weise liefse sich die Begrenzung auch noch in anderen Fällen durchführen.

Die allgemeinen Hungersnöte unterscheiden sich qualitativ, in der Art ihrer Erscheinungen, nicht sehr von den lokalen. Das Bild der Not ist im Ganzen dasselbe, der Unterschied liegt im wesentlichen nur in der gröfseren Ausdehnung des Notstandsgebietes. Es gehören zu ihrem Entstehen so besonders ungünstige Witterungsverhältnisse, dafs klimatisch und wirtschaftlich ganz verschiedene Gebiete gleichzeitig getroffen werden, oder um es für den konkreten Fall dieser Untersuchung festzustellen, dafs Ober- und Niederdeutschland von derselben Hungersnot heimgesucht werden. Dann wird es sich zeigen, dafs immer im östlichen, oft aber auch in ganz Frankreich und zum Teil auch in Italien oder England Hungersnot herrscht. Es ist damit ein grofses Gebiet umschrieben, innerhalb dessen aber Schwankungen in dem Ausdehnungsgebiete jeder einzelnen allgemeinen Hungersnot vorhanden sein können. Nur die Hungersnot von 1315—1317 füllt das ganze von dieser Arbeit behandelte Gebiet aus, nur hier sind die Spuren der Not wirklich von Breslau bis Doornik und von der Ostsee bis an die Alpen zu verfolgen. In allen anderen Fällen ist das Notstandsgebiet mehr oder weniger beschränkt, und besonders die peripherisch gelegenen Gebiete sind häufig von Hungersnot nicht betroffen oder die Not läfst sich hier wenigstens nicht nachweisen. Ein Blick auf die beiliegenden Tabellen wird das bestätigen, die Rubriken der norddeutschen Küstengebiete, Böhmens und Österreichs bleiben häufig bei allgemeinen Hungersnöten leer. Es handelt sich im Ganzen, wie wir sehen, um die Kolonialländer. Zum Teil werden wir diese Erscheinung ja darauf zurückführen können, dafs hier die an sich schon gegen das Mutterland spärlichen Nachrichten über Hungersnöte verloren gegangen sind, dann aber war auch die ganze wirtschaftliche Lage des Landes noch zu sehr von dem übrigen Deutschland und Mittelfrankreich verschieden, als dafs man annehmen könnte, dafs diese Gebiete immer an den Schwankungen und Störungen des wirtschaftlichen Lebens des Westens teilgenommen hätten. Immerhin ist anzunehmen, dafs häufig die Hungersnöte weiter nach Osten ausgedehnt waren, als sich nachweisen läfst. In der älteren Zeit wird die angedeutete Kulturgrenze noch weiter zurückzuschieben sein, so dafs im neunten Jahrhundert

---

1) a. 1259 Cont. Cosm. S. S. IX, 177, 41.
2) a. 1259 Ann. Wormat. Boos. Mon. Wormat. 156, 18.

schon eine allgemeine Hungersnot vorliegt, wenn nur das mittelrheinische Gebiet, Oberdeutschland und, hier ist es natürlich besonders wichtig, Frankreich betroffen wird.

Aber auch im Westen finden wir, daſs in einigen Fällen scheinbar oder wirklich gewisse Gebiete an den allgemeinen Hungersnöten nicht teilnehmen. Undenkbar ist es doch anzunehmen, daſs, während Belgien, Sachsen und Süddeutschland bis nach Böhmen hin in den Jahren 1124—1126 von einer Hungersnot heimgesucht wurden, das mittelrheinische Gebiet verschont geblieben sein soll. Der Grund zu dieser auffallenden Erscheinung liegt offenbar darin, daſs uns eine gute zeitgenössische Quelle aus dieser Gegend fehlt; was die Chr. reg. Col. berichtet, stammt aus Paderborn. Ebenso ist es nicht recht erklärlich, daſs uns im Jahre 1145 alle Nachrichten über eine Hungersnot in Belgien fehlen, während sie zu den Jahren vorher und nachher bezeugt ist, und gleichzeitig in ganz Deutschland und Frankreich Hungersnot herrschte.

Versuch einer Statistik.

In dem Vorhergehenden habe ich versucht, die Grundsätze für die Beurteilung der einzelnen Hungersnöte zu geben und habe dabei die beiden grofsen Hauptgruppen der allgemeinen und lokal begrenzten Hungersnöte aufgestellt. Es wird sich jetzt darum handeln, die überlieferten Hungersnöte in ihrer Gesamtheit zu überblicken und zu sehen, was sich aus einer allgemeinen Statistik ergiebt.

Die Schwierigkeit einer solchen Statistik liegt auf der Hand. Von absoluter Vollständigkeit des Materials kann natürlich keine Rede sein; was an Material auf uns gekommen ist, hat sich durch die tausend Zufälle der Überlieferung erhalten und ist ohne Einheitlichkeit. Gleichwohl fordert die grofse Zahl der Nachrichten zum Versuch einer Statistik auf.

Die erste Frage ist nun, wie weit zur Aufstellung einer solchen Statistik Vollständigkeit des Materials überhaupt nötig ist. Es wird da entschieden für einen allgemeinen Überblick genügen, wenn wir für jede verbreitete Hungersnot aus einigen oder auch nur einer guten Nachricht die ungefähre Ausdehnung des Notstandsgebietes bestimmen können. Das Fehlen von Nachrichten aus irgend einem wichtigen Orte innerhalb dieses Gebietes oder in der Nähe darf dabei nie verwundern, und kann auf vollständig zufälligen Gründen beruhen.

Viel wichtiger aber ist die Frage, in welchem Verhältnisse die Zahl der uns überlieferten zu der Zahl der überhaupt einst vorhanden gewesenen Hungersnöte steht, insbesondere ob wir auf eine gewisse Vollständigkeit der Überlieferung in dieser Hinsicht rechnen dürfen.

Ein negatives Resultat ergiebt ein Blick auf die beiliegenden Tabellen sofort. Für das 8. und 10. Jahrhundert ist das vorliegende Material vollkommen ungenügend, im Vergleich zu den anderen Jahrhunderten sind viel zu wenig Hungersnöte überliefert. Beim 8. Jahrhundert hat das seinen Grund darin, dafs überhaupt noch wenig aufgezeichnet wurde.

Für das 10. Jahrhundert werden wir wohl mit Recht annehmen dürfen, dafs durch die Raubzüge der Ungarn und Normannen von der Litteratur dieser Zeit unendlich viel zerstört worden ist.

Es wird also nur noch zu fragen sein, ob denn für die übrigen vier Jahrhunderte das Material so reichlich und gleichmäfsig ist, dafs man hoffen kann, brauchbare Resultate zu erlangen. Lamprecht hat, um diese Frage für das Moselgebiet zu beautworten, die Zahl der Hungersnöte mit der der Überschwemmungen, Erdbeben und grofsen Sterben verglichen und gefunden, dafs die Überlieferung aller dieser elementaren Ereignisse im Ganzen gleichmäfsig ist.[1]) Daraus wird dann gefolgert, dafs wir bei der Überlieferung der Hungersnöte wohl mit Recht dieselbe Gleichmäfsigkeit werden annehmen dürfen. Diese Art der Untersuchung nun für ganz Deutschland zu wiederholen wird sich, glaube ich, nicht empfehlen. Eine Vergleichung mit den Überschwemmungen läfst sich naturgemäfs nur für ein Flufsthal ausführen. Die Zahl der Erdbeben ist auch für das Moselland sehr klein, und doch sind wir hier in der Nähe der Eifel, fast dem einzigen Gebiete Deutschlands, das noch heute vulkanische Thätigkeit zeigt; in anderen Gegenden würden die Zahlen noch geringer sein. Auch von einer Vergleichung der grofsen Epidemieen kann ich mir kein rechtes Resultat versprechen. Dennoch glaube ich in der Aufzählung der Hungersnöte im Verhältnisse zu der Zahl der wirklich einmal vorhanden gewesenen eine sehr grofse Vollständigkeit erreicht zu haben, ja für die allgemeinen Hungersnöte nehme ich sogar an, dafs diese Vollständigkeit absolut ist, dafs es aufser den von mir bestimmten überhaupt keine allgemeinen Hungersnöte gegeben hat.

Zur Rechtfertigung dieser Behauptung läfst sich folgendes anführen: Die Erfahrung zeigt, dafs alle allgemeinen Hungersnöte, die wir kennen, durch eine beträchtliche Anzahl von Quellenstellen belegt sind. Um nur einige Beispiele anzuführen, so erwähne ich, dafs für die Notperioden 1005—1006 9 Nachrichten erhalten sind, für 1043—1045 16 Nachrichten, für 1099—1101 21 Nachrichten, für 1195 bis 1198 sind es 39 und für die Jahre 1225—1226 20 Nachrichten. Angesichts dieser Thatsachen wird man es nicht für wahrscheinlich halten, dafs alle Nachrichten über eine allgemeine Hungersnot verloren gegangen sind. Nun wäre ja aber auch die Möglichkeit vorhanden, dafs, wenn nicht alle, so doch so viele Nachrichten verloren gegangen wären, dafs die über-

---

1) Lamprechts Deutsches Wirtschaftsleben I, 590.

lieferte Hungersnot nur noch als eine lokale erschiene. Ich glaube aber kaum, dafs diese Eventualität dem überlieferten Quellenstoffe gegenüber in Betracht kommt. Für fast jedes der Notjahre finden sich aufser den Nachrichten, die ein gewisses Notstandsgebiet umschreiben, auch andere, die durch ihren Inhalt erkennen lassen, dafs in den Gegenden ihrer Entstehung keine Hungersnot herrschte. Es sind das zuerst Nachrichten, die von einer guten Ernte berichten, dann ganz allgemein Witterungsangaben; denn wir können mit Recht annehmen, dafs, wo eine Quelle es schon für bemerkenswert hielt, ein Gewitter, Hagelschlag oder etwas Ähnliches zu zu verzeichnen, sie eine Hungersnot, die doch eine viel eindrucksvollere Erscheinung war, nicht unbeachtet gelassen hätte.

Erscheint also nach Lage des vorhandenen Materials eine Verwechslung der lokalen und allgemeinen Hungersnöte nicht wahrscheinlich, so wird es sich jetzt fragen, wie weit wir denn auf eine Vollständigkeit in der Überlieferung der lokalen Hungersnöte werden rechnen können? Hierbei unterliegt es nun keinem Zweifel, dafs von einer grofsen Anzahl kleinerer eng begrenzter Hungersnöte sich Nachrichten nicht erhalten haben; aber das glaube ich nach dem allgemeinen Eindrucke, den die Quellen hinterlassen, annehmen zu können, dafs die gröfseren provinziellen Hungersnöte, wenigstens in den letzten Jahrhunderten, ihrer Zahl nach vollständig überliefert sind.

Wenn wir aber immerhin hier nicht auf absolute Vollständigkeit der Nachrichten werden rechnen können, so würde doch die Frage auftreten, ob denn das Material wenigstens so gleichmäfsig erhalten ist, dafs, auch eine gewisse Lückenhaftigkeit angenommen, wenigstens das Verhältnis der Zahlen zu einander in den einzelnen Zeitabschnitten richtig ist. Diese Verhältniszahlen sind aber das Wichtigste, da sie Zunahme oder Abnahme der Hungersnöte, — und darauf kommt es ja in erster Linie an, — in derselben Weise erkennen lassen, wie ein vollständiges Material.

Um die Gleichmäfsigkeit der Überlieferung zu prüfen, ist es nötig, alles gesammelte Material im weitesten Sinne zu betrachten. Ich habe gewissermafsen als Hülfsgröfsen, aufser den Nachrichten über die Hungersnöte selbst, auch alles, was uns sonst an Nachrichten über die Witterung, Überschwemmungen und Epidemieen erhalten ist, gesammelt. Da ergiebt sich nun, wenn wir die Gesamtheit dieses Materials betrachten, dafs ohne jede solche Nachricht im 9. Jahrhundert 36 Jahre, im 11. 30, im 12. 9 und im 13. nur noch 2 Jahre sind. Die Zahlen sind für das 9. und 11. Jahrhundert ziemlich gleichmäfsig. Zwischen dem 12. und 13. Jahrhundert erscheint der

Unterschied vielleicht grofs, er ist aber doch ohne besondere Bedeutung. Die Nachrichten haben sich in diesen beiden Jahrhunderten so vermehrt, dafs wir es nur für einen Zufall, dem kein gröfseres Gewicht beizulegen ist, halten können, wenn aus einem oder dem anderen Jahre uns nichts über irgend ein elementares Ereignis berichtet wird. Es liefse sich daher also wohl nur behaupten, dafs für die beiden letzten Jahrhunderte und vielleicht auch für das 9. und 11. unter sich das Material genügend gleichmäfsig ist, um eine Statistik zu erlauben, dennoch glaube ich, wird man mit einiger Vorsicht alle vier Jahrhunderte neben einander behandeln können. Es kommt hinzu, dafs zwischen dem 12. und 13. Jahrhundert, wo ein Fehler durch Mangel des Materials ausgeschlossen erscheint, sich der grösste Unterschied in der Zahl und Verbreitung der Hungersnöte ergeben wird. Hier kann die Statistik nicht geirrt haben. Schliefslich glaube ich, werden die gewonnenen Resultate eine gewisse Gewähr für ihre Richtigkeit in sich selbst tragen, weil sie in Übereinstimmung mit dem stehen, was wir sonst über den Verlauf der mittelalterlichen Wirtschaftsgeschichte wissen.

Zur Orientierung über die Ausdehnung und Dauer der einzelnen Hungersnöte verweise ich auf die beiliegenden Tabellen. Ich habe zur Abgrenzung der einzelnen Vorgänge innerhalb des behandelten Gebietes, besonders für die lokalen Hungersnöte, 10 Abteilungen gebildet[1]):

1. Das belgisch-niederrheinische Gebiet.
2. Das mittelrheinische Gebiet.
3. Lothringen und Ostfrankreich.
4. Das westliche Süddeutschland.
5. Baiern mit den Obermainländern.
6. Die norddeutschen Küstenländer.

---

1) 1. Belgisch-niederrheinisches Gebiet umfafst alles Land nördlich der Ardennen bis zum Meere und Zuider-See, der nördlichste Punkt, aus dem Nachrichten stammen, ist Egmond.
2. Mittelrheinisches Gebiet von Xanten aufwärts bis Mainz, aufserdem das Moselland.
3. Lothringen und Ostfrankreich, das Land südlich der Ardennen und westlich der Vogesen, wichtige Punkte, aus denen Nachrichten stammen, sind hier Verdun, Metz, Dijon, aufserdem sind zum Teil noch die weiter westlich und südlich gelegenen Gebiete mit berücksichtigt worden.
4. Westliches Süddeutschland umfafst Elsafs, Schwaben und Franken.
5. Baiern, südlich des Thüringer Waldes, östlich bis zum Böhmerwald, Salzburg eingeschlossen, die Westgrenze ist so angenommen, dafs Bamberg noch zu Baiern gehört.
6. Norddeutsche Küstenländer sind oft zu entlegene Gebiete

7. Das norddeutsche Binnenland.
8. Böhmen.
9. Österreich.
10. Nachrichten aus den östlichen Grenzgebieten Schlesien, Polen, Ungarn.

Betrachten wir nun, zuerst die allgemeinen Hungersnöte, so ergiebt sich folgendes Bild:

Jahrhundert	9	11	12	13
Hungersnöte	4[1])	2		1

Das 12. Jahrhundert hat die gröfste Zahl von Hungersnöten, doch erscheint der Abstand gegen das 11. Jahrhundert unnatürlich grofs, da das 12. sofort mit einer Hungersnot beginnt (1099—1101), deren Hauptjahr 1100 ist. Immerhin bleibt das 12. Jahrhundert am meisten betroffen. Nach einer Pause von über 50 Jahren folgen hier die schweren Hungersnöte schnell aufeinander: 1100—1101, 1124—1126, 1145—1147, 1150—1151, 1195—1198. Im nächsten Jahrhundert finden wir nur noch eine allgemeine Hungersnot in den Jahren 1225—1226; sie folgt also noch ziemlich schnell auf die letzte Hungersnot des vorhergehenden Jahrhunderts, dann aber tritt eine Pause von 90 Jahren ein, erst 1315—1317 findet sich die nächste allgemeine Hungersnot. Es zeigt sich also im 13. Jahrhundert ein ganz tiefgehender Unterschied, eine vollkommene Veränderung aller Verhältnisse; jeder Irrtum infolge mangelnden Quellenmaterials erscheint in dieser Hinsicht ausgeschlossen.

Eine Zusammenstellung der lokalen Hungersnöte ergiebt folgendes Bild:

---

als dafs man sie mit Niedersachsen zusammen nehmen könnte, die Nachrichten stammen aus Friesland, Bremen, Lübeck, Holstein und den Ostseeländern. Der Ort der Quelle ist jedesmal bei der Jahreszahl angegeben.

7. Binnenland umfafst Niedersachsen und die anderen Gebiete der norddeutschen Tiefebene, die westlichsten Quellen stammen aus Paderborn, Hersfeld und Fulda.
8. Böhmen umfafst das Land zwischen den drei böhmischen Randgebirgen und Mähren.
9. Österreich, das Land zwischen Inn und Leitha und südlich davon die Alpenländer.

1) Ob eine Hungersnot als lokale oder allgemeine Hungersnot anzusehen ist, ist bei dem vorliegenden Materiale oft schwer mit Sicherheit festzustellen, es sind hier gezählt die Jahre 805—807, 822—824, 867—869 und 895—897.

Jahrhundert	9	11	12	13
Belgien	3	2	5	1
Mittelrhein . . .	5	1	1	1
westl. Süddeutschl.	1	5	1	5
Baiern	2	3	1	7
Sachsen	4	2	4	3
Böhmen		0	0	4
Österreich.		1	1	7

Bei Belgien ist wieder die starke Abnahme der Hungersnöte im 13. Jahrhundert zu bemerken. Böhmen und Österreich zeigen ein entschiedenes Steigen in der Zahl der Hungersnöte. In den anderen Rubriken finden wir schwankende Ziffern, die nichts von einer bestimmten Bewegung aussagen.

Ein richtigeres Bild der allgemeinen Lage wird eine Verschmelzung der allgemeinen und lokalen Hungersnöte in einer Tabelle ergeben. Hier wird sich zeigen, wie jeder einzelne Landesteil von den Hungersnöten überhaupt getroffen wurde. Darauf aber kommt es besonders an, denn erst so gewinnen wir einen Einblick in den Verlauf der Geschichte der Hungersnöte im Einzelnen; denn ob eine allgemeine, ob eine lokale Hungersnot vorliegt, ist für den einzelnen Landesteil gleich, eine allgemeine Hungersnot ist ja nur eine Kombination einer Anzahl lokaler Hungersnöte. Wir finden folgendes Bild:

Jahrhundert	9	11	12	13
Belgien	3	4	9	2
Mittelrhein . .	7	3	6	2
westl. Süddeutschl.	3	8	6	5
Baiern	3—4	4	4	7
Sachsen	5	4	9	4
Böhmen		1	1	4
Österreich		1	3	7

Die Zahlen der ersten drei Jahrhunderte erscheinen schwankend und ergeben kein einheitliches Bild, aber zwischen dem 12. und 13. Jahrhundert zeigt sich zum Teil wieder derselbe Unterschied wie bei den allgemeinen Hungersnöten.

Ganz deutlich ist dies in Belgien und am Mittelrhein der Fall, von 9 und 6 sinkt hier die Zahl der Hungersnöte auf zwei[1]). Dabei ist zu bedenken, daſs von diesen zwei Hungersnöten die eine, die Hungersnot von 1225—1226, die einzige allgemeine des Jahrhunderts ist. Es kommt noch hinzu für Belgien eine Teuerung von 1296[1]); der Getreidepreis steigt

---

1) a. 1296 Ann. S. Jacobi Leod. S. S. XVI, 643, 32.

zwar sehr bedeutend, aber nichts deute auf einen wirklich schweren allgemeinen Notstand hin. Ähnlich ist die Lage 1269 am Mittelrhein. Nur aus einer Urkunde[1]) erfahren wir, dafs ein gewisser Mangel um Mittel- und Oberrhein geherrscht habe, aber kein Annalenwerk berichtet etwas davon. Auch hier mufs es sich um eine Teuerung von keiner allzu grofsen Bedeutung, nicht um eine wirkliche Hungersnot gehandelt haben.

Das Land ist also, bis auf die eine Hungersnot, die ganz Deutschland trifft, von jedem gröfseren Notstande frei, gewifs ein für die Wirtschaft des Landes wichtiges Ergebnis.

Betrachten wir den entgegengesetzten Teil Deutschlands, so finden wir hier in Baiern, Böhmen und Österreich einen Komplex mit stets steigender Zahl von Hungersnöten. Für Baiern ist die Steigerung vielleicht nicht deutlich genug, aber für die beiden anderen Länder ganz unverkennbar.[2]) Die mittleren Gebiete, das westliche Süddeutschland und Sachsen zeigen auch eine mittlere Stellung. In Süddeutschland finden wir nur eine geringe Abnahme in der Zahl der Hungersnöte, in Sachsen nimmt ihre Zahl schon stärker ab, aber doch noch nicht mit der Entschiedenheit wie im Nordwesten. Wir haben also eine deutliche Abstufung in der Zahl der Hungersnöte vor uns, ein Minimum im Nordwesten und ein Maximum im Südosten. Was ergiebt sich nun aus diesem Zusammenhange?

Die Zahl der Hungersnöte ist ein sicherer Gradmesser für den Stand der materiellen Kultur eines Landes, sie zeigt, bis zu welchem Grade die Landwirtschaft im Stande ist, das Land durch ihre Produktion zu erhalten. Den Ausgleich durch den Handel mufs man sich hüten zu überschätzen, die Nachrichten von seinem Eingreifen bei Hungersnöten sind nur gering. Wir sehen also, in den Landschaften· des Nordwestens ist man schon seit Anfang des 13. Jahrhunderts so weit fortgeschritten, dafs nur noch ganz aufsergewöhnliche Ereignisse eine Hungersnot hervorzubringen vermögen. Im Osten dagegen wächst die Zahl der Leidensjahre noch immer[3]), die Landwirtschaft ist also noch nicht so weit entwickelt, um dem wirtschaftlichen Leben die nötige Sicherheit zu gewähren. Ich sage hier nichts Neues. Dafs das Land des Mittelrheins und

---

1) a. 1296 Günther Cod. dipl. Rheno-Mosell. II, No. 234, p. 364.
2) Es ist dabei zu beachten, dafs wir gerade für Böhmen in dem Geschichtswerke des Cosmas und seiner Fortsetzung ein ausgezeichnetes Quellenwerk besitzen, das von der zweiten Hälfte des 11. Jahrhunderts bis 1283 immer von Zeitgenossen geschrieben ist.
3) Allerdings scheint sie auch hier ihren Höhepunkt erreicht zu haben. Höniger (Der schwarze Tod 141 ff.) giebt in seiner Zusammenstellung für die Jahre 1330—1370 nur einmal 1343 eine Hungersnot an.

Belgien im 13. Jahrhundert im Mittelpunkte der Kultur überhaupt für ganz Nordeuropa standen, braucht nicht erst bewiesen zu werden, und dafs dagegen die Kolonialländer des Ostens[1]) weit zurückstehen, ist ebenso selbstverständlich; aber ich glaube, es wird doch von Interesse sein, diesen Gradunterschied auch durch Zahlen wie die vorliegenden ausgedrückt zu sehen.

Was ich eben durch die allgemeine Gruppierung der Hungersnöte nachgewiesen habe, findet eine weitere Bekräftigung durch den Verlauf der Hungersnot von 1217—1218. Wir haben in diesen Jahren eine weit über den ganzen Osten verbreitete Hungersnot vor uns. Im Norden stammen Nachrichten darüber aus Lübeck, Magdeburg und Halle, aufserdem ist die Not noch über ganz Baiern, Böhmen und Österreich verbreitet. Halten wir dem gegenüber, was Reiner[2]) aus Lüttich berichtet. Eine Preissteigerung macht sich auch hier bemerkbar: Mitte des Jahres sind die Getreidepreise auf das Doppelte des normalen Satzes gestiegen, der Modius Roggen kostet 4 s., Spelz 3 s., und um Weihnachten haben sich diese Preise noch auf 8 s. und 4 s. erhöht, aber von irgend einem allgemeinen Notstande ist keine Rede, und dem entsprechen auch die Preise. Wie ist also die Lage? Die Vorbedingungen für das Entstehen[3]) des Notstandes waren offenbar auch im Westen vorhanden, aber dank der höheren Kultur des Landes wurde die Gefahr überwunden. Durch die Nachrichten Reiners zum Jahre 1219 und 1220 findet diese Ansicht eine positive Bestätigung. Im Sommer 1219 drohte durch den allgemeinen Mifswachs eine Hungersnot, aber langsam wendet sich die Lage zum besseren. Im folgenden Jahre ist die Gefahr noch gröfser, und es wäre nach Reiners Ausspruch sicher zu einer Hungersnot gekommen, wenn nicht rechtzeitige Zufuhr das Unglück verhütet hätte. Es ist das einzige Mal, wo wir hören, dafs der Handel erfolgreich zur Verhütung einer Hungersnot eingegriffen hat.[4])

Das glaube ich wird man aus alle dem vorher Angeführten folgern können, schon seit dem Anfange des 13. Jahrhunderts vollzog sich in den Gebieten des Niederrheins eine wichtige Veränderung in der ganzen Lage der materiellen Kultur: **Sicherheit für den Bezug der wichtigsten Nahrungs-**

---

1) So wird man wohl richtig verallgemeinern können, für den östlichen Teil der norddeutschen Tiefebene fehlen zu einer näheren Ausführung fast alle Quellen.
2) Reiner a. 1217 und 1218 S. S. XVI, 675, 35, 676, 9 und 676, 41.
3) Dem entspricht, dafs Reiner auch von einem langen und harten Winter bis zum 1. März, wie er gewöhnlich das Notjahr einleitet, berichtet. — 4) a. 1220 Reiner SS. XVI, 678, 19.

mittel trat ein, und das ist ein gewaltiger Fortschritt gegen die vorhergehenden Jahrhunderte. Dabei handelt es sich aber nicht etwa um eine zufällige Folge guter Jahre. Während der ersten 20 Jahre des 13. Jahrhunderts können wir die Preisentwicklung bei Reiner recht genau verfolgen, und da zeigt es sich dann, dafs der Preis von 4 s. für den Modius Roggen, den wir für hoch aber noch immerhin als erträglich werden ansehen müssen, zehnmal in den Jahren 1202, 03, 04, 05, 08, 1210, 13, 17, 19 und 1220 erreicht und zum Teil auch sehr bedeutend überschritten wird. Aber nur einmal droht eine Hungersnot, und diese Gefahr wird schnell beseitigt; sonst findet sich nie eine Andeutung, dafs die Preissteigerungen das Land bedrückt hätten.

Welches sind aber die Gründe dieser Veränderung? Das ist eine Frage, die sich aus dem Quellenmaterial nicht genau beantworten läfst; nur Vermutungen lassen sich darüber aussprechen. Der erste Grund ist eben ein natürlich nicht quellenmäfsig belegbarer allgemeiner wirtschaftlicher Fortschritt. In zweiter Linie würde dann der zunehmende Handel, für unseren Fall besonders der Getreidehandel, in Betracht kommen.

Es ist nun aber nach dem erhaltenen Material kaum möglich, ein wirklich klares Bild von der Bedeutung des Handels in seiner Einwirkung auf den Verlauf der Hungersnöte zu erlangen. Natürlich waren auch die Verhältnisse in den sechs Jahrhunderten, um die es sich handelt, sehr verschieden.

Schon Karl der Grofse erläfst in einem Notjahre ein Ausfuhrverbot für Lebensmittel, das zur Voraussetzung hat, dafs er eine Schädigung des Landes durch zu starken Export fürchtet.[1]) Später hören wir dann mehrfach in Notzeiten von grofsen Getreideeinkäufen der Bischöfe und Klöster und gewinnen hierbei einigen Einblick in die Verkehrsverhältnisse der Zeit. Schon Anfang des 11. Jahrhunderts läfst Bischof Meinwerk Getreide von Köln her die Lippe aufwärts nach Paderborn führen.[2]) Denselben Weg ging wohl das Getreide, das, wie Caesarius berichtet, 1197 ein Mönch eines westfälischen Klosters am Rheine einkaufte.[3]) Vom Rheinhandel selbst erfahren wir, dafs 1224 Getreide von der Mainzer Gegend nach Köln geführt wird[4]), und 1269 wird nach einem Ausfuhrverbote der Handel von der Mainzer Diöcese rheinabwärts wieder freigegeben.[5])

---

1) a. 805 Cap. miss. in Theod. villa dat. c. 4. Boret. I, 122, No. 44.
2) Vita Meinw. SS. XI, 138, 29.
3) a. 1197 Caes. Heisterbac. Dialog, dist. IV, c. 67 ed. Strange 235.
4) a. 1224 V. Engelberti lib. I, c. 8; Böhmer Fontes II, 304.
5) a. 1269 Günther Cod. dipl. Rheno-Mosell. II, No. 234 p. 364.

In den Niederlanden setzt die Passio Karoli um das Jahr 1125 einen lebhaften Wein- und Getreidehandel voraus, der sich wohl auch zum Teile auf dem Rheine vollzog. Über den Verkehr auf der Schelde berichtet aus Afflighem eine Nachricht von 1155.[1])
Vom Handel im Donaugebiete hören wir 1235, als der Herzog von Österreich seine Grenze gegen Salzburg für die Getreideausfuhr schliefst. Dennoch wurde Stadt und Land des Bischofs reichlich mit Getreide aus Schwaben und mit Wein aus Frankreich und Italien versorgt.[2]) Wir gewinnen hier also schon einen Einblick in sehr ausgedehnte Handelsbeziehungen.
Seehandel in, für die Zeit, grofsartigen Verhältnissen, der mit dem Ausfall der Ernte in Dänemark und an der Ostsee rechnet, treffen wir in der zweiten Hälfte des 13. Jahrhunderts in Friesland.[3])
Nachrichten über Getreidewucher schon zur Zeit Karls des Grofsen setzen Magazinierung und einen gewissen Handel voraus, aber es kann sich hier wohl nur um ein Aufkaufen und Zurückhalten der Getreidevorräte in einem engen Bezirke handeln. Ebenso wird wohl auch die Lage in der Gegend von Gembloux gewesen sein, wenn wir in dem Notjahre 1044 hören, dafs die Vorräte künstlich zurückgehalten wurden.[4]) Auch Abt Iterius von Andres trieb seinen Getreidewucher in der grofsen Notperiode um die Wende des 12. und 13. Jahrhunderts wohl nur mit den Vorräten seines Klosters.[5]) Beträchtlich später erst, 1315, hören wir, dafs in Lüttich trotz der Not grofse Kornvorräte vorhanden waren; aber sie wurden nicht verkauft, sondern in die Gegenden der Meeresküste ausgeführt, wo die Preise noch höher standen.[6])
Fassen wir alle diese Nachrichten zusammen, so gewinnen wir einen Einblick in einen jedenfalls recht bedeutenden und weit ausgedehnten Verkehr. Nicht erkennen läfst sich aber meistens, wie weit dieser Verkehr überhaupt in normalen Zeiten bestand, oder wie weit er erst in Notzeiten geschaffen wurde. Doch werden wir wohl die Getreideankäufe der Bischöfe im letzteren Sinne auffassen müssen.
Indefs darauf kann es hier überhaupt nicht ankommen, ein Bild von der Bedeutung des mittelalterlichen Handels im allgemeinen zu erhalten, es wird sich hier nur um die Spezial-

---

1) a. 1155 Cont. Affligh. S. S. VI, 402, 47.
2) a. 1235 Ann. S..Rudberti S. S. IX, 786, 31.
3) a. 1272 u. 1273 Menko. chr. S. S. XXIII, 560.
4) a. 1044 Gest. abb. Gembl. c. 40 S. S. VIII, 539, 54.
5) Guielm. chr. Andr. SS. XXIV, 732, 14.
6) a. 1315 Joh. Hocs. lib. II, c. 6 ed. Chapeavillc. Gest. pont. Leod. II, 373 C

frage handeln, ob und inwiefern der Handel Hungersnöte abzuschwächen oder zu verhindern vermochte.

Da bleibt bestehen, dafs wir nur in einem einziger Falle wissen, dafs Zufuhr die Gefahr der Hungersnot beseitigt hat, nämlich im Jahre 1220 in Lüttich, während es sich in Salzburg 1235, soweit sich erkennen läfst, nicht mehr um einen bedeutenden Notstand handelt.

1225 versuchte Erzbischof Engelbert der Not, die sich bemerkbar zu machen anfing, vorzubeugen, indem er Getreide aus der Mainzer Diözese kommen liefs und unter die Klöster verteilte. Es läfst sich wohl erkennen, dafs er die Hungersnot unentrinnbar kommen sah, aufheben konnte er die Gefahr nicht; er legte also im voraus Magazine für die Verpflegung der Armen an. An eine Mafsregel zu Gunsten der Mönche allein dürfen wir nicht denken.

Bei allen sonst mitgeteilten Nachrichten handelt es sich nicht darum, der Not vorzubeugen, sondern die schon vorhandene Not zu lindern.

Es läfst sich wohl also zusammenfassend sagen, haben wir auch mit einem ziemlich bedeutenden Handel zu rechnen, so vermögen wir doch nicht zu erkennen, dafs der Handel wenigstens in älterer Zeit in genügender Weise ausgleichend wirkte, um Hungersnöte zu verhindern oder wesentlich abzuschwächen. Der Grund liegt offenbar darin, dafs der Handel den hochgesteigerten Anforderungen, die in Notzeiten an den Transport gestellt wurden, nicht zu genügen vermochte. In späterer Zeit mit dem 13. Jahrhundert mag allerdings ein gewisser Umschwung eingetreten sein, wie ja auch in dieser Zeit einmal thatsächlich berichtet wird, dafs die Gefahr einer drohenden Hungersnot durch rechtzeitige Zufuhr beseitigt wurde. Wie stark allerdings der zunehmende Handel auf die Verminderung der Zahl der Hungersnöte einwirkte, vermögen wir im einzelnen nicht zu erkennen. Allzu grofs werden wir uns seine Einwirkung auch in dieser Zeit noch nicht vorstellen dürfen.

Noch auf einen dritten Grund möchte ich hinweisen, der, wie ich glaube, bei der Abnahme der Hungersnöte mit wirksam war. Es ist das eine gewisse Veränderung in der Bevölkerung. Es ist oft darauf hingewiesen worden, dafs Deutschland schon im Anfange des 12. Jahrhunderts an einer relativen Übervölkerung litt, und darin liegt offenbar ein Hauptgrund für die grofse Auswanderungsbewegung dieser Zeit. Während des ganzen Jahrhunderts sehen wir immer neue Scharen vom Westen nach dem slavischen Osten ziehen. Einen grofsen Teil dieser Auswanderer stellte aber gerade die Bevölkerung des Niederrheins; Vlamen und Holländer werden überall unter den Kolonisatoren genannt. Diese Auswanderung bedeutet sicher an sich schon einen starken Menschenverlust, aber dieser Verlust mufs sich noch ganz bedeutend steigern, wenn wir dazu die Wirkung der Hungersnöte rechnen. Irgend welche Zahlenangaben lassen sich darüber nicht aufstellen, aber bei jeder der grofsen Hungersnöte müssen viele Tausende gestorben sein. „Usque hodie fame moriuntur milia milium" schrieb 1197 ein Mönch in Achin[1]), und ebenso betonen diese grofse Sterblichkeit auch alle anderen Quellen immer von neuem. Das waren aber nicht nur Bettler und der Pöbel der Stadt, von denen wir hören, dafs sie in Menge auf den Strafsen starben, sondern Menschenmassen, die aus dem ganzen Lande zusammengeströmt waren. Die Entvölkerung traf das ganze Land. Nun ist es eine Beobachtung, die man besonders nach Epidemien gemacht hat, dafs grofser Menschenverlust keineswegs unbedingt eine Schwächung des betroffenen Landes bedeutet. Im Gegenteil, gerade die wirtschaftlich Schwachen sind fortgefallen, und für die Überlebenden haben sich alle Existenzbedingungen gebessert.[2]) Da darf es uns nicht wundern, wenn wir auch in Belgien und am Niederrhein auf das menschenmordende 12. Jahrhundert einen allgemeinen Aufschwung folgen sehen. Wenn jetzt auf demselben Boden nur noch sehr viel weniger Menschen safsen, so fanden sie naturgemäfs leichter, was sie zum Leben brauchten. Hierin möchte ich auch einen Grund für die plötzliche Abnahme der Hungersnöte im 13. Jahrhundert sehen.

---

1) a. 1197. Cont. Aquicinct. S. S. VI, 434, 2.
2) Höniger. Der schwarze Tod in Deutschland. Berlin 1882. S. 86 ff. und 94 ff.; vgl. dazu auch a. 1196 Cont. Aquicinct. S. S. VI, 433, 42.

Wirkungen der Hungersnot.

Notstandspreise.

Eine der wichtigsten und auffallendsten Erscheinungen bei allen Hungersnöten sind die ungeheuren Preissteigerungen aller Lebensmittel, die sie begleiten. Bei einer Behandlung der Geschichte der Hungersnöte in neuerer Zeit würde man wohl ein genaues Verfolgen dieser Preisschwankungen für das Wichtigste der ganzen Arbeit halten. Die Kurve, die eine Zusammenstellung der verschiedenen Preise ergeben würde, müsste uns so genau wie nur möglich über die Entwicklung und Intensität der Hungersnot belehren. Die Möglichkeit eines so genauen Verfolgens der Preisbewegung ist im Mittelalter natürlich nicht vorhanden. Jedenfalls legten aber auch schon die alten Autoren auf die Erscheinung der Preissteigerung einen bedeutenden Wert, sonst hätten sie nicht so viele Notstandspreise aufgezeichnet. Der hohe Preis ist ihnen geradezu eins der wichtigsten Symptome der Hungersnot. Fames valida, adeo ut mit einer folgenden Preisangabe ist eine typische Form, in der uns häufig die Thatsache der Hungersnot überliefert wird. So läfst sich aus den Annalen ein sehr grofses Material von Preisangaben gewinnen. Für den Roggen, von dem allerdings die meisten Preise erhalten sind, habe ich über hundert Preise gefunden. Durch alle Jahrhunderte hindurch lassen sich diese Preisangaben verfolgen, besonders häufig werden sie seit der Mitte des 12. Jahrhunderts und finden sich schliefslich bei fast jedem einigermafsen ausführlichen Berichte über eine Hungersnot. Trotzdem läfst sich aus diesem zahlreichen Materiale sehr wenig folgern. Es fehlt eben jede Möglichkeit, die einzelnen Preise unter sich zu vergleichen. Masse und Münze waren in fast jedem gröfseren Orte verschieden, über die absolute Gröfse wissen wir aber fast nie etwas Sicheres. Fast nur ungewöhnliche Preise sind überliefert, meistens Teuerungspreise, selten sind ungewöhnliche niedrige Preise, und fast nie findet sich ein Normalpreis angegeben, durch dessen Vergleichung mit den anormalen Preisen diese erst gröfseren Wert gewinnen würden.

Rodulfus Glaber[1]) giebt an, der Modius hätte 60 s. gekostet, nach den Ann. Elnonerses[2]) war der Preis für die Rasera Korn 1196 bis auf 50 s. gestiegen. Hier liegen vollkommene Phantasiepreise vor, die nicht viel mehr aussagen, als dafs in der äufsersten Not der Mensch alles hingiebt, um sich vor dem Hungertode zu schützen. Die beiden eben angegebenen Preise sind nun zwar die höchsten, die uns überliefert sind, aber auch sonst finden bei jeder Hungersnot ganz unverhältnismäfsige Preissteigerungen statt.

Die Preisbildung zeigt überhaupt eine sehr grofse Unsicherheit; ein wirklich grofser Markt, der die Preise reguliert, fehlte. Wie bedeutend und unvermittelt die Preisschwankungen sind, zeigt am besten Reiner von Lüttich. Er ist der einzige Schriftsteller dieser Zeit, der durch eine gröfsere Reihe von Jahren fortlaufend die Getreidepreise, denn um die handelt es sich ja in erster Linie, aufgezeichnet hat. Aber wie unsicher ist auch hier, im Zentrum eines für die damalige Zeit gewifs sehr bedeutenden Verkehrs die ganze Lage.

Eine Übersicht der bei Reiner erhaltenen Preise wird das verdeutlichen. Alle Preise beziehen sich auf einen Modius und sind in Solidi angegeben:

Jahr		Spelz	Roggen	Gerste	
1195	Mai	9	18	8	Beginn der Preissteig.
1196	24. August	8,5	18		Schlechte Ernte
1197	bis 11. Juni	10	18		Hungersnot
	12. Juni	17	32		
	25. Juli	20	40		
1198	vor Juni	7	15	8	
	Juni		mehr als 15		
„	vor Weihnacht.	7	12		Moneta nova
1200		2	3,5		
1202	Febr.?	3⅓	5		
1203	Ende d. Jahres	5	10	4	
1204	1. Nov.	5	8	4	
1205	nach der Ernte	5	10		messis bona
1208	in den				
	ersten Monaten	3	5		
	etwas später	2,5	3		habundancia annonae in campis
1209		1¼	1¼		annus abundans
„	Ende d. Jahres	1⅔	2		annona bono precio
1210	Erste				
	Hülfte d. Jahres	4	6		annona carior solito
1212	Gegen				
	Ende d. Jahres	2	3⅕		annona bono precio

---

1) a. 1032 Raoul Glaber lib. IV, c. 4 ed. M. Prou. p. 100.
2) a. 1196 Ann. Elnon. mai. S. S. V. 16, 23.

Jahr		Spelz	Roggen	Gerste	
1213	Mai	2¹/₃	4		annona bono precio
„	Ende d. Jahres	2	3		annona bono precio
1215	Febr.?	1²/₃	2		
1217		1¹/₂	2		annona bono precio in Leodio mulla certa moneta
	Mitte d. Jahres	3	4		annona in duplo carior solito
	um Weihnachten	4	8		annona multo carior solito
1220	vor 24. Juni	6¹/₂	11	6	annona multo carior solito. drohende Hungersnot
„	Ende d. Jahres	4¹/₃	8		
1225	1. Mai	10	17	8	annona bono precio a messe usque Kal. Feb.

Was läfst sich nun aus dieser Zusammenstellung folgern? Zuerst ist zu bemerken, dafs 1198 nach der grofsen Notzeit eine neue Münze eingeführt wird. 1217 klagt Reiner über die Unsicherheit der Münze, und 1218 wird dann wieder eine neue Münze eingeführt: nova moneta pauperibus gravis. Hier wäre also schon ein Moment, das selbst eine vollkommen genaue Vergleichung dieser Preise aus derselben Stadt, die von demselben Schriftsteller überliefert sind, unmöglich macht. Aber Einiges wird sich doch bemerken lassen. 1217 giebt Reiner wenigstens indirekt als Normalpreis für den Spelz 1¹/₂ s., für Roggen 2 s. an. Niedriger ist der Preis für den Spelz nur einmal 1209, der Roggenpreis ist niedriger oder entspricht dem angegebenen Normalpreise dreimal, 1209, 1215, 1217. Wir werden also wohl mit Recht annehmen dürfen, dafs diese Preisangabe Reiners etwas zu gering ist; dem entspricht auch, dafs er ein anderes Mal 1213 bei Preisen von 2¹/₃ und 4 s. noch annona bono precio bemerkt. Aber auch noch bedeutend höhere Preise werden offenbar ohne besondere Schädigung ertragen, 1203 und 1205 betragen die Preise für Spelz und Roggen 5 und 10 s., ohne dafs sich irgend ein Grund für die bedeutende Preissteigerung erkennen liefse, 1205 wird sogar ausdrücklich angegeben, dafs die Ernte gut war, und dann folgt sofort ein so hoher Preis. In wirklichen Notjahren aber steigern sich die Preise ganz ins Ungeheuere, 1197 steigt der Roggenpreis von 18 s. am 11. Juni am folgenden Tage auf 32 s. und schliefslich auf 40 s. Da handelt es sich eben nur noch um Seltenheitspreise.

Interessant ist es vielleicht, noch auf einige Preise hinzuweisen, für deren Entstehung Reiner keinen Grund angiebt, vielleicht auch keinen Grund weifs, die aber sofort ihre Erklärung finden, sowie man die Lage in anderen Ländern betrachtet. Hier mufs der Handel schon einwirken. 1217 sind zu Anfang des Jahres die Getreidepreise ausgesprochen niedrig, dann steigen sie und erreichen zum Schlufs des Jahres die Höhe von 4 und 8 s. für Spelz und Roggen. Der Grund ist leicht zu erkennen: in grofsen Teilen Deutschlands herrschte Hungersnot; es wird dorthin Getreide exportiert worden sein, und das rief offenbar diese Preissteigerung hervor. Noch deutlicher läfst sich diese Erscheinung 1225 erkennen: „Annona bono precio usque Kal. Februarii" schreibt Reiner in seiner gewöhnlichen Weise. Die Ernte des vorigen Jahres mufs also gut gewesen sein, und der Vorrat war offenbar für den heimischen Markt ausreichend. Dann aber finden wir am 1. Mai vollkommene Notstandspreise: Spelz 10 s., Roggen 17 s. und Gerste 8 s. Erklären läfst sich diese Erscheinung nur, wenn man sieht, dafs Lüttich nur eine glückliche Insel in einem weiten Notstandsgebiete war. Rings herum in Belgien und ganz Deutschland herrschte eine furchtbare Hungersnot. Das Getreide flofs offenbar in die Notstandsgebiete ab, und so entstanden auch in Lüttich ungewöhnliche Preise. Dafs dieses starke Eingreifen des Handels auf keiner trügerischen Kombination beruht, zeigt wieder eine Angabe Reiners, der zum Jahre 1220 ausdrücklich berichtet, dafs eine drohende Hungersnot durch Zufuhr von Getreide abgewendet wurde. Auch schon früher 1197 auf 1198 mufs durch Getreideimport die Not erfolgreich gemildert worden sein. Sonst ist es nicht zu begreifen, dafs am 25. Juli, zur Zeit der Ernte, wie Reiner betont, die Getreidepreise den höchsten Stand, von dem wir in Lüttich wissen, erreichen, und doch in der ersten Hälfte des folgenden Jahres so bedeutend gesunken sind, beim Spelz von 20 s. auf 7 s., beim Roggen von 40 s. auf 15 s.

Wir sehen, der Handel wirkt hier in Lüttich ziemlich stark auf die Preisbildung ein, aber ich habe schon darauf hingewiesen, dafs wir uns hüten müssen, zu sehr zu verallgemeinern. Es handelt sich hier eben um ein besonders weit fortgeschrittenes Gebiet.

Ergab so die Betrachtung der Lütticher Preise wenigstens noch eine Reihe interessanter Einzelheiten, so läfst sich aus der ganzen grofsen Zahl der sonst erhaltenen Preisangaben fast nichts folgern. Es sind eben vereinzelte Ausnahmspreise, denen keine Normalpreise gegenüber stehen; eine gröfsere zusammenhängende Gruppe von Preisen fehlt. Am Rhein findet sich mehrfach ein Notstandspreis angegeben, der eine gewisse typische Bedeutung hat. Das Malter Roggen kostet eine Mark.[1])

---

1) a. 1197 Caes. Heisterbac. dialog. miracul. dist. II, c. 30 ed. Strange I, 103, a. 1198 Gest. Trev. cont. IV, S. S. XXIV 392, 42.

Bei der Willkürlichkeit der Preisbildung ist es kaum sonderbar, dafs man so dem grofsen Mafse die grofse einheitliche Handelsmünze gegenüber gestellt findet.

Sonst lassen sich nur noch einige allgemeine Angaben über die Preisbildung in Notzeiten und was damit zusammenhängt machen. Auf die grofse Willkürlichkeit habe ich schon hingewiesen. Rodulfus Glaber spricht das einmal sehr gut aus, wenn er sagt: „Si quid ergo victus venundatus repperiebatur, arbitrio vendentis pro libitu erat excedere seu accipere precium."[1]) So mag es oft gegangen sein. Weiter hören wir noch zweimal von der gewifs merkwürdigen Tatsache, dafs auch im Notstandsgebiet genug Vorräte vorhanden waren, nur waren die Preise für die Armen unerschwinglich[2]): „quod mirum est dictu, multa victualia inveniebantur venalia, licet grandi pretio venderentur, ut etiam inopes, si pretium habuissent, evadere potuissent". Ebenso berichtet Johannes Hocsenius[3]) über das Elend der grofsen Hungersnot von 1315 und fährt fort: „et tamen bladis granaria erant plena", aber — und hier kommt noch ein neues Moment hinzu —, man exportierte das Getreide nach Gegenden, in denen die Not noch gröfser war als in Lüttich und daher auch die Preise noch höher.

Wucher.

Bei den hohen Preisen wie sie eben erwähnt wurden, lag es nahe, dafs Gewinnsüchtige die Notlage der Armen zu ihrem Vorteile ausnutzten. Schon vorhin habe ich die Frage des Getreidewuchers gestreift, hier wird es am Platze sein, einiges Nähere anzuführen.

Karl der Grofse bezeichnet es als turpe lucrum, wenn jemand zur Ernte Getreide billig kauft, um es später bei hohen Preisen wieder zu verkaufen.[4]) Dieselbe Tendenz spricht sich in einem Schutzgesetze aus: de illis qui vinum et annonam vendunt antequam colligantur et per hanc occasionem pauperes efficiantur.[5]) Bei Ludwig den Frommen beschweren sich die Bischöfe' über die Wucherer, Laien und Geistliche, die das Volk bedrücken, sodafs viele Arme Hungers sterben müssen.[6]) Sigebert berichtet, dafs während der Hungersnot von 1044 viele das Getreide künstlich zurückgehalten oder

---

1) a. 1032 Raoul Glaber lib. IV, c. 4, 10 ed. M. Prou. 100.
2) a. 1197 Hist. monast. Vicon. S. S. XXIV, 304, 1.
3) Joh. Hocsem g. pont. Leod. lib. II, c. VI ed Chapeaville Gest. pont. Leod. II, 373 C.
4) a. 806 Cap. miss. Niumag. dat. c. 17; Boret. I, 132, No. 46.
5) a. 809 Cap. miss. Aquisgran. alt. c. 12. Boret. I, 152, No. 63.
6) a. 829 Episcop. ad Hlud. relat. c. 54; Boret. I', 43, 20, No. 196.

es doch nur sehr teuer verkauft hätten.¹) Später hören wir wieder aus Gembloux, dafs die Wucherer ihre Schuldner auf jede Weise bedrückten und ihnen die Lasten, wenn sie nicht zahlen konnten, verdoppelten.²) In Friesland verlangte man in dem Notjahre 1272 für eine Mark, vier nach Jahresfrist und für einen Scheffel vier Scheffel.³) Vom Abte Iterius berichtet der Chronist des Klosters Andres mit einem gewissen naiven Stolze, er hätte während seiner ganzen Regierungszeit in der grofsen Notperiode um die Wende des 12. und 13. Jahrhunderts den Polkinus Korn nie unter 10 s. verkauft, oft aber noch teurer bis zu 40 s. hinauf. Sicque vicinorum penuria ei habundantiam ministravit.⁴)

Verhalten der grofsen Massen in der Notzeit.

Ein so grofses und allgemeines Unglück, wie es eine Hungersnot ist, mufs notwendig eine tiefe Wirkung auf das ganze Leben des Volkes ausüben. Durch den drückenden Mangel schwand die Sicherheit für den Bestand der früheren Lebenshaltung des Einzelnen, und die weitere Folge hiervon war eine Auflösung jeder bestehenden Ordnung. In kopfloser Flucht verlassen die Bauern ihre Höfe, ganze Dörfer stehen leer, in grofsen Scharen durchstreifen elende, verzweifelte Menschen das Land. Es mufs uns unter diesen Umständen fast wundern, wie verhältnismäfsig selten die Quellen von Gewaltthätigkeiten berichten, es gehört das keineswegs zu den typischen Zügen in den Schilderungen der Chronisten. Nur einmal erfahren wir, dafs sich ein gröfserer Räuberhaufe zusammenfand, der so stark war, dafs er 1145 das Kloster Fulda zu überfallen und auszuplündern vermochte.⁵) Sigebert berichtet nur ganz allgemein zu der Hungersnot von 1095 von Diebstahl und Brandstiftung, durch die sich die Armen an den Besitzenden rächten.⁶) Ähnliches meldet hundert Jahre später aus einem anderen Teile von Belgien die Cont. Aquicinctina: „Multi hac necessitate constricti, contra consuetum vivendi usum latrones effecti, laqueo sunt suspensi."⁷) Allzu schlimm kann das Übel aber doch wohl nicht gewesen sein, wenn in einer Zeit allgemeinen Niederganges die schwache mittelalterliche Staatsgewalt seiner Herr werden konnte. Überhaupt

---

1) a. 1044 Gest. abb. Gembl. c. 40, S. S, VIII, 539, 54.
2) a. 1095 Gest. abb. Gembl. S. S. VIII, 547, 15..
3) a. 1272 Menko. chr. S. S. XXIII, 560, 37.
4) Guielmi chr. Andren. S. S. XXIV, 742, 14.
5) a. 1145 Chronogr. Corb. Jaffé, Bibl. I, 45.
6) a. 1095 Sigebert S. S. VI, 367, 4.
7) a. 1197 Cont. Aquict. S. S. VI, 434, 2.

wird man aus der Seltenheit der Nachrichten schliefsen können, dafs die Notleidenden im ganzen nicht zu Gewaltthätigkeiten neigten; eine dumpfe hoffnungslose Apathie war die Grundstimmung der Massen.

Besser als über die Vorgänge auf dem Lande, auf die sich die bisher angeführten Fälle bezogen, sind wir über die Lage in den Städten unterrichtet. Da entwerfen zuerst die Gesta Treverorum ein höchst bezeichnendes Bild. Bischof Poppo reitet eines Tages mit grofsem Gefolge zur Kirche, ein hungriger Haufe umringt ihn und verlangt Hülfe. Geld, das der Bischof verteilen lassen will, verschmähen die Armen, für Geld ist in diesen teuren Zeiten für sie wenig zu kaufen, aber sein fettes Pferd verlangen sie. Und der Bischof und einige seiner Begleiter müssen sich entschliefsen abzusteigen und ihnen die Tiere überlassen. Sofort hat der hungrige Haufe die Pferde zerrissen und verzehrt sie vor den Augen des Bischofs.[1]) Der genaueste Bericht über die Zustände in einer Stadt während einer Hungersnot, der uns erhalten ist, stammt aus Prag.[2]) Trotzdem sich eine ungeheure Menschenmenge hier angesammelt hatte, scheint doch die städtische Obrigkeit die Zügel der Regierung noch ziemlich fest in den Händen behalten zu haben. Man hatte den Armen ganz allgemein erlaubt, die Häuser der Bürger zu betreten und dort zu betteln, aber bald kam es zu Ausschreitungen, die Hungrigen rissen die Töpfe mit Speisen vom Herde und stahlen, was sie vom Hausrate erreichen konnten. Deshalb verbot man ihnen jetzt den Eintritt in die Häuser und nahm sie auch zur Nacht nicht mehr auf, da es vorgekommen war, dafs solche Gäste in der Nacht ihren Wirt ermordet hatten.

Von drohenden Unruhen berichtet auch der Fürstenfelder Mönch; begreiflicherweise waren besonders die Bäckerläden gefährdet. Die Bäcker mufsten sich daher fest in ihren Häusern einschliefsen und konnten den Käufern das Brot nur aus dem Fenster herausreichen.[3]) In Strafsburg kommt es aber während einer Hungersnot wirklich zum Aufstande, bei dem der Pöbel die Bäckerläden erbricht; daraufhin lenkt die Bürgerschaft sofort ein und läfst noch an demselben Tage Korn verteilen.[4]) Der Aufruhr ist damit schnell gedämpft. Auch in Magdeburg kann die Haltung der Massen, die sich dort 1316 während der Hungersnot angesammelt hatten, nicht sehr drohend gewesen sein, denn es genügte schon, dafs die

---

1) a. 1035 Gest. Trev. cont. I, S. S. VII, 180, 18.
2) a. 1282 Cont. Cosmae Ann. Prag. prs. III, S. S. IX, 204, 20.
3) a. 1271 Monach. Fürstenfeld. Böhmer Fontes I, 12.
4) a. 1294 Ellenh. S. S. XVII, 103, 45.

Bäcker sich mit Stöcken neben ihren Verkaufsständen aufstellten, um die hungrige Menge von allen Gewaltthätigkeiten zurückzuhalten.[1])

Höchst interessant ist, was wir über die Zustände in den Klöstern in der Notzeit erfahren. Es kommt hier nicht selten zu einem Abtwechsel. Die schrankenlose Wohlthätigkeit, mit der der Abt die Notleidenden unterstützt hatte, war ganz nach dem Sinne der Mönche. Erklärte er dann aber plötzlich, dafs alle Vorräte verzehrt seien und er nicht mehr wisse, wovon die Brüder am nächsten Tage leben sollten, dann ist die Bestürzung und Unzufriedenheit grofs. In Sankt Martin bei Doornik[2]) erklären die Mönche dem Abte, er möge weiter für das Heil der Seelen sorgen, die Sorge für die äufsere Verwaltung und den materiellen Unterhalt des Klosters aber kundigeren Händen überlassen. Es werden dann drei Mönche gewählt, die in kürzester Zeit dem Kloster wieder die Mittel zum Unterhalte verschaffen. Ebenso hören wir, dafs in Königsaal im Notjahre 1282[3]) der Abt zur Abdankung gezwungen wurde, und man einen thatkräftigeren Mann an seine Stelle setzte. Als im Sommer 1197 in Lüttich die Not ihren Höhepunkt erreicht hatte[4]), legte im Jakobskloster Abt Gozwin seine Würde nieder; an seiner Stelle wird Gerhard, der Abt von Sankt Lorenz gewählt. Reiner, der uns davon berichtet, bezeichnet ihn ausdrücklich als einen „virum iuvenem set industrium et providum."

Allgemeine Verarmung.

Zur Beurteilung der Intensität und der ganzen Wirkung der Hungersnot ist es von Interesse zu erkennen, in welchem Grade die verschiedenen Gesellschaftsschichten von der Not getroffen wurden, insbesondere, wie weit sie sich in der Bevölkerung aufwärts fühlbar machte. Dass die Not einen Kaiser, einen Herzog oder Bischof jemals irgendwie berührt hat, hören wir nicht. An zwei Stellen werden aber die principes, man wird hierunter den höheren Adel, etwa die Grafen verstehen, in Verbindung mit einer Hungersnot erwähnt. Abt Isingrim von Ottenbeurn[5]) berichtet, dafs im Jahre 1151 das

---

1) a. 1316 Magdeburg. Schöppenchr. St. Chr. VII, 185.
2) a. 1095 Herim. lib. de restaurat. S. Mart. Tornac. c. 70 S. S. XIV, 307, 42.
3) a. 1282 Königsaal. G. Q. lib. 1, c. 13 Font. rer. Austr. S. S. VIII, 57 u. 58.
4) a. 1197 Reineri ann. S. S. XVI, 652, 55; vgl. auch a. 1117 Chr. S. Andreae Castri Cameraс. lib. III, c. 30 S. S. VII, 546, 33.
5) a. 1151 Ann. Ottenb. Isingr. maior. S. S. XVII. 313, 17.

Getreide so selten war, dafs auch ihnen mehrere Tage lang das Brot bei den Mahlzeiten gefehlt hätte. Und 1092[1]) müssen in Sachsen die principes auf einige Zeit das Land verlassen, um der allgemeinen Hungersnot zu entgehen. Aber auch nur die obersten Spitzen der Bevölkerung werden verschont, schon die mittleren Schichten und auch die Begüterten werden oft genug von der allgemeinen Not mitbetroffen. „Tunc vero constricta tota gens indigentia victus, maiores et mediocres fame pallebant cum pauperibus" schreibt Rodulfus Glaber[2]), und aus Gembloux wird uns berichtet, dafs während der schweren Hungersnot des Jahres 1146 ehemals begüterte Leute hätten betteln müssen.[3]) In der älteren Zeit werden die Menschen in der äufsersten Not sogar zum Selbstverkaufe getrieben.[4])

Am häufigsten erfahren wir von der Not der Landbevölkerung. Sie bildete die grofsen Haufen, die wir zur Notzeit regelmäfsig hungernd das Land durchziehen sehen. Ich komme später auf diese Erscheinung eingehender zurück; hier mag es genügen, darauf hinzuweisen, dafs jede Hungersnot Tausende von Bauern aus ihren Höfen vertrieb.

Auch Einzelzüge zur Charakterisierung dieser Not sind uns erhalten. 1146 kamen Leute aus Dörfern des Thurgaues nach Petershausen und tradierten sich und ihren Besitz dem Kloster.[5]) Aus dem Kloster Andres wird berichtet, dafs sich in dem Notjahre 1197 für die Bauten des Klosters genug Arbeiter fanden, die willig nicht für Geld, sondern für kärglichen Lebensunterhalt arbeiteten.[6]) Ebenso berichtet aus Friesland Menko, dafs viele, die früher eigenen Acker besessen hatten, jetzt in der Not gezwungen waren, nur um den Lebensunterhalt bei Glücklicheren Dienste zu suchen.[7])

Einige andere Berichte belehren uns über die Lage der städtischen Bevölkerung. Auch hier ergriff die Not die weitesten Kreise. In Doornik mufsten viele, nur um ihren Unterhalt bestreiten zu können, ihre Häuser verkaufen.[8]) In Köln sah man ehemals wohlhabende Bürger bettelnd von Haus zu Haus gehen.[9]) Sehr ausführlich und anschaulich ist wieder der Bericht aus Prag.[10]) Hier heifst es: Mendicabant

---

1) a. 1092 Bernold. S. S. V, 454, 10.
2) a. 1032 Raoul Glaber lib. IV c 4, 10 ed. M. Prou. 100.
3) a. 1146 Sigb. cont. Gemblac. S. S. VI, 389, 26.
4) a. 864 Edictum Pistense c. 34 Boret. II, 325 u. 326.
5) a. 1146 Cas. monast. Petrishus. lib. V, c. 25 S. S. XX, 673, 47.
6) a. 1197 Guielmi. chr. Andr. S. S. XXIV, 724, 47.
7) a. 1272 Menko S. S. XXIII, 560, 50.
8) a. 1315 Jacobi Muevin. chr. De Smet Corp. chr. Fland. II, 457.
9) a. 1147 Chr. reg. Col. M. G. S. S. kl. Ausg. 82.
10) a. 1282 Cont. Cosm. S. S. IX, 204, 14.

etiam infiniti artifices et diversarum artium operarii, ex quibus nonnulli habuere de facultatibus rerum suarum ad valorem centum marcarum argenti; et hiis omnibus alii exspoliati, aliqui in familia sua consumptis vendebant de uxoribus suis armillas, inaures, monalia et omnem ornatum, qui cultui femineo competebat in vestitu, cupientes salutem vitae depulsa esurie conservare. Hier sehen wir also, wie Leute, die ausdrücklich als wohlhabend charakterisiert werden, in die allerdrückendste Not kommen. Ganz besonders werden bei der Verarmung der städtischen Bevölkerung die ungeheuren Preissteigerungen mitgewirkt haben, die, wie das ja in den Prager Berichten angedeutet ist, auch ein nicht unbedeutendes Vermögen schnell erschöpfen konnten. In der elementaren Not konnte nur bestehen, wer unmittelbar grofse Vorräte von Lebensmitteln besafs, also die grofsen Grundherren.

Klöster und Bischofskirchen besafsen solche Grundherrschaften, und daher war es ihnen auch oft in Notjahren möglich, neben dem Unterhalte der eigenen Angehörigen noch zahlreichen Armen zu helfen. In anderen Fällen hören wir aber auch, wie sich die Not in den Klöstern fühlbar machte. Die Basler Dominikaner[1]) werden wir noch nicht sehr bedauern, die 1275 aus Not sogar Schwarzbrot essen mufsten, ebenso die Mönche, die häufig über den Mangel an Wein klagen. Aber es ist doch interessant, einmal zu hören, wie die ganze Lebenshaltung in den Klöstern durch den allgemeinen Mangel herabgesetzt wurde. Es berichtet darüber ein Mönch aus Sankt Martin bei Doornik[2]). Weizenbrot und Wein gab es während des ganzen Notjahres 1095 nur, wenn es ein Reicher einmal besonders geschenkt hatte, auch Roggen fehlte ganz, nur mit Haferbrot mufste man sich durchhelfen. Das Mehl dazu wurde nicht gereinigt und das Brot nur flüchtig überbacken, und, wenn man es durchschnitt, so war es mehr Spreu als wirkliches Brot, und doch assen es die hungrigen Mönche bis auf den letzten Bissen.

Ähnlich ging es wohl auch in anderen Klöstern zu, die nicht sehr reich waren. Häufig entstand die Not dadurch, dafs die Mönche zu Gunsten der Armen alle ihre Vorräte verausgabten und nun schliefslich selbst Not leiden mufsten. So war es auch 1095 in Sankt Martin[3]) gegangen, mit vollen Händen hatten die Mönche zuerst den Notleidenden gespendet und jetzt waren sie alle im höchsten Grade erstaunt, als

---

1) a. 1275 Ann. Basil. S. S. XVII, 198, 1.
2) a. 1095 Herimanni lib. de restaur. S. Mart. Tornac. c. 71 S. S. XIV, 308, 19.
3) a. 1095 Lib. de rest. S. Mart. Tornac. c. 70, S. S. XIV, 307, 42.

ihnen der Abt mitteilen mufste, dafs Scheune und Keller leer seien und man auch nicht für einen Tag mehr Vorräte hätte. Ebenso gerät wenig später auch Sankt Georgen[1]) im Schwarzwalde in die drückendste Not, so dafs die Mönche schon an eine Auswanderung denken. Im Jahre 1218[2]) beschwert sich ein Mönch aus dem Kloster auf dem Petersberge bei Halle darüber, dafs in diesem Notjahre sein Kloster ganz besonders schwer betroffen wurde. Die Mönche mufsten oft Brot in den umliegenden Dörfern kaufen und einmal gehen ihnen die Vorräte überhaupt aus. Sie müssen Gerste und Haferbrot essen und an Fasttagen mit aufgeweichtem Brot oder Hefe zufrieden sein. Etwas anderes ist die Lage in Königsaal[3]), weil die Hungersnot von 1282, um die es sich hier handelt, hauptsächlich auf kriegerische Unruhen zurückzuführen ist. In solchen Zeiten wurden natürlich die Klöster besonders ausgeplündert. Um sich zu helfen, mufste man die Klosterschätze den Juden verpfänden.

Nahrung in der Notzeit.

Mit was für verschiedenen Surrogaten man sich in den Klöstern in Notjahren half, ist in dem Vorhergehenden schon erwähnt worden.

In den darbenden Massen griff man natürlich zu allem, was irgend efsbar erschien, um das Leben zu fristen. Die Quellen verweilen mit einer gewissen Vorliebe bei der Aufzählung von all dem Scheufslichen, was in einer solchen Hungersnot gegessen wurde oder gegessen worden sein soll. Ich will ihnen darin nicht folgen und ein vollständiges Verzeichnis aller widernatürlichen Nahrungsmittel geben, die je erwähnt werden; aber es wird doch nötig sein, einiges Charakteristische anzuführen.

Das fromme Gemüt des Verfassers der Passio Karoli beleidigt es schon, dafs einige Leute während der Fastenzeit Fleisch afsen.[4]) Das Gleiche wird auch noch sonst als ein schlimmes Zeichen erwähnt, so 1197 in Rheims[5]); darum erlaubt der Bischof von Paris einmal während einer Hungersnot ganz allgemein das Fleischessen auch an Fasttagen.[6])
Die Quellen geben an, dafs man gezwungen war, auch

---

1) V. Theogeri lib. I, c. 19 S. S. XII, 457, 18.
2) a. 1218 Chr. mont. Sereni S. S. XXIII, 190, 46.
3) a. 1282 Königsaal. G. Q. lib. I, c. 13; Font. rer. Austr. S. S. VIII, 56.
4) a. 1125 Passio Karoli comit. Fland. c. 2 S. S. XII, 563, 4.
5) a. 1197 Ann. S. Nicasii Remenses S. S. XIII, 84, 19.
6) a. 1286 Ann. Colmar. S. S. XVII, 212, 49.

unreine Tiere zu essen.[1]) Leicht begreiflich, denn das gewöhnliche Schlachtvieh wird bald verzehrt gewesen sein. Hunde, Katzen, Esel und Pferde werden verzehrt[2]), die Ann. Colm.[3]) fügen noch Wölfe, Frösche und Schlangen hinzu. Auch das Fleisch gefallener Tiere verschmähten die Menschen in der Not nicht.[4])

Die Magdeburger Schöppenchronik zeichnet ein trauriges Bild, wenn sie schreibt: „Und van den doden koien reddeden sik vele armer lude, de anders gestorven veren van hungere, de armen lude legen vor den doren buten der stad und ok ein deil binnen der stad up den Breden Wege soden und breden dat as und verkoften dat under sik."

Eine etwas sonderbare animalische Nahrung erwähnt Magnus von Reichersberg[5]), er behauptet, dafs man den Rindern regelmäfsig Blut abgezapft und davon gelebt hätte.

Bei der vegetabilischen Nahrung bildete es in Kreisen, die sonst besser zu leben pflegten, gewifsermafsen die erste Stufe der Not, dafs man Haferbrot afs. Die Mitteilung dieser Thatsache aus Doornik habe ich schon angeführt, dasselbe wird auch in den Annalen des Rupertklosters in Salzburg[6]) und in der Passio Karoli[7]) erwähnt. Dann aber geht man auch weiter, alles, was sich an vegetabilischen Stoffen gerade darbot, verzehren die Armen, die Hefe des Weines soll als Brot gegessen worden sein[8]), allerhand Wurzeln und Kräuter, auch Gras und Baumrinde, wurden verzehrt.[9]) Gramina pratorum sicuti boves incocte commederunt, sagt Johann de Beka.[10]) Da kam es denn in Zwifalten auch einmal vor, dafs die Hungrigen ein giftiges Kraut afsen und daran starben.[11])

In Frankreich vermischte man nach den Ann. Bertiniani[12])

---

1) a. 1044 Bernold S. S. V, 425, 40.
2) a. 853 Ann. Xant. S. S. II, 229, 29; a. 869 Ann. Xant. S. S. II, 233, 14; a. 1277 Joh. Vict. lib. II, Böhm. Font. I, 313.
3) a. 1280 Ann. Colm. maior. S. S. XVII, 207, 4 bezieht sich auf die Hungersnot in Böhmen.
4) a. 1196 Cont. Aquicinct. S. S. VI, 433, 45; a. 1197 Reiner S. S. XVI, 652, 42; a. 1197 Ann. S. Nicasii Rem. S. S. XIII, 84, 19; a. 1316 Joh. de Beka ed. Buchelius 1643, p. 108; a. 1316 Magdbg. Schöppenchr. St. Chr. VII, 185.
5) a. 1145 Magni Reichersp. ann. S. S. XVII, 460, 17.
6) a. 1281 Ann. S. Rudb. Salisbg. S. S. IX, 807, 27.
7) a. 1125 Passio Karoli c. 3, S. S. XII, 563, 26.
8) a. 1197 Ann. S. Nicasii Rem. S. S. XIII, 84, 20.
9) a. 1146 Ann. Brunwil. S. S. XVI, 727, 23; a. 1234 Vinc. Bell. S. S. XXIV, 161, 30; a. 1263 Heinric. de Heimburg S. S. XVII, 714, 46; a. 1272 Menko S. S. XXIII, 563, 11.
10) a. 1316 Joh. de Beka ed. Buchelius 1643, p. 108.
11) a. 1099 Bertholdi Zwifalt. chr. S. S. X, 112, 2.
12) a. 843 Ann. Bert. M. G. S. S. kl. Ausg. 29.

im Jahre 843 Erde mit wenig Mehl und afs es in Brotform. In Ungarn sollen, wie Martin von Troppau behauptet, die Menschen überhaupt die Erde eines gewissen Berges gegessen haben.[1])

Menschenfresserei.

Die schlimmste Erscheinung aber, die die Hungersnot hervorbrachte, und die so wohl beglaubigt ist, wie irgend etwas, ist die Menschenfresserei. In einer ganz beträchtlichen Anzahl von Quellen ist sie bezeugt. Wenn wir auch die abenteuerlichen Geschichten, wie sie sich z. B. bei Rodulfus Glaber finden, nicht wörtlich zu glauben brauchen, so steht doch die Thatsache fest, dafs während einer Hungersnot noch im ganzen 13. Jahrhundert in Mitteleuropa Menschenfresserei vorkam. Allerdings können wir auch in dieser Sache eine gewisse Entwicklung verfolgen. In Deutschland und Frankreich ist Menschenfresserei nur für die ältere Zeit bezeugt[2]), wir haben Nachrichten darüber aus den Jahren 793, 868, 869, 896, 1005 und 1032, die beiden letzten von Rodulfus Glaber. 1085 berichtet noch Bernold über Menschenfresserei in Italien, doch ist er dafür schon kaum mehr als ein vollgültiger Zeuge anzusehen.[3]) Während bei allen diesen Nachrichten die Behauptung der Menschenfresserei ganz generell auftritt, als eine allgemeine beobachtete Erscheinung, handelt es sich 1146 im Falle der Cont. Praemonstr.[4]) um ein einzeln dastehendes Verbrechen. Übrigens ist hier die Thatsache auch nicht ganz klar ausgesprochen, es wird nur behauptet, dafs ein Einzelner versucht habe, das Fleisch ermordeter Menschen gekocht auf dem Markte zu verkaufen.

Wir sehen in Westeuropa hat man diese widernatürliche Art der Befriedigung des Hungers schon im 12. Jahrhundert, obwohl es am meisten von Hungersnöten heimgesucht ist, überwunden. Von jetzt an zeigt sich die Erscheinung nur noch in den vom Centrum der Kultur peripherisch gelegenen Gebieten bei minder entwickelten Völkerschaften. Otto von Freising führt sie, wie wir sehen mit Recht, als ein besonderes Zeichen der Barbarei bei· den slavischen Bewohnern der Ost-

---

1) Mart. Oppav. chr. S. S. XXII, 472, 13.
2) a. 793 Ann. Mosell. S. S. XVI, 498, 23; a. 868 Ann. S. Columb. Sen. S. S. I, 103; Ann. Engol. S. S. XVI, 486, 33; Ann. Xant. S. S. II, 233; a. 896. Ann. Aug. S. S. I, 68; Ann. Col. ed. Wattenbach. Eccl. metrop. Col. cod. mss. 128 Richer S. S. XXV, 273, 43; a. 1005 Raoul Glaber lib. II, c. 9 ed. M. Prou 44; a. 1032 ibid. lib. IV, c. 4, p. 100 u. 101.
3) a. 1085 Bernoldi chr. S. S. V, 443, 30.
4) a. 1146 Cont. Praemonstr. S. S. VI, 453, 15.

seeküste an.[1]) Unmittelbare Erwähnung der Menschenfresserei finden wir weiter noch später[2]) 1233 in Livland[2]), in Ungarn während der Hungersnot, die in den Jahren 1241 und 1242 auf den Mongoleneinfall folgte, 1277 in Steiermark und Kärnten, 1280—1282 in Böhmen, 1315 in Livland, 1317 in Polen und Schlesien.

Krankheiten.

Ein ungeheuerer Menschenverlust ist eine der sichtbarsten Wirkungen einer jeden Hungersnot. Auf die Not folgen, man kann fast sagen immer, grofse Volkskrankheiten; mortalitas und pestilentia sind untrennbare Begleiter einer jeden Hungersnot. „Famem quoque secuta est ingens pestilentia, ita ut deficientibus sepulchris multitudo fossis pariter immitteretur" sagt die Chronica regia[3]) und mit ihr berichten zahlreiche Quellenstellen das Gleiche.

Meistens gebrauchen die Autoren für die begleitenden Krankheiten nur das allgemeine Wort. Im einzelnen können wir nur noch angeben, dafs die Epidemie[4]) der Jahre 1124 bis 1126 der auch sonst häufig erwähnte ignis sacer war. Dieselbe Krankheit[5]) tritt auch 1235 neben der Hungersnot in Frankreich auf, vielleicht ist das 1196 von der Cont. Aquicinctina[6]) erwähnte febris acuta die gleiche Krankheit. Dies sind aber auch die einzigen Fälle, wo ein spezieller Krankheitsname angegeben wird. Wollen wir irgend eine Vermutung über die Art der Krankheit aussprechen, so läge am nächsten, an Flecktyphus zu denken, von dem wir wenigstens für spätere Zeiten wissen, dafs er häufig bei Hungersnöten auftritt.[7]) Für unsere Zeit müssen wir nur festhalten, dafs eine Krankheit auftritt, an der sehr viele Menschen sterben.

---

1) Gest. Friderici lib. III, c. 1 M. G. S. S. kl. Ausg., p. 133. Aiunt enim, eius maris, quod illius terrae litus alluit, tales esse provinciarum habitatores, qui famis tempore semet devorent.
2) a. 1233 Ann. Stadens. S. S. XVI, 361, 24; a. 1241 u. 1242 Mart. Oppav. S. S. XXII, 472, 12 und Cont. Sancruc. II S. S. IX, 641, 8; a. 1277 Joh. Victor. lib. II, c. 5; Böhm. Font. I, 313 Cont. praedict. Vindob. S. S. IX, 730, 38; a. 1280—82 Dalimil. Font. rer. Boh. III, 199; Bernard. de ord. ducum Wawarie S. S. XXV, 662, 57; Canonic. Prag. cont. Cosmae S. S. IX, 206, 43; Ann. Colm. maior. S. S. XVII, 209, 20; a. 1315 Ann. Lubic. S. S. XVI, 424, 21; Canon. Samb. ann. S. S. XIX, 704, 14; a. 1317 Sigismund Rosicz S. S. rer. Sil. XII, 38.
3) a. 1147 Chr. reg. Col. M. G. S. S. kl. Ausg. 82.
4) a. 1124 Anselmi cont. Sigeb. S. S. VI, 379, 26.
5) Vincint. Bellov. specul. hist. Hist. de Fr. XXI, 72.
6) a. 1196 Cont. Aquict. S. S. VI, 433, 36.
7) Virchow, Abhandlung aus dem Gebiete der öffentl. Medizin I, 433, Über den Hungertyphus und einige verwandte Krankheitsformen.

Nur selten berichten die Quellen vom Tode durch Verhungern und darin haben sie offenbar richtig beobachtet; denn der Hungertod wäre auch vom medizinischen Standpunkte aus kaum denkbar. Besonders fällt den alten Schriftstellern die grofse Zahl der Toten auf, davon berichten sie häufig und ausführlich. Überall faud man die Leichen auf den Strafsen, in den Städten, und draufsen auf dem Felde und in den Wäldern. Zu allen Zeiten und in allen Ländern ist es immer dasselbe Bild. Die Luft war vom Geruche der verwesenden Leichen verpestet, die erste und oft einzige aktive Thätigkeit der städtischen Obrigkeit war es, für die Entfernung dieser Leichen zu sorgen. In Doornik mufste man 1316 bestimmte Personen anstellen, die die Toten fortschafften und für jede Leiche einen festgesetzten Lohn erhielten[1]), ähnlich in Prag 1282. An ein ordnungsmäfsiges Begraben der Verstorbenen war nicht mehr zu denken, überall mufste man Massengräber anlegen, so wurden in Prag 8 Gruben angelegt, jede 10 Ellen im Quadrat und jede soll 1000 Leichen gefafst haben.[2]) Ähnliche, wenn auch nicht so ausführliche Berichte kehren überall wieder, immer spielen die fossae bei der Schilderung der Hungersnöte eine grofse Rolle.

Gerade die Anlage dieser Massengräber giebt den Schriftstellern mehrfach Gelegenheit, sich über die Zahl der Verstorbenen auszusprechen. Viel Gewicht werden wir auf diese Schätzungen ja nicht legen, aber immerhin sehen wir, dafs der Menschenverlust ganz ungeheuer grofs war. 8000 Menschen sollen nach der Schätzung zum wenigsten 1282 in Prag gestorben sein. Die Zahl ist hoch und vielleicht zu·hoch, aber die Zahl von Tausenden können wir doch annehmen. Man mufs immer bedenken, wie ungeheuer in solchen Notzeiten die Bevölkerung in den Städten durch den Zuzug von Flüchtlingen aus dem ganzen Lande angeschwollen war. Wenn unter diesen unglücklichen, halbverhungerten Menschenmassen eine Seuche ausbrach, so können wir uns die Wirkung garnicht furchtbar genug denken; da werden auch Zahlenangaben möglich, die zu der Einwohnerzahl der Städte in normalen Zeiten in keinem Verhältnisse stehen. Während der grofsen Hungersnot von 1316 sollen in Erfurt allein 7985[3]), nach anderen Angaben 8100 Menschen in den Massengräbern bei dem Dorfe Neuschmidstädt bestattet worden sein; noch lange Jahre nachher erinnerte man sich dieser furchtbaren Zeit und veran-

---

1) Aegid. li Muisis, De Smet Corp. chr. Flandr. II, 207.
2) a. 1282 Canonic. Prag. cont. Cosm. S. S. IX, 206, 16.
3) a. 1316 Cr. S. Petri Erford. mod. S. S. XXX, 446, 27.

staltete jährlich in der Pfingstwoche für das Seelenheil der Verstorbenen eine Prozession.[1]) Gegen diese Zahlen erscheint es fast nicht viel, wenn wir hören, dafs in Sens 868 einmal 56 Tote[2]) an einem Tage aufgefunden wurden. Aber für diese frühe Zeit und eine nicht besonders bedeutende Stadt ist das doch schon eine sehr beträchtliche Sterblichkeit, und auch der Annalist nennt es eine inaudita mortalitas.

Johannes Hocsemius[3]) giebt 1315 als einen Mafsstab für die Gröfse der Sterblichkeit an, dafs zwei oder dreimal am Tage ein Wagen mit sechs bis acht Leichen vom Hospital nach dem neuen Begräbnifsplatze vor der Stadt fahren mufste. Auch sonst läfst sich erkennen, dafs es den alten Chronisten allein schon ein Zeichen einer unerhörten Sterblichkeit ist, wenn man gezwungen war, die Toten vor den Thoren der Stadt zu begraben und nicht an den gewohnten Plätzen bei den Kirchen.

Die meisten Schriftsteller begnügen sich aber, wenn sie von der Gröfse der Sterblichkeit bei einer Hungersnot sprechen, mit ganz allgemeinen Angaben. Grofse Dörfer sollen 1045 nach dem Berichte der Ann. Altahenses[4]) leer gestanden haben, und häufig heifst es von der Zahl der durch Hunger und Krankheit Hingerafften multa milia oder ähnlich. Schliefslich kehrt auch noch mehrfach die Angabe wieder, dafs der dritte Teil[5]) der Bevölkerung eines Landes in der Hungersnot gestorben wäre; das besagt natürlich, ebenso wie die Angabe, dafs während der Hungersnot von 1316 in Metz in einem halben Jahre 500000 Menschen gestorben wären[6]), in Wahrheit nicht mehr, als dafs eben so viele Menschen starben, dafs man jede Möglichkeit, ihre Zahl zu schätzen, verlor.

Wanderungen der Notleidenden.

Eine höchst bedeutsame Wirkung einer jeden Hungersnot ist es, dafs sie die Menschen zum Verlassen der Heimat zwingt. Waren in einem Notjahre die geringen Vorräte aufgezehrt, so blieb dem Bauern, wollte er nicht Hungers sterben, nichts

---

1) Urkunde Avignon 10. Sept. 1341 Beyer U. B. der Stadt Erfurt II, 170, No. 209.
2) a. 868 Ann. S. Columbae Senonens. S. S. I, 103.
3) a. 1315 Joh. Hocs. lib. II, c. VI, Chapcaville G. pont. Leod. II, 373 C.
4) a. 1045 Ann. Alth. M. G. S. S. kl. Ausg. 39.
5) a. 874 Ann. Fuld. III, M. G. S. S. kl. Ausg. 83. a. 1043 Cosmas S. S. IX, 75, 10; a. 1125 Ekkeh. chr. univers. S. S. VI, 263, 20; a. 1315 Joh. Staindelii chr. generale ed. Oefcle S. S. I, 515; a. 1316 Jan de Klerk. Buch V, c. X, v. 832, Collect. de Chroniques Belges I, 443.
6) a. 1316 Königsaaler G. Q. lib. I, c. 128, Font. rer. Austr. S. S. VIII, 379.

anderes übrig, als Haus und Hof in Stich zu lassen und zu versuchen, ob er anderswo Rettung und Hülfe finden könnte. Es gehört zu den typischen, immer wiederkehrenden Zügen im Bilde der Hungersnot, dafs zahllose Arme das Land durchziehen, ohne Plan und ohne Ziel, nur von der Mildthätigkeit lebend. Schon Karl der Grofse erwähnt in einem Kapitulare[1]) diese Erscheinung. Dasselbe berichten 829 die Bischöfe in einer Denkschrift[2]) an Ludwig den Frommen. Während des schweren Notjahres 868 mufsten nach dem Berichte Hugos von Flavigny[3]) wieder viele Notleide ihr Vaterland verlassen und in anderen Gegenden Hilfe suchen, und so setzen sich ähnliche Berichte durch die folgenden Jahrhunderte fort. Die Passio Karoli[4]) erzählt anschaulich, wie die Armen zwischen den Burgen und Städten hin und her zogen, und oft auf dem Wege vom Hunger hingerafft wurden.

Charakteristisch bleibt immer das eine, dafs die Notleidenden nicht planmäfsig auswanderten, sondern nur vor der gegenwärtigen Not flohen. Dabei ist es wohl möglich, dafs sie auf ihren Bettelzügen grofse Entfernungen zurücklegen. Einmal sammelt sich ein Haufe von Notleidenden, die aus Frankreich kommen, in Lüttich.[5]) 1200 sollen nach dem Berichte eines Chronisten[6]) damals vom Bischof Reginard unterhalten worden sein. Während der grofsen böhmischen Hungersnot von 1280—1282 zeigten sich solche fliehende Scharen in Thüringen, Meifsen und noch anderen Teilen Deutschlands. Der Bericht, der uns dies mitteilt, stammt aus Ballhausen[7]) in der Nähe von Langensalza. Zu derselben Zeit fliehen aus der Krakauer Gegend Tausende von Menschen nach Rufsland und Ungarn[8]) 1317 kommen Leute aus Westdeutschland bettelnd bis nach Lübeck und in die Ostseeländer.[9]) An einer anderen Stelle hören wir von einem Haufen, der sich auf der Flucht nach Ungarn über die Donau setzen lassen will. Es sind, wie aus dem Berichte hervorgeht, keineswegs Auswanderer, sondern eine Schar halbverhungerter, elender Menschen.[10])

1) a. 802 Capit. missor. generale c. 30, Boret. I, 96, No. 33.
2) Episc. ad Hludovic. relat. Boret. II, 43, 25 multi propriis derelictis alienas terras expetant.
3) a. 868 Hugo Flav. S. S. VIII, 355, 8 ut multi patriam deserere et ad alias terras cogerentur demigrare.
4) a. 1125 Passio Karoli c. 2 S. S. XII, 563, 6.
5) Anselmi g. eps. Leod. c. 37 S. S. VII, 209, 30.
6) Ruperti chr. S. Laurent. Leod. S. S. VIII, 274, 40.
7) a. 1282 Sifrid. de Balnhus. S. S. XXV, 709, 4.
8) a. 1282 Ann. Pol. I S. S. XIX, 646, 25 und Ann. Pol. IV S. S. XIX, 647, 15.
9) a. 1317 Ann. Lubic. S. S. XVI, 426, 23.
10) Joh. Vitoduran. Arch. für schweiz. Gesch. XI, 69.

Dieses regellose Ergiefsen der Massen über die Länder ist aber nicht eigentlich das Gewöhnliche. Im Gegenteil, häufiger ziehen sich die Notleidenden an gewissen Punkten zusammen, namentlich in Bischofstädten oder bei bedeutenden Klöstern. Dort hoffen die Armen bei dem reichen Klerus Hülfe zu finden. 1005 strömte die Menge zum Bischofe Heribert[1]) nach Köln. Aus derselben Hungersnot wird berichtet, wie sich die Hörigen der verschiedensten Klöster beim Abt Adelard in St. Trond einfanden, er aber als ein guter Haushalter nur für seine Unterthanen sorgte, die Fremden dagegen an ihre Klöster wies.[2]) Besonders ausführlich sind die Nachrichten über die grofsen Menschenansammlungen und alle die Mifsstände, die sie mit sich brachten, aus Prag vom Jahre 1282.[3]) 1316 lagerten die Scharen der Notleidenden in Magdeburg auf den Strafsen und vor den Thoren der Stadt.[4]) Weitere Beispiele lassen sich auch noch für andere Bischofsstädte und Klöster beibringen.

Der Menschenverlust, den das platte Land auf diese Weise erlitt, mufs sehr bedeutend gewesen sein. Einen gewissen Mafsstab hierfür gewährt die Angabe der Cont. Aquicinctina, dafs 1196 so viele Menschen das Land verlassen hätten, dafs man die zurückgebliebenen Armen ganz gut hätte erhalten können.[5]) Andere Quellen erwähnen die ihnen auffallende Thatsache, dafs durch das fluchtartige Fortwandern viele Höfe des Landes leer standen. Dies berichten für Baiern zweimal die Ann. Althahenses zum Jahre 1038 und 1053.[6]) Hugo von Flavigny[7]) behauptet sogar, dafs in Frankreich nach einer Hungersnot ganze Städte entvölkert gewesen wären. Einen Einblick in die Verhältnisse im einzelnen bietet uns eine Aufzeichnung aus Benedictbeuren wahrscheinlich vom Jahre 1005, in der eine Liste aller der Hörigen des Klosters enthalten ist, die während der Hungersnot ihre Höfe verliefsen.[8]) Zählen lassen sich mit Bestimmtheit 106 Personen; betrachtet man aber, dafs bei 13 Familien die Kinderzahl nicht angegeben ist, so werden es im ganzen über 150 Seelen gewesen sein. Aus 15 Orten sind die Leute fortgezogen, die aber alle, soweit sie sich bestimmen lassen, in der Nähe des Klosters, in nördlicher Richtung ungefähr bis nach München,

---

1) a. 1005 V. Heribert. c. 7. S. S. IV, 745, 27.
2) a. 1006 Gest. abb. Trud. lib. I, c. 1, S. S. X, 229, 30.
3) a. 1282 Canonic. Prag. cont. Cosm., S. S. IX, 204, 7.
4) a. 1316 Magdebg. Schöppenchr. St. Chr. VII, 185, 16.
5) a. 1196 Cont. Aquicinct., S. S. VI, 433, 42.
6) Ann. Alth. M. G. S. S. kl. Ausg. 23 u. 49.
7) a. 868 Hugo. Flav., S. S. VIII, 355, 6.
8) a. 1005 Notae Buranae, S. S. XVII, 320, 36.

liegen. Dabei sind es allein aus dem Dorfe Puron, dessen Name mit dem des Klosters identisch ist, 13 Familien und aufserdem aus diesem und dem in der nächsten Nähe liegenden Bichel 8 Einzelpersonen; die anderen 14 Dörfer sind nur mit je einer Familie vertreten. Vielleicht versagt hier schon die Genauigkeit der Aufstellung. Jedenfalls aber läfst sich erkennen, dafs es sich um einen recht beträchtlichen Menschenverlust handelt. Einen ganz speziellen Grund für die Flucht giebt die Cont. Aquicinctina an. Sie berichtet, dafs in dem schlimmen Notjahr 1197 aus mehreren französischen Gauen die Weinbauern geflohen wären, weil sie schon im voraus auf die künftige Ernte Geld aufgenommen hatten und jetzt, wo der Wein mifsraten war, nicht liefern konnten, was sie übernommen hatten.[1])

In allen bis jetzt behandelten Fällen handelt es sich um eine wirre Flucht ohne Ziel und ohne Plan; nur die Furcht vor dem sicheren Tode treibt die Menschen fort. Es liegt die Frage nahe, ob sich nicht Fälle planvolleren Handelns nachweisen lassen, wo die Menschen, sei es zum vorübergehenden Aufenthalte, von der Not nicht betroffene Gegenden aufsuchten, sei es den schlechten Lebensbedingungen der Heimat durch dauernde Auswanderung entgehen wollten.

Da sind zuerst eine Anzahl Nachrichten, die darüber berichten, dafs Mönche in der Notzeit ihr Kloster verlassen hätten. Flodoard[2]) erzählt, wie einmal das ganze Kloster Montfaucon mit den Gebeinen des Heiligen nach Wesseling, einem Dorfe zwischen Köln und Bonn, wo das Kloster eine villa besafs, auswanderte, um dadurch der Hungersnot in Frankreich zu entgehen.

Ein solcher allgemeiner Auszug ist sonst nicht wieder beglaubigt, aber mehrfach läfst man doch eine Anzahl Mönche fortziehen, um das Kloster dadurch zu entlasten. In Sankt Georgen[3]) bleibt es allerdings bei dem Vorschlage, man wollte nur die Mönche im Kloster behalten, die es durch irgend eine Schenkung bereichert hätten, die übrigen sollten zu ihren Eltern zurückkehren oder in anderen Klöstern Unterkunft suchen. Hier wird die Not durch eine unerwartete grofse Schenkung gehoben, in anderen Klöstern wird die Absicht auch ausgeführt; 1142 werden aus Lobbes[4]) eine Anzahl

---

1) a. 1197 Cont. Aquicinct., S. S. VI, 434, 19.
2) Flod. hist. Rem. eccl. lib. IV, c 41, S. S. XIII, 592, 18. Huius venerabilis loci canonici famis quondam necessitate compulsi; sumptis a corpore venerandi patroni sui reliquiis, ad suam quandam villam supra ripam Reni sitam cognomento Wasliciam — — profecti sunt.
3) a. 1101 V. Theogeri lib. I, c. 19, S. S. XII, 457, 22.
4) a. 1142 G. abb. Lobb, c. 24, S. S. XXI, 329, 11.

Mönche nach anderen Klöstern geschickt. In Königsaal[1]) waren während der furchtbaren Hungersnot von 1280—1282 nur wenige Mönche zurückgeblieben, die meisten waren für die Zeit der Not in anderen Klöstern untergebracht worden.

Zu dem Notjahre 850 berichten die Ann. Fuld., dafs ein Mann mit Weib und Kind aus dem Gaue von Fulda nach Thüringen zog, „ut malum inopiae temperare potuisset", wie die Quelle angiebt.[2]) Das ist eine sehr bemerkenswerte Handlung, die in einem entschiedenen Gegensatze zu dem steht, was wir als das Regelmäfsige beobachtet haben. Hier liegt der einzige Fall für die ältere Zeit vor, wo das Ziel einer Wanderung genannt wird; man mufs also in Fulda gewufst haben, dafs in Thüringen keine Hungersnot herrschte, oder doch jedenfalls die Lebensbedingungen besser wären. Ein anderer Fall einer ähnlichen Erwägung liegt in einer Stelle bei Bernold vor, wo erzählt wird, dafs in Sachsen eine so schwere Hungersnot geherrscht habe, dafs die Edlen gezwungen gewesen wären, für einige Zeit (ad tempus) das Land zu verlassen.[3]) Hier liegt wieder ein Ausnahmefall vor: nur die Ersten des Volkes waren es, die fortzogen, weil nur sie wufsten, wo sie eine gesegnetere Gegend finden könnten. Das ist aber der einzige Fall, wo deutlich von einer vorübergehenden Auswanderung nur für die Notzeit gesprochen wird, wo die Menschen also der Schwierigkeit, Lebensmittel in die Notstandsgebiete zu bringen, dadurch begegnen, dafs sie selbst Gegenden aufsuchen, die genügende Vorräte besitzen. Haben wir so gesehen, dafs vorübergehende Auswanderung in einem Notjahre nur in vereinzelten Fällen und auch dann nur meist für eine bevorzugte Klasse, Adel oder Mönche, sich nachweisen läfst, so wäre es doch denkbar, dafs die Not, die die Menschen nun einmal beweglich gemacht hatte, den Anstofs zu einer gröfseren dauernden Auswanderung gegeben hätte. Der Gedanke liegt nahe; denn so konnte sich der einzelne am besten dauernd dem Mangel in der Heimat entziehen.

Wir kennen ja nun im Mittelalter eine grofse Auswanderungsbewegung, deren Ziel das Land östlich der Elbe war. Es wird die Frage sein, ob sich zwischen dieser Kolonisation des Ostens und den Hungersnöten im Westen vielleicht eine gewisse Verbindung herstellen läfst. Die Wahrscheinlichkeit, dafs eine solche Verbindung vorliegt, wächst, wenn wir sehen, dafs das 12. Jahrhundert, in dem die Kolonisation begann, mehr als alle anderen von Hungersnöten heimgesucht

---

1) u. 1282 Königsaal. G. Q. lib. I, 13; Fontes rer. Austr. S. S. VIII, 57.

2) a. 850 Ann. Fuld. M. G. S. S. kl. Ausg. 40.

3) 1092 Bernoldi chr., S. S. V, 454, 10.

wurde, und dafs gerade die Niederlande, von denen die Kolonistenzüge ausgingen, wieder am häufigsten und schwersten unter den Hungersnöten litten. Schon de Borchgrave[1]) hat auf diese Verbindung hingewiesen, und Bernhardi[2]) hat in den Jahrbüchern Konrads III. die Kolonisation Holsteins im Jahre 1143 mit gleichzeitige Hungersnöte, Seuchen und Überschwemmungen in den Niederlanden in Zusammenhang gebracht. Dafs durch die zahlreichen Hungersnöte des ausgehenden 12. und der ersten Hälfte des 13. Jahrhunderts in Verbindung mit Epidemien und grofsen Überschwemmungen in den Niederlanden, einem schon damals dicht bevölkerten Lande, in hohem Grade die Disposition für die Auswanderung geschaffen wurde, ist eine Thatsache, die leicht glaublich ist. Aber sehr viel schwieriger wird es sein, nun auch wirklich Belege für diese Verbindung von Hungersnot oder sonstigen die Wirtschaft schädigenden Ereignissen und der Kolonisation des Ostens beizubringen. Die Quellen sprechen fast nur von der Thatsache, dafs sich da und dort grofse Massen von Notleidenden angesammelt haben, höchst selten erwähnen sie den Abzug dieser Notleidenden.

Immerhin giebt es eine Anzahl Nachrichten, wo nach der ganzen Fassung die Vermutung nahe liegt, dafs es sich hier wirklich um eine Auswanderung handelt. Die Quellen sprechen von emigrare, egredi, u. s. w. Leider war es mir nie möglich, in Verbindung mit einem solchen Auszuge die Ankunft der Kolonisten im Osten nachzuweisen. Ein solcher Nachweis würde bei dem dürftigen Materiale, das vorliegt, doch nur einem besonders günstigen Zufalle verdankt werden können. Ich mufs mich also begnügen einfach zusammenzustellen, was ich an Nachrichten über diese Frage gefunden habe.

Zwei Nachrichten stammen aus dem Jahre 1144, also ein Jahr nach dem Beginn der Kolonisation von Wagrien. Dafs sie mit dieser Bewegung in einer gewissen Verbindung stehen, ist möglich, dagegen spricht allerdings, dafs die Auswandernden in der einen Nachricht sicher, in der anderen doch sehr wahrscheinlich Wallonen sind.[3])

Im nächsten Falle berichten die Ann. Egmund. von einer Überschwemmung und folgenden Hungersnot, die viele Menschen

---

1) De Borchgrave, Hist. des colonies belges S. 38
2) Bernhardi, Jahrb. Konrads III, S. 319.
3) a. 1144 Ann. Camerac. S. S. XVI, 516, 3, nonnulli propter famis intemperiem compulsi sunt de terra sua et cognatione egredi. Cont. Gembl. S. S. VI, 388, 33. Nec tantummodo pauperes et mediocres, sed et eorum multi, qui putabantur sibi sufficientes esse, duro famis gladio perurgente coacti sunt alias emigrare, ut malum inopiae si non ex toto evitare, saltem possent alleviare.

im Bistum Utrecht und in Holland zur Auswanderung trieb.[1]) Wieder berichtet von einer Auswanderung 1196 die Cont. Aquicinctina.[2]) Waren die bis jetzt angeführten Beispiele vielleicht zum Teil nicht unanfechtbar, so ist uns im Jahre 1259 mit vollkommener Sicherheit die Nachricht von einem offenbar bedeutenden Kolonistenzuge erhalten, der sich von Baiern nach Ungarn bewegte.[3]) Charakteristisch ist, dafs hier in diesem Falle, und nur hier, das Ziel angegeben ist. Schliefslich spricht auch Menko noch einmal von einer Auswanderung, die in der Hoffnung unternommen wurde, in anderen Ländern bessere Lebensbedingungen zu finden.[4])

Auch auf die bedeutende Massenbewegung der Kreuzzüge scheinen Hungersnöte einen gewissen Einflufs gehabt zu haben. 1095 herrschte in Belgien eine schwere Hungersnot, und im folgenden Jahre brechen besonders aus diesen Gegenden die Kreuzfahrer auf. Ebenso geht dem zweiten Kreuzzuge die grofse allgemeine Hungersnot von 1145—1147 voran. Es ist leicht begreiflich, dafs gerade in solchen Zeiten der Not die Bufspredigt auf fruchtbaren Boden fiel. Dazu kommt, dafs ja nicht nur heilige Begeisterung die Menschen ins Morgenland trieb, sondern auch Abenteurer, Leute die in der Heimat nichts zu verlieren hatten, sich den Heereszügen anschlossen. Die Verbindung von Hungersnot und Kreuzzügen ist nichts willkürliches, schon ein mittelalterlicher Schriftsteller spricht sie unmittelbar aus. Ekkehard[5]) sagt: „Francigenis occidentalibus facile persuaderi poterat sua rura relinquere; nam Gallias per annos aliquot nunc seditio civilis, nunc fames, nunc mortalitas nimis afflixerat."

---

1) a. 1183 Ann. Egmund., S. S. XVI, 469, 39, ut innumera multitudo famis angustia impellente propria colonia relicta, alias migraverit.

2) a. 1196 Cont. Aquict, S. S. VI, 433, multi — — coacti sunt alio emigrare.

3) a. 1259 Ann. Scheftl. min., S. S. XVII, 344, 24, fames valida fuit et multitudo hominum in Ungariam profecta est. Ann. S. Steph. Frising. S. S. XIII, 57, 10, fuit maxima fames, et homines de diversis terris exulaverunt euntes ad partes Ungarie. Ann. Wessofont. ed. Leuter Hist. Wessof. II, 33, innumerabilis multitudo hominum Hungariam est profecta.

4) a. 1272 Menko, S. S. XXIII, 561, 2. Multi etiam tam de Frisia quam de Threntia patriam exierant sperantes, se alicubi meliorem invenire sustentationem.

5) Ekkehard S. S. VI, 213, 48.

Notstandspolitik.

Geistliche und Laien.

Von entscheidendem Einflusse auf die ganze Hülfsthätigkeit in Zeiten der Not ist die Auffassung dieser Hülfsthätigkeit als caritas. Es ist Christenpflicht, den Armen und Kranken zu helfen. Um so mehr erwächst der reichen und wohlorganisierten Kirche des Mittelalters die Verpflichtung, aufserordentlichen und allgemeinen Notständen gegenüber auch mit aufserordentlichen Mitteln einzugreifen. Die Mittelpunkte für die Erhaltung und Verpflegung der Notleidenden waren meist die Bischofstädte und grofsen Klöster. Von dort stammen fast alle uns erhaltenen Nachrichten.

Nur verhältnismäfsig selten hören wir von einem thätigen Eingreifen der Laien. Zum Teil mag das an dem Charakter unserer Quellen liegen, aber sicher trat ihre Thätigkeit ganz hinter der der Kirche zurück. 1095 sollen in Belgien die Edlen viel Geld aufgewandt haben, um ihre Hörigen während der Hungersnot zu erhalten.[1] „Sub hac tempestate multi monachi et milites elemosinas largas pauperibus tribuebant" sagt ein anderes Mal die Cont. Aquicinctina.[2] Ebenso geben die Bürger von Strafsburg[3] während einer Hungersnot einmal 100 Viertel Roggen an die Armen, allerdings erst, nachdem der Pöbel die Bäckerläden erbrochen hat. Einige Male kehrt derselbe Zug wieder, dafs, wenn ein Kloster in grofse Not gekommen ist, plötzlich ein reicher Wohlthäter auftritt und hilft. Die Quellen fassen das dann als eine Art Wunder auf. Rechnen wir noch hinzu, was wir von der Wirksamkeit einiger Fürsten hören, so ist alles erschöpft, was wir von der Thätigkeit von Laien in der Notzeit wissen. Auch sie mögen ja den Armen geholfen und ihnen Almosen gegeben haben, aber es ist nichts darüber überliefert. Jedenfalls hatte die Kirche in allen Angelegenheiten der Notstandspolitik die Führung.

---

1) a. 1095 Gest. abb. Gembl. cont. auct. Godeschalco c. 61, S. S. VIII, 547, 14.
2) a. 1175 Cont. Aquicinct. S. S. VI, 415, 20.
3) a. 1294 Ellenh. S. S. XVII, 103, 43.

Zu einer wirklich intensiven und über das Almosengeben hinausgehenden Notstandspolitik besitzt aber nur der Staat die Organe und die Autorität. Der mittelalterliche Staat vermochte in dieser Hinsicht allerdings noch nicht viel; eine geordnete Verwaltung, wie sie die erste Vorbedingung zu einer solchen Thätigkeit ist, fehlte ihm eben. Karl der Grofse ragt hier wieder unter allen anderen mittelalterlichen Herrschern hervor. Durch eine ganze Anzahl Verordnungen und mit den verschiedensten Mitteln sucht er in Hungerjahren den Bedrängten zu helfen. Ich werde darum seine Thätigkeit zuerst im Zusammenhange darzustellen suchen und dann dem gegenüber zusammenfassen, was sonst noch über die Thätigkeit von Fürsten oder in einzelnen Fällen auch von städtischen Obrigkeiten in Zeiten der Not zu berichten ist.

Notstandspolitik Karls des Grofsen.

Die Hungersnot wird als eine Strafe Gottes für die Sünden der Menschen aufgefafst, darum denkt Karl auch zunächst an geistliche Mittel. Fasten und Messelesen sind immer das Erste, was er in Notjahren anordnet. 805 befiehlt er ganz allgemein bei Hungersnot, Pest oder anderem Unglück: „ut non expectetur edictum nostrum, sed statim depraecetur Dei misericordia."[1]) 780 hatte er schon ausführlichere Bestimmungen erlassen: Jeder Bischof soll drei Messen lesen und drei Psalter singen für den König, für das Heer und pro presenti tribulatione d. h. für die Hungersnot; jeder Priester soll drei Messen lesen, jeder Mönch, jede Nonne und jeder Kanoniker drei Psalter singen. Aufserdem wird ein zweitägiges allgemeines Fasten angeordnet.[2])

Ähnliche Bestimmungen werden wieder 807 bei einer drohenden Hungersnot erlassen. An je drei Tagen, im Dezember, Januar und Februar soll gefastet werden, und die Geistlichen sollen wieder Messen lesen und Psalmen singen.[3]) Noch einmal hören wir in der karolingischen Zeit von einer solchen Mafsregel, 867 wird nach den Ann. Xant. angesichts der drohenden Hungersnot ein dreitägiges Fasten verordnet.[4])

Doch mit diesen kirchlichen Mitteln begnügt sich Karl der Grofse nicht, er greift auch mit Mitteln der weltlichen Gewalt thatkräftig ein. In mehreren Kapitularien giebt er Bestimmungen zum Schutze der durch eine Hungersnot

---

1) a. 805 Cap. miss. c. 4; Boret. I, 122, No. 44.
2) a. 780 Cap. episc. Boret. I, 52, No. 21.
3) a. 807 Karoli ad Ghaerbald epist. Boret. I, 245, No. 124.
4) a. 867 Ann. Xant. S. S. II, 232, 50.

Geschädigten, und eine Kapitulare ist ganz dieser Aufgabe gewidmet.

Seine erste Sorge geht darauf, in Zeiten der Not das Getreide im Lande zu halten. Er verbietet daher um die Wende des Jahres 805 und 806 von Diedenhofen aus die Ausfuhr jeglicher Lebensmittel: „ne foris imperium nostrum vendatur aliquid alimoniae".[1])

Von den gewaltigen Preissteigerungen in Notjahren habe ich schon früher gesprochen. Das Übel machte sich auch jetzt bemerkbar und veranlaſste Karl, auf der Frankfurter Synode unter dem Eindrucke der Hungersnot von 792—793 die erste Preistaxe zu geben.[2]) Es sollten danach kosten:

1 Modius Hafer = 1 d., Gerste = 2 d., Roggen = 3 d., Weizen = 4 d.

Die königlichen Güter sollten aber ihren Überfluſs zu niedrigern Preisen verkaufen:

1 Modius Hafer = $\frac{1}{2}$ d., Gerste = 1 d., Roggen = 2 d., Weizen = 3 d.

805, wieder in einem Notjahre, wird von neuem befohlen, daſs niemand sein Getreide allzu teuer, nimis care, verkaufen soll.[3]) Diese Ermahnung genügte aber offenbar nicht; denn schon im nächsten Jahre sieht sich Karl wieder veranlaſst, eine neue Preistaxe aufzustellen. Allerdings nur für die Inhaber königlicher Benefizien und auch wohl nur für dieses Notjahr. Sie sollen demnach den Modius verkaufen:

Hafer = 2 d., Gerste = 3 d., Spelz = 3 d., Roggen = 4 d., Weizen = 6 d.[4])

Gegen 794 ist das eine recht bedeutende Preiserhöhung. Immerhin aber waren diese Sätze sehr niedrig gegen die Preise, die sich bei freier Konkurrenz in Hungerjahren bildeten, und

---

1) a. 805 Cap. miss. c. 4. Boret. I, 123, No. 44.
2) a. 794 Synod. Franconofurt. c. 4. Boret. I, 74, No. 28. Ich muſs an dieser Auffassung der Maſsnahme als eines Aktes der Teuerungspolitik auch gegen Soetbeer, Forsch. VI, 73 und Inama, Deutsche Wirtschaftsgesch. I, 476 ff. festhalten. Die Hungersnot war nicht so unbedeutend, wie Soetbeer annimmt, sie war weit verbreitet, wie sich aus den Berichten der Ann. Mosell., Ann. S. Germ., Ann. S. Quinti Veromand. und Ann. Lauresh. ergiebt. Wenn ausdrücklich befohlen wird, das Getreide auch in Zeiten der Teuerung nicht höher zu verkaufen, so richtet sich das gegen die Preissteigerungen des vorhergehenden Jahres. Karl der Groſse hat sich so vielfach mit der Sorge für die Notleidenden während der Hungersnot beschäftigt, daſs ihm ein solcher Akt wohl zuzutrauen ist. Um so mehr, als es sich bei der Preisaufstellung für die königl. Domänen sicher um einen Akt der öffentlichen Wohlfahrtspolitik handelt.
3) a. 805 Cap. miss. in Theodonis villa dat. secund. c. 4. Boret. I, 123, No. 44.
4) Cap. miss. Niumagae dat. c. 18, No. 46; Boret. I, 132.

wenn sie überhaupt durchgeführt wurden, so kann das nur unter Anwendung des stärksten Zwanges geschehen sein. 868, wo wir zum erstenmale von wirklichen Notpreisen hören, finden sich schon ganz andere Angaben. Es wurde nach den Ann. S. Columbae Senonensis[1]) im Mai für den Modius bezahlt:

Hafer = 5 s., Gerste = $6^1/_2$ s., Roggen = $7^1/_2$ s., Weizen = 8 s.

In späterer Zeit sind die Preise noch viel höher gestiegen, immerhin beträgt auch hier die Steigerung schon bei Hafer das 30fache, bei Gerste das 26fache, bei Roggen mehr als das 22fache und bei Weizen das 16fache der Preise von 806. Die Preisfestsetzungen werden nicht allzu viel vermocht haben. Viel wirksamer mufste das thätige Eingreifen der Einzelnen zur Unterstützung der Notleidenden sein. Auch hierauf richtete Karl sein Augenmerk. Der allgemeine Befehl[2]) an die königlichen Missi im Jahre 806: „ut indigentibus adiuvare studeant de annona, ita ut famis periculum non pereant" sagt noch nicht viel, aber das Gebot wird in anderen Kapitularien weiter ausgeführt. 809[3]) befiehlt Karl der Grofse, dafs jeder die von ihm abhängigen Leute sive liberum sive servum in dem gegenwärtigen Notjahre erhalten solle. Ein anderes Mal[4]) bestimmt er, dafs jeder Bischof, jeder Abt und jede Abtissin vier Notleidende bis zur Ernte ernähren soll; vermögen sie das nicht, so mögen sie wenigstens einen, zwei oder drei aufnehmen. Den Inhabern königlicher Benefizien gegenüber drückt er sich an einer anderen Stelle nicht so unbestimmt aus, sondern befiehlt streng[5]): „Qui nostrum habet beneficium, diligentissime praevideat, quantum potest Deo donante, ut nullus ex mancipiis ad illum pertinentes beneficium famem moriatur." Derselbe Befehl wird 806[6]) wiederholt. Hier fällt allerdings das fiskalische Interesse mit der öffentlichen Wohlfahrtspflege zusammen. Mit den persönlichen Verhältnissen der Notleidenden beschäftigt sich ein Kapitulare von 802.[7]) Es sollen danach die Armen, die durch

---

1) a. 868 Ann. S. Columb. Sen. S. S. I, 103.
2) a. 806 Cap. per. episcopos et comites nota facienda c. 1. Boret. I, 141, No. 54.
3) a. 809 Cap. missorum Aquisgr. pr. c. 24. Boret. I, 151, No. 62.
4) a. 780 Cap. episcop. Boret. I, 52, 13, No 21.
5) a. 794 Synod. Franconofurt. c. 4. Boret. I, 74, No. 28.
6) a. 806 Cap. miss. Niumagae dat. c. 18. Boret. I, 132, No. 46.
7) a. 802 Capitul. miss. general. c. 30, Boret. I, 96. De his quos vult domnus imperator, Christo propitio, pacem defensionem habeant in regno suo, id sunt qui ad suam clementiam festinant, aliquo nuntiare cupientes sive ex christianis sive ex paganis, aut propter inopia vel propter famem suffragantia quaerunt, ut nullus eos sibi servitio constringere vel usurpare audeant neque alienare neque vindere; sed ubi

die Not aus ihrem Hause vertrieben sind und nun heimatlos umherziehen, sich desselben königlichen Schutzes erfreuen wie die Gesandten fremder Völker; niemand soll es wagen, sich an ihnen zu vergreifen oder sie zu Sklaven zu machen, sondern sie sollen sich niederlassen dürfen, wo sie wollen und dazu noch subfragia in sua (d. h. des Kaisers) elymosina geniefsen. Karl hatte also auch feste Verpflegungsstationen errichtet.

Eine weitere Bestimmung über den aufserordentlichen Rechtsschutz von Notleidenden während einer Hungersnot ist uns in einem italienischen Kapitulare[1]) Karls erhalten. Wenn jemand nachweisen kann, dafs er unter dem Drucke einer solcher Not etwas verkauft hat, oder sich auch nur aus der Urkunde ergiebt, dafs der Verkauf zur Zeit einer Hungersnot stattfand, so wird das ganze Rechtsgeschäft aufgehoben, und der Käufer erhält den Preis zurück, wie er in der Urkunde angegeben ist. Bedeutende Erleichterungen für eine von einer Hungersnot betroffene Bevölkerung enthält auch eine Kapitulare von 807. Es wird darin „propter famis inopiam", wie es ausdrücklich heifst, das Aufgebot zu einem Heereszuge für die westlich der Seine gelegenen Landesteile zu Gunsten der Ärmeren sehr bedeutend eingeschränkt.[2])

Einer Art Notsteuer nähert sich das, was Karl der Grofse in einem Kapitulare[3]) befiehlt, das wahrscheinlich mit der Hungersnot von 779 in Verbindung steht. Jeder Bischof, jeder Abt und jede Äbtissin, und ebenso jeder Graf, soll ein Pfund als Almosen für die Notleidenden geben; vermögen sie das nicht, so doch ein halbes Pfund, und die minores unter den Geistlichen, die als dritte Klasse aufgeführt werden, nur 5 s. Bestimmter sind wieder die Auflagen, die in demselben Kapitulare für die königlichen Vassi festgesetzt werden. Sie haben zu zahlen für 200 Hörige ½ Pfund, für 100 Hörige 5 s., für 50 oder 30 Hörige 1 Unze.

Es zeigt sich wieder dieselbe Tendenz, die wir schon vorher beobachtet haben: Nutzbarmachung der königlichen Güter im allgemeinen Staatsinteresse.

Von einer Notstandspolitik der unmittelbaren Nachfolger Karls des Grofsen hören wir kaum noch etwas. In dem ver-

---

sponte manere voluerint, sub defensione domni imperatoris ibi habeant subfragia in sua elymosina.
1) Notitia Italica c. 2, Boretius I, 188, No. 88. — — et ipse qui venundaverit ostendere potuerit, ut strictus necessitate famis venditionem ipsam fecisset, aut forte cartula ipsa manifestaverit tempore necessitatis famis, cartula ipsa frangatur, et pretio iuxta quod in ipsa cartula legitur reddat.
2) a. 807 Memoratorium de exercitu in Gallia occident. praeparando c. 2, Boret I, 134, No. 48.
3) a. 780 Cap. episcoporum. Boretius I, 52, No. 21.

fallenden Staate mufste diese Art der Regierungsthätigkeit bald aufhören. Doch ist ein Schreiben erhalten, in dem Ludwig der Deutsche während einer Hungersnot um Hülfe angegangen wird.[1]) Es ist immerhin bemerkenswert, dafs noch das Gefühl besteht, dafs hier ein Feld der Thätigkeit vorliegt, auf dem die Zentralgewalt einzugreifen hat; in späterer Zeit ist nie wieder der Gedanke aufgetaucht, dafs bei einer Hungersnot der Kaiser helfen könne. Wenig später 867 sollen nach den Ann. Xant. Ludwig der Deutsche und Lothar II.[2]) bei einer drohenden Hungersnot ein dreitägiges Fasten ausgeschrieben haben. So begann auch die Wohlfahrtspolitik Karls des Grofsen in Notjahren; ob die beiden Fürsten oder andere Nachkommen des grofsen Kaisers aktiv zur Bekämpfung einer Hungersnot eingegriffen haben, wissen wir nicht.

Notstandspolitik von Fürsten und Städten.

Wir haben gesehen, wie zur Zeit Karls des Grofsen eine vorsorgliche staatliche Thätigkeit in jeder Weise der Not entgegenzuarbeiten suchte. Dergleichen findet sich in den späteren Jahrhunderten nicht mehr. Die Kirche hat die ganze Wohlfahrtspflege übernommen, und nur vereinzelt zeigt sich hier und da auch ein Eingreifen der staatlichen Organe. Nur von einem Kaiser hören wir, dafs er sich überhaupt um das Elend des Volkes während einer Hungersnot gekümmert hat. Es ist Heinrich III., also doch ein Herrscher, der der Kirche besonders nahe stand. Aber von irgend welcher gröfseren planvollen Thätigkeit ist keine Rede mehr. Er speist in Speier die Armen und erläfst noch kurz vor seinem Tode, durch die Hungersnot des Jahres veranlafst, eine Indulgenz.[3]) Sonst nehmen sich noch in einigen Fällen die Landesfürsten und die städtischen Obrigkeiten des Notstandes an. Einen Fortschritt zeigt ihre Thätigkeit gegen Karl den Grofsen kaum, nur kümmern sie sich, den kleineren Verhältnissen entsprechend, mehr um Einzelheiten.

Schon Karl der Grofse hatte durch ein **Ausfuhrverbot von Lebensmitteln** der Not zu begegnen gesucht. Wir finden dieselbe Mafsregel auch später wieder. So bestand 1269[4]) in

---

1) Theolog. Gutachten für Ludwig den Deutschen N. Archiv XI, 459.
2) Die Ann. Xant. S. S. II, 232, 50 schreiben „die Könige". Nach Lage der Dinge müssen Ludwig der Deutsche und Lothar II. gemeint sein, die allerdings nicht im Herbste, aber im Juli 867 eine Zusammenkunft hatten und dabei das Edikt gegeben haben könnten. Vergl. Mühlbacher Regesten p. 566 u. 567, No. 1429ᵃ u. 1430ᵃ.
3) a. 1056 Chr. Wirziburg S. S. VI, 31, 35.
4) a. 1269 Günther. Cod. dipl. Rheno-Mosell II, No. 234, p. 364.

der Mainzer Diöcese ein Verbot, das Getreide rheinabwärts auszuführen. Es war, wie die Urkunde angiebt: „propter caristiam et comunem defectum annonae" erlassen. 1272 verbieten einige dänische Städte die Getreideausfuhr,[1]) und nur durch Bestechung der Stadtoberhäupter können die Friesen die Zurücknahme dieses Verbotes erlangen. Menko scheint allerdings hier in seiner Darstellung nicht ganz gerecht zu sein. Es ist sehr fraglich, ob die Ernte in Dänemark wirklich so gut war, wie er angiebt, leicht möglich ist, dafs wir in diesem Ausfuhrverbot schon eine vorbeugende Mafsregel zu sehen haben; denn im nächsten Jahre wird auch Dänemark von einer Hungersnot heimgesucht. Aus Österreich hören wir, dafs 1235 der Herzog, auf den Rat der Juden, sein Land für die Getreideausfuhr zur Zeit einer Hungersnot schliefst, als eine Überschwemmung der Donau die Ernte vernichtet hatte.[2])

Getreide in das Land zu ziehen versucht Karl von Flandern einmal auf eine etwas komplizierte Weise.[3]) Er setzt für das Quart Wein den Maximalpreis von 6 d. fest. Er will damit erreichen, dafs der Einkauf von Wein den Händlern nicht mehr lohnend erscheint, und sie so veranlassen, andere Lebensmittel, die das Land notwendiger braucht, einzukaufen.

Die Erhaltung des Getreidevorrats im Lande bezweckt sein Verbot des Bierbrauens.[4]) Entsprechende Mafsregeln finden wir weiter bei zwei niedersächsischen Grafen wieder. 1218 befiehlt Hoyer von Falkenstein,[5]) dafs niemand dickeres Bier brauen sollte, als das Stübchen zu einem Pfennig, und jeder Ausschank soll verboten sein. „Dat halp sere to brotkorn", meint die Schöppenchronik. Ganz dieselbe Mafsregel wird auch 1226 dem Grafen von Blankenburg[6]) zugeschrieben, der dann noch weiter befiehlt, dafs niemand für mehr als einen Monat Vorrat an Korn besitzen darf, den Überflufs soll er verkaufen.

Als Landesherr erläfst auch Engelbert von Köln einmal ein unbedingtes Verbot des Bierbrauens. Er wollte, wie ein Biograph schreibt, lieber auf die reichen Einnahmen, die er von den Brauberechtigten bezog, verzichten, als sehen, dafs um seinetwillen das Volk Hunger litte.[7])

---

1) a. 1272 Menko S. S. XXIII, 560, 15.
2) Ann. S. Rudberti Salisburg. S. S. IX, 786, 31.
3) a. 1125 Passio Karoli c. 3. S. S. XII, 563, 27.
4) Passio Karoli c. 3. S. S. XII, 563, 25. Walteri v. Karoli c. 11, S. S. XII, 544, 5 und Herimanni lib. de restaurat. S. Mart. Tornac. cont. c. 13. S. S. XIV, 323, 2.
5) a. 1218 Magdbg. Schöppenchr. St. Chr. VII, 143, 3.
6) a. 1226 Sächs. Weltchr. M. G. Deutsche Chr. II, 245, 15.
7) a. 1225 Caes. Heisterbac. v. Engelb. lib. I, c. 8, Böhm. Font. II, 304.

Von Preistaxen hören wir zweimal. War aber ihre Durchführung selbst Karl dem Grofsen nicht gelungen, so dürfen wir uns nicht wundern, wenn auch in diesen beiden Fällen das Mittel versagte. 1118 war in Lüttich der Weizenpreis für den Modius auf 5 s. festgesetzt worden, verkauft wurde er zu 11 s.[1]) Die Bürger von Köln hatten für ihren Markt einen Preis von 3 s. für den Malter Roggen eingeführt; als nun Anfang des Sommers 1146 auf dem Lande der Preis höher war, — es handelte sich dabei keineswegs um eine Hungersnot, — und sie versuchten, ihren Preis aufrecht zu erhalten, hielt die Zufuhr zurück und die Stadt kam in drückende Not.[2])

Sonst ist kaum noch etwas von einer Wohlfahrtspolitik des Staates oder der städtischen Behörden erhalten. Nur noch einiges von der Thätigkeit Karls von Flandern wäre zu erwähnen. Irgendwie bedeutendere organisatorische Mafsregeln trifft er nicht, sondern wie ein guter Hausvater sorgt er für das Wohl seiner Unterthanen und sucht im Ganzen nur die augenblickliche Not zu lindern. Seinen Hörigen erläfst er ihre Abgaben. In der Art eines geistlichen Fürsten seiner Zeit ernährt er viele Arme, er verteilt selbst Brot unter sie, — 7800 Brote soll er einmal an einem Tage fortgegeben haben —, und täglich pflegte er einen Armen vollkommen mit Kleidern zu versehen. Auf jedem seiner Güter liefs er 100 Armen Unterhalt gewähren, und von seiner eigenen Tafel gab er soviel fort, dafs er davon täglich 113 Hungrige speiste. Als eine sehr weise Mafsregel erscheint es dem Verfasser seiner Vita, dafs der Graf den Bäckern befahl, an Stelle der Brote, die sonst einen Denar kosteten, zwei halb so grofse Brote herzustellen, damit der arme Mann sich auch schon für einen Obol ein Brot kaufen könnte. Weiter befahl er, die Hälfte des Feldes anstatt mit Getreide mit Erbsen und Bohnen zu bestellen, damit das Volk auf diese Weise schneller neue Lebensmittel erhielte.[3])

Das wenige, was von Seiten der städtischen Obrigkeiten in Notzeiten geschah, habe ich schon früher bei anderer Gelegenheit erwähnt. In Strafsburg verteilte man einmal 100 Viertel Roggen unter die Armen, und der Rat von Prag traf einige Anordnungen zur Aufrechterhaltung der Ordnung. Sonst beschränkt sich die Thätigkeit der Behörden auf die Fortschaffung der Leichen. Auch darüber ist schon früher gehandelt worden.

---

1) a. 1118 Canonici Leod. chr. ryth. S. S. XII, 418, v. 267.
2) a. 1246 Chr. reg. Col. cont. V, M. G. S. S. kl. Ausg. 288.
3) Passio Karoli c. 2 u. 3, S. S. XII, 562 u. Walteri v. Karoli c. 11, S. S. XII, 544.

Kirchliche Notstandspolitik.

Viel wichtiger aber und viel wirksamer als die Thätigkeit des Staates war die wirklich grofsartige Weise, in der die kirchlichen Institute des Mittelalters sich während jeder Hungersnot der zahllosen Armen und Heimatlosen annahmen und sie mit den gröfsten Opfern zu erhalten suchten. Immer wieder wird berichtet, wie in den Notjahren die Armen aus dem ganzen Lande in die nächste Stadt oder zu einem grofsen Kloster zogen. Da erwuchsen dann der Kirche ganz ungeheure Aufgaben. Nun werden ja die Bistümer und Klöster aus den Erträgen ihrer Grundherrschaften oft grofse Vorräte besessen haben, aber häufig erfahren wir, dafs diese Vorräte doch bald aufgezehrt waren. Bis zu der Vorsicht, in Zeiten des Überflusses für aufserordentliche Notstände im Voraus eine Reserve anzusammeln, kam man offenbar nur selten. Abt Olbert von Gembloux, der das that, erhält von Sigebert dafür den ehrenden Beinamen eines zweiten Joseph.[1]) Grofse Magazine besafs auch der deutsche Orden in seinen Burgen und öffnete sie 1315 zur Unterstützung der Notleidenden.[2])

Im Ganzen aber beschränkt sich auch die Kirche auf das thatkräftige Eingreifen im Augenblick der Not selbst. Genügen die eigenen Vorräte nicht, so sucht man sich durch grofse Ankäufe zum Teil in ziemlich entfernten Gegenden Getreide zu verschaffen. Die Mönche von Afflighem lassen sich aus der Gegend der oberen Schelde ein Schiff mit Getreide kommen.[3]) 1224 bringen für Erzbischof Engelbert von Köln Getreideschiffe Vorräte aus der Mainzer Gegend. In dem grofsen Notjahre 1197 erzählt Caesarius von einem Mönche aus einem westfälischen Kloster, der zum Einkauf von Korn an den Rhein kam.[4]) Auch der vorsorgliche Bischof Meinwerk von Paderborn läfst einmal zwei Schiffe mit Getreide aus Köln kommen.[5])

Grofse Summen wandten die Klöster für diese Getreideankäufe auf. In Zwifalten gab der Elemosynarius 20 mr. zu diesem Zwecke aus.[6]) In Stederburg[7]) gebraucht man 1166 30 mr. und im Jakobskloster in Lüttich sogar über 100 mr. von Epiphanias bis zum August 1197.[8])

---

1) a. 1044 G. abb. Gembl. S. S. VIII, 539, 50.
2) a. 1315 Ann. Lubic. S. S. XVI, 424, 25.
3) a. 1155 Auct. Afflig. S. S. VI, 402, 47.
4) a. 1197 Caes. Heisterbac. Dialog. miraculorum ed. Strange dist. IV, c. 67. vol. I, p. 235.
5) a. 1025 V. Meinwerci c. 151. S. S. XI, 138, 29.
6) a. 1098 Bertholdi Zwifalt. chr. S. S. X, 111, 47.
7) a. 1166 Ann. Stederburg. S. S. XVI, 209, 45.
8) a. 1197 Reiner S. S. XVI, 652, 50.

Genügte das Geld, das man besafs, nicht, so griff man den Schatz der Kirche an, um aus dem Erlöse Brot für die Armen zu kaufen. Als Abt Richard von St. Vannes alles, was er besafs, fortgegeben hatte, verkaufte er den ganzen Kirchenschatz nach Rheims.[1]) Caesarius erzählt, dafs ein westfälisches Kloster mit den heiligen Geräten auch seine Bücher verpfänden mufste.[2]) Vom Abte eines Augsburger Klosters hören wir, dafs er, um der allgemeinen Not zu steuern, seine eigenen Güter verpfändete.[3]) Bischof Altmann von Passau verkauft sein ganzes Hausgerät, usque ad ipsum linteamen, wie die Vita sagt.[4]) In Königsaal mufs man in der Not den Kirchenschatz den Juden verpfänden.[5]) Besonders zum Verkaufe eigneten sich die grofsen kostbaren Antependien. In Petershausen und anderen Klöstern machte man sie zu Gelde.[6])

In der Not verschuldeten die Klöster nicht selten. Lobbes litt noch viele Jahre unter einer solchen Schuld, die man 1142 beim Ankauf von Getreide gemacht hatte.[7]) Ebenso mufste Afflighem sich 1155 das Geld zu einem gröfseren Getreidekauf leihen.[8]) In Sankt Georgen machte man 1101, wie die v. Theogeri angiebt, zur Bestreitung der täglichen Bedürfnisse eine Schuld von 60 Pfund Silber.[9])

Die Bischöfe und Äbte sorgten persönlich für die Pflege der Notleidenden. Die Ann. Fuld. erzählen, wie Bischof Hrabanus von Mainz während der Hungersnot von 850 in Winkel die Armen täglich speiste.[10]) Heribert von Köln liefs durch andere die Flüchtlinge, die in die Stadt gekommen waren, reichlich verpflegen; er selbst aber mischte sich unerkannt unter die Armen, um sie zu trösten und ihre Wünsche zu erfahren.[11]) Otto von Bamberg ruhte Tag und Nacht nicht in seiner Fürsorge, auf den Strafsen und in den Häusern be-

---

1) Hugonis Flaviac. chr. S. S. VIII, 400, 9; vgl. auch a. 1125 Herim. lib. de restaurat. S. Mart. Tornac. cont. c. 13. S. S. XIV, 323, 4; a. 1176 Roberti. canon. S. Mariae Autissod. chr. S. S. XXVI, 241, 23.
2) a. 1197 Caes. Heisterbac. dialog. miracul. dist. IV, c. 67 ed. Strange I, p. 235.
3) a. 1147 V. S. Udalrici prioris Cellensis c. 7 S. S. XII, 255, 27.
4) a. 1082 V. Altmanni episc. Patav. c. 25 S. S. XII, 237, 1.
5) a. 1282 Königsaal. G. Q. c. 13. Fontes rer. Austr. VIII, 57.
6) a. 1226 Casus monast. Petrishus. lib. IV, c. 21. S. S. XX, 665, 19; Simonis G. abb. S. Bertini Sith. lib. II, c. 81. S. S. XIII, 651, 18; a. 1177 Ann. S. Benigni Divion. S. S. V, 45, 29.
7) a. 1142 G. abb. Lobb. S. S. XXI, 329, 11.
8) a. 1155 Auct. Afflig. S. S. VI, 402, 46.
9) a. 1101 V. Theogeri abb. S. Georgii lib. I, c. 19. S. S. XII, 457, 50.
10) a. 850 Ann. Fuld. M. G. S. S. kl. Ausg. 40.
11) a. 1005 V. Heriberti c. 7. S. S. IV, 745, 32.

suchte er die Hungernden. Sein Biograph Heribord erzählt ausführlich, wie er bei einem solchen Gange die Leiche einer verhungerten Frau gefunden und sich nicht gescheut hätte, selbst mit seinem Diener den Leichnam auf den Kirchhof zu tragen.¹) Wazo von Lüttich wendet nicht nur für die öffentliche Speisung der Armen täglich ein Pfund Denare auf, sondern denkt auch noch daran, denen, die sich zu betteln schämen, heimlich Korn zukommen zu lassen.²) In Neumünster verteilte in Vicelins Auftrage der Priester Thetmar Nahrung an die Bedürftigen. Er gab so reichlich, daſs er das Kloster bald selbst in Not zu bringen drohte und man vor ihm die Vorratskammern schlieſsen muſste. Der fromme Mann wuſste sich aber doch heimlich Eingang in die Scheunen zu verschaffen und nahm weiter Getreide und gab es den Armen. Die Getreidekammern aber füllten sich durch die Gnade Gottes wieder von selbst.³) Dasselbe Wunder wiederholt sich auch an anderen Orten.⁴) In Heisterbach ermahnt der Abt den Bäcker, haushälterischer mit den Vorräten umzugehen und die Brote für die Armen kleiner zu machen. Der aber muſs antworten: „Glaube mir, Herr, als Teig sind sie kein, aber im Backofen wachsen sie, klein werden sie hineingeschoben, und groſs kommen sie heraus." Und derselbe Bäcker erzählte dem Schreiber weiter, daſs auch der Mehlvorrat in den Säcken gewachsen wäre.⁵)

Meist erhielten die Armen nur Brot als das wichtigste Nahrungsmittel oder auch rohes Getreide. Der Abt von Heisterbach aber läſst noch dazu für seine Pfleglinge täglich einen ganzen Ochsen mit allerhand Gemüse kochen.⁶) Weiter werden auch noch Kleider und einige Male auch Geld unter die Armen verteilt. Otto von Bamberg giebt jedem der Armen, als er sie zur Ernte entläſst, 1 d. als Zehrgeld mit und eine Sichel.⁷) Ähnlich die Mönche in Riddagshausen; bis zur Erntezeit hatten sie ihre Pfleglinge durchgefüttert, do geven se islikem armen minschen ein sekelen und ein brod und heiten se gan arbeiden und sniden.⁸)

---

1) a. 1125 Heribordi V. Ottonis lib. I, c. 31 u. 32. S. S. XX, 715.
2) a. 1042 Anselm. g. cps. Leod. c. 53. S. S. VII, 221, 11.
3) a. 1147 Helmold. lib. I, c. 66 M. G. S. S. kl. Ausg. 127.
4) Miraculi S. Volquini abb. in Sichem ed. F. Winter, Die Cistercienser im nordöstl. Deutschland, Bd. 1, p. 371, 372 u. 378; a. 1316 Brem. Chr. von Rynesberch ed. Lappenberg. G. Q. d. Erzstifts u. der Stadt Bremen 86.
5) a. 1197 Caes. Heisterbac. dist. IV, c. 65 ed. Strange p. 233.
6) a. 1197 Caes. Heisterbac. ibid. p. 232.
7) a. 1125 V. Ottonis I, c. 33 S. S. XX, 716, 1.
8) a. 1316 Magdebg. Schöppenchr. St. Chr. VII, 186.

An verschiedenen Stellen werden Angaben über die Zahl der täglich Unterstützten gemacht. Mehr als 300 Arme soll Bischof Hraban täglich gespeist haben.[1]) Ebenso sorgte Arnold von Mainz persönlich für 300 Notleidende.[2]) Im Notjahre 1316 ernährten die Cistercienser in Riddagshausen täglich über 400 Arme von den Fasten bis zur Ernte[3]). In Heisterbach sollen einmal an einem Tage 1500 Arme gespeist worden sein.[4])

Einige Male zeigen sich die ersten Anfänge zu einer Organisation der Wohlfahrtspflege. Während einer schweren Hungersnot kamen einmal die französischen Bischöfe zusammen, um über Hülfsmafsregeln zu beraten.[5]) Bischof Heribert pflegte in Köln selbst die Notleidenden, in anderen Städten seiner Diözese hatte er zuverlässige Kleriker angestellt, denen er Geld zugehen liefs, damit sie Getreide einkauften und es wieder unter die Armen verteilten.[6])

Bischof Reginard von Lüttich verteilt 1200 Notleidende auf 4 Stationen, je 300 werden in Lüttich, Huy, Dinant und Fosse unterhalten. Besondere Fürsorge für die eigenen Unterthanen zeigt Meinwerk von Paderborn. Er bestimmt, dafs von den Einkünften seiner Güter in Velau und Teisterbang $1/4$ dem Villicus zufallen sollen, $1/4$ erhalten die Hörigen verteilt nach den Köpfen jeder Haushaltung, $1/4$ die sonstigen Notleidenden und $1/4$ wird zur neuen Aussaat bestimmt. Bischof Wazo von Lüttich liefs während eines Notjahres jedem seiner Bauern wöchentlich 2 d. auszahlen, damit sie nicht ihre Rinder verkaufen müfsten und dann das Feld unbestellt bliebe.[7]) 1006 hatten sich grofse Scharen Notleidender in St. Trond. eingefunden, aber Abt Adelard will nicht unnötig seine Vorräte verschwenden. Er fragt also die Einzelnen, wessen Hörige sie wären, und nur wer dem heiligen Trudo gehört, wird aufgenommen, alle anderen schickt er unerbittlich zu ihren Klöstern zurück.[8])

Als etwas wirklich Neues und für seine Zeit sehr Bemerkenswertes liefs Bischof Reginard von Lüttich Notstandsarbeiten ausführen. Er beschäftigte die Notleidenden, die sich zu betteln schämten, beim Bau einer Brücke, elemosina magni

---

1) a. 850 Ann. Fuld. kl. Ausg. 40.
2) a. 1151 Vita Arnoldi Iaffé. Bibl. III, 609.
3) a. 1316 Magdeb. Schöppenchr. St. Chr. VII, 186.
4) a. 1197 Caes. Heisterbac. Dialog. dist. IV, c. 65, p. 232.
5) a. 1032 Hugonis Flaviac. chr. lib. II, c. 27. S. S. VIII, 399, 56.
6) a. 1005 V. Heriberti c. 7 S. S. IV, 745, 27.
7) a. 1043 Anselmi g. episc. Leod. c. 53 S. S. VII, 221, 21.
8) a. 1006 G. abb. Trud. lib. I, c. 1 S. S. X, 229, 30.

pontis[1]) nennt es der Chronist. Noch weiter geht ein Abt von Gembloux; er läfst nicht nur den Kirchbau vollenden und eine Kapelle neu erbauen, sondern er läfst auch alle alten Gebäude des Klosters niederreifsen, um bei ihrem Wiederaufbau die Armen zu beschäftigen.[2])

---

[1] a. 1031 Ruperti chr. S. Laurentii Leod. S. S. VIII, 274, 40.
[2] Wassermann, Die Hungerjahre u. s. w. Katholik 1892, 3. Folge, Bd. V citiert: „Anselm. Gembl. chr. in Pistor. S. S. I, 1013." Das Citat war nicht aufzufinden, der Text von Pistorius S. S. rer. Germ. I besitzt in allen drei Auflagen nur ca. 960 Seiten, Anselms Fortsetzung Sigeberts, die offenbar gemeint sein mufs, reicht nur bis 1135.

Tabellen über Dauer und Ausdehnung der einzelnen Hungersnöte.

Belgien Niederrhein	Mittelrhein	Lothringen Ostfrankreich	Süddeutschland		Norddeutschland		Böhmen	Österreich	Östl. Grenzgebiete
			Westen	Osten (Baiern)	Küste	Binnenland			
	709								
	779	763 Südfrankr.							
		790							
		792							
	793	793							
		805							
	806	806							
	807	807							
	809	809							
	820?								
	822 Köln								
		824 Frankreich		823 Regensburg					
		843 Frankreich							
		845 Nordfrankreich							
	850					850			
	852					853			
			861 S. Gallen			862 Hersfeld			
863									
	867								
	868	868	868			868			
		869							
	873 Mainz					873 Hersfeld			
874 St. Bertin	874								
892 St. Vaast			889	889					
				895					
			896	896					
				897					

Tabellen über Dauer u. Ausdehnung d. einzelnen Hungersnöte.

Belgien Niederrhein	Mittelrhein	Lothringen Ostfrankreich	Süddeutschland Westen	Süddeutschland Osten (Baiern)	Norddeutschland Küste	Norddeutschland Binnenland	Böhmen	Österreich	Östl. Grenzgebiete
		910							
			940			940			
941						941			
		942							
			959						
973									
			987						
			992 Augsburg						
						994			
						995			
		1003							
	1005	1005	1005	1005					
1006		1006				1006 Hildesheim			
						1025			
		1031							
		1032							
	1035 Moselland			1038					
1043							1043		
1044	1044	1044	1044						
	1045					1045			
			1046 Augsburg						
				1053					
			1055 Franken						
			1056 Franken						
			1060	1060					
			1061						
			1062						
					zw. 1066— 1072				
			1069 Augsburg						
			1077						
								1082	
1090			1090						
						1092			
						1093			
						1094 Hessen			
1095									
			1098?						
			1099						
	1100	1100	1100			1100			
	1101		1101						
			1102 Schwarzwald						
	1106 Klosterrath								
1117									

Tabellen über Dauer und Ausdehnung

Belgien Niederrhein	Mittelrhein	Lothringen Ostfrankreich	Süddeutschland Westen	Süddeutschland Osten (Baiern)	Norddeutschland Küste	Norddeutschland Binnenland	Böhmen	Österreich	Östl. Grenzgebiete
1118									
1124						1120			
1125	1125		1125	1125		1124			
1126			1126			1125	1126		
1139?									
						1140			
1142 Lobbes									
1143 Lobbes									
1144	1144 Klosterrath	1144							
	1145	1145	1145			1145		1145	
1146	1146	1146	1146	1146		1146			
1147	1147					1147 Holstein		1149?	
		1150	1150 Elsaß					1150	
1151	1151	1151	1151 Ottenbeur.			1151			
1161 Achin									
1162		1162			1164 Mecklenburg	1162			
						1166 Stederburg			
1175 Achin									
		1176	1176						
		1177		1177 Hailsbronn					
1183 Niederlande									
			1195 Elsaß					1195	
1196	1196		1196	1196				1196	
1197	1197	1197	1197			1197			
	1198		1198 Neresheim						
						1205			
								1206	
				1211					
								1216	
				1217	1217 Lübeck	1217	1217	1217	1217 Ungarn
						1218			
					1219 Friesland				
			1220 Zwifalten						

der einzelnen Hungersnöte.

Belgien Niederrhein	Mittelrhein	Lothringen Ostfrankreich	Süddeutschland Westen	Süddeutschland Osten (Baiern)	Norddeutschland Küste	Norddeutschland Binnenland	Böhmen	Österreich	Östl. Grenzgebiete
									1221 Polen
									1222 Polen
		1224							
1225	1225	1225	1225	1225	1225 Friesland	1225			
	1226?		1226	1226	1226 Lübeck	1226			
		1233	Neresheim	1231 Passau				1234	1233 Livland
		1234						1235	
		1235							1241 Ungarn
									1242 Ungarn
		1253					1252	1252	
			1256 Colmar					1255 Melk	
							1262?	1261?	
							1263	1263	1263 Ungarn
									1264 Schlesien
	1269		1269						
			1270	1270					
			1271	1271	1271 Friesland	1271			1271 Ungarn
					1272	1272			
					1273 Ostseeküste				
							1280	1277 Ostalpen	1281 Schlesien
							1281		
							1282		1282 Polen
		1294	1294 Elsafs						
1296				1296					
		1305							
1309						1309 Hessen	1306		
	1310			1310					
			1311	1311					
			1312	1312					
			1313	1313					
1314							1314		
1315	1315		1315	1315	1315	1315			
1316	1316		1316	1316	1316 Bremen	1316			
				1317	1317		1317	1317	1317 Schlesien

II.

CHRONIK DER ELEMENTAREN EREIGNISSE.

Die folgende Zusammenstellung will eine möglichst vollständige Chronik der elementaren Ereignisse für die Zeit von 700—1317 geben. Es ist über eine Zusammenstellung des Materials nur für die Notjahre hinausgegangen worden, um, so weit es möglich war, auch ein Bild von den zwischen den Zeiten wirtschaftlicher Depression liegenden normalen oder guten Jahren zu geben. Die großen Volkskrankheiten sind als ein Faktor, der auch das Wirtschaftsleben beeinflußt, vollständig mit behandelt worden, dagegen sind Nachrichten über Himmelserscheinungen nur gegeben worden, wo sie mit Notjahren in Verbindung stehen; ausgeschieden sind im allgemeinen Nachrichten über Erdbeben, da sie in Deutschland keinen Einfluß auf das wirtschaftliche Leben haben.

709. ANN. LAURESH. S. S. I, 22 (Ann. Alam. = Ann. Nazariani = Ann. Sangall. mai. = Ann. Alth. = Ann. Heremi = Ann. Mosellani). Vernus durus et deficiens fructus.
711. ANN. LAURESH. S. S. I, 24 (= Ann. Alam. = Ann. Nazar. = Ann. Alth. = Ann. Mosell.). Aquae inundaverunt valde.
722. ANN. LAURESH. S. S. I, 24 (= Ann. Alam. = Ann. Nazariani = Ann. Sangall. maior. = Ann. Heremi = Ann. Alth. = Ann. Mosell.). Magna fertilitas.
763. *Hungersnot in Südfrankreich und den Mittelmeerländern (Chr. Moissiac.), ein sehr harter Winter scheint die Ursache zu sein.* CHR. MOISSIACENSE S. S. I, 294, 32. Anno 762 gelu magnum Gallias, Illyricum et Thraciam deprimit, et multae arbores olivarum et ficulnearum decoctae gelu aruerunt; sed et germen messium aruit; et supervenienti anno praedictas regiones gravius depressit fames, ita ut multi homines penuria panis perirent. ‖ ANN. EINHARDI M. G. S. S. kl. Ausg. 23 (= Ann. reg. Franc. = Ann. Tiliani = Ann. Mett. = Ann. Lauriss. min. a. 764). Facta est autem eo tempore tam valida atque aspera hiems, ut inmanitate frigoris nullae praeteritorum annorum hiemi videretur posse conferri. ‖ ANN. WEISSENBURG. a. 763—846 S. S. I, 111 (= Ann. Lausann). Hiems valida. ‖ ANN. JUVAVEN. MAIOR. SUPPL. S. S. III, 122, 17. Hiemps magna. ‖ ANN. JUVAVENSES MINORES S. S. I, 88. Hiemps fortissimus. ‖ ANN. S. EMMER. RATISPON. MAIOR. S. S. I, 92. Hiemps magnus erat.
764. ANN. S. AMANDI S. S. I, 10 (= Ann. Petav.). Tunc fuit ille gelus pessimus, et coepit 19. Cal. Januarii *(14. Dec.)*, et permansit usque in 17. Cal. Aprilis *(16. März)*. ANN. MAXIM. S. S. XIII, 21, 8. Hiemps magnus erat. ‖ ANN. ALTAH. M. G. S. S. kl. Ausg. 3 (= Hersf. Ann.). Hiems dura. ‖ ANN. FULDENSES (EINHARDI) FRS. I, M. G. S. S. kl. Ausg. 8 (= Ann. Sith. = Ann. Bland. a. 763). Hoc anno contigit hiems valida et praeter solitum prolixa. ‖ ANN. FULD. ANTIQUISSIMI M. G. S. S. kl. Ausg. 137. Hic hiemps dura.
766. ANN. WEISSENBG. a. 763—846 S. S. I. 111. Hiems grandis.
772. ANN. REGNI FRANC. M. G. S. S. kl. Ausg. 34. Et fuit siccitas magna, ita ut aqua deficeret in supradicto loco, ubi Ermensul stabat; et dum voluit ibi duos aut tres praedictus gloriosus rex stare dies famem ipsum ad perdestruendum et aquam non haberent, tunc subito divina largiente gratia medio die cuncto exercitu quiescente in quodam torrente omnibus hominibus ignorantibus aquae effusae sunt largissimae, ita ut cunctus exercitus sufficienter haberet. *(Ganz ähnliche Berichte finden sich in den Ann. Einhardi, Ann. Fuld. und Ann. Tiliani.)*
779. *Grofse Hungersnot im Frankenreiche; die räumliche Ausdehnung läfst sich nicht genauer bestimmen, da alle Annalen aus derselben Quelle geschöpft zu haben scheinen. Eine Bestätigung der Annalennachrichten bietet ein Capitulare aus dem Jahre 779 oder vielleicht richtiger nach Boretius Anfang 780.* ‖ ANN. LAURESHAM. S. S. I, 31 (= Ann. Mosell. = Ann. Alam. = Ann. Sangall. maior. u. breves). Fames vero magna

et mortalitas in Francia. || Ann. Colonienses ed. Wattenbach: eccl. metropolit. Colon. Codices manuscripti, p. 127. Fames magna.

780.[1]) Capitul. episcoporum Boretius I, 52, No. 21. Capitulare qualiter institutum est in hoc episcoporum consensu: id est ut unusquisque episcopus tres missas et psalteria tria cantet, unam pro domno rege, alteram pro exercitu Francorum, tertiam pro presenti tribulatione, presbiteri vero unusquisque missas tres, monachi et monachae et canonici unusquisque psalteria tria. Et biduanas omnes faciant tam episcopi, monachi et monachae atque canonici, atque eorum infra casatum homines, vel qui potentes sunt. Et unusquisque episcopus aut abbas vel abbatissa, qui hoc facere potest, libram de argento in elemosinam donet, mediocres vero mediam libram, minores solidos quinque. Episcopi et abbates atque abbatissae pauperes famelicos quatuor pro isto inter se instituto nutrire debent usque tempore messium; et qui tantum non possunt, iuxta quod possibilitas est, aut tres aut duos aut unum. Comites vel fortiores libram unam de argento aut valentem, mediocres mediam libram; vassus dominicus de casatis ducentis mediam libram, de casatis centum solidos quinque, de casatis quinquaginta aut triginta unciam unam. Et faciant biduanas atque eorum homines in eorum casatis, vel qui hoc facere possunt; et qui redimere voluerit, fortiores comites uncias tres, mediocres unciam et dimidiam, minores solidum unum. Et de pauperes famelicos, sicut supra scriptum est, et ipsi faciant. Haec omnia, si Deo placuerit, pro domo rege et pro exercitu Francorum et praesente tribulatione missa sancti Johannis sit completum.

783. Ann. Laurehs. S. S. I, 32 (= Ann. Mosell.). Et fuit estus tam vehementer calidus, ita ut plurimi homines de ipso calore expirarent.

784. Ann. Lauresh. S. S. I, 32 (= Ann. Mosell.). Nec non et inundatio aquarum valida fuit.

785. Ann. regni Francor. M. G. S. S. kl. Ausg. 68. Tunc domnus rex Carolus supradictum iter peragens usque ad Rimee pervenit super fluvium Wisora, ubi confluit Waharna. Et propter nimiam inundationes aquarum inde reversus est Eresburgum.

786. Ann. Lauresh. S. S. I, 33. *Wunderbare Himmelserscheinungen und andere Vorzeichen* unde pavor ingens et metus in populo irruit, ac mortalitas magna postea secuta est.

790. *Hungersnot in Lothringen (Ann. Flaviac.).* || Ann. Flaviacenses S. S. III, 151, 27. Famis exritur.

791. Ann. Einhardi M. G. S. S. kl. Ausg. 91. Facta est haec expeditio sine omni rerum incommodo, praeter quod in illo, quem rex ducebat, exercitu tanta equorum lues exorta est, ut vix decima pars de tot milibus equorum remansisse dicatur.

792. *Zur Zeit der Ernte beginnt eine weit verbreitete Hungersnot (Ann. Mosell.).* || Ann. Mosellani S. S. XVI, 498, 15. Caepit autem eodem anno statim tempore messis tanta famis esse, quae qualiter, vel quousque excreverit, sequentis anni describit ordo.

793. *Weit über das ganze Frankenreich verbreitete Hungersnot (Ann. Lauresh., Ann. Mosell., Ann. S. Quint. Veromand., Ann. S. Germ. min. — a. 794 Synod. Franconof.).* || Ann. Lauresh. S. S. I, 35. Et in ipso hieme transmisit rex duos filios suos Pippinum et Hluduwicum cum hoste in terra Beneventana; et facta est ibi famis validissima, et super populum illum quem ibi inventus est, et super exercitum qui advenerat, ita ut aliquanti nec ipsam quadringensimam se ab esu carnium abstinere poterant. Sed et famis valida in Burgundia et per ali-

---

1) Datierung nicht sicher, s. Boretius.

qua loca in Francia incumbebat, ita ut multi ex ipsa fame mortui fuissent. ‖ Ann. Mosellani S. S. XVI, 498, 23. Famis vero, quae anno priori caepit, in tantum excrevit, ut non solum alias immundicias, verum etiam, peccatis nostris exigentibus, ut homines homines, fratres fratres ac matres filios comedere coegit. Ostensa autem eodem anno in ipso regno per diversa loca verno tempore falsa annona per campos et silvas atque paludes innummera multitudo, quam videre et tangere poterant, sed comedere nullus. ‖ Ann. S. Quintini Veromandensis S. S. XVI, 507, 15. Fames valida. ‖ Ann. S. Germani min. S. S. IV, 3, 25. Fuit fames maxima in Frantia.[1])

794. Ann. Mosellani S. S. XVI, 498, 34. Fuit eo anno siccitas magna, sed tamen largiente Deo et abundantia bona. ‖ Synodus Franconofurtensis c. 4 u. c. 25. Boret. I, 74 u. 76, No. 28. — c. 4. Statuit piissimus domnus noster rex, consentienti sancta synodo, ut nullus homo, sive ecclesiasticus sive laicus sit, ut nunquam carius vendat annonam, sive tempore abundantiae sive tempore caritatis, quam modium publicum et noviter statutum, de modio de avena denario uno, modio ordii denarius duo, modio sigalo denarii tres, modio frumenti denarii quatuor. Si vero in pane vendere voluerit, duodecim panes de frumento, habentes singuli libras duas, pro denario 'dare debeat, sigalatius quindecim aequo pondere pro denario, ordeaceos viginti similiter pensantes, avenatios viginti quinque similiter pensantes. De vero anona publica domni regis, si venundata fuerit, de avena modius II pro denario, ordeo den. I, sigalo den. II, frumento modius denar. III. Et qui nostrum habet beneficium, diligentissime praevideat, quantum potest Deo donante, ut nullus ex mancipiis ad illum pertinentes beneficium famem moriatur; et quod superest illius familiae necessitatem, hoc libere vendat iure praescripto. c. 25. Ut decimas et nonas sive census omnes generaliter donent qui debitores sunt ex beneficia et rebus ecclesiarum secundum priorum capitularum domni regis; et omnis homo ex sua proprietate legitimam decimam ad ecclesiam conferat. Experimento enim didicimus in anno quo illa valida fames inrepsit, ebullire vacuas anonas a daemonibus devoratas et voces exprobrationis auditas.

797. Ann. Flaviacenses S. S. III, 151, 34. Siccata fluminum idem maris.

801. Ann. Lobienses S. S. XIII, 230, 40. In Germania quoque et Gallia quaedam loca propter Rhenum tremuerunt, et pestilentia magna hominum et peccorum propter mollitiem hiemis extitit. ‖ Ann. regni Francor. M. G. S. S. kl. Ausg. 114. Pestilentia propter mollitiem hiberni temporis facta est. ‖ Poeta Saxo S. S. I, 260. *Erdbeben* — — Morborumque lues fieri permaxima coepit.

803. Ann. regni Francor. M. G. S. S. kl. Ausg. 117 (= Ann. Max. = Ann. Ottenb.). Hoc hieme circa ipsum palatium et finitimas regiones terrae motus factus et mortalitas subsecuta est.

805. *Ende des Jahres beginnt eine weitverbreitete Hungersnot (Cap. miss. in Theod. villa dat.).* ‖ Cap. miss. in Theod. villa dat. secund. generale c. 4. Boret. I, 122, No. 44, c. 4. De hoc si evenerit fames, clades, pestilentia, inaequalitas aeris vel alia qualiscumque tribulatio, ut non expectetur edictum nostrum, sed statim depraecetur Dei misericordia. Et in praesenti anno de famis inopia, ut suos quisque adiuvet prout

---

1) Die Annalen setzen die Hungersnot 791 an, sie datieren aber sehr häufig in den unmittelbar vorhergehenden Jahren durchgehend alle Ereignisse 2 Jahre zu früh, die Nachricht kann sich daher nur auf die Hungersnot von 793 beziehen.

potest et suam annonam non nimis care vendat; et ne foris imperium nostrum vendatur aliquid alimoniae.

806. *Im Frankenreiche weit verbreitete Hungersnot, wie sich aus den ganz allgemeinen Anordnungen der beiden Kapitularien ergiebt.* || CAP. MISS. NIUMAGAE DAT. c. 17 u. 18. Boret. I, 132, No. 46. — c. 17. Quicumque enim tempore messis vel tempore vindemiae non necessitate sed propter cupiditatem comparat annonam aut vinum, verbi gratia de duobus denariis comparat modium unum et servat usque dum iterum venundare possit contra dinarios quatuor aut sex seu amplius, hoc turpe lucrum dicimus; si autem propter necessitatem comparat, ut sibi habeat et aliis tribuat, negotium dicimus. c. 18. Consideravimus itaque, ut praesente anno, quia per plurima loca fames valida esse videtur, ut omnes episcopi, abbates, abbatissae, obtimates et comites seu domestici et cuncti fideles qui beneficia regalia tam de rebus ecclesiae quamque et de reliquis habere videntur, unusquisque de suo beneficio suam familiam nutricare faciat, et de sua proprietate propriam familiam nutriat; et si Deo donante super se et super familiam suam, aut in beneficio aut in alode, annonam habuerit et venundare voluerit, non carius vendat nisi modium de avena dinarios duos, modium unum de ordeo contra dinarios tres, modium unum de spelta contra denarios tres si disparata fuerit, unum de sigale contra denarios quattuor, modium unum de frumento parato contra denarios sex. Et ipsum modium sit quod omnibus habere constitutum est, ut unusquisque habeat aequam mensuram et aequalia modia. || CAP. PER EPISCOPOS ET COMITES NOTA FACIENDA,[1]) BORETIUS CAP. I, 141, c. 1, No. 54. Capitula quae volumus, ut episcopi, abbates et comites qui modo ad casam redeunt per singula loca eorum nota faciant et observare studeant, tam infra eorum parrochias et missaticos seu ministeria eorum convicinantium qui in exercitu simul cum equivoco nostro perrexerunt. c. 1. Ut indigentibus adiuvare studeant de annona, ita ut famis periculum non pereant.

807. *Erleichterungen im Heeresdienst für die ärmeren Klassen, die durch die Hungersnot des vergangenen Jahres schwer betroffen sind. (Memorat.) Ende des Jahres droht wieder eine Hungersnot. (Epist. ad Gaerbald.)* || MEMORAT. DE EXERCITU IN GALLIA OCCIDENT. PRAEPARANDO BORET. I, 134, No. 48. Memoratorium qualiter ordinavimus propter famis inopiam, ut de ultra Sequane omnes exercitare debeant. *Es folgen dann Erleichterungen im Heeresdienste in der Art, dafs nicht alle Hufenbesitzer ins Feld zu ziehen brauchen, sondern bei den ärmeren mehrere einen für den Krieg ausrüsten.* || KAROLI AD GHAERBADDUM EPISC. EPIST. BORET. I, 245. No. 124. *Ausschreiben eines neuntägigen Fastens, an je drei Tage im December, Januar und Februar.* Necessitates vero quas supra nos dicturos esse promisimus, inter ceteras quas tamen hac vice commemorare necessarium non duximus, haec sunt denique: conpertum habemus per fideles nostros, qui nobis de singulis regni nostri partibus haec nuntiaverunt, quod insolito more et ultra consuetum ubique terrae sterelitas esse et famis periculum imminere videtur, aëris etiam intemperies frugibus valde contraria, pestilentia quoque per loca, et paganorum gentium circa marcas nostras sedentia bella continua, multa praeterea quae et nunc enumerare longum est et nobis experimento possunt esse notissima, si recordare volumus, qualia incommoda singulis diebus propter merita nostra sentiamus. || ANN. LAURISS. MIN. S. S. I, 120, 37 et

---

1) Nach der Erwähnung eines Heereszuges Karls des Jüngeren würden die Jahre 805, 806 und 808 in Betracht zu ziehen sein. Die Zusammenstellung mit der Hungersnot läfst mit ziemlicher Gewifsheit eine Datierung auf 806 zu.

mortalitas maxima in monasterio sanctiBonifatii ————. || Ann. Altah. (= Hersf. Ann.) M. G. S. S. kl. Ausg. 4. Mortalitas Fulda.
808. Ann. regni Francor. M. G. S. S. kl. Ausg. 125 (= Ann. Xant.). Hiemps mollissima ac pestilens fuit in illo tempore. || Ann. S. Amandi S. S. I, 14. Hoc anno fuit inundatio aquarum talis, qualis antea numquam fuit in terra ista visa, et fuit 5. Kal. Ianuarii (28. Dec.) altissima.
809. *Hungersnot im Frankenreich (Cap. miss. Aquisg. prim.), gleichzeitig die ersten Nachrichten über ein grofses Viehsterben. (Poeta Saxo. Chr. Moissiac.)* || Capitulare missorum Aquisgranense primum c. 24. Boret. I, 151, No. 62. De debitis pauperum anterioribus et negotia facienda antequam fructum collegatur: omnino inantea cavenda. Ut unusquisque presenti anno sive liberum sive servum suum de famis inopia adiutorium prebeat. || Poeta Saxo S. S. I, 263.

    Undique praesentis pax laetificaverat anni
    Cunctos imperii fines, sed tristia quaedam
    Multis contigerant terris: nam sevior omni
    Hoste nefanda lues pecudum genus omne peremit.

    Noricus ista sinus fertur specialiter esse
    Perpessus cum vicinis regionibus illi.
    Praeterea steriles hoc factae tempore vites,
    Impenso sibimet nulla mercede labori
    Respondent, spes est avidi frustrata coloni,

|| Chr. Moissiac. S. S. I, 309, 2. In illo anno venit mortalitas magna animalium ab oriente et pertransiit usque in occidentem.
810. *Schwere Viehseuche im ganzen Frankenreiche.* || Ann. regni Francor. M. G. S. S. kl. Ausg. 132 (= Ann. Fuld. I). Tanta fuit in ea expeditione boum pestilentia, ut pene nullus tanto exercitui superesset, quin omnes usque ad unum perirent; et non solum ibi sed etiam per omnes imperatori subiectas provincias illius generis animalium mortalitas inmanissime grassata est. || Ann. Xant. S. S. II, 224, 18. Et magna mortalitas boum et aliorum animalium erat in ipso anno, et hiemps valde dura. || Ann. Lauriss. min. S. S. I, 121, 12. Mortalitas bovum maxima pene in tota Europa, nec non et hominum plurimorum, et Hruothruda filia imperatoris et Pippinus filius eius. || Ann. Sith. S. S. XIII, 37, 23. Boum pestilentia per totam Europam inmaniter grassata est, et inde pulv[erum spars]orum fabula exorta.[1]) || Ann. Alth. (= Hersf. Ann.) M. G. S. S. kl. Ausg. 4. Mortalitas boum. || Ann. S. Emmerammi Ratispon. maior. S. S. I, 93. Magna mortalitas animalium fuit.
811. Ann. Lauriss. min. S. S. I, 121, 18. Hiemps fuit durissima, perdurans usque ad finem Martii mensis.
813. Ann. Xant. S. S. II, 224, 28. Hiemps nimis dura.
815. Ann. regni Franc. M. G. S. S. kl. Ausg. 143. Rhenus fluvius Alpinis imbribus auctus ultra solitum exundavit.
819. Ann. Yburgenses ed. Forst. Osnabr. Geschichtsq. I, 177. Mortalitas maxima hominum et iumentorum et fruges infoecundi fiebant.
820. *Hungersnot, vielleicht von bedeutender Ausdehnung (Ann. Sith., Herim. Aug.).*[2]) || Ann. regni Francor. M. G. S. S. kl. Ausg. Hoc anno

---

1) vergl. dazu S. Agobardi episc. Lugdun. opera, ed. Papirius Masson, Paris 1605, p. 156 abgedruckt Ann. regni Franc. M. G. S. S. kl. Ausg. 132 und Cap. miss. Aquisg. pr. c. 4. Boret. I, 153.
2) Die Ann. Sith. beruhen auf den alten Reichsannalen; auf die-

propter iuges pluvias et aerem nimio humore resolutum magna incommoda contigerunt. Nam et hominum et boum pestilentia tam inmane longe lateque grassata est, ut vix ulla pars totius regni Francorum ab hac peste inmunis atque intacta posset inveniri Frumenta quoque et legumina imbrium adsiduitate corrupta vel colligi non poterant vel collecta conputrescebant. Vinum etiam, cuius parvus proventus eodem anno fuit, propter caloris inopiam acerbum et insuave fiebat. In quibusdam vero locis de inundatione fluminum aquis in plano stagnantibus autumnalis satio ita impedita est, ut penitus nihil frugum ante verni temperiem seminaretur. Luna deficit VIII Kal. Decembr. hora noctis secunda. || Ann. Sith. S. S. XIII, 38, 2. Propter nimietatem pluviarum aer corruptus, et fames valida. || Ann. Fuld. pr. I, M. G. S. S. kl. Ausg. 22. Propter nimietatem pluviarum aere corrupto hominum et boum pestilentia longe lateque ita grassata est, ut vix ulla pars regni Francorum ab hac peste inmunis posset inveniri. Fruges quoque vel colligi non poterant vel collecta putruerunt. Vinum etiam propter caloris inopiam acerbum et insuave fiebat. || Herim. Aug. chr. S. S. V, 102, 48. Ex inundatione pluviarum nimia pestilentia magna et fames facta.

821. Ann. regni Franc. M. G. S. S. kl. Ausg. 157. Autumnalis satio iugitate pluviarum in quibusdam locis inpedita est. Cui hiems in tantum prolixa successit et aspera, ut non solum minores rivi ac mediocres fluvii, verum ipsi maximi ac famosissimi amnes, Rhenus videlicet ac Danubius Albisque ac Sequana caeteraque per Galliam atque Germaniam oceanum petentia flumina, adeo solida glacie stringerentur, ut tricienis vel eo amplius diebus plaustra huc atque illuc commeantia velut pontibus iuncta sustinerent; cuius resolutio non modicum villis iucta Rheni fluenta constitutis damnum intulit. || Ann. Xant. S. S. II, 224, 51 et hiemps erat valde dura.

822. *Hungersnot, nur durch eine Nachricht aus Köln (Ann. Col.) belegt. Es läfst sich daher nichts Bestimmtes über Ausdehnung und Bedeutung sagen, doch lassen zwei ebenso vereinzelte Nachrichten in den beiden folgenden Jahren eine allgemeine Hungersnot in den Jahren 822 bis 824 vermuten.* || Ann. Col. Iaffé et Wattenbach Eccl. metropol. Colon. cod. mss. 128. Fames valida.

823. *Hungersnot nur durch eine Nachricht aus Regensburg belegt. (Ann. S. Emeram.)* || Ann. regni Franc. M. G. S. S. kl. Ausg. 163 (= Ann. Fuld. I). *Vorzeichen* — — Et in multis regionibus fruges grandinis vastatione deletae atque in quibusdam locis simul cum ipsa grandine veri lapides atque ingentis ponderis decidere visi; domus quoque de caelo tactae hominesque ac caetera animalia passim fulminum ictu praeter solitum crebro exanimata dicuntur. Secuta est ingens pestilentia atque hominum mortalitas, quae per totam Franciam inmaniter usque quaque grassata est et innumeram hominum multitudinem diversi sexus et aetatis gravissime seviendo consumpsit. || Ann. S. Emerammini Ratisponensis maiores S. S. I, 93. Hiemps magnus similiter siccitas grandis et famis valida.

824. *Schwere Hungersnot im Frankenreiche* (Ann. reg. Franc.). || Ann. regni Franc. M. G. S. S. kl. Ausg. 164. Hiemps aspera valdeque prolixa facta est, quae non solum caetera animalia, verum etiam homines quosdam inmanitate frigoris extinxit. p. 165. Imperator vero iter, quod in Brittaniam facere paraverat, propter famem, quae adhuc praevalida

---

selbe Quelle geht durch Vermittlung der Ann. Fuld. auch Herim. Aug. zurück. Es ist auffallend, dafs sich in diesen beiden kurzen Ableitungen die Nachricht von einer Hungersnot erhalten hat, während die ausführlicheren Berichte der Ann. reg. Franc. und der Ann. Fuld. nichts davon wissen.

erat, usque ad initium autumni adgredi distulit. 166—167. Hoc anno paucis ante solstitium aestivale diebus (vor 24. Jun.) in territorio Augustodunense aere in tempestatem subita mututione converso ingens fragmetum ex glacie simul cum grandine decidisse narratur, cuius longitudo quindecim, latitudo septem, crassitudo duos pedes habuisse dicitur.

834. Ann. Xant. S. S. II, 226, 9. Eodem anno aquae inundaverunt valde super terram.

837. Ann. Xant. S. S. II, 226, 17. Ingens turbo ventorum frequenter erumpebat, et stella cometes — — —

838. Ann. Xant. S. S. II, 226, 21 u. 28. Hiemps pluvialis et ventosa valde, et mense Ianuario 12. Kal. Februarii (21. Jan.) tonitruum auditum est, similiterque mense Februarii 14. Kal. Martii (16. Febr.) tonitruum est auditum magnum, et nimis ardor solis terram urebat. 28. 7. Kal. Ianuariorum (26. Dec.) ingens venti turbo ortus est, ita ut fluctus maris valde inundabant super terminos et litus, miserabiliter innumerabilem turmam humani generis in villis et vicis circum positis simul cum edificiis consumpserunt. || Ann. Fuld. prs. I M. G. S. S. kl. Ausg. 28. In festo sanctorum Mauricii et sociorum eius (22. Sept.) magna nix ubique cecidit et duravit usque ad pascha in tota regione per 29 hebdomadas (6. Apr. 839). || Ann. Bertin. auct. Prudentio M. G. S. S. kl. Ausg. 18. Praeterea die septimo Kalendas Ianuarii, die videlicet passionis beati Stephani protomartyris (26. Dec.), tanta inundatio contra morem maritimorum aestuum per totam paene Frisiam occupavit, ut aggeribus arenarum illic copiosis, quos dunos vocitant, fere coaequaretur, et omnia quaecumque involverat, tam homines quam animalia caetera et domos, absumpserit; quorum numerus diligentissime conprehensus duorum milium quadringentorum triginta septem relatus est. Acies quoque in caelo igneas colorumque aliorum mensis Februarii, sed et stellas igneos crines emittentes crebro videri contigit.

839. Ann. Bert. auct. Prudentio M. G. S. S. kl. Ausg 23. Imperatoris exercitus continua autumni serenitate solisque inmentia non parum incommoditatis expertus est. Nam febre maxima ex parte correptus, partim occubuit, partim dificillima regressione reversus est. Qua imperator necessitate compulsus, et asperitate hiemis imminentis detentus, absoluto reliquo exercitu, ad Pictavos in hiberna concessit.

842. Frag. chr. Fontanell. S. S. II, 302, 5. *Comet, Erdbeben.* Secuta est tussis validissima, de qua multi mortui sunt.

843. *Infolge der inneren Kämpfe Hungersnot in vielen Teilen Frankreichs. (Ann. Bert.)* || Ann. Bertin. auct. Prudentio M. G. S. S. kl. Ausg. 29. Emergentibus igitur hinc inde tot tantisque incessabiliter malis, vastante passim cuncta raptore, coacti sunt per multa totius Galliae loca homines terram mixta paucitate farinae atque in panis speciem redactam comedere. || Nithardi lib. IV, c. 6. M. G. S. S. kl. Ausg. 54. Fuit autem eadem hiemps (842—43) praefrigida nimis ac diuturna, langoribus insuper habundans, necnon et agriculturae peccorique apibusque satis incongrua.

844. Ann. Bertin. auct. Prudentio M. G. S. S. kl. Ausg. 30. Hiems mollissima usque ad Kalendas Februarii (1. Febr.) quadam temperie modificata.

845. *Hungersnot in Nordfrankreich (Ann. Bert.).* || Ann. Bertin. auct. Prudentio M. G. S. S. kl. Ausg. 32. Hiems asperrima. — Fames valida Galliae inferiora consumit, adeo ut multa hominum milia eadem invalescente absumpta sint. || Ann. Lausannenses S. S. XXIV, 779, 30. Eodem anno 12. Kalend. Decembris (20. Nov.) lux nocte apparuit,[1]) et hiems valida fuit.

---

1) Entnommen aus Ann. Weifsenburg. ann. 783—846, a. 846 S. S. I, 111.

846. Ann. Bertiniani auct. Prudentio M. G. S. S. kl. Ausg. 33. Ventus aquilo per totam hiemem usque ad ipsa fere Maii mensis initia acerrimus segetibus et vineis incumbit. || Ann. Blandinienses S. S. V, 23, 46. Hiemps gravis valde.

850. *Hungersnot in Mitteldeutschland und am Rhein (Ann. Fuld.).* || Ann. Fuld. M. G. S. S. kl. Ausg. 40. Eodem anno gravissima fames Germaniae populos oppressit, maxime circa Rhenum habitantes; nam unus modius de frumento Mogontiaci vendebatur decem siclis argenti. Morabatur autem eo tempore Hrabanus archiepiscopus in quadam villa parroechiae suae, cui vocabulum est Winkela, et pauperes de diversis locis venientes suscipiens cotidie plus quam trecentos alimento sustentabat, exceptis his, qui in praesentia illius assidue vescebantur. Venit autem et mulier quaedam inedia pene consumpta cum puerulo parvulo inter ceteros refocillari desiderans, quae, priusquam limen portae transcenderet, prae nimia inbecillitate corruens spiritum exalavit; puer vero mamillam matris mortuae quasi viventis de sinu protrahens et sugere temptans multos intuentes gemere ac flere coegit. Quidam etiam in illis diebus de Grabfeldon cum uxore sua et filio tenero in Thuringiam proficiscens ut malum inopiae temperare potuisset uxorem in itinere in quadam silva positus affatus est: „Nonne", inquit, „melius est, ut puerum istum occidamus et manducemus carnes eius, quam omnes inedia consumamur?" Illa vero contradicente, ne tantum scelus committeret, tandem urgente fame filium per vim de brachiis rapuit maternis et voluntatem opere complesset, nisi Deus illum sua miseratione praevenisset. Nam, sicut idem postea in Thuringia positus plurimis retulit, cum evaginasset gladium, ut mactaret filium, et in ancipiti positus necem distulisset, vidit eminus duos lupos super una cerva stantes et lacerantes carnes cius, statimque parcens filio ad cadaver cervae cucurrit et lupos inde abigens tulit de carnibus praegustatis et cum incolomi filio ad uxorem reversus est. Prius enim, quando filium tulerat de manibus matris, paululum ab ea declinaverat, ne illa morientem puerum videret vel audiret. At illa veniente marito videns recentes carnes et cruore perfusas putabat filium occisum et cecidit retrorsum pene exanimis. Ille autem accedens consolatus est eam et erigens illam ostendit ei puerum viventem. Tunc illa resumpto spiritu Deo gratias egit, quia filium sanum recipere meruit; nec minus ille, quod eum Deus a liberi interfectione innocuum dignatus est conservare. Ambo tamen de carnibus lege prohibitis necessitate coacti se recrearunt. || Ann. Xant. S. S. II, 229, 10. Kalendis Ianuarii, id est octabas Domini, eodem die ad vesperum tonitruum auditum est magnum, et fulgur nimium visum est; et innundatio aquarum ipsa hieme humanum genus affligebat. Et sequenti aetate calor nimium solis terram urebat. Theologisches Gutachten für Ludwig den Deutschen N. Arch. XI, 459.[1]) Cotidie nos hostis armis circumtonat, continua rerum nos adterunt dispendia, famis quoque inaudita penuria per omnem nostram crassatur regionem. His et aliis innumeris pro peccatis nostris adtriti calamitatibus, oramus, ut manum largissimam ad nos usque dignemini extendere.

852. *Lokale Hungersnot am Niederrhein als Folge eines Einfalls der Normannen. (Ann. Xant.)* || Ann. Xant. S. S. II, 229, 27. Ferrum

---

1) Dümmler, der Herausgeber, hält mit einer gewissen Wahrscheinlichkeit Bischof Hrabanus von Mainz für den Verfasser und Ludwig den Deutschen für den Empfänger des Gutachtens. Dann würde man die erwähnte Hungersnot passend in das Jahr 850 setzen (Hraban † 856), sicher ist diese Datierung aber nicht. s. N. A. XI, 457.

paganorum incanduit; nimius ardor solis; et fames subsecuta est; et pabula animalium defecerunt; et pastus porcorum exuberans.

853. *Lokale Hungersnot in Sachsen.* || Ann. Xant. S. S. II, 229, 29. Fames magna in Saxonia, ita ut multi equis alerentur.

855. Ann. Fuld. M. G. S. S. kl. Ausg. 45. Aeris insolita commotio turbinibus ac tempestatibus plagisque grandinum multis damnum intulit. Fulminum ictibus aedes plurimae crematae sunt, — — —

856. Ann. Bertiniani auct. Prudentio M. G. S. S. kl. Ausg. 46. Hiems asperrima et sicca, pestilentia valida, qua magna pars hominum absumitur.

857. Ann. Xant. S. S. II, 230, 3. Plaga magna vesicarum turgentium grassatur in populo, et destabili eos putredine consumpsit, ita ut menbra dissoluta, ante mortem deciderent.

858. Ann. Bertiniani auct. Prudentio M. G. S. S. kl. Ausg. 48 u. 50. p. 48. *Erdbeben*, quem etiam valida hominum mortalitas insequitur. p. 50. Mense Maio in vico Leudico, in quo corpus sancti Landberti episcopi quiescit, tanta subito pluviarum inundatio effusa est, ut domos et muros lapideos seu quaecumque aedificia cum hominibus et omnibus quaecumque illic invenit usque ad ipsam ecclesiam memoriae sancti Landberti violenta eruptione in Mosam fluvium praecipitaverit. || Ann. Corb. Iaffé Bibl. I, 33. Inundatio nimia.

860. Ann. Bertin. auct. Prudentio M. G. S. S. kl. Ausg. 53. Hiems diutina et continuis nivibus ac gelu dira, a mense videlicet Novembri usque ad Aprilem. || Ann. Xant. S. S. II, 230, 9. Nonas Februarii (5. Feb.) tonitruum auditum est. || Ann. Coloniensis brevissimi S. S. I, 97. Hyems validus. || Ann. Fuld. M. G. S. S. kl. Ausg. 54. Hibernum tempus asperum nimis et solito prolixius erat frugibusque et arborum proventibus pernoxium; nix quoque sanguinulenta in plerisque locis cecidisse reperta est. Mare etiam Ionium glaciali rigore ita constrictum est, ut mercatores, qui numquam antea nisi vecti navigio, tunc in equis quoque et carpentis mercimonia ferentes Venetiam frequentarent. || Ann. Alth. (= Hersf. Ann.) M. G. S. S. kl. Ausg. 6. Mortalitas animalium. || Ann. Alam. cont. Sangall. I, S. S. I, 50. Hiems magna, et mortalitas animalium.

861. *Hungersnot, nur durch eine orginale Quellennachricht aus Schwaben belegt.* || Ann. Alam. cont. Sangall. I, S. S. I, 50. Fames validissima.

862. *Hungersnot in Mitteldeutschland (Hersfeld. Ann. = Ann. Hildesh.).* || Ann. Hildesheimenses M. G. S. S. kl. Ausg. 18. Fames magna et morbus in Germania et in aliis partibus Europae.

863. *Hungersnot in Belgien (Ann. Laubac.). Nach dieser und den Nachrichten aus den beiden vorhergehenden Jahren läfst sich mit einer gewissen Wahrscheinlichkeit eine grofse Hungersnot in den Jahren 861 bis 863 annehmen.* || Ann. Laubacenses S. S. I, 15. Fames valida. || Ann. Xant. S. S. II, 230, 25. Eodem anno hiemps turbulenta, mutabilis et pluvialis valde, ut pene absque gelu omnino, ut in sequentibus patuit in aecclesia sancti Victoris.

864. Ann. Xant. S. S. II, 230, 28. Nimia inundatione aquarum pagani — — — per alveum Reni fluminis ad Sanctos usque pervenerunt.

865. Ann. Hildesh. (= Hersf. Ann.) M. G. S. S. kl. Ausg. 18. Subitaneum diluvium et vehemens grando fruges assumpsit.

867. *Ende des Jahres zeigen sich drohende Anzeichen für die Hungersnot des folgenden Jahres (Ann. Xant.).* || Ann. Hildesh. (= Hersf. Ann.) M. G. S. S. kl. Ausg. 18. Ventus ingens cum turbine multa edificia stravit. || Ann. Xant. M. G. S. S. II, 232, 50.¹) *Nordlicht, Meteorfall.*

---

1) Die Notiz bezieht sich, entgegen der Datierung der Ann. Xant.

Deinde autumnali tempore exiit edictum a regibus, ut ieiunium triduanum generaliter observaretur, inminente terrore famis, pestilentiae; et terrae motus magnus per regna, ita ut desperatio humanae vitae plurimis accidit. || Ann. Sangall. maior. S. S. I, 76. Terre motus; et nimia superfluitas ymbrium.

868. *Grofse allgemeine Hungersnot in ganz Frankreich (Ann. Bert., Ann. S. Columb. Sen. Hugo Flav. Adrevaldi mir. S. Benedicti, Ann. Engol., Ann. Lausann.), in Deutschland Nachrichten vom Rhein (Ann. Xant., Ann. Col.), aus Mitteldeutschland (Hersf. Ann., Ann. Fuld.) und aus Schwaben (Ann. Alam. cont. Sangall. I).* || Ann. Bertin. auct. Hincmaro M. G. S. S. kl. Ausg. 90. Tunc Karolus — — pagum Bituricum adiit; in quo tanta mala et in ecclesiarum confractione et in pauperum oppressione atque in omnium flagitiorum commissione atque terrae devastione commissa sunt, ut dici ore non possint, sicut multorum milium hominum fame mortuorum pro ipsa depopulatione attestatio demonstravit. || Ann. S. Columbae Senonensis S. S. I, 103. Cometes apparuit circa 4. Kal. Febr. (29. Jan.) dies circiter 25. primo sub temone minoris Arcturi. Deinde progressa est pene usque ad triangulum. Extitit eo anno fames et mortalitas inaudita per totum fere inperium Francorum, sed maxime per Aquitaniam et Burgundiam, ita ut prae multitudine morientium non essent, qui sepelirent. Nam Senonis civitate inventi sunt uno die 56 homines mortui. Inventi sunt etiam ea tempestate in eodem pago masculi et femine pro nefas! homines alios occidisse et comedisse. Nam in Ponto Siriaco quidam onestam feminam ospitio susceptam occidit, membratimque dividens sale condivit, et sibi suisque filiis comedendam coxit. In ipsa urbe quedam femina de quodam adolescentulo similiter fecit. In pluribus etiam locis aliis hoc ipsum ob famis penuriam contigisse fama vulgante compertum est. Igitur mense Maio Senonis civitate modius frumenti venditus est solidis octo, modius sigale solidis septem et dimidio, modius ordei solidis sex et dimidio, modius avene solidis quinque, modius salis solidis duodecim. Sed divina providente clementia novi fructus temperius solito succurrerunt. Nam 9. Kal. Iunii, primo videlicet die rogationum, panis novus oblatus est Senis ad benedicendum, ex quo plurimi gratias Deo referentes eulogias sumpserunt. || Hugonis Flaviniacensis chr. S. S. VIII, 355, 6. Lotharii regis tempora facta est in terra Francorum et Galliae et Burgundiae fames valida, et mortalitas hominum, et pestis animalium. Quae sic iusto Dei iudicio in populum desevit, ut multi patriam deserere et ad terras alias cogerentur demigrare, adeo ut multae urbes Franciae raro incolerentur habitatore. || Adrevaldi Floriacensis miracula S. Benedicti c. 39, S. S. XV, 497, 39. Rege Karolo Francorum disponente regnum, fames admodum gravis universas occupavit Gallias, clades etiam ex insectatione paganorum non modica totam oceani incolentem littora adtrivit gentem. || Ann. Engolismenses S. S. XVI, 486, 33. Tanta media in omnium poene fuit provintiarum et exiguitas panis, ut pro inopia victus homines infinitae multitudinis fuero a conparibus interempti atque bestiarum more dentibus laniati. || Ann. Engolismenses S. S. IV, 5, 13. Tanta fames

---

868, offenbar auf Ende 867. Dafür sprechen die vielen Nachrichten von einer weit verbreiteten Hungersnot im Jahre 868, die also wohl im Herbst 867, wie hier angegeben, drohen konnte. Was sonst noch Ann. Xant. a. 868 angeführt wird, Bekehrung der Bulgaren, Tod des Papstes Nikolaus, bezieht sich in Wahrheit auf 867. Auch von einem mit dem erwähnten Erdbeben offenbar identischen sprechen Ann. Sangall. maior. a. 867. S. Anm. zu Ann. Xant. a. 868.

fuit, ut unus homo alium interficeret et bestiarum more dentibus laniaret. || ANN. LAUSANENSES S. S. XXIV, 779, 40. 12. Kal. Aprilis (21. März) cecidit in Burgundia nix magna, et fuit fames valida. || ANN. XANT. S. S. II, 233, 8.[1]) Mense Februario, tenebrosis aquis in nubibus aeris, tonitrua audita sunt, et 15. Kal. Martii (15. Feb.), id est nocte sancta Septuagesimae, stella cometes visa est ab aquilone et occidente, cui statim nimia tempestas ventorum, et inmensa inundatio aquarum est subsecuta; in qua multi inprovidi interierunt. Et postea aestivo tempore fames acerrima in multis provintiis subsequitur, maxime in Burgundia et Gallia, in quibus magna multitudo hominum acerbam sustinuit mortem, ita ut homines hominum corpora comedisse feruntur. Sed et canum carnibus aliquis vesci dicuntur. || ANN. COLON. IAFFÉ ET WATTENBACH ECCL. COL. COD. MSS. 128. Fames valida. || ANN. HILDESH. (= Hersf. Ann.) M. G. S. S. kl. Ausg. 18. Fames valida et vehemens tam Germaniam quam ceteras Europae provincias nimium afflixit. || ANN. FULD. PRS. III, M. G. S. S. kl. Ausg. 67. Eodem anno stella cometes per aliquot noctes apparuit; fontes quoque et flumina propter nimiam imbrium inundationem crescendo intumuerunt et per diversa loca in frugibus et aedificiis damnum fecere non modicum. Hanc plagam fames etiam magna cum ingenti pernicie humani generis per totam Germaniam et Galliam secuta est. || HERM. Aug. S. S. V, 100, 29. Cometa visa inundatio et illuvo magna facta, famesque et pestilentia ingens secuta est. || ANN. ALAM. CONT. SANGALL. I, S. S. I, 51 (= Ann. Sangall. mai. = Ann. Alth. = Ann. Weingart. = Ann. Formosel). Stella cometis. Fames acerrima, et mortalitas hominum et animantium.

869. *Die Hungersnot des vorhergehenden Jahres dauert in Frankreich noch fort (Ann. Bert., Ann. S. Benig. Div.), aus Deutschland sind keine Nachrichten erhalten.* || ANN. BERTIN. AUCT. HINCMARO M. G. S. S. kl. Ausg. 98. Ipse autem ad Conadam vicum nimis incongruenter et pro qualitate temporis et pro nimietate famis perrexit. || ANN. S. BENIGNI DIV. S. S. V, 39, 35. Item fames valida, et mortalitas hominum et pestis animalium.

870. FOLCWINI GESTA ABB. S. BERTINI SITH. c. 74. S. S. XIII, 621, 14. Anno quoque insecuto siccitas magna in mense accidit Junio et usque in medio Augusto; et post venit locustarum innumera multitudo; virides herbas annonasque consumentes (873). || ANN. FULD. prs. III, M. G. S. S. kl. Ausg. 71 u. 72. Ipsa quoque civitas *(Mainz)* terrae motu bis numero concussa est; nonnulli etiam in pago Wormacense messem colligentes, propter solis calorem solito graviorem extincti referuntur. — p. 72 Boum quoque pestilentia in nonnullis Franciae locis inmanissime grassando multis inrecuperabile intulit damnum.

871. ANN. S. BENIGNI DIVIS. S. S. V, 39, 37. Ventus validus.

872. *Durch grofse Hitze und Hagelschlag entsteht eine Mifsernte.* || ANN. XANT. S. S. II, 234, 45. Eodem anno infestatio tonitruorum et ymbrium atque grandinum humano generi nocuit nimium, in frugibus et aedificiis. || ANN. STABULENSES S. S. XIII, 42, 29. Hoc anno hyems

---

[1] Die Hungersnot gehört in das Jahr 868, nicht 869, wie die Ann. Xant. sie ansetzen, es liegt dieselbe Verschiebung wie 867 vor. Der Komet erschien 868 und wird auch sonst im Zusammenhange mit der Hungersnot erwähnt; s. Ann. S. Columb. Sen., Ann. Fuld., Ann. Alam. cont. Sangall. I, Ann. Aug. S. S. I, 68, Necrol. Senon. ed. Delisle, Notices et extraits XXXI, 1, 68. Auch das Datum würde nicht auf 869 passen, wo der Sonntag Septuagesimae auf den 30. Jan. fiel; für 868 ist die Unstimmigkeit der beiden Datenangaben gering: 15. Kal. Mart. = 15. Feb., nox Septuag. = 13. Feb.

gravissima, aquarum inundatio, terrae motus, in quibusdam locis pestilentia locustarum. || Ann. Fuld. prs. III, M. G. S. S. kl. Ausg. 76. Omne tempus aestivum grandinibus variisque tempestatibus pernoxium extitit; nam grando plurima loca frugibus devastavit; horrenda etiam tonitrua et fulmina pene cotidie mortalibus interitum minabantur, quorum ictibus praevalidis homines et iumenta in diversis locis exanimata et in cinerem redacta narrantur. || Ann. Hildesh. (= Hersf. Ann.) M. G. S. S. kl. Ausg. 18. Aestatis fervor inmanis et siccitas nimia totos pene perdidit fructus, plurimaeque domus cum hominibus et animalibus fulminibus incensae et exustae sunt.

873. *Gro/se Heuschreckenplage, belegt durch zahlreiche Nachrichten aus Deutschland und Frankreich Eine Hungersnot entsteht nur in Teilen Mitteldeutschlands (Ann. Fuld., Hersf. Ann.), wo die Heuschrecken von Osten kommend die Ernte zerstören. In den westlichen Ländern wird ihr Erscheinen erst Mitte August gemeldet. Über das Auftreten der Heuschrecken in Italien vgl. Dümmler, Gesch. des ostfränk. Reichs III, 370, Anm.* || Ann. Bert. auct. Hincmaro M. G. S. S. kl. Ausg. 124. Multitudo siquidem locustarum per Germaniam Gallias, maxime autem in Hispaniam adeo se effudit, ut Aegyptiacae plagae potuerit comparari. || Reginonis chr. M. G. S. S. kl. Ausg. 105. Anno dominicae incarnationis DCCCLXXIII locustarum inaestimabilis multitudo mense Augusto ab oriente veniens totam pene pervastavit Galliam. Quae maiores erant, quam caeterae locustae habebuntque sena alarum remigia, et, mirum dictu ut castrorum acies distinctis ordinibus per aera ferebantur vel terrae incumbentes castra metabantur. Duces cum paucis exercitum itinere unius diei preibant, quasi loca apta multitudini provisuri. Circa horam nonam, ubi duces pridie venerant, insidebant, nec a loco occupato movebantur, quousque sol suum repraesentaret ortum, tunc per turmas sua proficiscebantur, ut in parvis animalibus disciplinam militarem cerneres. Segetibus vescebantur, quae ab eis ita depastae sunt, ut veluti inmani tempestate consumptae viderentur. Spatium diurni itineris quatuor aut quinque milibus extendebatur. Pervenerunt autem usque ad mare Brittannicum superficiem terrae cooperientes, in quo Deo volente violento ventorum flatu inpulsae atque in profundum absportatae dimersae sunt. Aestu vero atque refusione oceani reiectae littora maritima repleverunt; tantaque congeries facta est, ut ad instar montium cumulatae coacervarentur: ex earum foetore ac putredine aes corruptus diram pestem finitimis generavit, ex qua multi perierunt. || Ann. Cord. ed. Jaffé Bibl. I, 33. Item inundatio nimia et locustarum prodigiosa multitudo. || Ann. Fuld. prs. III, M. G. S. S. kl. Ausg. 79. Eodem anno facta est fames valida per universam Italiam atque Germaniam, et multi inedia consumpti sunt. Tempore vero novarum frugum novi generis plaga et prima in gente Francorum visa Germanicum populum [peccatis exigentibus] non mediocriter afflixit. Nam vermes quasi locustae quatuor pennis volantes et sex pedes habentes ab oriente venerunt et universam superficiem terrae instar nivis operuerunt cuncta, quae in agris et in pratis erant viridia, devastantes. Erant autem ore lato et extenso intestino duosque habebant dentes lapide duriores, quibus tenacissimas arborum cortices corrodere valebant. Longitudo et crassitudo illarum quasi pollex viri; tantaeque erant multitudinis, ut una hora diei centum iugera frugum prope urbem Mogontiam consumerent. Quando autem volabant, ita totum aerem per unius miliarii spatium velabant, ut splendor solis in terra positis vix appareret; quarum nonnullae in diversis locis occisae spicas integras cum granis et aristis in se habuisse repertae sunt. Quibusdam vero ad occidentem profectis supervenerunt aliae, et per duorum mensium curricula pene cotidie suo volatu horribile cernentibus praebuere spectaculum. || ANN. HILDESH. (= HERSF. ANN.) M. G. S. S. kl. Ausg. 18. Fames magna invaluit in Germania, et incredibilis multitudo locustarum venit. || ANN. WEINGART. S. S. I, 66. Inaudita locustarum multitudo devenit. || ANN. S. BENIGNI DIV. S. S. V, 39, 38. Adventus locustarum. || ANN. ELNONENSES MAIORES S. S. V, 12, 7. 14. Kal. Sept. (19. Aug.) tanta multitudo locustarum visa est per aerem volitare, quanta nunquam apparuit, a partibus orientis tendens ad occidentem. || HEINRICI MONACH. S. GERMANI AUTISIODORENSIS ANN. BREVES S. S. XIII, 80, 22. Lapides pergrandes de caelo corruunt, locustarum ingens congeries apparuit pestilentia inaudita excanduit. || ANN. S. DIONYSII REMENSES S. S. XIII, 82, 26. Transierunt locustae Remis 17. Kalendas Septembris (16. Aug.). In crastino autem fuit densa nebula valde. || ANN. XANT. S. S. II, 235, 15. Eodem hiemis tempore insperatum diluvium nive madens repente inolevit, maxime in litoribus Rheni fluminis. Ex influentia aquarum multarum multitudo hominum cum aedificiis et frugibus innumerabilibus deperiit. — 28. Postea vero, mediante mense Augusto, antiqua Egiptorum plaga, id est locustarum innumerabilis turma, more apium de alveo exeuntium, ab oriente nova exorta est per terras nostras, quae in aere volitantes, vocem subtilem velut aviculi parvi dantes. Et dum elevarentur, coelum vix velut per cribram intueri potuit. In plerisque locis vero pastores ecclesiarum et omnis clerus cum kapsis et crucibus occurrerunt eis, misericordiam Dei implorantes, ut defenderet eos ab hoc plaga. Non tamen ubique, sed per loca, nocuerunt. Item in Kalendas Novembris usque ad Sexagesimam (22. Febr.) nix totam superficiem terrae cooperuit, et diversis plagis Dominus assiduę populum suum afflixit et visitavit, in virga iniquitates eorum, et in verberibus peccata eorum.

874. *In Mitteldeutschland dauert die Hungersnot noch fort (Ann. Fuld.); gleichzeitig Hungersnot in einem Teile Nordfrankreichs (G. abb. S. Bert. Sith.), doch ist wohl kein Zusammenhang anzunehmen.* || ANN. BERTINIANI AUT. HINCMARO M. G. S. S. kl. Ausg. 125. Hiems prolixa et fortis, et nix tanta fuit nimietate perfusa, quantam nemo se vidisse meminerit. — Aestas longa siccitatem foeni et messium inopiam reddidit. || ANN. S. DIONYSII REMENSES S. S. XIII, 82, 28. Extitit talis super terram nix qualem nemo memoratur se vidisse. Unde et de bobus et de ovibus magna pars periit. || FOLCWINI GESTA ABB. S. BERTINI SITH. c. 77. S. S. XIII, 621, 19. In ipso anno incarnationis Domini 874 facta est fames magna et mortalitas hominum per pestilentiam permaximam. Vinum autem extitit habundanter. || ANN. VEDASTINI S. S. II, 196, 4. In illis etiam diebus plaga locustarum facta est. || ANN. LAUSANNENSES S. S. XXIV, 779. Anno 7. post (nach 868) locustarum inmissio immanis fuit.[1]) || ANN. FULD. prs. III, M. G. S. S. kl. Ausg. 81. Hiems aspera nimis et solito prolixior; nix quoque inmensa a Kalendis Novembris usque in aequinoctium vernale sine intermissione cadens magnum hominibus fecit impedimentum silvas petere lignaque colligere. Unde accidit, ut non solum animalia, verum etiam homines plurimi frigore perirent. Sed et Rhenus et moenus glaciali rigore constricti longo tempore se sub vestigiis incedentium calcabiles praebuerunt. — 83. Hoc anno fame et pestilentia per universam Galliam et Germaniam grassantibus pene tercia pars humani generis consumpta est. || AGII v. HATHUMODAE c. 10. S. S. IV, 170, 7. Si quidem parvo ante suam infirmitatem († 874) tempore cum pleraeque ex sorroribus graviter languissent, dici non potest, quanta sedulitate eos visitaverit, — — — || AGII OBITUS HATHUMODAE v. 27. S. S. IV, 176.

---

1) Irrtum, wie auch in Ann. Vedast. Die Heuschrecken erschienen schon 873.

Hoc siquidem tot tantorum mortes docuerunt. Hoc nos hic annus praemonuit sterilis. || Ann. Prumienses S. S. XV II, 1291, 30. [Lo]custarum inestimabilis [mult]itudo totam pervastavit [Galli]am.[1]

875. Ann. Col. ed. Iaffé et Wattenbach Eccl. Col. cod. mss. 128. Nix valida. || Ann. Fuld. prs. III. M. G. S. S. kl. Ausg. 84. *Comet.* Nam villa quaedam in pago Nitense nomine Asgabrunno[2]) a fluminibus et torrentibus longe remota subitanea imbrium inundatione pene deleta est, et octuaginta octo homines utriusque sexus in ea deleti. Dum enim homines eiusdem loci V. Non. Iul. (3. Iul.) dormitum issent nihil mali suspicantes, tanta pluvia uno momento caelitus lapsa est, ut omnes arbores et vineas, quas tangebat in eadem villa, radicitus exstirparet, aedificia funditus everteret, iumenta et animalia cum omnibus, quae in domibus erant, perditioni traderet. — — —

877. Ann. Fuld. III. M. G. S. S. kl. Ausg. 90. In hoc anno febris Italica dolorque oculorum Germanicum populum graviter vexavit, maxime circa Rhenum habitantes; pestilentia quoque ingens secuta est exercitum Carlmanni de Italia redeuntem, ita ut plurimi tussiendo spiritum exalarent.

878. Folcwini gest. abb. S. Bertin. Sithiensium c. 88. ˙ M. G. S. S. XIII, 622, 44. *Sonnenfinsternis* et mortalitas hominum et pecorum magna. || Ann. Fuld. III. M. G. S. S. kl. Ausg. 92. Eclipsis lunae facta est in Idibus eiusdem mensis (15. Okt.) ultima hora noctis; sol quoque in IIII. Kal. Novembris (29. Okt.) post horam nonam ita obscuratus est per dimidiam horam, ut stellae in caelo apparerent et omnes sibi noctem imminere putarent. Boum pestilentia in Germania immanissime grassata est, maxime circa Rhenum; quam cladem non mediocris hominum mortalitas secuta est.

880. Ann. Fuld. III. M. G. S. S. kl. Ausg. 94. Hiems aspera et solito prolixior; nam Rhenus et Moenus fluvii glaciali rigore constricti longo tempore se calcabiles praebuerunt. 96. Hoc anno in Wormacense et in Nitense et in plurimis locis regni Hludowici sterilitas frugum et omnium rerum penuria Germanicum populum non mediocriter afflixit.

881. Ann. Fuld. III. M. G. S. S. kl. Ausg. 96. Hibernum tempus valde prolixum et animalibus diversi generis pernoxium. Nam tellus verno tempore glaciali rigore constricta animalibus solita negavit pascua, et illa fame et frigore maxima ex parte perierunt, etiam propter sterilitatem anni prioris. || Ann. Weingart. S. S. I, 66 hiems dura.

882. Ann. Fuld. cont. Ratisbon. M. G. S. S. kl. Ausg. 108. Mira itaque res et stupenda obsidentibus et obsessis quadam die occurrit. Nam in XII Kal. Aug. (21. Juli) luce postmedia tenebrosa subito caligo tota castra operuit, fulgure et tonitruo concrepente instans talis grando, ut nullus antea mortalium se tale quid videre profiteretur; — — Igitur per tot dies obsidens tam magnus exercitus aestivo in tempore propter putredinem cadentium hominum aegritudine correptus et pertesus est. — 109. In illis diebus redeuntibus Baiowariis domum magna et inmanis pestilentia in tota Baiowaria excrevit, ita ut sepe duo cadavera in unum tumulum sepelirentur.

886. Ann. Fuld. M. G. S. S. kl. Ausg. 104. Mense Februario exercitus orientalium Francorum missus est contra Nordmannos in Galliam iuxta Parisios consistentes; qui in itinere propter imbrium inundationem

---

1) Die Heuschrecken erschienen schon 873. Regino, der die Notiz übernimmt, setzt sie auch zu 873. Die Bezeichnung der Jahre in der Handschrift ist sehr unsicher, da die Verweisungszeichen oft fortgeschnitten sind. N. Arch. XII, 403.
2) Eschborn bei Frankfurt.

et frigus imminens non modicum equorum suorum perpessi sunt damnum. — Mense vero Maio, Iunio atque Iulio tanta vis imbrium diu noctuque sine intermissione caelitus lapsa est, ut nullus aevi praesentis tantam aquarum habundantiam se vidisse fateatur. Unde flumina in diversis locis intumescentia frugibus variis extitere pernoxia. Nam Rhenus alveum suum egressus cuncta loca sibi contigua ab ortu suo usque ad introitum maris omnibus frugibus et lino et foeno evacuavit. Padus quoque in Italia similia fecisse perhibetur. ‖ Ann. Fuld. cont. Ratisb. M. G. S. S. kl. Ausg. 114. Tempore autumni plus solitum inundationes aquarum excreverunt inestimate. Nam in Oriente erumpentibus per litus fluctibus villae inopinate circumdate subito feruntur, ita ut cum inhabitantibus viris, feminis, infantulis usque in abyssum deletae cernuntur. Inter Alpes vero talis rapacitas aquarum et collisio lapidum fuit, ut flexuras et vestigia viarum per divexa montis latera nullo modo prospici poterint.

887. Ann. Fuld. M. G. S. S. kl. Ausg. 105. Hiems aspera et solito prolixior; boum quoque et ovium pestilentia supra modum grassata est in Francia, ita ut pene nulla eiusdem generis animalia relinquerentur.

889. *In Frankreich entsteht als Folge der Normanneneinfälle eine Hungersnot (Richer), gleichzeitig herrscht Hungersnot in Baiern (Ann. Fuld. cont. Ratisb.).* ‖ Richeri historiarum lib. I, c. 5. M. G. S. S. kl. Ausg. 5 u. 6. *Fünf Jahre lang Kämpfe mit den Normannen.* Quibus repulsis, fames valida subsecuta est, cum triennio terra inculta remanserit. Iam enim mensura frumenti quae sedeties ducta modium efficit decem dragmis veniebat. Gallinatius quoque quattuor dragmis; ovis vero tribus unciis; atque vacca iabo tollebatur. Vini nulla coemptio erat, cum, vinetis ubique succisis, vix eius aliquid habebatur. — Ipse *(Odo)* cum exercitu in Aquitaniae partes secedens, non ante se rediturum proponens, quam supradicta modii frumentarii mensura duabus dragmis veniret, gallinatius vero denario atque ovis duabus itidem dragmis, vacca vero tribus unciis venumdaretur. ‖ Ann. Fuld. cont. Ratisb. M. G. S. S. kl. Ausg. 117. Grave igitur tempus hoc anno incanduit. Nam Italica febris tussiendo perplurimos vexabat, inundationes aquarum plus solito excrevere, civilia bella circumquaque regiones conquassantur, pestilentia sparsim ac fames inopinata ultra modum incubuit. Grandine vero contritis frugibus mortales inopiam frugum cum miseria patiuntur. Sed inter alia execrabile prodigium in regione Thuringorum visum est. Namque e celo aqua, non ut solet pluvia stillatim descendere, sed coacervatim quasi fluens torrens irruit, per tres villas uno momenti ictu evulsis aedificiis, ter centum cadavera mortuorum inpulsione aquarum campo deiecta colligebantur.

890. Ann. Alam. cont. Sangall. prs. iii. cod. Modoetiensis et Veronensis S. S. I, 52. Nimia mortalitas hominum.

892. *Hungersnot nur durch eine Nachricht aus St. Vaast bei Arras belegt.* ‖ Ann. Vedast. S. S. II, 206, 14. Indeque fames valida et sterilitas terrae nobis invasit, ita ut accolae terrae prae magnitudine famis sua reliquerint loca.

893. Ann. Fuld. cont. Ratisb. M. G. S. S. kl. Ausg. 123. Hiemps aspera et plus solitum prolixa extenditur, ita ut mense Mart. (894) nix in quibusdam locis per V dies mensura in profundo unum pedem habere viseretur. Inde per Baiowariam maxima penuria vini facta, oves et apes perditae.[1]) ‖ Beyer, Mittelrh. U. B. Trierschess Provinzialkonzil

---

1) Dieser Satz ein Zusatz zu cod. 3.

c. 2, No. 127, p. 133. Quoniam peccatis exigentibus clauditur cęlum et fit nostris diebus sepissime fames.[1]

895. *Hungersnot in Süddeutschland, durch zwei Nachrichten aus Schwaben (Ann. Alam. cont. Sangall. III) und Baiern (Ann. Fuld. cont. Ratisb.) belegt.* || ANN. ALAM. CONT. SANGALL. III. COD. MODOETIENSIS ET VERONENSIS S. S. I, 53. Fames et grando. || ANN. FULD. CONT. RATISB. M. G. S. S. kl. Ausg. 125. Fames valida per universam Baioariorum provinciam excrevit, ita ut per plurima loca inedia morte consumerentur. — 126. Per idem tempus magni terrae motus in plurimis locis occidentalium Francorum visi sunt.

896. *Die Hungersnot dauert in Schwaben fort (Ann. Alam. cont. Sangall. III, Ann. Aug.), gleichzeitig Hungersnot in Lothringen (Richeri gest. Senon. cccl.)* || ANN. CORB. ED. IAFFÉ BIBL. I, 34. Inundatio nimia. || ANN. ALAM. CONT. SANGALL. III. COD. MODOETIENSIS ET VERONENSIS S. S. I, 53. Fames validissima. || ANN. AUGIENSES S. S. I, 68. Et in Augia miseriâ famis et mortalitatis christiani homines alterius carnem comederunt. || RICHERI GESTA SENONIENSIS ECCL. S. S XXV, 273, 43. Secundo vero anno post hec tanta penuria bladi et aliorum alimentorum omnium invaluit, ut, quod auditu est horribile, homo hominem vesci cogeretur.

897. *Auch in diesem Jahre noch eine Nachricht über die Hungersnot aus Baiern.* || ANN. FULD. CONT. RATISB. M. G. S. S. kl. Ausg. 130. Fames valida per universam regionem Baiowariorum incubuit, ita ut multi inedia consumerentur.

909. (?)[2] ANN. S. COLUMBAE SENONENSIS S. S. I, 104. Hoc anno medio Maio 5. feria apparuit stella circa ipsum septentrionem a parte circii, emittens radium magnum versus euroaustrum quasi longissimam hastam inter Leonem et Geminos trans zodiacum, et visa est ita fere 23 diebus.

910. *Hungersnot in Frankreich (Ann. S. Columb. Sen.)* || ANN. S. COLUMB. SEN. S. S. I, 104 et sequenti anno fames maxima fuit in tota Gallia.[3]

913. ANN. S. QUINTINI VEROMANDENSIS S. S. XVI, 507, 26. Hoc anno gelu maximum. || ANN. AUG. S. S. I, 68 (= Ann. Heremi = Cont. Reg.). Hiemps magna nimis.

919. FLODOARDI ANN. S. S. III, 336, 19. Cecidit Remis grando mirabilis, ovum gallinae superans magnitudine; quae vero distendebatur in latitudine, occupabat medium palmae. Sed et grandior per alia quaedam loca visa est cecidisse. || ANN. S. GERMANI MINORES S. S. IV, 3, 41. Tempore vespertino facta est tempestas valida, quae non solum fruges ad nichilum redeit et arbores radicitus evulsit, sed et animalia et homines in locis quibusdam interfecit, cuius lapides tante ferebantur magnitudinis esse, ut aliquanti ova anserum sua magnitudine superarent.

920. FLODOARDI ANN. S. S. III, 369, 23. Tunc etiam circa Remensem urbem mel in spicis inventum, et flores quibusdam in arboribus, maturis vel collectis iam fructibus.

921. FLODOARDI ANN. S. S. III, 369, 35. Tempestates hoc anno diversis in locis plurimae, homines quoque fulmine exanimati, et domus incensae. Aestus in aestate magnus, et foeni plurimum. Siccitas ingens tribus fere continua mensibus, Iulio, Augusto atque Septembri.

927. ANN. AUG. S. S. I, 68 (= Cont. Reg. a. 928). Hiemps magna

---

1) Über die Datierung vergl. Goerz, Mittelrh. Regesten I, 222. Man könnte etwa einen Zusammenhang mit der Hungersnot des vorhergehenden Jahres annehmen.

2) So der Herausgeber. Die Jahreszahl läfst sich nach der Handschrift nicht sicher feststellen.

3) Die Nachricht findet sich im unmittelbaren Anschlufs an die vorige unter demselben Jahre, es ist also das Jahr 910 gemeint.

nimis. ‖ Flodoardi ann. S. S. III, 377, 9. Acies igneae Remis in caelo mense Martio mane quadam die dominica visae; cui signo pestis e vestigio successit, quasi febris et tussis, quae mixta quoque mortalitate in cunctas Germaniae Galliaeque gentes irrepsit.

928. Flodoardi ann. S. S. III, 378, 25. Vindemiae pene peraguntur infra mensem Augustum.

934. Flodoardi ann. S. S. III, 382. 20. Igneae Remis in caelo acies visae sunt discurrere, et quasi serpens igneus, et quaedam iacula ferri pridie Idus Octobris (14. Okt.) mane ante lucis exortum. Mox subsecuta est pestis, diversis afficiens humana corpora morbis.

940. *In Folge eines harten Winters entsteht in Norddeutschland eine Hungersnot (Widukind); auch in Schwaben Mifsernte (Ann. Sangall., Herim. Aug.).* ‖ Widukind. lib. II, cap. 26. M. G. S. S. kl. Ausg. 50. Necem ducum[1]) asperrima hiemps hiememque secuta est fames validissima.[2]) ‖ Ann. Sangall. maior. S. S. I, 78. Annus durus et deficiens fructus. ‖ Herim. Aug. chr. S. S. V, 113, 48 (= Chr. Suevicum univ. = Ann. Col.). Hiems saeva hoc anno facta, et pestis animalium subsecuta.

941. *Allgemeine Hungersnot. Nachrichten sind erhalten in einer belgischen Quellengruppe (Ann. Leod. etc.), in Nachrichten aus Münster (Chr. episc. Monast. und Epigramme auf Rumold) und Italien (Liudprand.).* ‖ Ann. Leodienses S. S IV, 16, 33 (= Ann. Laub. = Ann. Lob. u. 943 = Ann. Parch. = Ann. S. Bonifacii a. 943). Cometes apparuit. Et fames subsecuta. ‖ Chr. episc. Monast. G. Q. des Bist. Münster I, 12. Rumoldus. Huius temporibus fuit maxima fames in universa terra. Et visus est cometa aperte mire magnitudinis et longitudinis.[3]) Hic Rumoldus dedit quadraginta et octo talenta, cum quibus conparetur et daretur fratribus zona, id est carnes auctumpnales in refectorio dandas, quia tunc diverse dissensiones et fames cessaverunt. ‖ Epigramm auf Bischof Rumold. G. Q. des Bist. Münster III, 187.

    Tempore Rumoldi preduro dente locustae
    Emergunt, segetem semina dente vorant;
    Ardet in coelo flagrante crine cometa,
    Et nova lympha polo sanguinolenta cadit;
    Hinc horrenda fames ei rerum tristis egestas,
    Hinc fera prosternit corpora multa lues.[4])

‖ Liudprand lib. V, c. 2. M. G. S. S. kl. Ausg. p. 101. Hoc in tempore, ut ipsi bene nostis, sol magnam et cunctis terribilem passus est eclipsin, sexta feria, hora diei tertia;[5]) qua etiam die Abderahamem, rex vester, a Radamiro christianissimo rege Gallitiae in bello est superatus. Sed et in Italia octo continuis noctibus mirae magnitudinis cometa apparuit, nimiae proceritatis igneos ex sese radios fundens, subsecuturam non multo post famem portendens, quae magnitudine sui misere

---

    1) Herzog Eberhard von Franken und Giselbert von Lothringen † 939. Es ist also der Winter 939—940 gemeint, die Hungersnot wäre dann in den Anfang des Jahres 940 zu setzen.

    2) Diese Stelle findet sich bei Annl. Saxo a. 943 wieder. Der Herausgeber irrt, wenn er die Stelle dort durch den Druck als eine selbständige Nachricht bezeichnet.

    3) Bisch. Rumold. † 19. Juli 941. Aus dem Zusammentreffen der Hungersnot mit dem Erscheinen des Kometen ergiebt sich, dafs das Jahr 941 gemeint sein mufs.

    4) Es folgen noch zwei Epigramme ähnlichen Inhalts.

    5) Totale Sonnenfinsternis am 19. Juli 939; vergl. Ann. Sangall. maior. a. 939 S. S. I, 78. Das Datum der folgenden Schlacht ist richtig angegeben. Schäfer, Gesch. von Spanien II. 183.

vastabat Italiam.¹) || WIDUKIND LIB. II, c. 32. M. G. S. S. kl. Ausg. 52.
Eo anno²) et portenta quaedam apparuere, scilicet cometae. Nam a
quinta decima Kalendas Novembris (18. Okt.) usque in ipsas Kalendas
(1. Nov.) visae sunt. || ANN. SANGALL. MAIOR. S. S. I, 78. Signum mirabile
apparuit in coelo; et mortalitas boum fuit.

942. *Die Hungersnot dauert in Frankreich noch fort. (Flodard.,
Ann. S. Quint. Veromand.).* || FLODOARDI ANN. S. S. III, 389, 23. Fames
magna per totam Franciam et Burgundiam, mortalitas quoque maxima
boum grassata est in tantum, ut valde pauca huiusmodi animalia in his
remanserint terris. || ANN. S. QUINTINI VEROMANDENSIS S S. XVI, 507, 38.
Fames. || HERIM. AUG. CHR. S. S. V, 114, 21 (= Chr. suev. univer. = Cont.
Reg.). Cometa per noctes 14 visa et inmensa animalium pestilentia
facta. || WIDUKIND lib. II, c. 32. M. G. S. S. kl. Ausg. p. 53. Sed co-
metas inundatio nimia, inundationemque boum pestilentia subsecuta
est. || ANN. CORB. JAFFÉ BIBL. I, 35. Inundatio nimia.

944. ANN. SANGALL. MAIOR. S. S. I, 78. Terrae motus factus est
3. feria paschae circa pullorum cantum 16. Kal. Maii (16. April). Eodem
anno aestas omnis versa est in pluviam.

945. ANN. SANGALL. MAIOR. S. S. I, 78. Nix maxima idibus Martii
(15. März) cadens. || FLODOARDI ANN. S. S. III, 393, 4—10. In pago Pa-
risiacensi, necnon etiam per diversos circumquaque pagos, hominum
diversa membra ignis plaga pervaduntur; quaeque [sensim] exusta
consumebantur, donec mors tandem finiret supplicia. Quorum quidam,
nonnulla sanctorum loca petentes, evasere tormenta; plures tamen Parisius in aecclesia sanctae Dei genitricis Mariae sanati sunt, adeo ut quot-
quot illo pervenire potuerint, asserantur ab hac peste salvati; quos Hugo
quoque dux stipendiis aluit cotidianis. Horum dum quidam vellent ad
propria redire, extincto refervescunt incendio, regressique ad aecclesiam
liberantur.

956. FLODOARDI ANN. S. S. III, 403, 34. Moxque pestilentia super
Germaniam omnemque Galliam effusa, interiere nonnulli, plures gravi
sunt langore confecti. Rotbertus Trevirensis episcopus, et Baldericus et
duo alii episcopi ex ea peste sine mora defuncti sunt. || CONT. REG. M.
G. S. S. kl. Ausg. 168. Ea tempestate gravis per omnes regni partes
pestilentia grassabatur, quae innumeram populi multitudinem passim
extinxit. Ex qua Rodbertus archiepiscopus Treverensis et Hadamarus
abbas Fuldensis obierunt.

959. *Hungersnot in Schwaben (Ann. Sangall. maior.).* || ANN. SAN-
GALL. MAIOR. S. S. I, 79. Annus durus, et in multis regionibus defi-
ciens fructus; et multi fame perierunt. || WIDUKIND lib. III, c. 61. M.
G. S. S. kl. Ausg. 79. Peracta caede barbarorum, eo anno prodigiosae
res apparuere, notae scilicet crucis in vestimentis plurimorum. Quibus
visis, plurimi salubri timore perclusi, adversa formidabant; idemque
vitia multa ex parte emendaverunt. Fuerunt et qui lepras vestium inter-
pretarentur, eo quod subsequens lepra multos mortales corrumperet.
Sapientiores autem signum crucis salutem victoriamque prefigurasse pre-
dicabant, quibus et nos fidelem assensum prebemus.

964. ANN. SALISBURGENSES S. S. I, 89. In illo anno universo non
cessabant pluvia et aquas crescere, ita ut navigabat superficiem terrae.

968. ANN. CORB. ED. JAFFÉ BIBL. I, 36. Inundacio nimia.

---

1) Es kann, wie aus der Verbindung mit der Sonnenfinsternis hervorgeht, nur der Komet von 941 und 942 gemeint sein. Die Hungersnot
muſs aber auch in diese Jahre fallen.
2) Durch die vorhergehenden Ereignisse als das Jahr 941 bestimmt.
Dümmler, Otto d. Gr. p. 116, 117.

973. *Hungersnot in Belgien* ‖ Ann. Laubienses S. S. IV, 17, 33. Aestas pluvialis et frigida, et fames subsecuta.
974. Ann. Stadclenses S. S. XIII, 43, 7. Gelu magnum. ‖ Ann. Corbeienses ed. Jaffé Bibl. I, 36. Hoc anno nimia siccitas facta est per totam aestatem.
975. Ann. Remenses et Colon. S. S. XVI, 731, 12. Hoc anno gelu magnum a Kalendis Novembris usque ad equinoctium vernale.[1] ‖ Ann. Leodienses S. S. IV, 17, 37 (= Ann. Laub.). Gelu magnum a Kalendis Novembribus usque medium Martium. ‖ Ann. Hildesh. M. G. S. S. kl. Ausg. 23 (= Ann. Alth. = Hersfeld. Ann.). Hibernus fuit longus, durus et siccus, et.Id. Mai. magna nix cecidit. ‖ Ann. Magdeburg. S. S. XVI, 154, 14. Facta est eodem anno hyemps durissima et importuna, adeo ut in Idus Maii (15. Mai) extensa, nix magna noviter lapsa totam operuerit terram.[2]
977. Flodoardi Ann. cont. S. S. III, 408, 12. Ipso anno tempore vindemiae magna fuit copia vini, in tantum ut non amplius pro uno vini modio venditores nisi aut quinque aut quattuor seu tres denarios ab emptoribus accipiebant. ‖ Ann. Alth. M. G. S. S. kl. Ausg. 13. Lues autem dissenteriae exercitum *(in Böhmen)* multum vastabat.
981. Ann. Corb. Jaffé Bib!. I, 37. Hoc anno nimia siccitas facta est per totum annum.
987. *Hungersnot in Schwaben (Herim. Aug.).* ‖ Ann. Col. ed. Jaffé et Wattenbach. Eccl. metrop. Col. cod. mss. 130. Rheni et Mosellae fluminum inundatio insolita. ‖ Ann. Hildesh. M. G. S. S. kl. Ausg. 24. Aque quoque exundabant; nihilominus et ventus plura edificia stravit. ‖ Herim. Aug. cnn. S. S. V, 117, 34 (= Chr. Suev. universale). Fames magna hoc anno facta.
988. Ann. Colon. ed. Jaffé et Wattenbach Eccl. metrop. Col. cod. mss. 130. Tanta intemperies estatis fuit uti ex aeris inclementia complures interirent. ‖ Ann. Quedlinburg. S. S. III, 67, 51. Aestatis fervor immanis pene cunctos fructus consumpsit. Mox grandis mortalitas hominum subsecuta est.[3]
989. Ann. Quedlinburg. S. S. III, 68, 5 (= Thietmar lib. IV, c. 10). Cometae apparuerunt, quas pestilentia subsequuta est grandis hominum et iumentorum, et maxime boum.
990. Ann. Hildesh. M. G. S. S. kl. Ausg. 25 (= Ann. Quedlinburg. = Ann. Alth.). Et eodem anno eclypsis solis fiebat; quo non modica subsequebatur mortalitas hominum atque iumentorum 12. Kalend. Novembris (21. Okt.).
991. Ann. August. S. S. III, 124, 21. Magna sterilitas terrae ab inundatione pluviae.
992. *Hungersnot, angeblich drei Jahre dauernd, aber nur durch eine Nachricht aus Augsburg bezeugt.* ‖ Ann. August. S. S. III, 124, 22. Fames magna per tres annos.
993. Ann. Hildh. M. G. S. S. kl. Ausg. 26. Et inde a nativitate sancti Johannis baptistae (24. Jun.) usque in 5. Id. Novembris (9. Nov.) pene per omnem aestatem et autumnum siccitas nimia et fervor in-

---

1) Die Nachricht gehört dem in Rheims verfaſsten Anfange der Annalen an.
2) Dieselbe Nachricht findet sich in ähnlicher Fassung in Ann. Hildesh. und Monach. Sazav., die ursprüngliche gemeinsame Quelle sind die Hersfeld. Ann.
3) Die vorliegende Nachricht enthält die Nachricht aus den verlorenen Hildesheimer Jahrbüchern in der vollständigsten Form, in kürzerer Fassung auch Ann. Hildesh., Ann. Alth., Lampert, Ann. Ottenb., und wohl auch Thietmar lib. IV, c. 18.

manis fuit; ita ut innumerabiles fruges non pervenirent ad temporaneam maturitatem propter solis ardorem; quo non modicum subsequebatur frigus et magna nix cecidit, magnaque pestis simul et mortalitas hominum atque iumentorum evenit. || Ann. Augustani S. S. III, 124, 23. Hiemps dura, ita ut arbore multae aridae fierent. || Ann. Heremi S. S. III, 144, 20. Dura hiemps.

994. *Hungersnot in Sachsen (Ann. Quedlinburg., Ann. Corb.).* || Ann. Quedlinbg. S. S. III, 72, 21. Hiems durissima 3. Non. Novembr. (3. Nov. 993) exorta, usque 3. Non. Maii (5. Mai) stetit, rarissimis intermissa diebus. Deinde pestiferis et frigidis flantibus ventis, noctibus plurimis pro rore hibernum cecidit frigus. Ad ultimum Non. Julii grande est factum gelu, tantaque siccitas fluminum et penuria facta est pluviarum, ut in plerisque stagnis et pisces morerentur, et in terris arbores plurimae penitus arescerent, et fruges perirent et linum. Subsequuta quoque est grandis pestilentia hominum, porcorum, boum et ovium; prata etiam in plerisque locis ita exaruerunt veluti igne exusta fuissent. — 34. Fames etiam hoc anno magna facta est pluribus in locis Saxoniae. || Ann. Corb. Jaffé Bibl.. I, 37. Valida hiems et fames magna.

995. *Die Hungersnot dauert in Sachsen fort (Ann. Quedlinburg.).* || Ann. Quedlingg. S. S. III, 72, 35 u. 73, 21. Saxonibus peior annus priore exoritur. Nam tanta in eos, qui vocantur Osterludi, pestilentia exarsit, ut eorum non solum domus, sed etiam villae plurimae mortuis habitatoribus vacuae remanerent. Fame insuper magna compressi, tam assiduis Sclavorum incursionibus fatigabantur, ut peccatis suis promerentibus iuste de eis illud propheticum dictum videatur: Mittam super eos tria iudicia pessima, pestem, gladium et famem. — 73, 21. Commune damnum in pestilentia procorum et boum omnem Germaniam vexat. || Ann. Sangall. maior. S. S. I, 81. Notabilis annus etiam siccitate aeris nimia, multis peccoribus, multis quoque mortalibus siti extinctis. Tantum enim siccabantur cuncta Europae flumina, ut pene nullum non esset vadosum.

1003. Ann. Blandinienses S. S. V, 25, 47. Et magna fuit inundatio aquarum Kal. Junii. Item inundatio aquarum Kal. Aug. || Ann. Mosomagenses S. S. III, 161, 17. Carum tempus. Modius frumenti 8 libris emebatur. || Ann. Floriacenses S. S. II, 255, 21. Et qualitas hiemis longior solito, pluviarumque inundatio extitit gravior, atque diversis in regionibus flumina suos ultra modum praeterierunt terminos. Prae ceteris vero Liger in tantum suas praeteriit metas, ut cuncta circum circa posita periculo mortis tremefaceret, valla penetrando, casas unâ cum hominibus eruendo, pontes firmos sepesque eradicando, boves cum bubulcis, ovilia cum ovibus et pueris demergendo, ita ut diluvium esse crederetur.

1005. *Allgemeine Hungersnot. Es sind Nachrichten erhalten aus Cöln (Ann. Col., V. Herib.), aus Schwaben (Ann. Sangall. mai., Herim. Aug.), aus Baiern, schon aus dem ersten Viertel des Jahres (Schreiben an Bisch. Gottschalk v. Freising, Notae Buran.) und aus Frankreich (Rodolf. Glaber). Gleichzeitig Hungersnot in England (Ann. Colbaz.).* || Alpertus de diversitate temporum lib, I, c. 6. S. S. IV, 704, 9. Post hinc triennium quam rex in solium regni sublimatus est, commetes horribili specie flammas hac illacque iactans, in australi parte coeli visus est. || Ann. Col. ed. Wattenbach Eccl. Col. metrp. cod. mss. 130. Fames valida. || Lantberti vita Heriberti Colon. c. 7. S. S. IV, 745, 27. Periclitabatur fame[1]) depressa Gallia et Germania; et Domini servus magnopere

---

1) Ein bestimmtes Jahr giebt die Vita nicht an, es handelt sich aber zweifellos um die Hungersnot der Jahre 1005 und 1006, die einzige

instabat, ut eorum medicaretur inopia, adeo ut Colonia infinito talium repleretur populo, et omnes eius viderentur compassionis oculo, et per fideles ipsius alerentur vestitu cibo et poculo. Seorsum eis hospitia disposuit, et pro varietate languorum annonam instituit, et ut singulis competebat sollicitudinem adhibuit. Ipse secreto privatus ad eos descendebat, et pedes eorum abluens et extergens, imbecillitati eorum vehementer condolebat, dominos et fratres eos nominans; si quo indigerent, ab eis prudenti astutia perquirebat; et sic erga ipsos exercitatiores eorum ministros faciebat. Per alias etiam urbes familiarissimos animae suae clericos idoneos habebat, quibus et certae pecuniae quantitatem clam dirigebat, ut in similes usus ab eis fideliter expenderetur, et ea exposita identidem ab eo alia repeteretur. Cumque sequentibus annis, emendata terra, in sua qui possent redirent, vogabantur a benigno patre, ut ab eo quod vellent peterent et invenirent. || Ann. Sangall. maior. S. S. I, 81. Ecce fames qua per saecula non sevior ulla. || Herim. Aug. chr. S. S. V, 118, 37 (= Chr. Suevicum universale = Ann. August.). Fames magna facta est.[1]) || Schreiben des Abtes von Tegernsee an Bischof Gottschalk von Freising.[2]) Meichelbeck, Hist. Frising. tom. I, prs. II, 472. Non possumus vos celare, quod multum laboramus prae fame. Nos fratresque nostri tale periculum forte possemus evadere. Sed propter famelicam familiam et moribundam, quae cottidie confluit ad nos undique, omnes periclitamur, ut hoc periculo possimus eripi, manum misericordiae vestrae precamur ad nos extendi. || Notae Buranae S. S. XVIII, 320, 36. Haec familia fugerat tempore famis ex monasterio Puronensi, — — — *es folgt eine Aufzählung von Dörfern mit Angabe der Namen der Geflohenen.*[3]) || Raoul Glaber lib II, e. 9. ed. M. Prou 44. Eodem autem tempore facta est fames praevalida quinquennio in universo Romano Orbe, siquidem ut nulla audiretur non inobs regio, et indigens pane; multique exausti inedia de populo perieruut. Tunc etiam per plura loca terrarum, non solum immundorum animalium et reptilium, verum etiam virorum ac mulierum, infantiumque carnes compulit fames horrida sumere in cibum, nulla vel parentum obstante necessitudine. Nam eo usque devenerat hujus sevitia famis, ut jam adulti filii consumerent matres, ipseque in parvulos, remota pietate materna, iddem exercerent.

1006. *Die Hungersnot dauert fort; es sind Nachrichten aus Belgien (Ann. Leod. G. abb. Trud.), dem Sprengel von Utrecht (Alpertus) und Niedersachsen (Ann. Hildesh.) erhalten. Auch in Südfrankreich herrscht noch Hungersnot (Rodolf. Glab.).* || Ann. Leod. S. S. IV, 18, 18 (= Ann. S. Jacob. Leod. = Ann. Laub. = Ann. Parch.). Fames valida, apparente longo tempore comete. || Rudolfus gesta abb. Trudon. lib. I, c. 1. S. S. X, 229, 30. Cum ex sterilitate terrae, aiunt, fames aliquando eius tempore accidisset, concurrebat ad elimosinam fratrum

---

allgemeine während Heriberts Episkopat (999—1021). Es ergiebt sich dies aus den Nachrichten der Ann. Col. und Alperts.

1) Die Nachricht stammt aus verlorenen schwäbischen Reichsannalen.

2) Begründung der Datierung: 1005 ist die einzige bekannte und sehr bedeutende Hungersnot während der Regierungszeit des Bischofs Gottschalk (993—1006). Die Datenangabe „tertia hebdomate post Pascha, vid. XV. Kal. Maii", die sich in dem Briefe findet, trifft für das Jahr 1005 zu.

3) Der Herausgeber Jaffé giebt an, dafs die Nota der Schrift nach aus dem 11. Jahrhundert stammt und bezieht sie auf 1005. Die Vermutung wird fast zur Gewifsheit durch die Berichte aus benachbarten Gegenden.; s. o.

omnis sexus et aetas importune et miserabiliter. Quorum aliquibus interdum ad se vocatis, querere dicebatur ioculariter. Cuius servus tu ille? tuve illa, cuius ancilla es? Respondentibus illis verbi gratia sancti Lamberti aut sancti Petri, sive sancti Servatii, sive sancti Remacli, postremo cuiuslibet sancti, aiebat: Quid igitur tibi et familiae sancti Trudonis? Pascat te tuus dominus, cuius tu es servus. Qui sancti Trudonis se esse profitebatur, paterne ab eo andiebat: Pascet ergo te hodie sanctus Trudo dominus noster, conservus enim noster es. Primis eius annis aecclesia nostra necessariis illi deficientibus anxie nimis, ut referri audivi, laboravit. At unde hoc potissimum accidisset, fide plena relatione non didici. || ALPERTUS DE DIVERSITATE TEMPORUM lib. I, c. 6. S. S. IV, 704. Sequenti anno fames et mortalitas gravissima per totum orbem fac ae sunt, ita ut in multis locis prae multitudine mortuorum et taedio sepelientium vivi adhuc spiritum trahentes, vi qua poterant renitentes, cum mortuis obruerentur. || ANN. HILDESHEIM. M. G. S. S. kl. Ausg. 29. Fames valida pene in universa terra.

1007. ANN. SANGALL. MAIORES S. S. I, 81. Pestilentia gravis, quae subitanea morte populum late vastabat.

1011. ANN. QUEDLINBURG. S. S. III, 80, 28, 34, 39. Pestilentia et mortalitas inaudita tempestate ubique gentium monasteria, castella et oppida devastantes, desaeviunt. Hiems insolita pruinarum asperitate importune longa, ita ut solis calore insolubilem multum temporis glaciem retineret, ac multa corpora hominum languida redderet. — 34. Eodem anno 3. Calend. Augusti (30. Jul.), feria secunda, luna 26. cecidit glacialis grando ingens et horrenda. — 39. Ventus ingens plurima aedificia subito turbine subvertit, et multa alia damna commisit.

1012. ANN. QUEDLINBURG. S. S. III, 81, 12. Terrae motus per loca fiebant. Hoc etiam anno commotio aeris cum tonitru et fulgure et inundantia pluviarum tanta facta est 4. Id. Augusti (10. Aug.), ut biduo perseverans, perplurima damna peragerct, domos multas cum suis utensilibus, nec non acervos frugum pessundaret; homines quoque periclitarentur. || THIETMARI CHR. lib. VII, c. 23. M. G. S. S. kl. Ausg. 182. In illo tempore inundante Danubio in Bawariis et stagnante Reno ita ineffabilis populi ac pecoris, edificiorum quoque et silvarum tali impetu erutarum multitudo periit, — —

1013. ANN. QUEDLINBURG. S. S. III, 82, 19. Eodem anno inundatio aquarum nimia facta est, multa damna ferens, 18. Calend. Januarii, luna nona, feria 3. (15. Dec.). || ANN. ALTII. M. G. S. S. kl. Ausg. 17. Ingens eruptio aquarum. || ANN. RATISPON. S. S. XVII, 584, 11. Insolita effusio fluminum. || PASSIO S. CHOLOMANNI S. S. IV, 676, 30. Sequenti igitur anno[1]) Danubius effreni licentia littorum curva itinera devagatus, pleraque edificia suis viribus eruta funditus ingurgitavit, et queque loca sibi contigua estuantis diluvii copiis inebriavit; — — — || ANN. SANGALL. MAIOR. S. S. I, 82. *Erscheinung von Kometen.*
Consequiturque lues sine nomine corpora perdens,
Visceribus fervens, inde cruore fluens.

1014. ANN. LAUB. S. S. IV, 18, 31 (= Ann. Bland. 1013). 4. Cal. Octobris (28. Sept.), luna sexta, magna maris inundatio ad vesperam, ubi innumerabiles perierunt. || ANN. QUEDLINBG. S. S. III, 82, 25. Item diluvium venit. — 35. Hoc etiam anno sol et luna aliaque sidera dant metum tristium signorum, quae mox pestilentia saeva et mors subitanea sequuntur.

1016. ANN. HILDESHEIM. M. G. S. S. kl. Ausg. 32 (= Ann. Ottenbur. = Ann. Alth. = Lamp.). Magnae molis grando venit, et plurimi fulmine exusti perierunt.

---

1) Im Jahre nach dem Tode des heiligen Cholomann, † 1012.

1017. Thietmari chr. lib. VIII, cap. 57. M. G. S. S. kl. Ausg. 228. In sequenti vero nocte, id est dominica et Non. Julii (7. Juli) tempestas ingruit horrida, homines cum pecoribus simul et aedificiis ac frugibus late consumens. Inmensus quoque fragor silvas concutiens vias omnes nimis occupabat.

1018. Ann. Quedlinbg. S. S. III, 84, 25. Cometa etiam eodem anno diu visus est, qui luctum nimiae devastationis per Thiadricum Galliae partibus, pestilentiam insuper et mortalitatem misero mundo nunciavit. Qua clade obiit Baldricus Leodicensis episcopus, cui Falmodo successit. Heinricus Wirtzeburgensis episcopus, Thiatmarus Mersburgensis episcopus, Arnoldus archiepiscopus Ravennatus, Odda venerabilis Magadaburgensis presbyter, Athilger Halberstatensis praepositus, aliique perplurimi nobiles utriusque sexus de hac luce abstracti sunt. || Thietm. chr. lib. IX, cap. 13. M. G. S. S. kl. Ausg. 250. Mense Junio inaequalitas aeris hominibus multis eorumque utilitatibus diversis admodum nocuit.

1020. Ann. Corb. Jaffé Bibl. I, 38. Hiemps magna. || Ann. Quedlbg. S. S. III, 84, 48. Eodem anno hiems solito asperior atque diuturnior inhorruit, dura adeo, ut ipsa vi algoris plerique extincti occumberent; quam etiam prius inaudita clades mortalitasque subsecuta, totum pene orbem subitaneo vastans occasu, in momento inque oculi ictu incolumes, ac sua quasi de sospitate certissimos, in ipsis nec non epulis laetissimos, inopinato subtraxit. *In Quedlinburg sterben 4 Nonnen.* — 85, 12. *Am 18. Juli erscheint ein Nordlicht.* — 85, 39. Res mira cunctisque inaudita seculis, incolis septentrionalis plagae accidisse dicitur. Nam Albis et Wisara fluvii insolita inundationis mole non solum alveos suos egressi, sed ab ipso imotenus fundo qua nescio immani ventorum violentia evulsi, oppida, rura, cuncta circumiacentium late confinia terrarum, ipsis quoque collibus, ac montibus, quos natura quadam prae ceteris sublimitate munierat, altius insurgendo, mersisse, et quod his miserabilius ac omni incredibilius est auditui, villas integras, nequaquam soluta aedificiorum compage, cum inibi degentibus de alia in aliam transvehendo ripam, eadem qua prius positione constituisse. ———

1023. Gesta episc. Cameracen. lib. III, c. 36. S. S. VII, 480, 9. Sed nec oblivioni tradendum, quod per aliquot dies, dum sinodus celebraretur (*Jul. in Achen*), tanta siccitas aeris et intemperies aestus excanduit, ut multi mortalium prae nimio ardore deficere putarentur, sed et aliquot animalia subito laberentur extincta.

1025. *Lokale Hungersnot in Sachsen, durch Nachrichten aus Quedlinburg (Ann. Quedlinburg.) und Corvey (Ann. Corb.) belegt.* || Ann. Quedlinburg. S. S. III, 90, 18. Res admiranda nostrisque temporibus vehementer stupenda 2. Non. Februarii (4. Feb.) contigit; siquidem sol aureis invectus quadrigis, dum mediam poli arcem mira sui splendoris claritate perfunderet, subito sub terna figura visus est fulsisse; quod mirabile prodigium rei eventu postea constat probatum. — 21. Eodem anno fames praevaluit, et multa loca incendio perierunt. || Ann. Corb. Jaffé Bibl. I, 38. Fames maxima, in tantum ut plurimi fame morerentur; insuper et pestilentia maxima. || Vita Meinwerci episc. Patherbun. c. 151. S. S. XI, 138, 29. Facta in diebus eius fame valida[1]), missis nunciis frumentum comparari fecit in Colonia, et duas naves onustas ad inferiorem terram deferri, et dispensatione villicorum super Velue et in Testerbant taliter mandavit erogari, ut una

---

1) Ein bestimmter Anhalt zur Datierung der Nachricht fehlt. Die Hungersnot fällt in die Regierungszeit des Bischofs Meinwerk (1009 bis 1036). Das letzte Jahr vorher, das bestimmt angegeben wird, ist 1017.

pars propriis, alia familiae indigentiis secundum numerum domesticorum distribueretur, tercia ad proventum seminis, quarta mendicis erogaretur.

1031. *Hungersnot in Frankreich*[1]*) (Chr. Autissiod., Breve Autissiod. chr. Ann. Lausann.).* || Chr. Autissiodobense Hist. de Fr. X, 276 A. Eodem anno tanta fames fuit in Gallia, ut etiam in quibusdam locis vix alter ab alterius carnibus abstineret. || Breve chr. Autissiod. Hist. de Fr. X, 271 A B. Anno MXXXI Vénditus est sextarius salis solidis XXIII, et tritici solidis IV. || Ann. Lausannenses S. S. XXIV, 780, 43   Fames valida fuit in terra anno Domini 1031.

1032. *Die Hungersnot in Frankreich dauert fort (Raoul Glab., Hugo Flav.).* || Raoul Glaber lib. IV, c. 4 ed. M. Prou. 99—102. Sequenti itaque tempore, cepit in universo orbe terrarum fames convalescere, ac interitus pene universi humani generis imminere. Nam temperies aeris sic intempestiva effecta est, ut nullius sationis proveniret tempus congruum, nec messioni precipue ob inundantiam aquarum foret oportunum. Videbantur enim inter se ipsa elementa pugnam discordie agere, cum procul dubio vindictam exercerent humane insolentie; assiduis enim imbribus ita completa erat universa tellus, ut in spacio trium annorum nulli reperirentur sulci utiles seminibus. Tempore quoque messis herbe agrestes, atque infelix lolium totam operuerant superficiem agrorum. Modius quoque sementis, ubi majis proficiebat, reddebat in messe sextarium, ipseque sextarius vix referebat pugillum. Ceperat enim primitus hec sterilitas ultionis in partibus Orientis; depopulando Greciam devenit in Italiam; dehinc defusa per Gallias, transiit ad universos Anglorum populos. Tunc vero constricta tota gens indigentia victus, maiores et mediocres fame pallebant cum pauperibus; cessit enim raptus potentum universali inopie. Si quid ergo victus venundatus repperiebatur, arbitrio vendentis pro libitu erat excedere, seu accipere precium. — Nam in plerisque locis fuit modii precium sexaginta solidorum, alias quoque sextarius solidorum quindecim. Interea post esum bestiarum et volucrum, urgente fame acerrima, ceperunt homines preripere in cibum morticina queque ac dictu horrenda. Quidam vero fecere confugium evadende mortis ad radices silvarum, herbasque fluviorum; sed ne quicquam; non ergo aufugium ire ultionis Dei, nisi ad semetipsum. Horret denique referre que tunc generi humano corruptiones acciderint. Heu! proh dolor! quod olim raro audiri contigerit, tunc rabida inedies compulit vorari ab hominibus humanas carnes. Arripiebantur autem viantes a se prevalentibus, menbratimque dividebantur, igneque decocti vorabantur. Multi quoque de loco ad locum famem fugiendo pergentes hospiciis recepti, noctuque iugulati, quibus suscepti sunt in cibum fuerunt. Plerique vero pomo ostenso vel ovo pueris, ad remota circumventus trucidatosque devoraverunt. Corpora defunctorum in locis plurimis ab humo evulsa, nihilominus fami subvenerunt. Que denique rabiei insanies in tantum excrevit ut tutius moraretur solitarium absque raptore genus pecudum quam hominum. Nam veluti jam in usum devenire deberet carnes humanas comedi, quidam decoctas detulit venundandas in forum Trenorchii, ac si fuissent alicuius pecudis. Qui deprehensus, crimen flagitii non negavit, deinde, artatus loris, igne crematus est. Carnem autem illam humo absconsam alter effodiens, noctu comedit pari modo et ille igne combustus est. *Im Walde auf dem Wege zu einer Kirche lauerte ein*

---

1) Das Erscheinen grofser Scharen von Flüchtlingen in Lüttich um diese Zeit, scheint mit der Hungersnot in Verbindung zu stehen, vgl. Anselmi g. episc. Leod. c. 37. S. S. VII, 209 u. 210; Ruperti chr. S. Laurent. Leod. S. S. VIII, 274, 40 und Reineri v. Reginardi c. 16. S. S. XX, 577, 14.

Mann den Wanderern auf, ermordete sie und verzehrte die Körper; bei ihm wurden später die Köpfe von 48 Menschen gefunden. Tunc etiam pertemptatum est in eisdem partibus, quod nusquam comperimus quempiam fecisse. Effodiebant enim plerique albam humum argille similem, permiscentes quantum erat farine vel cantabro, exinde panes conficiebant, ut vel sic inedie mortis succurerent; in hoc conficiendo spes tantum erat evadendi, sed profectus inanis. Tenebat igitur pallor et macilentia ora cunctorum, cutisque distensa inflatione in plurioribus apparebat; ipseque voces humane, perexiles effecte, garritus morientium avium imitabantur. Tunc nichilominus e cadaveribus mortuorum, passim pre multitudine sepultura carentibus, lupi adescati post longum tempus predam cepere ex hominibus. Et quoniam, ut diximus, sepeliri singulatim ob multitudinem non quiebant, constructa in quibusdam locis a Deum timentibus que vulgo dicuntur carnaria, in quibus quingenti, et eo amplius, seu quantum capere poterant, permixtim absque ordine projecta sunt seminuda vel absque tegminibus defunctorum corpora; trivia quoque et agrorum sucsiciva pro cimiteriis habebantur. Si qui vero auditu compererant quod melius haberent, si ad alia transirent arva, perplures in itinere deficientes moriebantur. Desevit enim in orbe terrarum, peccatis hominum exigentibus, predicte pestilentie clades in spacium trium annorum. Tunc in expensis egenorum distracta sunt ecclesiarum ornamenta, disperditique thesauri, qui ob hoc in decretis patrum inveniuntur ibidem primitus fuisse repositos. sed quantum supererat vindicte iuste ultionis, excessit nimietas egenorum in plerisque locis thesauros ecclesiarum. Nam et ipsi famelici nimia affecti inedia, si contigisset eos repleri cibo, distenti inflatione protinus moriebantur Alii autem cibos manibus contrectantes, ori temptantes imponere sed conquiniscendo deficiebant, non valentes explere quoa cupiebant. ‖ Hugonis Flaviac. chr. lib. II, c. 27. S. S. VIII, 399, 45. *Schilderung der Hungersnot nach Rodulf. Glaber lib. IV, c. 4.* Miserum erat et dolendum, videre ora macentia ieiunio, hos ad terram ruere non eis suffragante cibi solatio, istos morientes aspicere, alios dum eis funus exiberent pariter commori et super ipsos occumbere, plures numero insepultos iacere, quia non erat qui sepeliret. Sequuta est et alia pestis, quia e cadaveribus mortuorum pre nimia multitudine sepultura carentium lupi adescati, coepere praedam ex hominibus. Tunc carnaria facta sunt a Deum timentibus, in quibus patrem filius, fratrem frater, et mater filium dum deficientes aspiceret, protrahebat; et aliquando ipse dum desperabat de vita, superaddebatur, ita ut gratissimum id esset officium funeris, si spirans aliquis illo a quovis proiceretur. Quamobrem in expensis egenorum aecclesiarum ornamenta distracta sunt, dispertitique thesauri. Aurum enim, ait moralis doctor Ambrosius, aecclesia habet non ut servet, sed ut eroget. Quis autem eo tempore reconderet, cum reconditis, si fames saltim quinquennio durasset, nullus esset qui frueretur? Sed nec omnibus subveniebatur, quia voluntati posse non suffragabatur. Hac ergo tempestate civitatum Gallicanarum praesules consilium, quo tanta mali moles levaretur, ineuntes, hoc tandem adinvenerunt, ut quia deficientibus iam ex toto alimentis omnibus opitulari nequibant, ne terra habitatore destituta in solitudinem redigeretur, aliquos quos esse vegetiores constaret, dato pro posse numero cotidiano qualicumque cibo sustentarent: non ut aliis solacia quae poterant subtraherentur, set ut istos sustentatos terrae cultores reservarent, et aliis misericordiae viscera non negarentur. Det illis Deus invenire misericordiam, qui in tanta angustia misericordiam necessitatem patientibus impenderunt; et parcat eis, qui cum possent, voluntati indigentium, non ut debuissent et potuissent, consuluerunt. Inter has angustias venerabilis abbas Richardus

mente conpunctus, cum omnia quae habebat pauperibus contulisset, non pepercit thesauris aecclesiae, immo quae in eis preciosiora erant in ornamentis et pallis vendidit Remensi aecclesiae, et precium eorum pauperibus distribuit, retento quoque sibi certo numero eorum quibus cotidianum victum ut vivere possent inpertiebatur, mittens praeter haec litteras et nuncios, et per se etiam commonens reges et principes, pontifices quoque quibus familiaritate iungebatur, ut thesauros, quos tinea et erugo demolitur, per manus pauperum caelestibus palatiis, inderent, et ventres egenorum gazofilatia aeterniatis sibi constituerent. Accepit etiam pecuniam non parvam a comite Rutenensi, concessa loco vadii abbatia sancti Amantii, quae erat iuris aecclesiae sancti Petri, quam omnino pauperibus partitus est. —
— — Nec debet reticeri Willelmi Supra regulae factum memorabile. Cum a Fructuariensi coenobio, quod iuris erat Divionensis aecclesiae, redisset, et Divioni, ut decebat, susceptus in capitulo qualiter se fratres haberent, si necessaria non deessent inquireret, ut audivit, omnia esse plena, nullumque locum indigentiae qui non posset levi obice obstrui, interrogat de elemosina, cognovitque, quia etsi consuetudinaria dabatur, non tamen pauperibus prout poterant et habebant suffragabantur, zelo succensus eo qui carnes sanctorum exedit, increpata eorum duricia, a sede concitus cum bona indignati animi stomachatione surrexit, et imposita antiphona de mandato: Ubi est caritas? non ultra progrediens, sed hoc eius inicium semper repetens, ad cellarium venit, et missile quodlibet, quod manibus Finees alterius occurrit, arripiens, cum in ore et animo eius semper versaretur: Ubi est caritas? vasa, in quibus frumentum, ordeum et vinum servabatur, disrupit, et accitis pauperibus vascula eorum inplevit, — —

1033. Raoul Glaber lib. IV, c. 5 ed. M. Prou. 103. Anno a passione Domini miliesimo, memorate cladis penurias subsequente, sedatis nimborum imbribus, respectu divine bonitatis et misericordie, cepit leta facies celi clarescere, congruisque ethereis flare placidaque serenitate magnanimitatem Conditoris ostendere; telluris quoque tota superficies amicabiliter virens frugum habundantiam funditus inopiam expellendo portendere. *In ganz Frankreich finden Versammlungen statt, auf denen der Gottesfrieden verkündet wird.* 105. Eodem denique anno tanta copia abundantie frumenti et vini, ceterarumque frugum extitit, quanta in subsequente quinquennio contigisse spirari non potuit. Aliquis enim victus humanus, preter carnes seu deliciosa pulmentaria, nullius erat precii: erat autem instar illius antiqui Mosaici magni jubelei. Sequenti vero anno tercio, et quarto non minus provenit.

1035. *Lokale Hungersnot im Moselgebiet*[1]) (*Miracul. S. Symeonis, Gest. Trev. cont. I*). Miracula S. Symeonis S. S. VIII, 210, 40. Tunc

---

1) Es erscheint am natürlichsten, das Jahr 1035 als das Notjahr anzunehmen. In den miracula S. Symeonis folgt auf die Überschwemmung sofort S. Tod (1. Juni 1035). Die Gest. Trev. deuten durch die einleitenden Worte: „illo tempore cum adhuc — — Symeon — — vitales carperet auras" ebenfalls an, dafs die Ereignisse zeitlich kurz vor S. Tode liegen müssen. Immerhin ist es möglich, dafs die Hungersnot einige Jahre früher stattfand. Ein Zusammenhang mit der französischen Hungersnot von 1031—1032 ist aber nicht anzunehmen, da die Hungersnot durch die Überschwemmung der Mosel, also durch ein Ereignis von nur local beschränkter Wirksamkeit hervorgerufen wurde, eine Thatsache, die die Gest. Trev. durch die Worte „fames in omni terra ista" bestätigen.

siquidem temporis, peccatis nostris promerentibus, nimia aquarum inundatio increvit saeculis. Causa periculi huius Symeon imputabatur ab omnibus, hunc maleficum esse, pro suis sceleribus hoc malum mundo imminere; — — — ‖ Gesta Treverorum cont. I. S. S. VIII, 188, 11. Fuit autem fames valida in omni terra ista, ita ut multi morerentur inedia; hiemalium pluviarum enim inundantia, sed et fluminis secus civitatem decurrentis verno tempore inaestimabilis superhabundantia diutina stacione et nimia sui limositate omnes fere segetes absorbuerat. Cuius causam mali insipiens vulgus Simeoni, sicut in vita ipsius legitur, imputabat. Tunc episcopus multam egentibus exhibebat humanitatem illud saepius ante mentis suae occulos ducens, quod dicit sermo divinus: „Qui viderit fratrem suum necessitatem patientem et clauserit viscera sua ab eo, karitas Dei non manet in eo. Etenim die quadam in albis paschalibus cum ad unam ecclesiarum in civitate consistentium, divinum celebraturus officium, equo nobili vectus incederet, obviam habuit in campo pauperum multitudinem copiosam, qui deprecabantur eum, ut solita miseratione aliquid ipsis inpenderet vitae subsidium. Qui accito mox ad se cubiculario suo, iussit exhiberi sibi festinato thesauri non modicam quantitatem ad dispertiendum illis. Omnibus ergo qui secum erant cum inpellentibus et dicentibus, ut primum cuius gratia venerat adimpleret indeque revertens expeditius quantam voluisset pauperibus misericordiam inpenderet, ipse respondit: „Nolite karissimi hoc persuadere mihi, quia sicut illud, ita et hoc Deo est obsequium. Nempe sic oracio nostra apud maiestatem Dei acceptior erit, si, antequam eo veniamus, karitas ista praecesserit. Credo nimirum et securus sum, quod sine ambiguitate sacrificium nostrum divinis conspectibus praesentabitur, si tantae multitudinis fusa prece commendetur." Interea cubicularius postulatum obtulit censum, quem acceptum ut coepit in pauperes expendere, una omnes coeperunt voce clamare, nummis sibi opus non esse; de nummo enim aut nihil aut parum quisque sibi valentis comparare posse, quia, sicut ipse nosset, modius unus frumenti appenderetur solidis 25. Quibus ille respondit, aliud quid sibi prae manibus non esse, quo potuisset illorum necessitatibus communicare. Quo contra illi: „Si", inquiunt, „ad praesens aliud quid dare nobis non habes, da saltem de pinguibus equis tuis, ut vel ad modicum compescatur esuries nostra edulio carnis." At ille, licet invitus, recordatus tamen verbi illius, quod vulgo in proverbium vertitur: „Carum quisque dabit, qui cara recipere quaerit, primum dedit suum, deinde aliorum non equidem omnium, sed eorum tantum quos ad hoc pietatis opus sua potuit exhortatione instigare; et laniati atque devorati sunt in momento coram eo.‖ Ann. Alth. M. G. S. S. kl. Ausg. 20. Inaudita mortalitas animalium et defectio apium omnem Baioariam multum afflixit.

1036. Ann. Corb. Jaffé Bibl. I, 38 mortalitas in nostro monasterio facta. ‖ Ann. Alth. M. G. S. S. kl. Ausg. 20. Hiems acerba et nimis longa, in qua etiam multitudo arborum arefacta est, et in quibusdam locis exinanicio frugum.

1038. *Hungersnot in Baiern.* Ann. Alth. M. G. S. S. kl. Ausg. 23. Maxima defectio frugum per totum contigit Teutonicum regnum, ita ut in plerisque locis homines fame deficerent et multae villae fugientibus colonis vacuae starent. ‖ Ann. August. S. S. III, 125, 44. Imperatore de Ultraromanis partibus redeunte, pestilentia exercitum invasit, in qua Heinrici regis uxor cum multis periit.

1039. Ann. Alth. M. G. S. S. kl. Ausg. 23. Aestas calore validissima et maxima fuit frugum abundantia.

1040. Ann. Magdeburg. S. S. XVI, 172, 12. Eodem tempore aquae longe lateque inundavere, unde multi per diversa loca interiere. ‖ Ann.

ALTH. M. G. S. S. kl. Ausg. 23. Tunc etiam vini exiguum et factum est acerrimum. ‖ ANN. OTTENBUR S. S. V, 6, 10. Aquae inundantes multos extinquunt.

1041. ANN. ALTH. M. G. S. S. kl. Ausg. 28. Eodem anno in orientali Francia ventus validissimus magna dedit damna, adeo ut iuxta Montem Pavonis silvae magnam partem prostraverit, innumera aedificia subruerit. Caritas et penuria frugum maxima per totum Franciae regnum. Hoc etiam anno Isac fluvius iuxta Pozan nimium inundans miserandam stragem dedit, terram vinearum funditus usque ad saxa proluit et aliis iuxta iacentibus eandem ingressit et plerasque taliter inutiles reddidit, ex utraque parte alvei aedificiorum iumentorum et agrorum maximam cladem fecit.

1042. ANN. BLANDINIENSES S. S. V, 26, 14. Hoc anno facta est magna inundatio maris 4. Nonas Novemb. (2. Nov.). ‖ ANN. LAUBIENSES S. S. IV, 19, 33. Aestas pluvialis. ‖ HUGONIS FLAVIACENSIS CHR. S. S. VIII, 403, 42. Sequuuta est e vestigio mortalitas hominum praemaxima a. ab inc. Dom. 1042. Multi autem eorum qui torquebantur ab igne, venientes ad virum Dei, meritis eius et precibus curabantur medica virtute Dei. ‖ ANN. COLBAZIENSES S. S. XIX, 714, 21. Mortalitas magna hominum.

1043. *Das erste Jahr einer allgemeinen Hungersnot; die Not macht sich zuerst in Belgien (Ann. Laub., Anselm. gest. episc. Leod.) und Böhmen (Cosmas) bemerkbar, doch wird auch aus Schwaben über ungünstige Witterung und Mifsernte berichtet (Chr. Suevic. univers., Ann. Sangall. maior.).* ANN. LAUB. S. S. IV, 19, 34. Fames exorta, et gelu magnum a Calendis Decembris (1043) usque Calendas Martii (1044). ‖ ANSELMI GESTA EPISC. LEOD. c. 53. S. S. VII, 221, 6. Statim primo episcopatus sui anno[1]) omni peste crudelior fames incubuit, quae sex fere continuis annis Galliae et Germaniae populum noscitur oppressisse, cuius feda ubivis fas est adhuc cernere vestigia. Eademque tempestate prudentia nostri Joseph undique frumenta coemere et tutis apothecis recondere curabat, non quia inde terrena sectari lucra quereret, sed ut gratis ad sufficientiam suo tempore esurienti familiae Domini cybos fidelis dispensator distribueret. Praeter stipendia pauperum, pro quibus cottidie libra denariorum expendebatur cum aliis adeo multis quae enumerare non sufficio, verecundioribus prae pudore a mendicitate abstinentibus, prout quisque erat, alii denos alii vigenos, aliis trigenos, alii sexagenos, alii centenos annonae modios, per occultos huius rei opifices destinare curabat. Sed nec ingenuorum rem privatam hac dira necessitate extenuatam excellentis viri longa praeterit munificentia, qua annitente et summopere iuvante, pro alimentis amplae domus aurum sponsale, vestes, praedia distrahere opus non fuit. Quid dicam de congregationibus clericorum, monachorum et sanctimonialium, erga quarum necessitates tanta boni pastoris vigilabat sollertia, ut quae prae anxietate famis et statuto victu deessent, de suo libentissime suppeditaret? Nihilominus pii patris industria ruricolarum laboriosam respicit inopiam; ad cuius malum temperandum toto hoc famis tempore unicuique mansionario per singulas ebdomadas binos dari constituit denarios, ne prae instante angustia boves vendere aut de caetero terram inaratam relinquere cogerentur, sicque erumnosam vitam aut mendicando ducere, aut mortem omni gladio seviorem cum omni domo miserabiliter incurrere. ‖ COSMAE CHR. BOEMORUM

---

1) Wazo wird Bischof im Herbste 1042 (sein Vorgänger Nithard † 16. Aug. 1042). Da die belgischen Quellen im Jahre 1042 noch nichts von einer Hungersnot wissen, so wird man mit Ann. Laub. den Beginn der Notperiode 1043 ansetzen können.

S. S. IX, 75, 10. Tanta fames fuit in Boemia, ut tercia pars populi interiret fame. ‖ Chr. suev. univers. S. S. XIII, 72, 2. Totum tempus aestivum in tempestates pluviasque hiemales pene conversum magnam frugum et vindemiarum penuriam effecit.[1]) ‖ Ann. Sangall. maior. S. S. I, 84. Notabilis annus nimia ymbrium superfluitate et fructuum terrae paucitate.

1044. *Große allgemeine Hungersnot in Frankreich, Italien (s. Steindorff I, 197) und im ganzen Westen Deutschlands. Nachrichten sind erhalten aus Belgien (Ann. Leod., Ann. Laub., Gest. abb. Gembl.), vom Mittelrhein (Ann. Alth. a. 1045), aus Speier (Amarcius) und aus Schwaben (Ann. Sangall., Bernold, Herim. Aug.).* Raoul Glaber ed. M. Prou. 130. Tunc inter ceteras rerum inopias vini tanta raritas extitit, ut viginti quattuor solidorum precium unius modii. ‖ Ann. Leod. S. S. IV, 19, 40. Fames valida.[2]) ‖ Ann. Laubienses S. S. IV, 19, 40. Fames pervalida. ‖ Gesta abb. Gemblac. auc. Sigeb. c. 40. S. S. VIII, 539, 50. Quid autem dicam, eo tempore quo nimia annonae caritas totam profligavit Galliam[3]), quam sibi (Olbert) á Deo in faciendis elemosinis cumulavit gratiam, quam apud homines inaucta ecclesiastica re sibi adquisivit gloriam? Quasi enim alter Joseph praescientiae tactus gratia, frugum ubertate superioribus annis sua repleverat horrea, de quibus pauperum suorum in tempore relevare penuriam parabat Dei praevidentia. Et cum multi alii ducti avaritiae spiritu aliorum penuriam ad suam verterent commodum, dum posthabita misericordia pauperum, sua aut servant tenatius aut vendunt carius, hic nec sua sibi servare per tenatiam nec aliis vendere voluit per avaritiam; sed ipsius Dei creditor effectus, coepit esse laudabilis usurarius. — — Praeter illos enim qui singulis horis euntes et redeuntes de eius participabant benedictione, non paucos domesticos aecclesiae ut dignum erat sustentabat de penu matris aecclesiae, constituta eis sine dilatione diurni viatici stipe. Et hoc in eo poterat esse miraculo omnibus, quod cum esset in elemosinarum largitate tam profusus, in relevanda aliarum congregationum inopia tam paterne prodigus, in vicinis suis etiam nobilibus in tali temporis articulo consolandis tam liberali oportunitate paratus, cum etiam suos, scilicet aecclesiae homines, sua compassione iuvaret laxando oportune solitos terrae reditus, gregem Christi in solitudine claustrali divinae servituti vacantem nunquam habuit immisericordius, sed sufficientia proveniente sibi coelitus, toto humanitatis affectu serviebat Deo servientibus. ‖ Ann. Cord. Iaffé Bibl. I, 39. Vindemia hoc anno periit; sed et mel similiter carum fuit. ‖ Amarcius aus d. Abschnitt de sobrietate et elemosynis faciendis. Büdinger, Älteste Denkmale der Züricher Litteratur S. 31.

    Sed male jejunat quinil largitur egenti;
    Tertius Heinricus, Romanae sceptriger arcis,
    „Frange tuum panem, deus hoc iubet, esurienti
    Et nudos operi" mira est pietate secutus,
    Intendens placare deum et praecidere culpas,

---

1) Der Schluſs der Notiz findet sich wörtlich auch bei Herim. Aug., beide Quellen schöpfen aus den verlorenen schwäbischen Reichsannalen.

2) Sigebert übernimmt die Nachricht und setzt hinzu Galliam et Germaniam profligat.

3) In den Gesta ist kein bestimmtes Jahr angegeben; es kann aber nur die Hungersnot von 1044 gemeint sein. Es ist die einzige bedeutende Hungersnot in Belgien während der Regierungszeit des Abtes Olbert (1012—1048), und auch in seiner Chronik erwähnt Sigibert in diesem Jahre eine Hungersnot.

Tempore quo multis spoliavit civibus orbem
Importuna fames et mille cadavera stravit.
Nonnullosque malis marcentibus ipse paterno
(Sintagma egregium) recreavit more pusillos;
Praeterea innumeros nummis aluisse diurnis
Dicitur ille, niger donec discesserit annus.
ANN. SANGALL. MAIOR. S. S. I, 85. Fames valida. || BERNOLDI CHR.
S. S. V, 425, 40. Magna vis famis homines immunda animalia comedere coegit. || HERIM. AUG. CHR. S. S. V, 124, 33. Maxima pestis pecudum, et hiems satis dura et nivosa magnam vinearum partem frigore perdidit, et frugum sterilitas famem non modicam effecit.

1045. *Die Hungersnot scheint auch noch in diesem Jahre fortzudauern; je eine Nachricht ist aus Westfalen (Ann. Corb.) und vom Mittelrhein erhalten (Ann. Alth..)* ANN. CORB. JAFFÉ BIBL. I, 39. Fames magna, ita ut multi perirent. || ANN. ALTH. M. G. S. S. kl. Ausg. 39. Id ipsum quoque reliquis[1]) Deo iuvante fecisset, si non fame populi prohibitus fuisset, quae tam valida erat per totum regnum ciusdem anni temporibus, ut grandes vici plerique vacui remanerent, pereuntibus habitatoribus. || HUGONIS FLORIACENSIS CHR. S. S. VIII, 404, 5. Etenim superioribus annis quando lues illa, de qua inpraesentiarum mentionem fecimus, populum vastavit, cum dilaberetur populus, et civitas Virdunensis pene redigeretur in heremum, commune periculum communi oratione tolli consultum est. —

1046. *Lokale Hungersnot, durch eine Nachricht aus Augsburg belegt (V. Udalrici.).* ANN. CORB. JAFFÉ BIBL. I, 39. Nix nimia. Frigus nimium. Tempestas maxima. || HERIM. AUG. CHR. S. S. V, 125, 36. Magna mortalitas multos passim extinxit. || VITA S. UDALRICI PRIORIS CELLENSIS c. 7. S. S. XII, 255, 27. Quodam etiam tempore[2]), cum acerrimae famis incumbente periculo multarum habitatores regionum gravissime premerentur, augusto Longobardiam indeque Italiam hoc comite proficiscente, fratres ipsius, communibus rebus pro relevanda penuria distractis, non modice tribulabantur. Quo cognito, vix post multas preces, impetrata ab imperatore licentia, festinanter redit, et praediis suis in pignore positis, non solum sui gregis, sed et aliorum necessitates promte animo relevavit.

1047. SIGEBERT. CHR. S. S. VI, 359, 3. Nix tanta in occidente cecidit, ut silvas frangeret.

1048. ANN. ALTHAH. M. G. S. S. kl. Ausg. 44. Modicum vini. Plaga crudelis in homines grassata; mures enim consumpsere fruges terrae. Terrae motus IIII. Id. Octobris (12. Okt.).

1050. ANN. BRUNVILARENSES S. S. XVI, 725, 15. Hoc anno ventus gravissimus fuit 5. Kal. Februarias (28. Jan.).

1052. ANN. ALTH. M. G. S. S. kl. Ausg. 48. Non modica penuria frugum, vini modicum et acerrimum.

1053. *Bedeutender Notstand in Süddeutschland, besonders in Baiern (Ann. Alth.).* ANN. ALTH. M. G. S. S. kl. Ausg. 49. Vini frugum maxima penuria in tota pene grassabatur Baioaria. Quapropter co-

---

1) sc. urbibus, d. h. der Kaiser hätte, wie Böckelheim, so auch noch andere Burgen und Städte erobert. Böckelheim wurde kurz nach Weihnachten 1044 erobert.

2) Heinrich III. war vom September 1046 bis Mai 1047 in Italien. Udalrichs Anwesenheit am 25. Oktober 1046 auf der Synode von Pavia ist bezeugt (Mansi XIX, 617—618). Die Hungersnot mufs also Ende 1046 oder Anfang 1047 angesetzt werden.

lono fugiente plurimi vici deserti remansere. || HERIM. AUG. CHR. S. S. V, 133, 3. Et hoc et superiore anno frugum penuria facta est non modica.

1054. ANN. ALTH. M. G. S. S. kl. Ausg. 50. Improvisus ergo ingreditur provinciam, maximam frugum pecorumque inveniens abundantiam.

1055. *Beginn einer lokalen Hungersnot in Franken (Chr. Wirziburg., hieraus entlehnt in den Ann. Wirziburg. und Ann. Hildesh.).* ANN. S. COLUMBAE SENONENSES S. S. I, 106. Anno ab incarnatione Domini 1055 — — intrantibus Kalendis Augusti (1. Aug.) mensis tempestas valida — — — Ita ut vastaret omnia sata et segetes et vineta et nemora per plurima loca, ut interficeret homines et iumenta. || CHR. WIRZIBURG. S. S. VI, 31, 24. Fames magna fuit.

1056. *Hungersnot in Franken (Chr. Wirziburg.. daraus entlehnt Ann. Wirziburg., Ann. Hildesh. u. Berthold.), mehr läfst sich trotz des allgemeinen Ausdruckes aus der einen Quellenstelle nicht folgern.* CHR. WIRZIBURG. S. S. VI, 31, 35. Fames multas provincias afflixit. Egestas et penuria undique praevaluit. Multa mala tunc temporis facta sunt. Heinricus imperator his doloribus cordetenus conpunctus, infirmari coepit, et perductus usque ad mortem; sapienti tamen usus consilio, ab omnibus quibus potuit veniam petens, quibusdam praedia quae abstulit restituens, cunctis qui contra eum culpas damnabiles fecerunt relaxans filium suum Heinricum — — regem constituit. || REINERI LIBELL. DE ADVENTU RELIQUIARUM BEATI LAURENTII S. S. XX, 581, 30. Erat ipso in tempore tanta pluviarum inundatio tamque valida imbrium effusio, ut paene alterum diluvium crederemus — — — Post exceptionem sanctarum reliquiarum — — sol, qui fuerat in nubilo pene per unum mensem, ita hora eadem radiorum suorum lucem profudit, — — Nec fortuita fuit illa serenitas, sed continua et perseverans, omni mundo spem reddidit et salutem.

1057. CHR. HERIM. CONT. AUCT. BERTHOLDO S. S. XIII, 731, 19. 7. Kalendas Maias (25. April) immensitas nivis et pruinae magnam partem vinearum perdidit. — 23. Hoc anno lapides mirae magnitudinis, mixti grandine, de coelo ceciderunt, et nonnulli hominum fulmine perierunt.

1059. CHR. HERIM. CONT. AUCT. BERTHOLDO S. S. XIII, 731, 32. Hoc anno magna mortalitas hominum et pestis pecorum facta est.|| ANN. ALTHAH. M. G. S. S. kl. Ausg. 55. Hoc anno frumenti et vini satis abundans copia in Baioaria fuit, sed gravis pestilentia hominum animaliumque per totam provinciam grassabatur. || LAMPERTI ANN. M. G. S. S. kl. Ausg. 77. Ubi et sinodus indicta fuerat; sed excusantibus se episcopis per infirmitatem et pestilentiam, quae tunc temporis vehementer grassabatur in Gallia, ad effectum non pervenit.

1060. *In diesem und dem folgenden Jahre eine Hungersnot, wie es scheint über ganz Süddeutschland verbreitet. Eine Nachricht aus Augsburg (Ann. August.) und eine aus Österreich (Auct. Zwetl.), die auf das Ende dieses Jahres oder den Anfang des folgenden bezogen werden mufs, sind erhalten.* HERIMANI CONT. BERTHOLDO S. S. XIII, 731, 43. Hoc anno, sicut in priori, mortalitas multos extinxit, hyems satis dura et nivosa et plus solito prolixa frumenti vinique maximum attulit damnum. || ANN. AUGUST. S. S. III, 127, 30. Fames et mortalitas magna. || ANN. ALTH. M. G. S. S. kl. Ausg. 55. Hiems tam acerba per Teutonicum regnum habebatur, ut immensitate ac diuturnitate nivis ac frigoris multi mortales hac luce privarentur. Mox secuta est aquarum talis effusio, qualis vix aut nunquam fertur in illo regno provenisse. || AUCT.

ZWETLIENSE S. S. IX, 539, 41. Fames valida Bawariam, Alemanniam, Franciam, Thoringiam, orientalem Saxoniam occupat.[1])
1061. *Die Hungersnot in Süddeutschland dauert fort (Berthold.).* CHR. HERIMANI CONT. AUCT. BERTHOLDO S. S. XIII, 731, 49. Magna fames multos consumpsit.

1062. *Drittes Jahr der Hungersnot in Süddeutschland (Bernold), doch nicht ganz sicher, da Berthold, der den Ereignissen näher steht, nichts von einer Hungersnot weifs.* BERNOLDI CHR. S. S. V, 428, 13. His temporibus fames magna fuit. || CHR. HERIMAMMI CONT. AUCT. BERTHOLDO M. G. S. S. XIII, 732, 9. 6. Idus Febr. (8. Febr.) terrae motus, fulgura et tonitrua facta sunt; pestilentia et mortalitas subsecuta multos extinxit.

1063. CHR. HERIM. CONT. AUCT. BERTHOLDO S. S. XIII, 732, 17. Tempore veris, medio mense Aprilis, per quatuor dies hyems saeva, ventosa et nivosa aves et pecora frigore extinxit, arborum et vinearum maximam quoque partem perdidit.

1067. ANN. S. DIONYSII REM. S. S. XIII, 83, 11. Facta est hiems horrida a festo sancti Briccii (13. Nov.) usque ad festum sancti Gregorii (12. März).

Zwischen **1066** *und* **1072** *eine Hungersnot in Bremen, etwas näheres läfst sich nicht bestimmen* (*Adam*). ADAMI GESTA HAMABURG. ECCL. PONTIF. lib. III, c. 56. M. G. S. S. kl. Ausg. 137. Hoc solum fas est pace omnium dici fratrum, quia toto septennio [2]), quo supervixit archiepiscopus, ex illo famoso et opulento Bremensis ecclesiae hospitali nulla prorsus data est elemosina. Quod ex eo miserabile et inhumanum videtur, quoniam et tempus incubuit famis, et multi pauperes in plateis ubique reperti sunt mortui.

1068. ANN. WEISSENBG. S. S. III, 71, 35 (= Ann. Laub. cont.). Aquae inundaverunt. Magna et ante inaudita sterilitas vini et pomi facta est. || BERTHOL. ANN. S. S. V, 274, 9 (= Bernold.). Totus ille annus pluvialis. || ANN. AUGUSTANI S. S. III, 128, 25. Inundatio pluviarum.

1069. *Lokale Hungersnot, nur durch eine Nachricht aus Augsburg belegt (Ann. August.).* ANN. WEISSENBURG. S. S. III, 71, 36 (= Ann. Laub. cont.). Hyemps magna et aspera. || LAMP. ANN. M. G. S. S. kl. Ausg. 111. Maxima eo anno vinearum omniumque silvestrium arborum sterilitas fuit. || ANN. AUGUSTANI S. S. III, 128, 29. Fames valida.

1070. BERTHOLD. ANN. S. S. V, 275, 11. Hiemps ventosa et pluvialis. || LAMP. ANN. M. G. S. S. kl. Ausg. 118. Silvestrium arborum eadem quae priore anno sterilitas permansit. Sed vinearum tanta fertilitas fuit, ut plerisque in locis pre multitudine vix colligi vindemia posset.

1071. ANN. FORMOSELENSES S. S. V, 36, 8. Gelu magnum.

1074. LAMP. ANN. M. G. S. S. kl. Ausg. 176. Frigus erat validissimum, et hiberna siccitate arebant omnia, in tantum ut flumina non superficietenus glacie constricta, sed tota preter solitum in glaciem conversa viderentur. — — — || ANN. YBURGEN. FORST OSNABR. G. Q. I, 181. Hiemps durissima.

---

1) Die Bestimmtheit, mit der das Ausdehnungsgebiet der Hungersnot umschrieben wird, mufs einiges Mifstrauen erregen; es läfst sich mit Sicherheit nur annehmen, dafs die Hungersnot weite Strecken in Süddeutschland ergriffen hatte. Die Datierung 1054 im Auct. ist falsch, wie überhaupt die Chronologie des Auct. ziemlich unsicher ist. Nach dem, was sonst in demselben Abschnitte berichtet wird, mufs die Hungersnot in das Jahr 1060 oder 1061 gesetzt werden; vgl. Meyer von Knonau, Heinrich IV., I, 193 ff.

2) Von Adalberts Verbannung vom Hofe 1066 bis zu seinem Tode 1072.

1076—1077. *Ein auffallend langer und harter Winter, nach dem übereinstimmenden Bericht zahlreicher Quellen anhaltender Frost von Anfang November bis März. Besondere wirtschaftliche Schädigungen scheint aber der Winter nicht gebracht zu haben. Von einer Mifsernte hören wir nur in Ostfrankreich (Ann. S. Columb. Sen.), Belgien (Ann. Elnon. Vita Theod. abb. Andag.) und Augsburg (Ann. August). Von einer lokalen Hungersnot wird in Schwaben berichtet, dabei aber als Grund ausdrücklich Verwüstungen des Landes durch den Krieg angegeben.* Ann. Remen. et Col. S. S. XVI, 732, 15. Hoc anno facta est hiemps horrida a festo sancti Briccii (13. Nov.) usque ad festum sancti Gregorii (12. März). ‖ Ann. S. Columbae Senonensis S. S. I, 106. Facta est hiems magna et valida nimis, qualem nunquam se vidisse et audisse testantur etiam ipsi senes senio confecti. Sumpsit autem ipse hiems in Calendis Novembribus (1. Nov.), et nullo modo cessavit, donec mediaretur Marcius. Defeccio autem tanta tritici facta est, ut vix quispiam hominum etiam semina terrae se recipere crederet. ‖ Hugo. Flaviniac. chr. lib. II. S. S. VIII, 414, 1. Et hoc anno fuit gelu magnum a. 7. Idus Decembris (7. Dec.) usque Idus Martii (15. März). ‖ Vita Theoder. abb. Andagin. c. 26. S. S. XII, 52, 25. Tunc post illam longissimam et asperrimam hiemem, qua Galliarum maximi fluvii Rodanus, Ligeris et Rhenus, et Germaniae Alba, Viscla et Danubius, in Italia etiam Tiberis et rex fluviorum Eridanus, gelu et frigore concreti, navibus invii, hominibus, equis, asinis et plaustris visi sunt similes terrae pervii, tanta longo sereno siccitas subsecuta erat, ut negatis nimia ariditate pecori pascuis, vitio aeris arentibus arvis et morientibus per omnes agros herbis, trepidarent late uno timore multarum regionum populi, timentes ne rediret illud grave saeculum, quando in servum venditio Ioseph a fratribus prae inopia famis in Aegyptum venientibus, — — — ‖ Ann. Mosomagenses S. S. III, 161, 53. Annus glatialis. ‖ Ann. Elnonenses maior. S. S. V, 13, 37. Facta est hiems gravissima, incipiens Id. Nov. (13. Nov.) et durans usque ad Martium. Quam secuta est anno secundo siccitas maxima. ‖ Ann. Leodiens. cont. S. S. IV, 29, 1 (= Ann. S. Jacobi Leod.). Gelu magnum a medio Novembre (1076) usque ad aequinoctium vernale. ‖ Ann. Laubiens. cont. S. S. IV, 21, 13. Gelu permaximum a Calendis Novembris usque medium Martii. ‖ Ann. Blandinienses S. S. V, 26, 42 (= Ann. Formosel.). Hiemps gravis. ‖ Ann. Brunwilarenses S. S. XVI, 725, 28. Hic a Kalendis Novembris usque ad medium Martii hiemps continua et asperrima fuit, adeo ut Renus glacie concretus calcabilis meantibus extiterit. ‖ Annl. Saxo S. S. VI, 711, 24 (= Ann. Yburg.). Hiems magna et nivosa ac nimis prolixa fuit. A. 6. Kal. Decembris (26. Nov. 1076) omnia flumina glacie constricta sunt usque 14. Kal. Aprilis (19. März). ‖ Lamp. ann. M. G. S. S. kl. Ausg. 284. Vis atque inclementia hyemis hoc anno adeo iugis solitoque asperior inhorruerat, ut a festivitate sancti Martini (11. Nov.) Rhenus fluvius glaciali frigore constrictus pene usque ad Kalendas Aprilis (1077) pedestri itinere transmeabilis maneret, et plerisque in locis vineta, exsiccatis frigore radicibus, omnio arescerent. ‖ Ann. Wirziburg. S. S. II, 245, 19. Hiemps magna et nivosa. ‖ Ann. S. Michael. Babenberg. Laffé Bibl. V, 552 — — hieme solito graviore, Ruodolfus subrogatur in regnum. ‖ Bertholdi ann. S. S. V, 287, 7 u. 299, 1. Hoc colloquio circa Kalendas Novembris (1. Nov. 1076) finito, ilico praeter solitum praegrandis nix terras undique opprimere incepit. — 299, 1. Undique igitur huiusmodi motus per provincias omnes ab utriusque partis sectatoribus promiscue, ut in bellis solet, per totum annum illum agebantur. Unde fames non minima, et quia terra fructum suum non dederat, et quia praedictis violentiis raptores et latrones omnia consumpserant, per partes nostras effecta, multos contabescere et miserabiliter interire coegerat. Divinae pariter ut et seculares legum constitutiones nec nominabantur saltem his diebus — — ‖ BERNOLDI CHR. S. S. V, 433, 24. Maxima nix totum regnum a 2. Kalend. Novemb. (31. Okt.) anni prioris (1076), usque in 7. Kalend. Aprilis (26. März) anni praesentis obtinuit. ‖ ANN. AUGUSTANI S. S. III, 129, 8. Hiemis continua asperitas, et nivium importunitas a Kalendis Novembris usque post Kalendas Aprilis, ita ut arbores arescerent; tanta deinde terrae frugum sterilitas, ut etiam semen deesset.

1078. ANN. S. COLUMB. SEN. S. S. I, 106. Sequenti autem anno (1078) facta est tanta ariditas et siccitas terrae, ut prata et virentia quaeque arefierent. Ubertas autem frumenti et vini facta est; Iunio mense colleccio frugum est facta. ‖ BALD. NINOV. S. S. XXV, 524, 39. Hyems asperrima invaluit atque durissima a. Kal Novembris usque in letaniam maiorem[1]) (25. April). Cuius tanta vis erat, ut diebus natalis vel quadragesime divina in ecclesiis non fierent, nisi plurimo igne accenso carbonibusque congestis, et quem calor ignis hinc coquendo exurebat, illinc frigus tollerare non poterat. Perieruntque bestie, volucres et gramina; et in pascha (24. März) qui sereno celo in sole estuabat, umbram intrans, frigore constringebatur.

1079. BERTHOLDI ANN. S. S. V, 323, 36. Aestas vero ipsius anni nimis pluviosa praeteribat, set tamen non magnam frugum penuriam intemperies talis effecerat.

1080. BERTHOLDI ANN. S. S. V, 325, 1. Hiemps vero autem, quae solito asperior tunc inhorruerat. — —

1082. *Lokale Hungersnot in Österreich nach der Schlacht bei Mailberg 12. Mai 1082. Die Ursache der Hungersnot ist die Verwüstung des Landes durch die Feinde.* VITA ALTMANNI EPISC. PATAVENSIS c. 25. S. S. XII, 237, 1. Hac infelici strage patrata, magna fames est secuta, quaereliquias populi consumpsit, qui manus hostium vix evasit. Qua necessitate compulsi, omnes Altmannum adeunt, alimoniae auxilium petunt. Quibus fidelis dispensator ex intimo corde compatiens, cunctam supellectilem episcopii sui usque ad ipsum linteamen vendidit, et indigentibus cuncta distribuit; unde pater pauperum est dictus. In monte quoque Gotwicensi multa milia pauperum pavit.

1083. ANNL. SAXO S. S. VI, 721, 13. Estas adeo fervida fuit, ut piscium copiosa multitudo in aquis periret. Magnus puerorum et senum interitus fuit morbo dissenterico.[2])

1085. HUGONIS FLAV. CHR. S. S. VIII, 471, 4. Vigebat enim virtus caritatis in patre nostro abbate Divisionensi, quae tanta erat, ut quamquam eo anno ubique tempestatis violentia maturae segetes in spicis et vinum in racemis, omnia prostrata et prorsus dampnata essent, nihil tamen minus fieret in refectorio et elemosina, cum fratres centenarium fere excederent numerum, et his qui de terra fertili et plenissima venerant, et nichil minus noverant quam penuriam pati, abundantissime in omnibus ministraretur, — — — Hec etiam ei tua omnipotentia praevidisti, qui et necessaria ei subministrasti, et insuper tanta in praediis et fundis aecclesiae eidem anno ipso et deinceps contulisti, ut dublicatus videretur census aecclesiae, — —

1086. SIGEBERTI CHR. S. S. VI, 365, 33. Nimia aquarum inundatio multis in locis damno et periculo fuit. In Italia tanta di-

---

1) Fast wörtlich gleich Ann. Parch. XVI, 603, 44, das weitere ein Zusatz Balduins.

2) Aus derselben Quelle geschöpft wie die gleichen Nachrichten der Ann. Yburg. und Ann. Ottenbur.

luvies fuit, ut rupes liquore aquarum dissolutae, plures villas ruina sua exterminarent.

1087. Sigeb. chr. S. S. VI, 366, 3. Pisces in aquis moriuntur. ∥ A. Hildesh. M. G. S. S. kl. Ausg. 49. Pestilentia facta est.

1088. Ann. Brunwilar. S. S. XII, 725, 56. Hoc anno hiemps tenebrosa fuit, et circa medium Ianuarii maxima omnium Germaniae fluminum inundatio fuit.

1089. Ann. S. Iacobi Leodinensis S. S. XVI, 639, 35 u. 36. Inundatio maxima aquarum usque ad valvas aecclesiarum. — 36. Pestilentia terribilis et multiplex ardentium. ∥ Ann. Formosel. S. S. V, 36, 17. Pestilentia ignearia iugrassata est.

1090. *Lokale Hungersnot in der Gegend von Gembloux (Sigeb.), andere belgische Quellen wissen nichts von einem Notstande. Ebenso muſs die Hungersnot, von der Bernold berichtet, als lokal angesehen werden, da alle weiteren Nachrichten darüber fehlen.* Sigeb. chr. S. S. VI, 366, 22 u. 35. (Annus pestilens), maxime in occidentali parte Lotharingiae; ubi (multi, sacro igni) interiora consumente (computrescentes[1])), exesis membris instar carbonum nigrescentibus, aut miserabiliter moriuntur, aut manibus et pedibus putrefactis truncati, miserabiliori vitae reservantur, multi vero nervorum contractione distorti tormentantur. — 35. Sterilitas frugum terrae augescit, et fames paulatim irrepit. — ∥ Ann. Leod. cont. S. S. IV, 29, 19. Annus pestilens, multis hominum sacro igne computrescentibus. ∥ Ann. Laud. cont. S. S. IV, 21, 26. Hoc anno orta est pestis in hominibus quae arsura dicitur, qua etiam multi perierunt. ∥ Herim. lib. de restaurat. S. Mart. Tornac. c. 6. S. S. XIV, 277, 21. Eodem tempore illa ignea pestilentia divino iudicio nimis ipsam provinciam obpresserat, qua plurimorum pedes invisibili igne, qui ignis inferni vocabatur, publice comburi videbantur — — ∥ Bernoldi chr. S. S. V, 450, 35. Hoc anno magna fames multas regiones repente afflixit, quanvis non magna sterilitas terrae praecesserit.

1091. Ekkeh. chr. univers. S. S. VI, 207, 28. Visi sunt per multas regiones vermiculi nimis ignoti, non longe a terra volantes, hoc est ut vel manu vel virga tangi possent, grossitudine quidem muscis aequales, sed longitudine satis deductiores; quorum tam infinitus extitit exercitus, ut unum pene miliarium in latitudine, duo vel tria in longitudine viderentur occupare, densitate vero sua ipsam solis lucem terris negare.∥ Ann. S. Pauli Virdunensis S. S. XVI, 500, 36. Pestilentia magna.

1092. *Lokale Hungersnot in Sachsen (Bernold).* Bernoldi chr. S. S. V, 454, 10. Magna fames totam Saxoniam occupavit, quae et principes illius provinciae in alias regiones eo anno ad tempus discedere coegit. Unde et generalis conventus fieri non potuit, quem principes Alemanniae cum Saxonibus habere voluerunt. ∥ Ann. Wirziburg S. S. II, 246, 15 (= Ann. Hildesh. = Ann. Rosenveld. = Ekkeh.). Pestilentia magna hominum et pecorum facta est. ∥ Cosmae chr. Boem. S. S. IX, 100, 35. Et in ipsa paschae ebdomada circa Kalend. Aprilis descendit maxima nix, et tantum inhorruit frigus mixtum cum glatie, quantum raro in media contigit hieme.

1093. *Hungersnot in Sachsen (Ann. August).* Ann. August. S. S. III, 134, 17. Autumnus pluviosus. Solis eclipsis in meridie in Libra 8. Kal. Octob. (23. Sept.). Ubique mortalitas, pestilentia et fames per loca in Saxonia. ∥ Ann. Aquenses S. S. XXIV, 36, 47. Mortalitas magna facta est. ∥ Auct. Garstense S. S. IX, 568, 22. Magna mortalitas hominum facta est. Ecclipsis solis una hora (23. Sept.).

1094. *Hungersnot in Hessen (Ann. Ottenb.); ein Zusammenhang*

---

1) Die eingeklammerten Stellen aus Ann. Leod.

mit der *Hungersnot der beiden vorhergehenden Jahre ist wohl anzunehmen.
Eine schwere Epidemie herrscht in allen Ländern von Belgien bis Böhmen.*
ANN. OTTENBUR. S. S. V, 8, 38. Inundatio pluviarum et fames cum
mortalitate. || ANN. BLANDINIENSES S. S. V, 27, 5. Inundatio magna a
pridie Idus Octobris (14. Okt.) usque ad Kal. Aprilis. || ANN. LEOD.
CONT. S. S. IV, 29, 22. Mortalitas hominum maxima. || SIGEB. CHR.
S. S. VI, 366, 51. In Gallia et Germania (gravis hominum mortalitas
facta est¹)). || GESTA ABB. GEMBL. CONT. AUCT. GODESCHALCO S. S. VIII, 547, 6.
Eius regiminis anno tertio²) maxima extitit hominum mortalitas. ||
ANN. LAUBIENS. CONT. S. S. IV, 21, 30. Hoc anno magna mortalitas
hominum fuit, et visus est igneus draco volare per aerem. || GESTA
ABB. LOBBIENSIUM S. S XXI, 313, 7 — —, quo anno magna fuit hominum
mortalitas et draco igneus volare per aurem visus est, Kalendis Augusti.||
ANN. PARCHENSES S. S. XVI, 604, 14. Mortalitas hominum maxima.||
ANN. BRUNWILARENSES S. S. XVI, 726, 5. Hoc anno circa festivitatem ad
vincula sancti Petri (1. Augst.) ignis magnus apparuit circa vespertinum
tempus per totum mundum, et mortalitas magna facta est. || ANN. S.
PETRI ERPHESFURD. S. S. XVI, 16, 42. Pestilentia gravis hominum fuit. ||
ANN. HILDESH. M. G. S. S. kl. Ausg. 49 (= Ann. Rosenfeld. = Ann.
Wirziburg). Pestilentia magna facta est. || ANN. S. DISIBODI S. S.
XVII, 14, 38. Facta est autem gravissima mortalitas in regione
eadem, et passim infinita multitudo populi in mortem cadebat. Ipsum
quoque monasterium iam iamque feralis illa clades occupaverat. Morientibus itaque fratribus, timor cunctos sollicitabat; unde et orationes ad
Dominum creberrimae fiebant. || EKKEH. CHR. UNIVERS. S. S. VI, 207, 42.
Aecclesia mortalitate immensa incredibiliter vastata est, insuper
pestilentia, turbinibus, imbrium inundationibus diversisque cladibus
nimium afflicta. || ANN. NERESHEIMENSES S. S. X, 21, 5. Pestilentia
hominum magna nimis. || ANN. S. GEORGII IN NIGRA SILVA S. S. XVII, 294, 4.
Mortalitas maxima. || ANN. ZWIFALT. MINORES S. S. X, 54, 41. Magna
hominum mortalitas. || ANN. ZWIFALT. MAIORES S. S. X, 54, 52. Mors
populos stravit, subita quos peste necavit. || BERTHOLDI ZWIFALT. CHR.
S. S. X, 111, 19. Huius primo anno 10. Kalendas Octobris (22. Sept.) facta
est eclypsis solis pene tribus horis, denique media circiter die cepit sol in
nigras vel iacinctas maculas nigrescere et in horridos aspectus pallescere;
statimque anno sequente secuta est magna hominum pestilentia. ||
BERNOLDI CHR. S. S. V, 459, 5. 460, 20. 461, 15. In Baioaria magna
mortalitas grassabatur, adeo ut in Ratisponensi civitate infra duodecim septimanas octo milia quingenti illa mortalitate intercepti numerarentur; set et alias provincias eadem mortalitas afflixit, non tamen adeo
ut Baioariam. — — 460, 20. Nam adeo maxima mortalitas usquequamquam grassabatur, ut in una villa plus quam mille quinquaginta homines
infra sex epdomadas mortui numerarentur. Set et in una die et in una
villa plus quam quadraginta alicubi mortui sunt. Ipsa quoque cimiteria
aeclesiarum adeo sepulturis impleta sunt, ut homines ibi mortuos suos
sepelire non potuerint. Unde in pluribus locis facta praegrandi fossa
extra cimiterium, omnes suos mortuos in illam coniecerunt. Haec autem
mortalitas non solum Teutonicos, set et Franciam, Burgundiam, Italiam usquequaquam vexabat; quae tamen sapientibus
non adeo detestanda videbatur. Nam maxima multitudo cum penitentia
et confessione et probabili fine discesserunt, quem infirmitate detenti
sibi post aliquot dies proventurum praescierunt. — — — 461, 45. In
Alsatia magister Manegoldus de Liutenbach mirabiliter aeclesiasticam
religionem, — — Deo miserante reaccendit. Nam invalescente apud

---

1) Das Eingeklammerte aus Ann. Leod.
2) Liethart Abt seit 1092.

illos diuturna mortalitate, omnes pene maiores et militares illius provinciae ad ipsum catervatim convenere, et de excommunicatione per potestatem ipsi a domno papa concessam absoluti, etiam de reliquis eorum peccatis accepta penitentia per eum absolvi non cessaverunt. ‖ Cosmae chr. Boemorum S. S. IX, 103, 10. Eodem anno fuit mortalitas hominum, sed maxima in Teuthonicis partibus. Nam redeuntibus praedictis episcopis de Maguntia, dum transirent per quandam villam nomine Amberk, parrochiam ecclesiam quamvis satis amplam, quae est sita extra villam, non potuerunt intrare, ut audirent missam, quia totum eius pavimentum usque ad unum punctum erat cadavere plenum. Similiter in urbe Kaker non fuit domus, ubi non essent tria aut quatuor cadavera hominum, quam praetereuntes non longe ab urbe in medio pernoctavimus campo. ‖ Ann. Augustani S. S. III, 134, 21. Mortalitas convaluit inmoderata, adeo ut villae plures existerent sine cultoribus et ecclesiae sine sacerdotibus, pestilentia consumpti.

1095. *Lokale Hungersnot in Belgien (Ann. Bland., Ann. Leod. cont., Sigebert, G. abb. Gembl., Herim. liber de rest. S. Mart. Tornac. Ekk.).* Ann. Blandinienses S. S. V, 27, 6. Sequitur sterilitas anni cum fame gravi. ‖ Ann. Leod. cont. S. S. IV, 29, 23. Fames diu concepta invalescit. ‖ Sigebert. chr. S. S. VI, 367, 4. Fames diu concepta validissime ingravatur[1]), et fit annus calamitosus, multis fame laborantibus et pauperibus per furta et incendia ditiores graviter vexantibus. Cum valida ventorum turbine etiam terraemotus factus est media nocte 4. Idus Septembris (10. Sept.). ‖ Gesta abb. Gemb. cont. auct. Godeschalco S. S. VIII, 547, 7. — — et in anno sequenti (1095) magna et inevitabilis annonae raritas, adeo ut panem duorum mensium diebus vix administrarent nobis culturae nostrae et decimae. Hac penuria panis urgente, praebenda monasterii venalis efficitur tam laicis quam clericis. Gladius irae Dei circumquaque desevit, laquearia divitum uti pauperum casae famis malo velut ariete magno pulsantur; pauperes multique mediocres hac tabe pereunt, cymiteria sepeliendis non sufficiunt. In locis multis fossae latae et profundae effodiuntur, et in eis corpora defunctorum funibus deponuntur. Multi in exitibus viarum, multi inter opaca silvarum mortui inveniuntur. Hac peste famis multi nobilium adacti, dum familiis suis carere nolunt, multum argentum ad has sustentandas expendunt. Foeneratores debitores suos omnibus modis gravant, et dum die dicta pecunias suas non recipiunt, has die reddita sub fide et sacramento dublicant. ‖ Herim. lib. de restaurat. S. Martini Tornacen. c. 70, 71, 72, 76. S. S. XIV, 307, 42, 308, 311, 16. c. 70. Eodem anno victualium penuria et famis atrocitas totam provinciam vehementer afflixit, et abbas omnibus pauperibus ad se confugientibus quicquid habere poterat misericorditer tribuere cepit, ita ut nec in horreo nec in cellario aliquid remanserit. Tuncque demum necessitate et anxietate compulsus, fratribus per totum annum claustro reclusis iugique silentio domitis et que foris agebantur nescientibus rem sicut erat in capitulo aperuit, magnam scilicet multitudinem virorum ac mulierum se suscepisse et unde vel una die viverent se non habere. Obstupefacti omnes, ammirati sunt, tantam rem eum sine alicuius consilio fecisse, rogaveruntque eum, ut exteriorum curam alicui viro prudenti committeret, ipse vero doctrine et saluti animarum insisteret, nec deinceps aliquem absque fratrum consilio susciperet, et quos suscipiebat non more antiquorum gravia et importabilia onera imponendo probaret, sed institutis et regula Cluniacensis cenobii contentus esset, quod solum et fama et religione necnon et caritate universis Gallie monasteriis eo tempore preminebat et a

---

1) Fames — ingravatur aus Ann. Leod.

veneriabili abbate Hugone regebatur. Adquiescit abbas consilio fratrum, statimque domnum Heinricum ordinans cellarium, Radulfo committit preposituram sociumque ei donat Walterum, filium Huberti. Hiisque tribus totius ecclesie commendans in exterioribus provisionem, ut sine licentia egrederentur, permittit, ceteris, ut secum religioni et silentio instarent, indicit. Illi de capitulo egressi, coquinam introeunt, quod fratribus preparari posset querunt, sed nihil inveniunt. Ingrediuntur deinde portam urbis, et civibus sibi occurrentibus ac veluti de longa carceris custodia ereptis, quomodo se haberent, inquirentibus, illi leto vultu, omnia prospera esse, respondent, sed post paululum eis necessitatem fratrum innotescunt. Protinus cives invicem colloquentes, et alio frumentum, alio siliginem, alio fabas dante, eos exhortantes et confortantes, hilares et letos ad fratres remittunt. Radulfus etiam germano suo Teoderico inopiam ecclesie indicans, rogat, ut sibi pecuniam ad emenda fratribus necessaria commodet. Protinus ille 40 marcas argenti ei commodat, quas tamen numquam postea recipere voluit, sed pro anima sua ecclesie dimisit. — — — c. 71. Quantam autem inopiam panis pauper conventus illo anno integro pertulerit, vix potest credi: panis triticei aut vini, nisi forte ab aliquo divite eis transmitteretur, nulla erat mentio; siligo etiam omnino deerat; sola avena eis molebatur de molendino relata, nec cribro nec tamisio farina purgabatur, sed statim aqua calida superfusa pariis exinde fiebat, qui coctus et monacho appositus paleis prominentibus ustilari posse videbatur, et quando cultello precidebatur, maior palearum quam micarum coram monacho videbatur acervus, et quia iuxta Salomonem anime esurienti etiam amara dulcia videntur, monachi fame tabescentes tanta aviditate panem illum avenacium comedebant, ut de eo nec mice nec palee superessent. Nonnulli etiam et ex illis adhuc supersunt quorum unus est domnus Ascelinus, qui domno Henrico in cellarii provisione vel obedientia successit, qui adhuc testatur, se tunc multociens cogitasse, si aliquando posset videre diem, quo ecclesia sancti Martini tam dives esset, ut ipse pane solummodo saturari posset. — — c. 72. Radulfus ergo videns et sciens, ecclesiam pauperum redditibus carentem sine agricultura non facile posse subsistere, totum studium suum ad emendas et adquirendas terras convertit. — — — c. 76. Quodam tempore cum fames nimia totam provinciam opprimeret, et prefatus prior Radulfus de fratrum penuria sollicitus pauperibus more solito elemosinas erogare trepidaret, et domnus vero Petrus, ne aliquid de consueto numero minueretur, suaderet, ecce subito pauperibus supervenientibus minister panes defecisse respondit. Cui domnus Petrus: „Vade," inquit, „si forte aliquod frustum panis in archa remanserit." Cum vero minister se eadem hora vacuam archam dimisisse diceret, ille vero ad querendum instigaret, minister instantia eius fatigatus ad archam rediit et quam paulo ante vacuam dimiserat usque ad summam superficiem repletam panibus invenit. Ex fide ergo eius cepit idem prior Radulfus omnibus supervenientibus pauperibus sic abundanter tribuere, ut nulli omnino panis negaretur; quanto vero plus erogabat, eo magis substantiolam domus Dei nutu augmentari videbat, — — ‖ Ekkehard. chr. univers. S. S. VI, 213, 48. Francigenis occidentalibus facile persuaderi poterat sua rura reliquere[1]); nam Gallias per annos aliquot nunc seditio civilis, nunc fames, nunc mortalitas nimis afflixerat, postremo plaga illa, quae circa Nivalensem sanctae Gerdrudis aecclesiam orta est, usque ad vitae desperationem terruerat. Erat autem huiusmodi. Tactus quisquam igne invisibili, quacumque corporis parte, tam diu

---

1) Bezieht sich auf den ersten Kreuzzug, behandelt also die Jahre um 1095.

sensibili, immo incomparabili tormento etiam inremediabiliter ardebat, quousque vel spiritum cum cruciatu vel cruciatum cum ipso tacto membro amitteret. Testantur hoc hactenus nonnulli, manibus vel pedibus hac pena truncati. || Ann. S. Mariae Ultraiectenses S. S. XV ii, 1301, 36. Hoc anno maxima mortalitas fuit. || Ann. Ottenbur. S. S. V, 8, 40. Adhuc mortalitas duravit. || Ann. Gradicenses S. S. XIII, 648, 26. In Boemia et ubique mortalitas hominum facta est.
1096. Ann. Prag. S. S. III, 120, 29. Mortalitas hominum facta est.
1097. Siged. chr. S. S. VI, 367, 36. *Komet.* Nimia aquarum inundatione autumnalis satio impeditur, et sterilitas frugum terrae sequitur. || Ekkeh. chr. univers. S. S. VI, 209, 5. Cometes apparuit. Et anno aestas fertilissima, hiems vero lenis et pestilens fuit; imbrium et fluminum inundationes nimis increverunt.
1099. *Beginn einer mehrjährigen Notperiode. Das Notstandsgebiet erstreckt sich über das Elsaſs (Ann. Monast.), Schwaben (Ann. S. Blasii et Engelberg., Berth. chr. Zwifalt., Ann. August.) und Franken (Ekkeh. Ann. Elwang.).* Bertholdi Zwifeltensis chr. S. S. X, 111, 44. Ipso anno[1]) et subsequenti facta est fames valida, multaque hominum milia exinde sunt mortua in tantum, ut in populari huius loci cimiterio in aliqua fossa in mortem catervatim ruentibus proiecti reconderentur quinquaginta, in aliqua homines sexaginta vel septuaginta. Hac fame necessitate urgente pene viginti marchas argenti undecunque collectas pro paucis frumenti modiis . . . . ab elemosynario data emebantur, quoniam adiuvante Oudalrico abbate in unaquaque septimana 60 farinae modii ad usus pauperum expendebantur. Tunc temporis quaedam paupercula fame excruciata suum infantulum, quo se inopia famis facilius alleviaret, venenata herba quae collo vocatur occidit; quam abbas Oudalricus pater noster miseratus sufficienti victu pascens, ut eam internecioni subtraheret laboravit, sed heu diuturna fame macceratam nullus subtrahere potuit. Eandem herbam multi, famis atrocitate furentes in rabiem versi, veluti boves indiscrete devorantes sunt mortui. Denique in proximo vico Plumare vocitato quidam ut audivimus homo cum uxore et filio, sumpto cibo herba eadem aliisque innocuiis cum farina et aqua sicut pauperibus mos est confecto, simul omnes mortui inventi sunt, cibo nondum plene consumpto. Haec intulimus, ut quae rerum calamitas exorta esset temporibus nostris posteris panderemus. || Hugonis Flav. chr. S. S. VIII, 481, 3. Eo anno, prima hora noctis, a parte aquilonis lux ingens quasi ignis ardentis emissa, usque prope diluculum, noctem prope convertit in diem. Quo etiam anno hiemps solito asperior octo continuis ebdomadibus inhorruit ita ut bestias, aves, homines quoque plerosque vis algoris existeret[2])|| Ann. Monaster. S. S. III, 154, 24. Fames maxima tribus annis. || Ann. S. Blasii et Engelberg.[3]) S. S. XIII, 277, 45. Fuit vero fames valida per tres continuos annos, cepta ab eo quo hec facta sunt anno[4]), set in medio maxima, quia erat hiemps durissima, et semina et arbores defecerunt. || Ann. August. S. S. III, 135, 30. Hiems continua, sterilitas terrae, fames valida || Ekkeh. chr. univers. S. S. VI, 218, 19. Rapoto

---

1) Ipso anno bezieht sich auf den Brand des Klosters 1098, die Notjahre wären also 1098 und 1099; wahrscheinlich liegt aber ein Irrtum Bertholds vor, der bei der späten Abfassung des Werkes (1137 und 1138) leicht möglich ist, denn alle anderen Quellen lassen übereinstimmend die Notperiode erst 1099 beginnen.
2) So in der Handschrift; lies exstingueret.
3) Die Notiz stammt aus Sankt Blasien.
4) Die Eroberung Jerusalems durch die Kreuzfahrer.

palatinus comes et Oudalricus comes, patruelis eius, — — defuncti sunt. Dum enim imperator cum principibus colloquium Ratisponae haberet, mortalitas subito exorta prenominatos duos magnates, de inferioribus vero quam plures absumpsit, per civitates quoque atque regiones non modicam vulgi stragem fecit. Fames etiam improvisa multis locis invaluit. ‖ Ann. Elwangenses S. S. X, 19, 4. Fames magna nimis. ‖ Ann. Hildesh. M. G. S. S. kl. Ausg. 50 (= Ann. Wirziburg). Imperator Ratisponae pascha celebravit; ubi isdem diebus magna mortalitas facta est; in qua Rabbodo Palatinus comes cum aliis innumerabilibus moritur.

1100. *Das Notstandsgebiet hat sich gegen das vorhergehende Jahr, wie es scheint, noch erweitert. Es sind Nachrichten über die Hungersnot vorhanden aus Lothringen (Hugo Flav.), Norddeutschland (Ann. Magdeburg., Annl. Saxo.), vom Mittelrhein (Ann. Ottenbur.), aus dem Elsaſs (Ann. Argent.), aus der Schweiz (Ann. Einsidlens.), aus Franken (Ann. Elwang., Ann. Hildesh.) und Schwaben (Ann. S. Blasii a. 1099, Berth. Zwifalt a. 1099).* Hugo. Flav. chr. lib. II. S. S. VIII, 487, 55. Quo etiam anno magna fuit annonae penuria, et multi fame periclitati sunt. ‖ Ann. Hildesh. M. G. S. S. kl. Ausg. 50 (= Ann. Wirziburg. S. S. II, 246). Hiemps dura et fames magna. ‖ Ann. Elwang. S. S. X, 19, 8. Hiemps dura, fames magna, mortalitas ingens hominum facta est.[1]) ‖ Ann. Ottenbur. S. S. V, 8, 50. Fames circa Rhenum innumerabiles extinxit. ‖ Ann. Einsidlens. S. S. III, 146, 38. Yemps aspera et fames valida. ‖ Ann. Argent. S. S. XVII, 88, 21. Facta est fames incomparabilis et mortalitas horribilis.[2]) ‖ Ann. Magdeburg. S. S. XVI, 180, 33. Fames magna per multas regiones invaluit. Mortalitas eciam non modica subsecuta est. ‖ Annl. Saxo. S. S. VI, 733, 8. Eo anno hiemps durissima fuit; fames etiam per multas regiones invaluit[3]) et mortalitas magna erat.

1101. *Die Hungersnot des vorhergehenden Jahres dauert wenigstens in einzelnen Gegenden fort. Nachrichten sind erhalten vom Mittelrhein (Ann. Ottenbur.) und aus Schwaben (Ann. August., V. Theogeri, Chr. des P. Lenz).* Ann. Ottenbur. S. S. V, 8 52. Adhuc fames circa Rhenum saevit. ‖ Ekkeh. chr. univers. S. S. VI, 220, 7. Vermiculorum quoque, quos papiliones a similitudine tabernaculorum vocant, exercitus incredibilis multitudinis per tres continuos dies quasi a Saxoniae finibus in Baioariam volabat. ‖ Vita Theogeri lib. I, c. 19. S. S. XII, 457, 18. Quodam itaque tempore adeo fames non solum in monasterio sed et in omni circa regione praevaluit, ut se fratres illo in loco diutius subsistere posse non crederent, et hi, quibus pater piissimus officia exteriora crediderat, nimio maerore deficerent, quid tantae multitudini facerent nescientes; maxime cum ne comparandi quidem quotidiani victus copia ulla iam foret etiam veteris annonae. Seorsum itaque seniores quosque et consilio meliores assumunt, ac Theogerum media in sede componunt, rem omnem uti se habebat aperiunt idque efflagitant, quatenus quid facto opus sit, habita secum deliberatione decernant, ut tanta multitudo fame non pereat, quae in quotidiano quasi servitio vires corporis iam totas expenderat. Ubi dum diem vario sermone protraherent — —, tandem in hoc universi consentiunt, ut quicumque locum illum aliqua seu pretii seu beneficii oblatione ditassent, ipsi quoque ibidem utcumque sustentandi residerent,

---

1) Aus dem verlorenen Teile des Chr. Wirziburg.
2) Gleich Ann. Marbac. Beide Annalen gehen auf eine verlorene gemeinsame Quelle zurück; vgl. Schulte, Mitteil. d. Inst. V, 515 ff.
3) Übereinstimmung mit den Ann. Magdeburg. fames — invaluit aus den Nienburger Annalen.

caeterum quique perfectiores vel ad parentes vel ad alia interim monasteria commigrarent. *Abt Dietger lehnt diesen Plan ab.* et mirifice protinus, uti ille promiserat, consolatus est Dominus populum suum. Eo namque tempore alienum aes grande conflarant, ita ut mutuo acceptas sexaginta libras argenti in quotidianos usus expenderint. Cumque iam praesens loci necessitas et imminens anni sequentis sterilitas adhuc eos amplius mutuare compelleret, sed unde redderent, non haberent: hominem iuvenem quendam Liutfridum nomine, civem civitatis Wangionum, genere et divitiis satis fortunatum, infirmum contigit advenire; Domino nimirum cum illo misericorditer destinante, quatenus et illius infirmitas spiritalibus solatiis iuvaretur, et ex eius abundantia . . . frumenti et vini omnique supellectili, omnibus quoque aedificiis tam ligneis quam lapideis, vel quidquid habere poterat in civitate. — — || A. Augustani S. S. III, 135, 34. Hiems varia. Fames valida. || Handsch. Chr. aus S. Georgen verf. von P. Lenz auf Grund vorhand. Archivalien. Mones Zeitsch. f. d. Gesch. d. Oberrheins IX, 221. Maxima annonae caritas in Hercinia sylva et regione Barensi coenobitas s. Georgii sexaginta argenti libras mutari cogit.[1)]

1102. Handsch. Chr. aus S. Georgen, nach Pater Lenz, Mones Z. f. d. Gesch. d. Oberrheins IX, 221. Invalescente fame, cum religiosi sangeorgani plerique ad parentes et cognatos suos migrare vellent, coelitus iuvantur. Leutfridus, wormatiensis ciuis monasterio bona sua seque ipsum devovet.

1104. Ekkeh. chr. univers. S. S. VI, 225, 38. Undique terra satis quievit, pace simul et fertilitate, necnon aeris qualitate corporumque sanitate delectabiliter iocundata.

1106. *Lokale Hungersnot in der Gegend von Klosterrath* Ann. Rodens. S. S. XVI, 701, 54. His diebus annona erat cara, et plebs est fame nimis afflicta, quia fructum suum negarat terra. Sed sacerdoti omnis necessitas suppleta est a comite, et destinata rerum abundantia a maioribus terrae, — —

1109. Chr. S. Bav., De Smet Corp. Chr. Fland. I, 573. Hoc anno, multi sacro igne accenduntur, membris instar carbonum nigrescentibus. || Ann. Formosel. S. S. V, 36, 37. Pestilentia ignearia ingrassari cepit. || Ann. Camerac. S. S. XVI, 512, 34. Pestilentia ignearia iterum in humanam carnem deseviit, quae ante festivitatem sancti Iohannis baptistae (29. Aug.), scilicet decollationem eius, oriri coepit. || Ann. Ottenb. S. S. V, 9, 16. Inundatio pluviarum.

1110. Ann. Formosel. S. S. V, 36, 38. Hiemps durissima et nives diuturnae.

1111. Ekkeh. chr. univ. S. S. VI, 245, 27. — — Rerum prosperitas et copia frugum — —

1112. Ann. Laub. cont. S. S. IV, 22, 1. Aestas nimis arida. 4. Idus Maii (12. Mai) nocte dominica fit tempestas, exurens multas arbores et segetes. || Anselmi cont. Siged. S. S. VI, 375, 15. Mense Maio siligines et arbores sacro igne adustae, fructus sui spem sunt mentitae; et quaedam silvae insuper arefactae. Subsecuta est hominum valetudo gravis et diuturna, cum profluvio ventris et mortalitate.

1113. Sigeb. auctur. Bellovac. S. S. VI, 462, 8. Maxima terrae vinearumque infecunditas. || Anselmi. cont. Sigeb. S. S. VI, 375, 25. In

---

[1)] Pater Lenz benutzte die V. Theogeri, aufserdem lag ihm aber auch noch jetzt verlorenes handschriftliches Material vor, von dem sich auch in der Nachricht von 1101 noch eine Spur findet, und das ihn offenbar veranlafste, Hungersnot in den beiden Jahren 1101 und 1102 anzusetzen, während d. V. Theogeri nur die allgemeine Datierung auf die Hungersnot um die Wende des 11. und 12. Jahrhunderts zuläfst.

pago Bracbatensi 9. Kal. Maii (23. April) circa Tornacum nix tanta cecidit, ut etiam silvas fregerit.
  1114. Ann. Formosel. S. S. V, 36, 41. Ventus validissimus intumuit 14. Kal. Dec. (18. Nov.). Hiemps durissima secuta est.
  1116. Canon. Leod. chr. rythm. v. 27. S. S. XII, 416.

> Annus qui hunc annum praecesserat,
> Tanto gelu terram astrinxerat
> Ut a festo sanctorum omnium (1. Nov. 1115),
> Sic duraret usque ad Maium (1116).
>
> De fragis et fabis.
>
> Infra dies natalis Domini (25. Dec.)
> Dux comedit fraga Lovanii;
> Quidam fabas eodem termino,
> Sed recentes sicut in Junio.

Chr. reg. Col. M. G. S. S. kl. Ausg. 57. Magna aeris inequalitas facta est.

  1117. *Lokale Hungersnot, nur in der Gegend von Cateau-Cambrésis nachweisbar (Chr. S. Andr.).* Chr. S. Andreae Castri Camerac. lib. III. c. 30. S. S. VII, 546, 33. Interea domnus abbas Guiffridus, tum hostili furore qui totam patriam depopulabatur, tum fame quae vehementer omnem terram premebat fatigatus, velut magna tempestate quassatus amisso clavo navim vagantem mediis fluctibus, ecclesiam hanc detinebat; sed tandem in se reversus portum quietis adiit, et prelationis onus deposuit.[1] || Ann. S. Jacobi Leod. S. S. XVI, 640, 10. Praeterea frequens aquarum inundatio cum vi ventorum 'domus plerasque subruit et earum habitatores extinxit, totoque anno rerum facies immutata nostrates omnes perterruit. || Canonici Leod. chr. rythm. S. S. XII, 417.

Gewitter am 2. Mai.
De diluvio.

> v. 107. Secuta est plaga diluvii,
> Die quae est septima Junii (7. Juni).
> Timuimus urbis excidium
> Pro communi peccato omnium.
> Pontes fregit et aedificia
> Rivus noster, cui nomen Leggia;
> Submersi sunt septem vel amplius.

Gewitter am 1. Juli.

> v. 144. Nona die post ictum fulminis,
> Tempestas fit tantae caliginis
> Ut videre nihil potuerimus;
>
> v. 156. Celum omne fit pice nigrius;
> Ruunt imbres, compuntur fulgura,
> Coniurasse putes tonitrua.

Ekkeh. S. S. VI, 253, 3. *2. Mai starkes Gewitter in Lüttich.* Quinta decima dehinc die ex vicino quodam eiusdem episcopii monte, qua nun-

---

[1] Schon einmal wird während der Regierungszeit desselben Abtes (1083—1117) von einer Hungersnot gesprochen, die mit der hier erwähnten identisch sein kann. Mit mehr Wahrscheinlichkeit wird sich die Nachricht aber vielleicht auf das Jahr 1095 beziehen lassen; vgl. lib. III, c. 6, p. 541, 20. Quam ille susceptam per aliquot annos strennue rexit, sed postea continuis imminentibus guerris et maxime fame magna ecclesia haec devoluta est paupertati.

quam aqua preter pluviam visa est, fluvius ingens erupit, qui non modicam civitatis partem diluens, cum maximo Leodicensium dampno Traiectensium se finibus infudit. ‖ Anselmi cont. Siger. S. S. VI, 376, 20. Mense Januario 3. Non. ipsius (3. Jan.), 4. feria, in aliquibus locis, sed non usquequaque, terremotus accidit, alias clementior, alias validior; adeo ut quarundam urbium partes cum aecclesiis subruisse dicatur. Mosa etiam fluvius iuxta abbatiam quae dicitur Sustula, quasi pendens in äere, fundum suum visus est deseruisse. *2. Mai Gewitter in Lüttich.* Item Junio mense, 7. Idus (7. Jun.) ipsius mensis, circa horam nonam, nubes pluviae subito rapta, à monte qui dicitur Roberti, subiectam sibi partem civitatis penitus oppressam pressumdedit; adeo ut multas domos dirueret, et immensam annonam perderet — — — *es folgen Nachrichten über Stürme, Gewitter und verschiedene Wunder.*

1118. Canon. Leod. chr. rythm. v. 267. S. S. XII, 418.

De caro tempore.

Post istius anni (1117) miserias,
Tanta fuit annonae caritas
Ut communi urbis consilio
Statuta sit quaedam venditio;
Sed frumentum, ad quinque positum,
Undecim est solidis venditum.
Tempus enim et vita hominum
Non per ipsos stat, sed per Dominum.
Mortui sunt, sed pauci, Leggiae
Nulla tamen causa penuriae,
Si qui longa fame languerant,
Et de locis aliis venerant.

Annl. Saxo S. S. VI, 755, 21. Maxima inundatio in omni Europa fuit. ‖ Cosmae chr. S. S. IX, 124, 8. Mense Septembri tanta fuit inundatio aquarum, quantam non reor fuisse post diluvium in orbe terrarum. Nam noster ille fluvius Wlitava repente praeceps erumpens de alveo, ah! quot villas, quot in hoc suburbio domus, casas et ecclesias suo impetu rapuit! ‖ Ann. Polon. I (= Ann. Pol. III) M. G. S. S. kl. Ausg. 52. Eodem anno inundacio aquarum in omni terra.

1119. Chr. S. Bavonis Df Smet. Corp. chr. Fland. I, 576. Anno MCXIX, ventus magnus factus est.

1120. *Hungersnot in Westfalen, nur durch eine Nachricht aus Paderborn belegt (Ann. Hildesh.).* Ann. Hildesh. M. G. S. S. kl. Ausg. 65. Fames valida. Modius siliginis duobus solidis venit. ‖ Ekkeh. chr. univ. S. S. VI, 255, 42. — — in episcopatu Trevirensi mense Junio suscitata tempestate glaciem mirae magnitudinis effudit, quae et aedificia evertit et alia pericula intulit. Saxoniam quoque et maxime in episcopatu Halberstatensi dira grandine flagellavit, in tantum ut in novem villarum finibus non solum frumenta sed et bestias agri cum volatilibus innumeris consumpserit.

1121. Cosmae chr. S. S. IX, 124, 28. Nimis attenuatae sunt segetes propter nimiam siccitatem, quae fuit per tres continuos menses, Marcium scilicet et Aprilem atque Maium. 39. Eiusdem anni fuit hyemps nimis ventosa et calida et aquarum inundatio magna.

1122. Cosmae chr. S. S. IX, 125, 33. Item in eodem anno mel et vindemia pleno cornu habundavit et segetes satis creverant, sed in aristis granum non redundavit. Hunc annum secuta est hyemps valida, unde in sequenti aestate caruimus custodita glacie.

1123. Ann. Egmund. S. S. XVI, 451, 30. Hiemps facta est asperima, ita ut omnem aquam praeter marinam indifferenter homines ut terram calcarent gelu solidatam, super terram autem iter calcabile

vix invenire poterant prae glacie congelata ab eris densitate.¹) || ANN.
BRUNWIL. S. S. XVI, 726, 27. Hoc anno hiemps asperrima fuit, adeo
ut Renus glatie concretus, calcabilis meantibus extiterit. || COSMAE CHR.
S. S. IX, 126, 13. .Eodem anno maxima fuit ubertas tam autumno quam
vere seminatis in frugibus, nisi quod grando locis nocuit in pluribus;
mel autem in campestribus fuit habunde, in silvestribus locis minime.
Hiemps aspera fuit nimis et nivosa.

1124. *Harter und schneereicher Winter; nach weit verbreiteter Mifsernte (Anselm, Cosmas) tritt schon an einigen Stellen in Belgien (Ann.
Cam., Chr. Elnon.) und Niederdeutschland (Paderb. Ann.) eine Hungersnot auf.* ANN. CAMERAC. S. S. XVI, 513, 39. Gravis pestilentia
famis super terram extitit, de qua nonnulli fame perierunt. || ANSELM.
CONT. SIGEB. S. S. VI, 379, 26. Hiems solito acerbior, et aggestu nivis
sepius decidentis nimis horrida et importuna. Multi enim pauperum
infantes et mulieres nimietate frigoris defecerunt. Mortalitas quoque animalium maxima. In multis vivariis pisces absorti sub glacie
perierunt. In Bracbanto anguillae innumerabiles propter glaciem á paludibus exeuntes, quod dictu mirum est, in foenilibus fugientes latuerunt;
sed ibi etiam pre nimietate frigoris deficientes computruerunt. Hiemi
successit intemperies aeris, nunc nive, nunc pluvia, nunc gelu alternatim
satis deterrima, usque in medio Martio. Postea diutino frigore et pluvia
aeris horrente inconstantia, vix tandem arbores floruerunt Maio mense,
vix tandem gratia herbarum et graminum reviguit virore. Imber vero
singulis mensibus assidue deciduus, sata agrorum pene absorsit. Nam
siligo et avenae proventum suum satis sunt ementitae. Multi quoque
sacro igne aduruntur. || ANN. FOSSENSES S. S. IV, 30, 17. Annus
pestilens. Hyemps aspera et aggestu nivium nimis humida. || CHR.
ELNONENSE S. AMANDI HIST. DE FR. XIII, 454A. Fames valida fit. || ANN.
HILDESH. M. G. S. S. kl. Ausg. 66 (= Chr. reg. = Paderborner Annalen).
Magnae molis grando cecidit 9. Kal. Augusti (24. Juli). Eclypsis
solis facta est 3. Idus Augusti (11. August). Magna fames accidit.||
CHR. REG. COL. REC. II. M. G. S. S. kl. Ausg. 62. Magna fames et
hiemps asperrima. Renus congelatur. || ANNL. SAXO S. S. VI, 761, 32.
Item 3. Idus Augusti, 11. hora diei solis eclipsis fuit, et secuta est
maxima pestilentia boum, ovium atque suum.²) Magna fames
fuit.³) || COSMAE CHR. IX, 129, 9. Item eodem anno 3. Idus Augusti
11. hora diei solis eclypsis fuit, et secuta est maxima pestilentia
boum ovium atque suum; apes multae interierunt penuria mellis fuit
nimia. Segetes autumnales defuerunt simul et vernales, praeter solum
milium et pisam. || SUMMA HONORII⁴) S. S. X, 131, 23. Deinde facta est
fames, quam secuta est tempestas horribilis multis diebus tonitru-
rum et fulgurum et grandinis, et ecclypsis solis per unam horam.⁵)

1125. *Die kritische Lage des vorhergehenden Jahres wird durch
einen aufsergewöhnlich harten Winter noch verschlimmert. Es entsteht eine
weit verbreitete allgemeine Hungersnot. Das Notstandsgebiet umfafst Belgien (Ann. Bland., Ann. Laub. cont., Ann. Foss., Ansel. cont. Sigeb.,
Sigeb. cont. Praemonst., Chr. Elnon., Ann. Egmund., Pass. Karoli, Vita*

---

1) Diese Nachricht, wie die zu 1125 und 1126 sind verwandt mit
der Cont. Burburg.; beide Quellen schöpfen aus einer gemeinsamen flan-
drischen Quelle, die auch im chr. S. Bav. und Anony. Bland. Append.
ad Sigeb. Hist. de Fr. XIV, 16 benutzt ist.
2) Item — suum aus Cosmas.
3) Paderb. Ann.
4) Die Quelle stammt wahrscheinlich aus Baiern, ein bestimmter
Ort läfst sich nicht feststellen. Wattenbach Deutschl. G. Q. II, 258—260.
5) Totale Sonnenf. 11. August 1124.

Karoli, Herim. lib. de rest. S. Mart. Tornac., Chr. S. Bav.), das benachbarte deutsche Gebiet (Ann. Aquens.), Westfalen (V. Gotefridi comitis Capenberg.); in Mitteldeutschland herrscht Teuerung in der Mark Meifsen (Ann. Vetrocell.); dagegen weifs man in Thüringen nichts von der Not (Chr. S. Petri Erford. mod.). Weiter herrscht Hungersnot wahrscheinlich in ganz Süddeutschland, erhalten sind Nachrichten aus Franken (Ekkeh., Heribordi v. Ottonis eps. Babenberg.) und der Schweiz (Ann. Einsidl.). ANN. BLANDINIENSES S. S. V, 28, 23. Fames horrida invaluit. ‖ ANN. LAUBIENS. CONT. S. S. IV, 22, 17. Hoc anno hyems contigit asperrima, quam fames subsequitur praevalida. ‖ ANN. FOSSENSES S. S. IV, 30, 20. Hiemps longa et aspera, et fames valida. ‖ ANSELM. CONT. SIGEBERT. S. S. VI, 379, 47. Hiems asperima, sex epdomadibus continua et valde noxia. Fames valida ubique magna multitudine utriusque sexus pereuntibus. ‖ SIGEB. CONT. PRAEMONSTRAT.[1]) S. S. VI, 449, 45. Fames permaxima grassatur in Gallia, in qua Karoli, inclyti marchionis Flandriae, liberalis enituit munificentia; qui innumerabilibus diversis in locis pauperibus cotidiana ministrabat victus stipendia. ‖ CHR. ELNONENSE S. AMANDI HIST. DE FR. XIII, 454 A. Clades vehemens. ‖ ANN. EGMUND. S. S. XVI, 451, 35. Hyemps iteratur eque valida, exempto impedimento glaciali terrae incumbente. Fames valida supervenit a Kalendis Novembris incipiens, et usque ad novas fruges perdurans, quae multos in Flandria, sed plures extinxit in Brabantia. ‖ PASSIO KAROLI COMIT. AUCT. GALBERTO c. 2 u. 3. S. S. XII, 562, 39. — c. 2. Inmisit ergo Dominus flagella famis et postmodum mortalitatis omnibus, qui in regno degebant nostro, sed prius terrore signorum revocare dignabatur ad penitendum, quos pronos previderat ad malum. Anno ab incarnatione Domini 1124 in Augusto mense universis terrarum inhabitatoribus in corpore solari circa nonam horam diei apparuit eclipsis, — — — unde qui statum pacis et placitorum iniurias notabant, futurae famis et mortis periculum minabantur universis. Cumque neque sic correcti sunt homines, tam domini quam servi, venit repentinae famis incdia, et subsequenter mortalitatis irruerunt flagella. — — Qua tempestate non poterat solito more sese quisque cibo et potu sustentare, sed contra morem tantum panis insumpsit epulator semel in prandio, quantum ante hoc tempus famis in diversis diebus sumere consueverat, atque sic per insolentiam est gurgitatus, et omnes naturales receptaculorum meatus distenti nimietate repletionis cibi et potus, natura languebat. Cruditate quoque et indigestione tabescebant homines, et adhuc fame laborabant, donec spiritum exhalarent ultimum. Multi quoque inflati sunt, quibus cibus et potus fastidiebat, quibus tamen utique abundabant. Quo tempore famis, in media quadragesima, etiam homines terrae nostrae, circa Gandavum et Legionem et Scaldum fluvios commorantes, carnes comederunt, eo quod panis eis prorsus defecisset. Quidam vero ipso itinere cum transitum facerent ad civitates et castra in quibus panem sibi compararent, nondum semiperfecto transitu suffocati, fame perierunt; circa villas et curtes divitum et castra seu munitiones pauperes cum ad elemosinas misero gressu devoluti venissent, mendicando mortui sunt. Mirabile dictu, nulli in terra nostra manserat naturalis color, sed talis pallor affinis et proprius mortis inerat universis. Languebant similiter sani et aegri, quia, qui sanus erat in compositione corporis, aeger effectus est, visa miseria morientis. — c. 3. — — At comes egregius satagebat omnibus modis pauperes sustentare, elemosinas largiri in castris et in locis suis, et presens ipse et per ministros suos. Eodem tempestate 100 pauperes in Brugis omni die sustentabat, singulis illorum unum panem admodum grandem tribuens ab ante quadragesimam praedictam usque in novas eiusdem anni

---

1) Verfafst in Lüttich.

messes. Similiter in aliis castris suis idem disposuerat. Eodem anno edixerat dominus comes, quod, quicumque duas mensuras terrae seminarent tempore sementis, alteram mensuram terrae seminarent faba et pisa, eo quod hoc genus leguminis citius et tempestivius fructum proferret, unde pauperes citius sustentari potuissent, si famis miseria atque inedia eo anno non cessaret. Similiter per omnem comitatum suum preceperat, per hoc in futuro consulens pauperibus quantum poterat. Illos etiam' ex Gandavo turpiter redarguit, qui passi sunt ante ostium domus suae mori pauperes fame, quos pavisse poterant. Cervisiam quoque interdixit confici, ut eo levius et melius abundarent pauperes, si a cervisia conficienda cessarent tempore famis cives et incolae terrae. Nam ex avena panes fieri iussit, ut saltem in pane et aqua vitam continuarent pauperes. Vini quartam sex pro nummis vendi precepit et non carius, ideo ut cessarent negotiatores ab abundantia et emptione vini, et merces suas commutarent pro necessitate famis 'pro victualibus aliis, quibus levius abundarent et facilius pauperes sustentarent. A propria mensa sibi quidem subtraxit cotidie victum, unde centum pauperes et tredecim sustentabatur. Indumenta insuper nova, scilicet camisiam, tunicam, pelles, cappam, braccas, caligas, subtulares a principio illius quadragesimae et devoti ieiunei sui, in quo statim traditus in Domino obdormivit, cotidie uni pauperum erogavit, usque ad diem quem obiit in Christo; — — || WALTERI V. KAROLI COMIT. FLAND. c. 11. S. S. XII, 544, 1. Quod sane per hoc probari potest, quia cum illis duobus annis ante mortem ipsius preteritis terre sterilitas et messium raritas magnam alimentorum penuriam induxisset, ipse agricolis suorum reddituum, unde ipse vivere et familiam suam alere debebat, magnam partem misericorditer condonavit; et non tantum superfluas sed et plerumque necessarias cervisiarum confectiones et potationes prorsus ad tempus interdicendo et parcitatis modum immoderatis imponendo, necessariam universis vite sustentationem paternal sollicitudine prudenter procuravit. Decrevit etiam ut quicumque venalem faceret panem, non unum, ut fieri solebat, sed duos quamlibet parvos singulis nummis distraheret, ut pauperi cuivis nummum forte non habenti vel obolo emendi facultas suppeteret. Quid oro, faceret de maximis qui tanto opere providebat de minimis? Tempore quo quia multos esse videbat egenos, per singulas curtes suas, quos multas habebat, eos deputavit centenos, et de suo cotidianam eis stipem administrari imperavit. Preterea in quacunque urbe, oppido vel villa esset, innumeri ad eum cotidie confluebant, quibus ille alimenta, nummos et vestimenta propriis precipue manibus distribuebat, adeo ut apud Ipram uno die 7800 panes cum erogasse ipsorum qui affuerunt memoria prodiderit. Neminem enim frustratum a se recedere patiebatur, vestesque etiam, quibus admodum preciosis utebatur, sibi detractas eis frequenter largiebatur. || HERIM. LIB. DE RESTAURAT. S. MART. TORNAC. CONT. c. 13. S. S. XIV, 323. Eo tempore fames vehementissima totam provinciam oppressit, ita ut plures fame intumescerent, comes etiam Carolus per totam Flandriam pro avene penuria cervisiam componi prohiberet, dicens, melius esse, ut divites aquam biberent, quam pauperes fame perirent. Domnus etiam abbas noster Segardus misericordia motus calices argenteos et alia quedam ornamenta vendidit ex eis panem in alimoniam pauperum emit. || CHR. S. BAV. ED. DE SMET. CORP. CHR. FLAND. I, 578. Karolus, comes Flandriae, ob validae famis instantiam, et ut annona et lac ad victum hominum plus abundaret, cerevisiam in terra sua fieri prohibuit et canes vitulosque occidi fecit. || ANN. AQUENSES S. S. XXIV, 37, 26. Fames valida facta est. || VITA GODEFRIDI COMIT. CAPENBERGENSIS c. 3. S. S. XII, 517. Quodam tempore famem Westphaliae affuturam et ipsos etiam fratres parumper castigaturam in spiritu praedixit.

Quae iuxta viri Dei praescientiam adeo gravis evenit, ut plerosque dira inediae calamitas extingueret. Accidit ergo die quadam, fratribus ad refectionem ituris, cum hospitibus et pauperibus erogarent quicquid sibi abstinendo subtraherent, ut panis deesset alimoniae, ita ut etiam unde fieret inveniri non posset. Cumque vir Dei saepius intimasset, quod scriptum est: Non affliget Dominus fame animam iusti, ecce subito per fideles suos Dominus tantam panis abundantiam transmisit, quod fratres et sufficienter refecti sunt et advenientibus cum alacritate obtulerunt. ‖ Cr. S. Petri Erford. mod. S. S. XXX, 361, 36. Quo tempore[1]) per tres continuas noctes ante mortem eius tanta frigoris inmanitas fuit, ut in plerisque partibus regni maxima pars frugum et vini atque pomorum deperiret. ‖ Ann. Veterocell. S. S. XVI, 42, 16. Carum tempus. ‖ Ekkeh. chr. univers. S. S. VI, 263, 20. Quo tempore hiemem asperrimam ver tempestuosum, fames validissima ac mortalitas crudelissima secutae, tantam stragem per universas provincias, maxime tamen de vulgaribus dederunt, ut pene tercia pars populi notetur occubuisse. — 264, 26. Quarta feria ebdomadae pentecostes (20. Mai) dirissimae pruinae frigus plagam magnam tam novellis ubique frugibus quam vineis, habundantissimam iam foetuum suorum spem turgendo promittentibus, intulit; nec multo post, id est 16. Kal. Julii (16. Juni), residuum frigoris tempestas tam immensa, quae diluvium minare videretur, crudeliter alicubi devastavit. Item quaedam ex locis palustribus ultra solitum erumpentes, segetes contiguas et maxime triticeas aurugine vel uredine depravavit. Apium etiam foetus, nescio quo auspicante incommodo ex toto pene deperiit. — 265, 9. Hoc etiam anno nonnullos ex nobilibus una cum innumera multitudine vulgarium sevicus mortalitas absumpsit. Inter quos Oudalricum Eichstatensem ac Ruggerum Wirciburgensem, Arnoldum quoque, comitis Arnoldi filium — — pluresque alios sors ultima pressit. — — ‖ Heribordi dialog. de vita Ottonis epsc. Babenberg. lib. I, c. 31. S. S. XX, 715, 19. Eo tempore orientalis Francia sterilitate annorum magna panis inopia laborabat. Ipsi namque opulentiores famis etiam extrema necessitate squalebant, inopes et mendici passim per plateas et agros mortui iacebant, ita ut prae multitudine in cimiteriis humari non possent. Sed vir Dei misericordia plenus, memor Tobiae, modo per se modo per alios sepeliendi officium complevit. Ubi autem cadaverum multitudo sepulturam ordinatam fieri non sinebat, ingentes fossas praeparavit, et centenos ac millenos simul quandoque terrae mandabat, precio conducens homines, qui talibus officiis iugiter inservirent. Ipse autem per se omnia lustrabat, vicos, plateas ac domos pupillorum, vespere, mane et meridie, nec non etiam nocturno tempore visitando aegros, reficiendo famelicos, omnique ingenio bene operandi vias inquirebat. — c. 32. *Erzählung, wie der Bischof die Leiche einer Frau findet und sie selbst auf den Kirchhof trägt.* — c. 33. Videns ergo, quia tempus eum moneret, omnes apothecas suas aperuit, panes praeparat, alit egentes, et ecce, quasi ad universales nundinas de tota provincia famelicorum turbae concurrunt, de monasteriis virorum ac feminarum praepositi ac dispensatores, omnesque quos annorum egestas premebat, ad promptuaria episcopi currunt, sperata subsidia sine mora invenientes. Cumque messis appropinquaret, et maturae iam segetes ubique locorum falcem postularent, multa milia falcium pauperibus, quos toto anno aluerat, praeparata distribui fecit, atque refectis omnibus, in festivitate beati Jacobi (25. Juli): Ecce, inquit pater optimus, filioli mei, terra coram vobis est, finita est dierum malitia. Et accipiens singulas falces, singulos addidit denarios, unicuique denarium et falcem dans,

---

1) Zur Zeit von Heinrichs V. Tode, gest. am 23. Mai 1125.

instrumentum operis et viaticum; sicque valefecit eis, in bonitate et gaudio eos dimittens. || Ann. Einsidl. S. S. III, 147, 4. Erat maxima fames per totum orbem. || Cosmae chr. S. S. IX, 131, 35. 13. Kal. Junii, 4. existente feria, (20. Mai) in ebdomada sacrosancta pentecosten, magna nix in quibusdam silvestribus locis descendit, et sequentibus diebus grande frigus inhorruit, atque omnigenis et maxime in autumno seminatis frugibus, simul et vineis, nec non et arboribus multum nocuit, ita ut in multis locis arbusta radicitus exaruissent, et minores gelu rigescerent amnes. || Ann. Cracovic. compil. M. G. S. S. kl. Ausg. 37. Inundacio aquarum in omni terra.

1126. *Die Hungersnot dauert, wenigstens in einem Teile von Belgien, fort (Ann. Bland., Ann. Egmund. v. Karoli 1125), im Süden des Landes scheint sie nachgelassen zu haben (Anselm). Hungersnot herrscht ebenfalls in Süddeutschland (Ann. Zwifalt., Casus monast. Petrish.) und jetzt auch in Böhmen, das im vorigen Jahre noch verschont geblieben war (Canon. Wissegrad.).* Ann. Bland. S. S. V, 28, 25. Iterum fames gravissima repetita per Flandriam, per Lotharingiam, per Franciam, per Angliam, multa hominum milia necavit. || Anselm. cont. Siger. S. S. VI, 380, 22. Hiems acerrima; vernus etiam periculosus. — 28. Hoc anno omnis soges egra et vineae cum omni fructu arborum acerrimae. || Ann. Egmund. S. S. XVI, 451, 48. Clades permaxima venit, divitum et pauperum multitudinem extinguens. || Ann. Zwifalt. minores S. S. X, 55, 13. Fames magna. || Ann. Zwifalt. maiores S. S. X, 55, 42. Multa milia hominum fame perierunt.[1] || Casus monast. Petrishus. lib. IV, c. 21. S. S. XX, 665, 19. Anno ab incarnatione Domini 1126. facta est fames valida, ita ut multi penuria oppressi deperirent. Et erat in basilica Gregorii tabula principali altario in occidentali parte apposita, quae auro et argento venuste fuerat operta, quae nonnisi in maximis festivitatibus aperiebatur. Hanc Bertolfus abbas ingruente inopia confringi fecit, et auri quidem inventum est habere unum talentum et quartam partem fertonis; argenti vero ...[2]), et hoc totum tam aurum quam argentum erat purissimum et optimum. — || Annl. Saxo S. S. VI, 763, 16. Apud Corbeiam Wisera glacie quasi obice eam repellente inundando, totam urbis aream occupat — — — || Monachi Priefling. v. Ottonis epsc. Babenberg. lib. III. c. 5. S. S. XII, 899, 6. Nam et pestilentiam, quae forte in diebus illis exorta totam paene Stetinensium invaserat civitatem — — —[3]) || Canon. Wissegrad. cont. Cosmae S. S. IX, 132, 35. Eodem hyeme tanta magnitudo nivis fuit, qualem nullus hominum se vidisse dicebat, in qua multi homines mortui sunt. 14. Kal. Martii (16. Feb.) inundatio aquae; glacies multis rebus nocuit. — 133, 28. Eodem anno multi homines perierunt fame per totum mundum. || Ann. Mell. cont. Mell. S. S. IX, 501, 40. Nix valida facta est.

1128. Anselmi cont. Sigebert. S. S. VI, 381, 13. Cum intrante Martio serenus aer arrideret, ipso mense mediante subito totus in nube cogitur, et frigore riget, aquae gelant, rura torpent, et nunc nive, nunc gelu, nunc pluviis elementa solvuntur. Subsequitur magna mortalitas ovium, agnorum, boum, vaccarum. Tandem miserante Deo, cuncta ad gratiam redeunt in laetania maiori. *13. Mai Gewitter in Köln.* 27. Mediante Septembrio gelu valde nocivum factum est, in quo legumina et vineae perierunt, et quicquid exprimi potuit, in acredinem ver-

---

1) Aus den Ann. Zwifalt. min. entnommen.
2) Eine halbe Linie ist in der Handschrift leer gelassen.
3) Ähnliche Angaben finden sich Ebbo. v. Ottonis lib. III. c. 1. S. S. XII, 859, 25 und Heribord. dialog. de v. Ottonis lib. III. c. 16. S. S. XX, 757, 3.

sum est. ‖ Rupertus de incendio Tuitiensi c. 2. S. S. XII, 630, 17. Erat autem siccitas nimia nimiumque diutina (25. Augst.).

1129. Ann. Laur. cont. S. S. IV, 22, 23. Hoc anno pestis ignea in homines fuit, et beata Maria Suessionis miraculis claruit, et morticinum pecorum fuit. ‖ Anselm. cont. Sigebert. S. S. VI, 381, 32. Cum intrante mense Januario gelu liqueretur, tanta inundatio nivis et pluviae fluvios et vivaria inflavit, ut sata proxima diluerent et excavarent, domos quoque vicinas subverterent, et quaequae in eis inventa perderent. 42. Pestilentia maxima boum, vacarum et porcorum, aprorum, cervorum, capreorum. *Gewitter am 17. Oktober.* Hoc anno plaga ignis divini Carnotum, Parisius, Suessionem, Cameracum, Atrebatum, et alia multa loca mirabiliter pervadit, sed mirabilius per sanctam Dei genitricem Mariam extinguitur. *Auftreten der Krankheit in verschiedenen Städten und wunderbare Heilungen.*

1130. Monach. Sazav. cont. Cosm. S. S. IX, 157, 14. Eodem anno 7. Kal. Maii (25. Aprl.) immensum signum apparuit, et tonitruum horribile auditum est.

ca. 1132. Histor. monast. Viconien. S. S. XXIV, 298, 53. Tempestas crudelissima ingruebat in temporibus istis, quoniam quam plures morte subita moriebantur — — —[1]

1133. Anselm. cont. Sigeb. S. S. VI, 384, 29. Legumen et avena hoc anno proventum messis satis ementita. ‖ Chr. reg. Col. prs. II (= Paderborn. Ann.) M. G. S. S. kl. Ausg. 70. Eclipsis solis facta est 4. Nonas Augusti (2. Augst.) circa horam 6, in tantum ut stellae in celo apparerent.[2] Magna inequalitas aeris et pluviarum inundatio per totum tempus messis subsecuta est. ‖ Canon. Wissegrad. cont. Cosm. S. S. IX, 138, 35. *Mondfinsternis am 22. Feb.* Hanc eclypsim nimia mortalitas hominum secuta est.

1134. Anselmi cont. Sigeb. S. S. VI, 384, 38. Iste annus pre nimia siccitate satis calamitosus, quia avenae, ordea et legumina proventum suum nimis sunt ementita. 44. Kalendis Octobribus (1. Okt.) in tempestae noctis silentio, motus magnus factus est in mari, ita ut litora sua preteriret, et tamen in se iterum resideret. Sequenti vero nocte primo crepusculo cum omni impetu terminos egrediens, omnia circumquaque, id est villas, castella, aecclesias, ita pessumdedit, ut tres comitatus, id est, Walecras, et Wales et Bebrant cum homine et pecore penitus exterminaret. ‖ Ann. Foss. S. S. IV, 30, 41. In Namurco Sambra fluvius a solito meatu penitus cessans, per diem integram funditus aruit. ‖ Casus monast. Petrishus. lib. V. c. 7. S. S. XX, 670, 42. His diebus grandis infirmitas in ipsa congregatione grassabatur — — ‖ Canon. Wissegrad. cont. Cosm. S. S. IX, 141, 1. Hyems instabilis, ita ut nunc gelaret, nunc vernalis more temporis terra resolveretur, adeo ut Albis fluvius usque ad glacie astringeretur bisque liquefieret. Flumen vero Wltawa, quod metropolitanas nostras urbes Pragam et Wissegrad alveo suo dividit, quater gelatum est, et quater glacies eius dissoluta est; nivis autem penuria fuit. Haec intemperies aeris a mense Novembri incipiens, per totum circulum sequentis anni nullum mensem praeterivit, quin aut intrante aut exeunte unoquoque mense magno impetu saeviret. Tandem in altero anno 5. Kal. Novembris (28. Okt.) vespertina hora per totum mundum saevissima tempestas ventorum orta est, — — —

1135. Ann. Laur. cont. S. S. IV, 22, 34. Hoc anno transcendit mare terminos suos in ultimis partibus Flandriae, et submersit insulas multas cum hominibus. ‖ Chr. S. Bavonis De Smet., Corp. chr.

---

1) Die Stelle ist ein Zusatz des Nicolaus de Montigni.
2) Totale Sonnenfinsternis am 2. August 1133, auch Ann. Foss. S. S. IV, 30, 38.

FLAND. I, 582. Magnus ventus factus est, quinto kal. Novembris (28. Okt.), tam vehemens, ut turres ecclesiarum domosque urbium subverteret per diversa loca. Audita sunt tonitrua ac coruscationes fulminum visae, diebus Decembris. || ANN. EGMUND. S. S. XVI, 453, 53. Maxima inundatio aquarum maris in multis locis facta est Kalendis Octobris. || SIGEB. AUCT. LAUDUN. S. S. VI, 446, 16. *Gr. Sturm am 28. Okt.* Mare terminos suos egressum, partem Flandriarum cum habitatoribus suis inopinante submersit.

1136. SIGEB. CONT. TORNACEN. S. S. VI, 444, 13. Eodem tempore siccitas magna fuit, et magna frugum abundantia, et ab incommodo quartariae febris multi mortui sunt. || ANN. FOSS. S. S. IV, 30, 44. Estatis tempore circa solsticium insolitum calorem tam terram et germina quam homines et pecora gravi defectu

1137. ANN. BLAND. S. S. V, 28, 52. Siccitas magna. || CHR. S. BAVONIS DE SMET. CORP. CHR. FLAND. I, 583. Siccitas tanta fuit in Francia, ut fontes, putei et fluvii siccarentur. || SIGEB. AUCT. LAUDUN. S. S. VI, 446, 26. Siccitas, quantam nemo, qui tunc viveret, se vidisse vel ab antecessoribus suis se audisse testabatur, ita ut fontes et putei, quidam et de fluminibus siccati sint. || ANN. FOSS. S. S. IV, 30, 47. Aestus maris insolito motu terminos suos transgreditur et tres comitatus Gualecras, Gulles et Zewanc penitus exterminavit. || ANN. EGMUND. S. S. XVI, 454, 9. Maxima siccitas fuit in toto vernali et estivo tempore, adeo ut estus nimius scitisum in multis locis exusserit. Hoc anno in Flandria plurima monasteria a fulgure sunt succensa. || CHR. REG. COL. prs. II (= Paderborn. Ann.) M. G. S. S. kl. Ausg. 74. Nam bona aeris temperie, omnigena terrae fertilitate, cunctarum rerum copia non solum per regnum, sed et pene per totum mundum exuberabat.

1138. CHR. S. BAVONIS DE SMET. CORP. CHR. FLAND. I, 584. Auditum est tonitruum, octavo kal. Julii (24. Jun.), cujus ictus exstitit intolerabilis. Monachos enim sancti Bertini in oratione consistentes terrae prosternens, quibusdam visum, aliquibus auditum, aliis aliquandiu sustulit et sensum. || BERTHOLDI ZWIFELTENSIS CHR. S. S. X, 122, 30. Ipso anno magna erat habundantia frugum adeo ut modius siliginis duorum nummorum vix haberet precium.

1139. SIGEB. AUCT. AFFLIG. S. S. VI, 400, 32. Ab isto anno cepit fames 12 annos perdurans. || CHR. S. BAVONIS DE SMET. CORP. FLAND. I, 584. Ab hoc anno fames incipiens fere septem continuis annis postea duravit, et pene totam Europam cum adjacentibus insulis oppressit. || SIGEB. CONT. GEMBLAC. S. S. VI, 386, 48. Paludes et fontes, qui per aliquot annos tanta defecerant siccitate, ut putarentur non posse denuo refluere, mirantur multi non solum fluere, sed et solito maiores aquas emittere.

1140. *Lokale Hungersnot in Sachsen (Ann. Palad.).* ANN. EGMUND. S. S. XVI, 455, 12. Nix nimia et hyemps fuit validissima. || ANN. PALIDEN. S. S. XVI, 80, 27. Animositate principum Saxonie contra regem suosque amicos nullatenus desinente, magna famis necessitas huic ingruit provincie.

1141. CHR. S. BAVONIS DE SMET. CORP. CHR. FLAND. I, 585. Plaga ignis divini multos adussit, qui meritis beatae Mariae virginis salvati sunt. Lapides grandinis tantae magnitudinis ceciderunt, ut vineas attererent in quadam parte Galliae et domos subverterent. In quadam etiam parte Flandriae segetes vastaverunt et multitudinem avium necaverunt. || BALDUINI NINOV. CHR. S. S. XXV, 531, 40. In octavis apostolorum Petri et Pauli (6. Jul.) hora sexta usque in vesperam tempestas gravissima grandinis invaluit talis, ut glandibus comparata aut similis aut maior esset. — — — 47. Tota hyeme nec glacies nec nix nec etiam aliquando tenuis pruina visa est. Que temperies etiam usque in solsticium perduravit, ut tota estas frigida cogeret nos sicut in hyeme vestiri et calefieri. Quam annone sterilitas subsecuta est et omnium victualium indigentia. ‖ Sigeb. cont. Gemblac. S. S. VI, 387, 21. Plaga ignis divini multos adurit; sed per intercessionem sanctae Dei genetricis Mariae — — ‖ Ann. Laub. cont. S. S. IV, 22, 44. Hoc anno pestis horrida ignis et gravissimae debilitatis in homines fuit — — ‖ Canonic. Wissegrad. cont. Cosm. S. S. IX, 147, 1. Hyems tunc varia fuit. 5. 17. Kal. Maii (15. Apr!.) inundatio fluminis Wltava, quae fluit inter urbes Wissegrad et Pragam, nimia facta fuit, et vicinis rebus multum nocuit. ‖ Monach. Sazaven. cont. Cosm. S. S. IX, 158, 46. Eodem anno fuit inundatio aquarum in Boemia.

1142. *Nach einem harten Winter (Cont. Burburg., Ann. Laub. cont.) beginnt in Belgien einstweilen nur in der Gegend von Lobbes nachweisbar eine Hungersnot (Ann. Laub. cont., G. abb. Lobb.).* Sigeb. cont. Burburg. S. S. VI, 457, 44. Hyemps asperrima et diutina; quam insecuta est tam insolita aquarum inundatio, ut flumina a suis alveis plus solito exeuntia pontes, domos cum familiis, castra proxima everterent, et secum tracta involverent. ‖ Ann. Laub. cont. S. S. IV, 22, 48. Hoc anno hyems aspera, fames plurima, languor hominum extitit.‖ Ann. Foss. S. S. IV, 31, 5 (= Ann. Floreff.). Flamma ignis divini multos adurit. ‖ G. abb. Lobbiens. S. S. XXI, 329, 5. Pro quo etiam damno — nam et ipso tempore totam ville et curie nostre apud Sanctonas annonam incendio deperisse contigerat — dum sibi cotidianis sumptibus nostri non sufficiunt, nova et eatenus inexperta apud nos confusione de nostris aliqui aliorum sustentari monasteriorum beneficiis ad tempus dispersi sunt. Ad malum nostrum etiam commune omnium malum concurrebat. Tanta quippe ea tempestate annone caritas erat, ut frumenti modius Lobiensibus marca argenti venderetur. Sub qua necessitate hiis qui residui apud nos erant — pauci enim alias transmissi fuerant — dum victus necessarius preparatur, ecclesia non parvo debitorum onere gravatur et obligatur, ad supplementum videlicet mensium duorum, qui vestabant, ad tempus messis 40 tritici modiis totidem marcharum summa comparatis. A qua obligatione multos in annos nulla conceditur absolutio, dum et malitia dierum et rerum penuria semper augescit et negligentia eorum, qui male gesta corripere, male gerenda cavere debuerant, usuras usuris addere et suis crudeliter subtrahere, quo alii crudelius ditentur, non pertimescunt.

1143. *Harter Winter; in Lobbes, wie im vorigen Jahre, Hungersnot (Ann. Laub.).* Ann. S. Dionysii Rem. S. S. XIII, 83, 37. Facta est nix profundissima a festo sancti Nicolai (6. Dec.) usque ad purificationem beatae Mariae (2. Feb.). ‖ Sigeb. cont. Burburg. S. S. VI, 457, 47. *Am 19. Jan. gr. Sturm.* Mare etiam in ipsa epdomada terminos suos transgrediens, plurimum terrarum summersit. ‖ Ann. Laub. cont. S. S. IV, 22, 50. Hoc anno extitit aspera hyems et nix permaxima super faciem terrae a Calendis Decembris usque ad Calendas Februarii, et sequitur fames valida 7 annis. ‖ Balduini Ninov. chr. S. S. XXV, 532, 8. Hoc anno incipiente frigus acerbissimum multum prevaluit, ut non solum aves et feras extingueret, sed etiam multas arbores radicitus exsiccaret. Nix etiam gravissima ab ante adventum Domini (29. Nov. 1142) usque in purificationem (2. Feb. 1143) cuncta operuit. Que in maximos cumulos erecta postquam liquescere cepit, tanta inundatio aquarum facta est, quanta hactenus nonquam apparuit. Pontes regali opere factos dissolvit, domos magnificas dissipavit, turres etiam, urbes et basilicas plurimas evertit. Gandavi in monasterio Sancti Bavonis per totum [claustrum in tantum aqua prevaluit, ut ultra solitum alvei sui terminum plus viginti pedum spacio excresceret. Tum flumine per omnes officinas monasterii stagnante, claustrum navigabile factum est, ut fratribus ad dormitorium vel refectorium navigio esset eundum. Hec miserabilis clades sicut gravissima, sic etiam diuturna fuit. Inundatio maris maxima terrarum spacia occupavit, multis gravissime calamitatis causa fuit. || Ann. Bland. S. S. V, 29, 7. Inundatio aquarum maxima. || Ann. Remen. et Colon. S. S. XVI, 733, 12. Hoc anno ex habundantia nivium facta est inundatio, que subruit villas et pontes. || Chu. reg. Col. prs. II (= Paderborn. Ann.) M. G. S. S. kl. Ausg. 79. Hoc anno hyemps validissima et prolixa exstitit. — Tota aestate et autumpno pluviae intolerabiles. || Cr. S. Petri Erford. mod. S. S. XXX, 366, 16. Hyemps magna et nivosa.

1144. *Die Hungersnot, die in den beiden vorhergehenden Jahren noch vereinzelt auftrat, hat jetzt ein gröfseres Gebiet in Belgien (Cont. Gembl., Ann. Camerac.) und den angrenzenden Gebieten (Ann. Rod., G. epsc. Vird.) ergriffen. Ebenso Hungersnot in England (Cont. Gembl., Cont. Praemonstr.).* Cont. Gemblac. S. S. VI, 388, 27. Hiems hoc anno nimietate pluviae et vento vehementi periculosa extitit et damnosa, in tantum, ut silvas, templa, turres et edificia, quae putabantur firmissima, aut funditus subverterit, aut magna ex parte destruxerit. 30. Fames gravissima hoc anno multos afflixit; multos panis penuria pauperavit. In regno autem Anglorum in tantum dicitur prevaluisse, ut maximam utriusque sexus multitudinem contigerit fame interiisse. Nec tantummodo pauperes et mediocres, sed et eorum multi, qui putabantur ubi sufficientes esse, duro famis gladio perurgente coacti sunt alios emigrare, ut malum inopiae si non ex toto evitare, saltem possent alleviare. Triticeae messis maturitas et collectio provenit tardius solito; quia nimietate pluviae impediente, vix potuerunt messores 8. Kal. Septemb. (25. August) metere, quod aliquoties vidimus 8. Kal. Augusti (25. Jul.) messuisse. 45. Vineae et arbores fructiferae non exibuerunt solitam ubertatem, sed in proventu difficultatem, in fructibus habuerunt raritatem et acerbitatem. || Chr. S. Bav. De Smet. Corp. chr. Fland. I, 586. Maximus ventus factus est XIV. kal. Februarii (19. Jan.). || Ann. Camerac. S. S. XVI, 516, 1. Nam tanta sterilitas frugum super terram oceani fuit, ut Atrebatensis mensura, quae nuncupatur mencalt, quindecim solidis emeretur; Cameracensis etiam mensura, quae satis minor habetur, decem solidis venderetur. Unde nonnulli propter famis intemperiem compulsi sunt de terra sua et cognitione egredi. || Laurentii g. episc. Virdun. S. S. X, 515, 33. Interim maximus ventorum turbo inhorruit et inauditas silvarum turrium et domorum strages in his Galliarum partibus dedit. Continuum venti flatum et inundationem pluviae secuta est frugum sterilitas, vini autem multo maxima. || Sigeb. cont. Praemonstr. S. S. VI, 452, 60. — — et regnum illud (England), quod pre ceteris aliquandiu quietum mnaserat et opulentum, ferro, flamma, fame misere decerpitur. || Ann. Rod. S. S. XVI, 717, 5. Ventus fuit vehementissimus, quem semper ut ferunt fames sequitur et carum tempus. Eodem anno facta est fames magna. Et quia haec nostra Rothensis aecclesia elemosinarum beneficiis est educata, disposuit et ipsa a principio sua indigentibus beneficia suppeditare, id est annonam suam vinumque et censum decimare, in hoc praesens pauperum hospitale, ubi etiam fratres laici sive minuti, sive infirmi solebant reclinare, et ex stipendiis eiusdem hospitalis vixerunt, quasi habitaculi necessitate. Nunc autem murmurantibus illis quod elemosinarum alerentur stipendiis, cum et ipsi communis omnium essent fraternitatis, absolvit eos abbas inde tali videlicet rerum mutatione, ut ulterius panis tantummodo et cervisia in praedictum decimetur hospitale, et pro decimis vini pars detur tricesima et census nummorum pars vigesima, et sic fratres praedicti sive infirmi sive minuti ex promptuario nutriuntur communi. || Ann. S. Petri Erphesf. antiq. M. G. S. S. kl. Ausg. 18. Magna inundatio aquae fuit in Erphesfurt VII. Kal. Junii (26. Mai). ‖ Ann. Herbipol. S. S. XVI, 2, 52. Hoc anno facta est grando maxima ante pentecosten, quod est Non. Maii (7. Mai). ‖ Ann. Scheftlar. maior. S. S. XVII, 336, 24. Ventus vehemens 13. Kal. Febr. (20. Jan.) magnas ruinas per plurimas mundi partes fecit.

1145. *Grofse allgemeine Hungersnot in Frankreich (Ann. S. Columb. Sen.) und Deutschland. Nachrichten sind erhalten aus Norddeutschland (Ann. Corb.), dem Elsafs (Ann. Monast.), Baiern (Ann. Ottenb. Ising.) und Österreich (Cont. Mell., Ann. Reichersberg., Magni Reichersberg. ann.). Das Fehlen von Nachrichten aus dem belgischen Gebiete beruht wohl nur auf einem Zufall, da hier in den vorhergehenden und folgenden Jahren von einer schweren Hungersnot berichtet wird; vgl. Chr. S. Bavonis a. 1146.* Ann. S. Columb. Senon. S. S. I, 107. Hoc anno apparuit cometes mense Maio. Quam secuta est mortalitas hominum et animalium, pestilentiae et fames, ita ut sextarium tritici venundaretur 14 solidis, ordeum decem, avena octo. ‖ Chr. S. Bavonis de Smet. Corp. chr. Fland. I, 506. Cometa visa est. ‖ Ann. Roden. S. S. XVI, 718, 4. Ventus fuit vehementissimus, quem fames semper ut ferunt sequitur et carum tempus. ‖ Ann. Brunwil. S. S. XVI, 727, 18. Hoc anno in Maio plus quatuordecim noctibus cometes aparuit. Secuta est cum mortalitate et fames ante inaudita. ‖ Chronograph. Cord. Jaffé, Bibl. I, 45. Eodem anno fames aspera. Et fures plures, ex militibus fortioribus factione perniciosa conglobati, multos in hac terra durius angebant. Denique Vuldensem ecclesiam patera Hathemari et multis thesauris spoliabant, et nonnullas alias huius terrae ecclesias rebus propriis et eis aliunde illatis idem predones vel fures privabant. ‖ Ann. Monasterienses S. S. III, 154, 41. Fames valida duobus annis. ‖ Ann. Herbipol. S. S. XVI, 3, 3. Ipso anno facta est tempestas magna et inaudita 14. Kalend. Febr. (19. Jan.). ‖ Ann. Ottenbur. Isingrimi maior. S. S. XVII, 313, 2. Eodem anno et sequenti facta est tam valida fames, ut modius avenae talento et quinque solidis venderetur. ‖ Ann. Ratispon. S. S. XVII, 586, 11. Eodem anno stella cometa luxit. ‖ Magni presbyt. Ann. Reichersperg. S. S. XVII, 460, 10. Nam Saturnus qui est unus de 7 planetis, stella frigidissimae naturae, ipso anno in ultima parte arietis positus, precedentes 7 vel 8 annos steriles ac terram pene effetam reddiderat, ita ut in locis solummodo calidioribus ac pinguioribus vix semina pauca et pastum tenuem cultoribus redderet. In qua sterilitate per omnes pene terras innumerabiles hominum multitudo fame occubuit, ceteris vitam ex herbis terrae ac radicibus herbarum simul et arborum corticibus misere transigentibus. Quidam etiam iumentis per singulas hebdomadas sanguinem minuere soliti, tali edulio vitam refocillabant. Haec stella 30 solaribus annis suum contra firmamentum nitens peragit annum. Quam si sol in aestivalibus signis offenderit, frigidam circa id tempus aestatem efficit, eamque in pluvias pene hiemales convertit. Si vero in signis hiemalibus sol in eius frigus incurrerit, duplicato gelu hiems solito vehementior inhorrescit, hac stella vicinitate sua ipsum quoque solem infrigidante. Haec sane duplicatio frigoris ex huius stellae cum sole vicinia simul et annualis hiemis algore proveniens, maiorem terris sterilitatem importat, si eadem stella vel in aquario vel in piscibus aut in prima parte arietis consistens, sicque hiemem in Martium et Aprilem protelans, terram suo tempore aperiri et germinare non siverit. Et haec quidem secundum astrologos dicta sunt, qui naturas rerum etiam in motibus siderum investigant. ‖ Ann. Reichersperg. S. S. XVII. 460, 6. Maxima fames erat. ‖ Cont. Mellic. S. S. IX, 503, 31. Ventus validus ab occidente irruens, Galliam, Franciam, Bawariam totamque Theutonicam terram pertransiens, multas ęcclesias plurimaque edificia subruit, arborum etiam et vinearum partem quandam delevit. Fames valida totum Theutonicum regnum devastavit duobus annis.

1146. *Die Hungersnot dauert mit unverminderter Kraft fort, es sind Nachrichten erhalten aus Belgien (Chr. S. Bav., Hist. Tornac., Cont. Gembl., Ann. Foss., Ann. Parch., Ann. S. Jacobi Leod., Cont. Praemonstr.), aus Frankreich (Ann. S. Dionysii Rem., Ann. Catalaun.), aus Lothringen (Chr. univ. Mett.), aus dem Rheinlande (Ann. Rod., Ann. Aquens., Ann. Brunwilar., Chr. reg. Col., Ann. Rem. et Col.), aus Sachsen (Chronograph. Corb.), aus Franken (Ann. Herbipol.), Schwaben (Casus monast. Petrishus., Ann. Ottenb. Ising. a. 1145), Baiern (Ann. Ratispon., Ann. Scheftlar.) und Österreich (Ann. Mell. a. 1145).* CHR. S. BAVONIS DE SMET. CORP. CHR. FLAND. I, 586. Fames gravis continuatur. || HIST. TORNAC.. S. S. XIV, 346, 15. Quo anno fuit fames gravissima, ita ut venderetur sextarius tritici 56 solidis. || CONT. GEMBLAC. S. S. VI, 389, 24. Fames gravissima iamdiu concepta in tantum longe lateque praevaluit, ut excrescentem pauperum multitudinem nullatenus sine magno gravamine sustentare possent hi, qui respectu Dei vel pietatis affectu manum misericordiae porrigebant eis. Multos etiam, qui victu et aliis necessariis habundabant, malum famis ad mendicitatem deduxit. || ANN. FOSS. S. S. IV, 31, 9 (= Ann. Floreff.). Fames gravissima hoc anno multos afflixit. || ANN. PARCHENSES S. S. XVI, 605, 45. Hoc anno dabantur 34 solidi pro uno modio frumenti. || ANN. S. JACOBI LEOD. S. S. XVI, 641, 1. Fames inaudita modio siliginis viginti, speltae undecim solidis vix se redimentibus. || SIGEB. CONT. PRAEMONSTR. S. S. VI, 453, 15. Fames permaxima grassatur in Gallia, in qua aecclesiarum Christi enituit liberalis munificentia; quae in sustentationem pauperum multa expenderunt modiorum milia. Quo tempore in Lingonensi parrochia, apud Mormandum, ubi pauperes innumeri cotidiana stipe alebantur, quidam homines occidisse et eorum carnes coctas vendidisse deprehensus, a pauperibus patibulo est appensus. || ANN. S. DIONYSII REM. S. S. XIII, 83, 41. Facta est fames valida Remis, adeo ut sextarius frumenti venderetur undecim solidis. || ANN. CATALAUNEN. S. S. XVI, 489, 26. Fames valida ubique terrarum, qualis nunquam antea fuit. || CHR. UNIVERS. METT. S. S. XXIV, 516, 60. Fames magna. || ANN. RODEN. S. S. XVI, 719, 11. Eodem anno facta est fames vehementissima, et omni adhuc aetati inaudita, ut modius Coloniensis pro duodecim solidis et sex venderetur denariis et modius Traiectensis pro tribus libris et sex solidis. || ANN. AQUEN. S. S. XXIV, 37, 48. Fames maxima, et quod inauditum ante fuerat, modius Aquensis tritici venditur 25 solidis.[1]) || ANN. BRUNWIL. S. S. XVI, 727, 22. Hoc anno in tantum angustia famis per totum orbem prevaluit, ut panis qui palmo comprehendi queat, pro denario Coloniensis monete daretur; pluresque hac inopia pregravati, radicibus herbarum pro cibo uterentur; hoc autem victu penitus carentes crudele sui mortis inditium mundo reliquerint. || CHR. REG. COL. prs. III. M. G. S. S. kl. Ausg. 81. Cometa apparuit, in cuius ortu astrologi aiunt famem aut pestilentiam aut mutationem regnorum prefigurari, que cuncta nunc impleta sunt rec. II Cometa apparuit Renus fluvius alveum suum Coloniae egressus, inaudita antea magnitudine excrevit. || ANN. REM. ET COL. S. S. XVI, 733, 18. Fames maxima fuit, quod malder siliginis pro marca dabatur in Colonia. || CHRONOGRAPH. CORB. JAFFÉ Bibl. I, 49. Reliquid autem et abbatiam et preposituram rebus pastui habilibus permaxime attenuatas, adeo ut et vix fratres sustentarentur, quia et debitis et statutis per multa carebant; set et hec nimium angens fames effecerat,

---

1) Ann. S. Petri Erphesfurd. prs. II. a. 1146 übernehmen die Nachricht.

que pene et totum mundum vehementissime urgebat. ‖ Ann. Herbipol. S. S. XVI, 3, 6. Facta est ipso anno mortalitas magna per totum Wirzeburgensem episcopatum. 8. Hoc anno facta est fames valida. ‖ Ann. Ratispon. S. S. XVII, 586, 12. Sequenti anno hoc est MCXLVI fames invaluit. ‖ Ann. Scheftlar. maior. S. S. XVII, 336, 25. Fames magna fuit.¹) ‖ Casus. monastr. Petrishus. lib. V. c. 25. S. S. XX. 673, 47. Fames magna populos longe lateque premebat, ac per hoc inopia cogente quedam personae de Triboltingin et Tegirwilare ad monasterium contulerunt, se suasque possessiunculas illuc tradiderunt, quam traditionem quidam eorum minime stabilire potuerunt, quoniam possessiones ad Augiam tributarie fuerant.

1147. *In einzelnen Gegenden (Ann. Floreff., Chr. reg. Col.) machen sich Nachwirkungen der Hungersnot der vorhergehenden Jahre noch bemerkbar. Aufserdem herrscht Hungersnot in Holstein (Helmold), die aber wahrscheinlich auf Verwüstungen des Landes durch den Slavenkrieg zurückzuführen ist.* Ann. Floreff. S. S. XVI, 624, 42. Fames valida. Eclipsis solis.²) ‖ Chr. reg. Col. prs. III. M. G. S. S. kl. Ausg. 82. Eclipsis solis facta est. Sequitur fames maxima per totam Galliam et Germaniam, ita ut maldrum siliginis 12 solidis emeretur, panis vero qui pro denario dabatur vix pugillum palmae excederet. Erat videre miseriam, eos qui nuper deliciose vivebant pro panis inopia domos circuire. Famem quoque secuta est ingens pestilentia, ita ut deficientibus sepulchris multitudo fossis pariter immitteretur. rec. II. Eclypsis solis facta est 7. Kal. Novembris (26. Okt.) circa horam diei pene 4. Ipso anno fames maxima facta est, ita ut modius siliginis 12 solidis Coloniensis monete venderetur in mense Junio. Famem etiam pestilentia et mortalitas subsecuta est intolerabilis. ‖ Helmoldi chr. Slav. lib. I. cap. 66 de fame M. G. S. S. kl. Ausg. 127. Quid dicam de sacerdote Cristi Vicelino? In ea calamitate, qua barbaricus furor multos attriverat et frumentorum penuria famem parturiverat, omnibus, qui in Faldera et Cuzelinia fuerunt summopere commendavit, ut pauperum memores essent. Ad quod opus vir Dei Thetmarus fuit incomparabiliter idoneus, dispergens et dans pauperibus minister fidelis et prudens, ubique caritativus ubique largus, in cuius laudem parum est quod loquor. Sane pectus sacerdotis misericordia refertum, suavissimo fragrabat odore, iaciebantque pre foribus monasterii greges egenorum, expectantium elemosinam de manu viri Dei: adeo ut locus ille ad inopiam redigendus videretur propter largitatem viri. Obserabantur igitur a procuratoribus ostia domestice rei, ne curia subiaceret detrimento. Quid faceret homo Dei? Clamores pauperum ferre non poterat, nec fuit ad manus quod daret. Cepit ergo vir misericors curiosius agere et circuire horrea, explorare calldus aditum, quo etiam secretius reperto, egit in modum furantis dans cotidie pauperibus iuxta opportunitatem. Ferebatur autem a fidissimis nobis, quod iisdem diebus exinanita frumentaria, penus divinitus recuperata sit. ‖ Ann. S. Disibodi S. S. XVII, 27, 7. Pestilentia magna facta est.

1148. Chr. S. Bavonis De Smet Corp. Chr. Fland. I, 587. In diversis locis tempestas tonitruorum et fulgurum desaevit, sed peramplius in Lauduno. ‖ Ann. Magdeburg. S. S. XVI, 190, 19. Hyemps nivosa

---

1) Älterer kompilierter Teil der Annalen, die Nachrichten stammen aus Regensburg oder Ensdorf, die Nachricht gilt also für den Norden von Baiern.

2) Die Annalen geben als Jahr 1148 an, da aber in diesem Jahre in Belgien keine Sonnenfinsternis sichtbar war, so mufs die ringförmige Sonnenfinsternis vom 26. Okt. 1147 gemeint sein, die auch die Chr. reg. und die Ann. Brunwil. S. S. XVI, 727, 26 erwähnen.

et aspera unde et siligo in agris sub profunditate nivis diu suffocatus deperiit.

1149. Ann. Egmund. S. S. XVI, 456, 34. Hiemps tam valida fuit, ut etiam maria quae frigori solent esse immunia glacie tenerentur, et volucres coeli in rigorem versae deficerent, et omne quod movetur gelu constringeretur. Estas eiusdem anni pestilens et valde nociva fuit, ut multi mortales aeris intemperie morerentur, pueri, iuvenes, senes, et in sola Traiectensi civitate quadraginta homines una die ducerentur ad tumulum. || Sigeb. cont. Tornacen. S. S. VI, 444, 19. Hiemps solito asperior inhorruit, in tantum, ut in mari plus quam tribus a littore milibus super glatiem via preberetur, et tumescentes fluctus gelu solidati in similitudinem turrium cernerentur. Ante et post idem gelu per multos annos magna frugum penuria fuit, adeo ut aliquotiens apud Tornacum sextarius frumenti 60 solidis venderetur. || Sigeb. cont. Praemonstratensis S. S. VI, 454, 41. *Im März Stürme et nimia* fuit pluviarum inundantia. || Ann. Camerac. S. S. XVI, 518, 31. Hiemps gravis extitit, et plurima nix, quae a festo sancti Nicholai (6. Dec.) cepit et usque ad Kal. Martii (1150) fere duravit. || Sigeb. auct. Afflig. S. S. VI, 400, 48. Hiemps gravissima 4 mensibus invaluit et prevaluit.[1)] || Ann. Brunwil. S. S. XVI, 727, 46. Hoc anno hyems tam valida fuit, ut arborum fructus vinearumque ubertas tota perierit. Renus calcabilis fuit. || Ann. Pegav. cont. S. S. XVI, 258, 48. Magna mortalitas pecorum. || Auct. Zwetlense S. S. IX, 540, 41. Fames valida duravit per biennium.[2)]

1150. *Nach einem harten Winter entsteht an einzelnen Orten eine Hungersnot (Chr. universal. Mett., Ann. Monast., Chr. minor. auct. minorit. Erphord.). In Österreich herrscht Hungersnot, die vielleicht schon im vorhergehenden Jahre begonnen hatte (Ann. Zwetl.).* Ann. Bland. S. S. V, 29, 16. Hiemps validissima fuit, perdurante glacie a. 5. Idus Decembris (9. Dec.) usque 14. Kal. Martii (16. Feb.). || Ann. Laub. cont. S. S. IV, 23, 14. Hoc anno hyems asperrima. || Ann. Aquen. S. S. XXIV, 38, 5. Sterilitas frumenti et vini, hiemps asperrima et longa. || Chr. reg. Col. prs. III. M. G. S. S. kl. Ausg. 87. Hyemps valida extitit. || Chr. univers. Mett. S. S. XXIV, 517, 5. Fames magna.[3)] || Ann. Monast. S. S. III, 154, 43. Hiems valida cum fame maxima et inundatione, et defectus omnium fructuum, et ariditas vinearum et nucium, et pestis animalium. || Ann. Magdebg. S. S. XVI, 190, 39. A vigilia nativitatis sancti Johannis baptistae (23. Jun.) frequenter tonitrua gravi horrore plena, fulmina terribilia, tempestates horribiles, vis ymbrium, nimia inundatio aquarum, nebule tenebrose et fetentes et spissae, et secuta gravissima pestilentia et mortalitas tam hominum quamquam et pecorum et magna penuria frugum; — — — — Hyemps aspera' et longa, et in sequentem annum nimis producta. || Cr. S. Petri Erford. S. S. XXX, 367, 9. Hiemps dura ac diuturna, adeo ut plerosque vis algoris extingweret, et apum atque pecorum maxima pars deperiret. || Chr. minor. minorit. Erphord. cod. C. 2. M. G. S. S. kl. Ausg. 639, 24. Hyemps dura magnam cladem intulit plerisque, et

---

1) Wörtl. gleich in Cont. Aquicinct. u. Auct. Aquic. enthalten, die Angabe stammt nach Angabe des Herausgebers aus Ann. Bland. 1150, bezieht sich aber auf den Winter 1149—50.

2) Die Nachricht ist vom Verf. aus cont. Zwetl. I entnommen, sie findet sich dort a. 1150, allerdings setzt der Verf. der cont. Zwetl. I die Ereignisse häufig ein Jahr zu spät an.

3) Verwandt mit Ann. S. Vincentii Mett. a. 1151; vgl. Waitz, N. Arch. III, 72 ff.

fames magna secuta est ac pestilencia hominum.¹) ‖ Cont. Zwetl. I. S. S. IX, 538, 14. Fames valida cepit esse per biennium. ‖ Ann. S. Jacobi Leod. S. S. XVI, 641, 15. Hiemps asperrima.

1151. *Die Hungersnot, die sich an einzelnen Stellen schon im vorigen Jahre bemerkbar machte, ist jetzt über ganz Deutschland verbreitet. Es sind Nachrichten erhalten aus einem Teile Belgiens (Ann. Laub., Ann. S. Jacobi Leod.), aus dem Rheinlande (Ann. Aquens., Chr. reg. Col., v. Arnoldi), aus Lothringen und dem angrenzenden Teile Frankreichs (Ann. S. Vincent. Mett., Ann. S. Benig. Div.), aus Sachsen (Wibaldi epsit., Ann. Magdeburg., Ann. Palid., Ann. S. Petri Erphesfurd.) und eine Nachricht aus Süddeutschland (Ann. Ottenb. Isingr. maior.).* Sigeb. cont. Bellovac. S. S. VI, 463, 8. Congelatis in terra segetum radicibus, fit maxima frugum inopia. ‖ Chr. S. Bavonis De Smet Corp. chr. Fland. I, 588. Fames valida facta est in Flandria, ut Brugis venderetur hodum frumenti XL solidis. ‖ Sigeb. auct. Aquicin. S. S. VI, 396, 6. Fructus terra habuit uberes; set pluviarum inundatione a festivitate sancti Johannis (24. Jun.) usque ad medium Augusti omnia vastante, vix ad maturitatem perduxit. Nam vinum et ceteri fructus ex parte defecerunt; et quod de uvis collectum est, in acorem versum est.²) ‖ Ann. Camerac. S. S. XVI, 522, 19. Eodem anno ante mensem Augustum, gravis venundatio tritici subito invaluit, ita dumtaxat ut publice Cameracensis mensura plus quam 9 solidis venderetur. Pestis etiam animalium gravissima in linguis eorum extitit, maxime caballorum. ‖ Ann. Laub. cont. S. S. IV, 23, 18. Famis periculo multi intereunt. Annus totus pluvialis. ‖ Ann. S. Jacobi Leod. S. S. XVI, 641, 16. Tempus asperrimum et pluviale. Fames valida. Mors in homines. Messis tarda. Plus vindemia. Mustum vix Lucae euangelistae (18. Okt). ‖ Ann. Aquen. S. S. XXIV, 38, 7. Fames prevalida. ‖ Chr. reg. Col. prs. III. rec. II. M. G. S. S. kl. Ausg. 88. Ipso anno fames horrenda et omninm rerum inaudita penuria. ‖ Vita Arnoldi archiepsc. Mogunt. Jaffé Bibl. III, 608. Tempore vero ingruentis inopie³), que totam Germaniam fame profligatura minitabat, tercentos pauperes — propria manu obsequiis exhibitis — alimoniis sollicitus et specialiter nutriebat; aliis quibus victum largiebatur adhibitis quorum non est numerus. ‖ Ann. S. Vincentii Mettensis S. S. III, 158, 40. Fames valida. ‖ Ann. S. Benigni Div. S. S. V, 44, 47. Hoc anno fuit fames magna. 45, 1. Hoc etiam anno fuit magna penuria vini.⁴) ‖ Wibaldi epist. No. 329 (Die Mönche

---

1) Es erscheint zweifelhaft, ob es berechtigt ist, den Anfang der Hungersnot in Erfurt schon in dieses Jahr zu setzen. Die ältere Cr. S. Petri weifs noch nichts davon und auch die Ann. S. Petri erwähnen die Hungersnot erst im folgenden Jahre, ebenso die Ann. Palid. Die Ann. Magdeburg. unterscheiden ausdrücklich die Mifserte des Jahres 1150 und die Hungersnot des folgenden Jahres. Der Cod. C. 2, der die Nachricht bringt, stammt aus dem XV. Jahrhundert; es ist daher ein Irrtum des Schreibers um ein Jahr oder ein übertreibender Zusatz des späten Autors leicht möglich.

2) Die Stelle ist von hier in die Cont. Aquict. und das Auct. Afflig. übergegangen.

3) Es liegt am nächsten die Nachricht, wie dies auch Böhmer, Fontes III, 272 thut, auf die Hungersnot des Jahres 1151 zu beziehen, doch wäre auch die Hungersnot 1145—1146 möglich. Aus der Vita selbst läfst sich die Nachricht nicht datieren, sie findet sich gleich zum Beginne in einer Charakteristik Arnolds.

4) Der Herausgeber kann nicht unterscheiden, ob die Nachricht 1151 oder 1152 angesetzt ist, jedenfalls ist 1151 wahrscheinlicher, weil wir 1152 von keiner Hungersnot wissen.

von Corvey an Wibald.) JAFFÉ Bibl. I, 459. Denique inter eum et nos usque eo res processit post multas denunciationes, quibus defuturum nobis panem et potum denunciavit, quod tandem in diebus rogationum (14.—16. Mai) et in ipsa sancta die ascensionis Domini (17. Mai) nos absque potu dimisit; et statim sequenti proximo sabbato (19. Mai) absque pane simul et potu, quod nunquam Corbeia factum credimus, nos dereliquit. Cum ergo ipsa die, sedentes ad mensam secundum ordinem et consuetudinem nostram, consuetam alimoniam expectaremus nec ab eo quicquam acciperemus, inpasti surreximus, — —. Statim igitur in unum congregati, quid facto opus esset, in commune consuluimus et, ut vestrae paternitati, hanc necessitatem celeriter insinuaremus, inter nos convenimus. Interim autem fratri A(delberto) camerario nostro, licet invito et multum renitenti, hanc curam iniunximus, ut, donec redeat nuncius noster â vobis, panem et potum, undecumque possit mutuo acceptum, nobis provideat. Et argentum quod ad sarcophagum hoc anno deputaveramus, in pignore accepit. *Bitte, W. möge sobald als möglich kommen und helfen.* || ANN. MAGDEBURG. S. S. XVI, 190, 42. Unde et sequenti anno ante messem tanta **fames** secuta est, quantam ante non viderant homines illius temporis. Asserunt enim hii qui in astronomia aliquid periciae se accepisse iactitant, illo anno dominum Saturni fuisse, qui completo cursu suo, quem 30 annis peragit, iter consummatum reciprocans in nimia superfluentia fluminum, in maxima pestilentia et mortalitate, in sterilitate terre et famis inedia nec non et aeris intemperie seu et aliis diversis perturbationibus dominium suum exercet. — — Autumnus ventosus. || ANN. PALID. S. S. XVI, 86, 4. Aeris inequalitas et temporum inmutatio **famis** ac pestilencie pericula tanta mundo intulerunt, quanta tunc viventes in generacione sua fuisse non meminerunt. || ANN. S. PETRI ERPHESF. ANTIQ. M. G. S. S. kl. Ausg. 19, 3. **Fames** valida et mortalitas hominum. || ANN. OTTENBUR. ISINGRIMI MAIOR. S. S. XVII, 313, 16. Facta est fames adeo valida, ut dimidius modius tritici pro **triginta solidis** venderetur; sex panes admodum parvi pro septem emebantur solidis. Ipsi principes aliquot dies sine pane diversis coctionibus vescebantur, carnibus pecorum et herbis populus vivebat, non nulla mortalium milia fame interierunt, ita ut in **villis plurimae domus** sine cultore vacuae remanerent. Factum est et hoc mirabile, ut mense Maio cum pene nullae segetes in agris apparerent, in Junio et subsequente mense tantae subito exortae sunt fruges, ut a rusticis hoc quasi pro celebri proverbio haberetur, per bos duos menses Deum non aliud fecisse, nisi fruges de coelo pluisse. Per eosdem menses pluvia continuatim descendit.

1152. ANN. LAUD. CONT. S. S. IV, 23, 25. Magna fluminum **inundatio** hyeme facta est. || CHR. REG. COL. M. G. S. S. kl. Ausg. 88. Huius regis tempora [1]) admodum tristia fuerunt. Nam inequalitas aeris, famis et inedie perseverantia, bellorum varius tumultus sub eo vigebant.

1153. SIGEB. AUCT. AFFLIG. S. S. VI, 401, 43. Nec parva miraculi portio est, quod hoc anno tanta **sterilitas** agris nostris incubuit, quod vix duorum vel ad trium mensium nobis victum suffecit omnis copia mensis nostre.

1154. ANN. S. PETRI ERPHESF. ANTIQ. M. G. S. S. kl. Ausg. 19. Eodem anno magna **inundatio** aquae fuit. || MONACH. SAZAV. CONT. COSM. S. S. IX, 159, 38. *Mondfinsternis.* Post haec maxima mortalitas in homines irrepsit.

1155. *In den verschiedensten Gegenden wird über die ungünstige Witterung des Sommers geklagt, doch nur in Afflighem kommt es zu einem lokalen Notstande (Auct. Afflig.).* SIGEB. AUCT. AFFLIG. S. S. VI, 402, 43.

---

1) Während der Regierungszeit Konrads III. 1138—1152.

Multis annis sterilitate terre et necessariorum penuria nobis laborantibus, hoc anno tritico omnino deficiente, in ultimo discrimine, quid agendum esset, vix anxiis potuit occurrere. In hoc tamen ad ultimum stetit sententia, ut pecunia mutuo amicorum fide sumpta, emeremus victui necessaria. Misimus ergo fratres nostros in aliam regionem, qui solicite iniunctum negotium exsequuntur, et remenso itinere, onerata nave iter carpentes ad opidum Aldenardum[1]) dictum pervenerunt. ‖ Ann. Aureaevall. S. S. XVI, 683, 30. Factumque est tonitruum magnum in coelo, fulgura crebra visa sunt in terra, corruscationes horrendae, pluvia magna cum grandine mira in modum lapidum. ‖ Chr. reg. Col. prs. III. M. G. S. S. kl. Ausg. 92. Inundatio aquarum insolita fuit 7. Kal. Decembris (25. Nov.). ‖ Ann. Stederburg. S. S. XVI, 207, 29. Tempestas et pluvia maxima, adeo ut tempore messis fruges non solum in agris, verum etiam in horreis reconditae fluminum inundatione perirent. ‖ Ann. Paliden. S. S. XVI, 89, 3. Hoc anno nix inchoans Kal. Octobris perseveravit usque pridie Kal. Maii (30. Aprl.). ‖ Ann. Ottenb. Isingr. mai. S. S. XVII, 313, 48. Hoc anno in Augusto et Septembri facta est tanta aeris ariditas, ut ex nimio solis aestu pluribus in locis ipsa terra ardere videretur. Quam ariditatem tam vehemens subsecuta est pestilentia animalium, ut villae complures absque animalibus vacuae remanerent, et ipsi homines pro bubus iuncti aratris illa traherent et terram utcunque colerent. Post haec tanta pluviae subsequitur inundatio, ut avenaria messis in agris putrefacta secari non potuisset.

1156. Ann. Laub. cont. S. S. IV, 23, 34. Hoc anno hiems arida, ver temperatum. Initio mensis Junii maxima et eo tempore inaudita fluminum inundatio. ‖ Ann. Floreff. S. S. XVI, 624, 49. Facta est inundatio magna aquarum ex pluviis estate et hyeme, que sata et domos destruxit et multos submersit. ‖ Ann. S. Petri Erphesfurd. mai. M. G. S. S. kl. Ausg. 57, 22. Mortalitas hominum fuit.

1157. Ann. Weingart. Welf. S. S. XVII, 309, 15. Nix magna et frigus insolitum circa passionem Domini (29. März) inhorruit. Quod mortalitas hominum ad tempus, et exustio maxima per totam estatem subsecuta est. Porro in ipsa die Kalendarum Julii (1. Jul.) tanta severitas grandinis tantaque concussio ventorum invaluit, ut segetes circumquaque consumeret, robustiores arbores radicitus evelleret, — —

1158. Ann. Foss. S. S. IV, 31, 23. Tempestate oborta, tanta grandinis coadunatio facta est, ut in pago Lomense iuxta villam que Nefla dicitur decem pedum longitudine cecidisse inveniretur. ‖ Ann. Palidens. S. S. XVI, 90, 24. Eodem anno sevissima tempestas extitit; ventus turbinis fortissimus arbores inmensas radicitus evulsit, ecclesias cum domibus aliisque edificiis subvertit, aquarum quoque inundantia infinitam multitudinem hominum et pecorum extinxit.[2]) ‖ Chr. univers. Mett. cont. cod. Paris. (2) S. S. XXIV, 523, 45. Fames valida.[3])

---

1) Oudenaarden.
2) Fast wörtlich findet sich die Stelle auch a. 1158 Ann. Magdeburg. S. S. XVI, 191, 34.
3) Die Nachricht erscheint wenig glaubwürdig, sie stammt aus einer erst Ende des 15. Jahrhunderts verfaſsten Fortsetzung. Die nahe Verwandtschaft sowohl mit der Chr. univers. wie den Ann. S. Vincentii zeigt, beide haben eine Hungersnot 1162. Die Cont. entnimmt ihren Anfang, wie es scheint, den Ann. S. Vinc. 1162 hat sie irrtümlicherweise statt 1163 den Tod Bischof Stephans unmittelbar vorher unter 1158 fames valida wörtlich gleich Ann. S. Vinc. a. 1162, eine Übereinstimmung, die hier von Bedeutung ist, da die Ann. S. Vinc. regelmäſsig f. valida haben, während die Chr. universal. f. magna schreibt. Der

1159. Ann. Camerac. S. S. XVI, 533, 25. Hiems longa fuit, et omnium pestis subsecuta est. ‖ Ann. S. Vinc. Mett. S. S. III, 158, 45. Inundatio aquarum. ‖ Ann. S. Benig. Div. S. S. V, 45, 11. Hoc anno venit hyemps magna, gelu et nix 4. Idus Octob. (12. Okt.).

1161. Sigeb. auct. Aquicin. S. S. VI, 397, 48. Fames valida.[1] ‖ Ann. S. Petri Erphesf. antiq. M. G. S. S. kl. Ausg. 20, 7. Grando et tempestas magna in multis locis fuit.

1162. *Ausgedehnte Hungersnot in Frankreich (Act. pont. Alexandri, Ann. S. Dionys. Rem.), Belgien (Auct. Afflig.), Lothringen (Ann. Egmund., Ann. S. Vincent. Mett., Chr. univ. Mett.), in der Gegend von Aachen (Ann. Aquens.) und bis nach Mitteldeutschland (Ann. S. Petri Erphesf. antiq., Chr. Mont. Sereni.). Süddeutschland scheint von der Not nicht betroffen zu sein (Ann. Reichersp.).* Ann. S. Dionysii Rem. S. S. XIII, 83, 50. Venditus fuit sextarius frumenti decem solidis. ‖ Acta pontificatus Alexandri III. Hist. de Fr. XIII, 666 A. Eo tempore in tota Aquitania et circumpositis locis valida fames in tantum increvit, ut prae nimia ciborum indigentia infinita hominum multitudo morte inevitabili deperiret: unde universos Gallos vehemens timor invasit ne ipsorum terras consimilis cruciatus invaderet. ‖ Sigeb. auct. Afflig. S. S. VI, 405, 26. Fames gravissima in tantum prevaluit, ut modius tritici venderetur 30 et eo amplius solidis Lovaniensis monete, multaque milia hominum fame perissent, nisi dominus pauperis populi afflictionem respexisset. Ipse enim qui percutit et medetur, dedit spiritum bonum in cordibus fidelium suorum, cuius instinctu largam manum ad pauperes extenderunt, eorumque inopiam sua habuntantia suppleverunt, et largius quam aliquando nostris temporibus vidimus, sua eos liberalitate sustentaverunt. ‖ Ann. Camerac. S. S. XVI, 535, 34. Hyems gravis extitit, et mors pecudum valida subsecuta est. ‖ Ann. Egmund. S. S. XVI, 462, 38. Eodem anno validissima fames in multis locis, maxime in Lotharingia facta est, adeo ut modius avenae, qui plerumque pro quinque denariis vendi solebat, pro quinque solidis venderetur, modius ordei pro septem, tritici pro decem, multique mortales famis inedia morerentur. ‖ Ann. S. Vincent. Mett. S. S. III, 158, 47. Fames valida. ‖ Chr. univers. Mett. S. S. XXIV, 518, 20. Fames magna. ‖ Ann. Aquens. S. S. XXIV, 38, 16. Fames prevalida facta est eodem anno. ‖ Ann. S. Petri Erphesf. antiq. M. G. S. S. kl. Ausg. 20, 26. Fames valida. ‖ Chr. Montis Sereni S. S. XXIII, 152, 14. Eo anno fames magna facta est. ‖ Ann. Reichersperg. S. S. XVII, 469, 1. Eodem quoque anno magna terrae fertilitas ubique erat et habundantia omnium rerum, quas terra producere solet.

1163. Ann. Egmund. S. S. XVI, 463, 1. Anno 1163 a festivitate sancti Laurentii (10. Aug.), usque ad festum sancti Martini (11. Nov.) continua pluvia fuit, ita ut omnes pene fructus in agris putrefierent, annonae, fabae et pisae. Eodem anno in festivitate sancti Thomae apostoli (21. Dec.) maxima inundatio maris et fluctuum in multis locis facta est, adeo ut in quibusdam villis Holtlandiae quae mari nimis vicina est, nulla domus tuta remaneret, sed et domus et bargi quibus frumenta condebantur, violentia fluctuum abducerentur, et ingentes massae glaciei cum impetu vehementi sibi succedentes omnia mergerent,

---

Fehler ist entstanden durch Verwandlung der XII in VIII beim Abschreiben. Vgl. auch Waitz, N. Arch. III, 72 und S. S. XXIV, 491.

1) Vielleicht deutet diese Nachricht darauf hin, dafs die Hungersnot des folgenden Jahres in Achin schon Ende 1161 begann, ebenso gut kann also ein Irrtum um ein Jahr vorliegen, besonders da auch mehrere andere bis 1161 angesetzte Ereignisse in Wahrheit in das Jahr 1162 fallen.

involverent et propellerent. In Fresia etiam superiori quae Saxoniae contermina est et vocatur Morsatia et in ipsa Saxonia tanta inundatio eodem tempore fuit, ut nullum edificium ecclesiarum vel domorum homines ab interitu defendere potuerit, sed omnes fluctibus involverentur cum omnibus rebus suis, exceptis his qui navigio vix effugere potuerunt. ‖ Ann. S. Petri Erphesf. antiq. M. G. S. S. kl. Ausg. 20, 29. Magna inundatio aquae fuit III. Non. Sept. (3. Sept.). ‖ Chr. Montis Sereni S. S. XXIII, 152, 23. Fluvii inundantes pericula gravia hominibus et animantibus intulerunt. ‖ Cont. Cremifan. S. S. IX, 545, 34. Multa inundatio aquarum hoc anno facta est.

1164. *Hungersnot im Lande der Obotriten infolge kriegerischer Verwüstungen (Helmold.).* Ann. Camerac. S. S. XVI, 536, 35. Hyems longa et acerrima usque in Martio mense perduravit. ‖ Ann. Laub. cont. S. S. IV, 24, 30. Exundatione maris in Flandria perierunt homines plus quam undecim milia. ‖ Chr. reg. Col. M. G. S. S. kl. Ausg. 114. Occeanus limitem suum 12 pene miliariis 14. Kal. Marcii (16. Feb.) egressus, multa milia hominum diversi sexus et etatis maxime circa fluvium Wiseram submersit. ‖ Ann. Paliden. S. S. XVI, 92, 55. Nova maris et fluctuum confusio exorta est[1] — — Per triduum enim aque de profundo abissi exagitate ibant et intumescebant, et omnia circa maritima flumina alveos suos pre inundatione excedentes, multas insulas cum hominibus et iumentis villis domibus edificiis substantiis ecclesiis et, quod dictu mirum, agris et domorum areis et cimiteriis cum soliditate alias transpositis, miserabiliter suffocaverunt. Eratque mirabile spectaculum inter misericordiam Dei et iudicium, cum per iudicium fieret interitus hominum et iumentorum et ad 20 miliaria secus ripas fluminum viderentur cadavera suffocatorum, — — 93, 19. Fruges agrorum multis in locis grandinis nimietate contrite sunt. ‖ Chr. Montis Sereni S. S. XXIII, 152, 26. Tonitrua et fulgura intempestiva cum vento vehementi 5. Kal. Marcii (26. Feb.) extiterunt. Inundacio occidentalium fluminum multa milia hominum et animancium interfecit et edificia destruxit.‖ Helmoldi chr. Slav. lib. II. c. 1. M. G. S. S. kl. Ausg. 194. Circa illos dies — — — in mense Februario, hoc est 14. Kalendas Martii (16. Feb.) orta est tempestas maxima ventorum, procelle, fulgurum coruscatio et tonitrui fragor, qui passim multas edes aut incendit aut subruit, insuper tanta maris exundatio oborta est, quanta non est audita a diebus antiquis, que involvit omnem terram maritimam Fresie, Hathelen et omnem terram palustrem Albie et Wirre et omnium fluminum que descendunt in oceanum mare, et submersa sunt multa milia hominum et iumentorum, quorum non est numerus. — — lib. II. c. 5. p. 202. Omnis igitur terra Obotritorum et finitime regiones, que pertinent ad regnum Obotritorum, assiduis bellis, maxime vero hoc novissimo bello tota in solitudinem redacta est, Domino scilicet favente et dextram piissimi ducis semper confortante. Si que Sclavorum extreme remanserant reliquie, propter annone penuriam et agrorum desolationes tanta inedia confecti sunt, ut congregatim ad Pomeranos sive ad Danos fugere cogerentur, quos illi nihil miserantes Polanis, Sorabis atque Boemis vendiderunt.

1165. Ann. Camerac. S. S. XVI, 538, 8. Feria quarta pentechostes (26. Mai) hora diei nona, adveniens a mari Britannico ingens procella, — — terrasque has pertransiens, scilicet, Normanniam, Ambianensem, Viromandensem, Atrebatensem, cuncta interius comminuens, arbores segetes, fabas, lina, habitationes hominum ubique obruens et dissipans. Terram vero Atrebatensem ea procella graviter attrivit; illius regionis plebs diu

---

1) Die Schilderung der Sturmflut in den Ann. Magdeburg S. S. XVI, 192 ist nahe verwandt.

dispendium suum luxit ac flevit. Subsecuta est venditio tritici quae in diversis locis nonnullos afflixit.

1166. *Lokale Hungersnot in Stederburg (Ann. Stederburg.).* Ann. Camerac. S. S. XVI, 538, 25. In diversis locis intemperies aeris hoc anno gravis facta est per partes occidentis; grando cum vi lapidum super annonam mortalium cecidit, quae magnum detrimentum pluribus contulit, maxime monachis Valcellensibus — — In villa quae Sanctus Autbertus dicitur totius anni fere stipendium amiserunt, una cum habitatoribus ruris illius. Haec grando in feria quinta pentechostes (16. Jun.) cecidit in Cameracensi pago cum fulmine lapideo. Luxit diu nostra regio. 33. Hyems gravis, et longum tempus seminandi homines habuerunt; nam in Februario fere nihil operis gesserunt, mediante Martio tunc primitus seminare coeperunt. || Sigeb. cont. Aquicinct. S. S. VI, 412, 24. Magna vini habundantia. || Ann. Stederburg. S. S. XVI. 209, 45. Eodem anno fames validissima fuit, unde praepositus in acquisitione annonae multa, circa triginta videlicet marcas, expendit. || Ann. Magdeburg. S. S. XVI, 192, 38. Fulgura et tonitrua terribiliter sevientia et crebra aquarum inundatio estivis messibus inportuna, et magna puerorum mortalitas et iumentorum. || Cr. S. Petri Erford. S. S. XXX, 370, 8. Abundancia magna frumenti et vini. || Chr. Magni presb. S. S. XVII, 488, 40. Eodem anno fuit illa magna fames per universas terras.¹) || Ann. Admunt. cont. A. S. S. IX, 583, 43. Grando horribilis 8. Kal. Julii (24. Jun.), scilicet quod lapides sicut ova anserina ceciderunt. || Cont. Cremifan. S. S. IX, 545, 39. Hoc anno grando horribilis facta est in quadam parte caeli octavo Kal. Julii (24. Jun.), in qua lapides ad magnitudinem ovi anserini et eo amplius ceciderunt.

1167. Ann. Camerac. S. S. XVI, 544, 52. Hiems gravis extitit, incipiens a decimo Kalendas Januarii (23. Dec.) et usque ad decimum septimum Kal. Aprilis (16. März) perseveravit, infra quod terminum nec seminare nec arari homines quippiam valuerunt. Pestis valida pecudum et apum subsecuta est. || Chr. reg. Col. prs. III. M. G. S. S. kl. Ausg. 117. Terrae motus factus est 13. Kal. Februar. (20. Jan.) media nocte. Grando etiam maxima 3. Nonas Aprilis (3. April) cecidit, ita ut ova columbarum magnitudine aequaret.

1168. Ann. Camerac. S. S. XVI, 549, 44. Hoc anno dedit Dominus benignitatem suam super terram, quoniam terra nostra protulit fructum suum veraciter aliud centesimum vel sexagesimum vel quinquagesimum. Nam ubertas omnium bonorum, fructuum, vini et olei arborum in insulis oceani extitit. Oves, quae valde in priori anno fuerant, melioratae sunt; aves vero detrimentum passae sunt.

1169. Ann. Camerac. S. S. XVI, 553, 33. Annus praesens pluvialis valde contigit. Inundatio imbrium a mense Maio incipiens fere usque ad Februarium mensem pervenit. Ante festum beati Joannis baptistae (24. Jun.) quidam ventus gravis adveniens partem permaximam segetum prostravit, locis in diversis oceani horrorem incussit, sed Dei misericordia ordinante humano generi ex his aliqua molestia non contigit. Hiems quippe gravis et aquosa, fulmina in sese contra aeris naturam continens. *Gewitter im Dezember.* || Ann. Admunt. cont. S. S. IX, 584, 24. Grando magna per loca; vinum carum.

1170. Ann. Camerac. S. S. XVI, 553, 40. Februarius mensis delectabilis ultra modum splendidissimus apparuit, copia vini defuit, quoniam ab aquarum inundantia deperiit. Ovium seu apum locis in diversis acerrima pestis desaevit. 554, 5. Febris varia, pestis atque nociva nimis anxiari nos valde incepit ante festum sancti Joannis baptistae eiusdem praeclarae nativitatis (24. Jun.), atque affligens corpus cum

---

1) Die Nachricht erscheint wenig glaubwürdig. s. o. p. 28—29.

membris horrorem nobis mortis incussit, vix nos tandem post plura incommoda reliquit. 24. Anni huius explanaturus laude insignia, promamus sic huius quoque sibi convenientia. Aestas quippe rutilans delectabilis extitit et sicca, florum frondiumque ornata, agricultura peroptima, vindemiae bonae; pars larga ovium, apum residuarum transacti anni dedit beneficia. Viridaria cum nemoribus interius referta extiterunt omni copia. Augustus mensis nihilominus calidus et siccus omnibus copiis abundans, Deo providente, humano generi attulit non modice consolationem sive ubertatis, suae paupertati relevationem. September cum October omni abundantia ditati vini, panis, olei ac mellis pulchritudine solis, sanitate aeris pomorum silvarumque copia extitit — — — ‖ Cont. Aquicinct. S. S. VI, 413, 14. Ipso die (8. Nov.) ventus vehemens, pluvie mixtus, periculosus et dampnosus extitit, — — ‖ Ann. Egmund. S. S. XVI, 467, 31. Estas ferventissima fuit. Eodem anno circa festum omnium sanctorum (1. Nov.) ventus maximus erat, quem inundatio maxima secuta est, adeo ut usque ad muros civitatis Traiectensis fluxerit mare et refluxerit, et piscis ille tantum marinus quem buollek vocant, circa muros eiusdem civitatis captus sit. In Kinemaria etiam tantum inundatio illa ex inproviso desevit, — — — ‖ Chr. reg. Col. prs. III. M. G. S. S. kl. Ausg. 120. Mare vehementia ventorum limitibus suis excussum, 4. Nonas Novembris (2. Nov.) terram Fresonum circa Stavern magna ex parte submersit. ‖ Ann. Magdeburg. S. S. XVI, 193, 8. Estatis fervor insolitus adeo, ut in plerisque locis terra solis exusta ardoribus, multos itinerantes tam equites quam pedites in pulverea precipicia inprovise ruentes periclitari fecerit, quam comitata est magna mortalitas hominum. ‖ Ann. Engelberg. S. S. XVI, 279, 31. *Erdbeben am 1. April.* Eodem anno magna mortalitas hominum facta est. ‖ Chr. Ursperg. M. G. S. S. kl. Ausg. 51. Terrae motus maximi facti sunt et ingens inundatio aquarum mense Septembri.

1171. Ann. Catalaun. S. S. XVI, 489, 44. 7. Idus Novembris (7. Nov.) ingens ventus auditus est in hac regione. ‖ Ann. Magdeburg. S. S. XVI, 193, 17. Repentina mors hominum et gravis pestilencia pecorum plurimas provincias vastat. ‖ Cont. Claustroneobg. III. S. S. IX, 630, 23. Hoc anno a nativitate Domini (25. Dec.) post septem ebdomadas Danubius congelatus est. His duobus annis tanta fuit ariditas, ut aque fere omnes preter Danubium in partibus Austrie exsiccarentur. Et tamen tanta copia alimentorum fuit ut homines et pecora satis habunde sustentarentur.

1172. Ann. Magdeburg. S. S. XVI, 193, 20. Mense Januario ingens fragor ventorum, et in Februario crebra micuerunt fulmina.

1173. Sigeb. cont. Aquicinct. S. S. VI, 414, 21. Hyemps solito asperior, hyemi accedit intemperies aeris. Nam corrupto aere mense Decembri, homines succumbunt infirmitatibus diversis; multi etiam infirmitate illa moriuntur, quam medici vocant catarrum et tussim. ‖ Ann. Bland. S. S. V, 29, 48. Pestilentia hominum ex tussi morientium. ‖ Ann. Egmund. S. S. XVI, 468, 4. Hyemps validissima et pene nivis expers extitit. 11. 6. Idus Mai (10. Mai) 5. feria secuta est plaga maxima diluvii cum tanto impetu decurrens, qualem numquam Traiectensium aliquis viderit — — ‖ Chr. reg. Col. prs. III. M. G. S. S. kl. Ausg. 124. Ipso anno in Kalendis Decembris tussis intolerabilis et inaudita omne Theutonicum regnum et precipue Galliam Comatam pervasit, senes cum iunioribus et infantibus debilitavit, plures morti addixit. Monasteriensis episcopus Luodevicus eadem peste occubuit. ‖ Ann. Staden. S. S. XVI, 347, 38. Terra circa Bremam arsit graviter in aestate fervida fere per mensem, et per se cessavit. ‖ Ann. Magdeburg. S. S. XVI, 192, 22. 3. Idus Februarii (11. Feb.) nube rubea in celo apparente, secuta est magna siccitas terre, ut frugibus exarentibus,

plerisque in locis nec futuri seminis auxilium inveniretur. Processit item
de terra nebula crassa, de qua concepta est in hominibus tussis gravissima, ipsaque lues graviter invaluit, pluribus ex ea morientibus et
precipue pregnantibus. Mortuus est ex ea Lotowigus Monasteriensis
episcopus. || Ann. Palid. S. S. XVI, 94, 40. Nix inopinata descendit
in festo sancti Servacii (13. Mai) — — que nix plures arbores silvaticas
et fructiferas confregit, stantes quoque fruges obpressit. Ipso anno
gravis pestis in hominibus facta est, adeo ut multi laboriose tussiendo
animas exhalarent. || Ann. Veterocell. S. S. XVI, 42, 42. Tussis magna
fit. || Cont. Cremifan. S. S. IX, 546, 6. Hiemps valida. Circulus san-
guineus cira lunam, et cruces visae sunt. Danubius mense Februario,
naturali meatu obcluso glatię rupta exundans, in utraque sui ripa in-
audita strage homines, villas, iumenta consumit. || Cont. Claustroneobg. II.
S. S. IX, 616, 31. Facta est alluvio magna fluminis Danubii
hiemali algore concreta in civitate quae dicitur Chremis et in finibus
eius, in qua multiplex hominum et pecorum pars interiit set et domi-
cilia humana in undoso impetu deciderunt [1])

1174. Roberti canon. S. Mariani Autissiod. chr. S. S. XXVI, 241, 6.
Hoc anno in mense Novembri tanta aquarum inundatio contigit, quantam nullus qui tunc viveret se vidisse vel audisse meminerit. Nam diluvii instar latitudinem camporum exundans, multa edificia diruit, caulas
subvertit ovium, submersit villas, sata absorbuit; unde et in subsequenti
tempore vehementissima fames inhorruit. || Ann. Bland. S. S. V, 29, 49.
Pluviale tempus incessabiliter a festo sancti Johannis (24. Jun.) us-
que in finem anni, et magna penuria vini et omnium frugum. || Ann.
S. Jacobi Leod. S. S. XVI, 642, 19. Hoc anno facta est inundatio
aquarum.................. infirma, amplius vindemia, mustum......
...... || Lamberti Parvi Ann. S. S. XVI, 648, 60. Inundatio aquarum
maxima. Pluvia iugis a festivitate sancti Johannis babtiste (24. Jun.)
usque Kal. Junii. Seges tarda, mustum vix Symonis et Jude (28. Okt.).[2]) ||
Chr. reg. Col. prs. III. M. G. S. S. kl. Ausg. 125. Totum aestivum
tempus in pluvias hyemales conversum est, unde segetes et vineae sunt
corruptae. 126. Inundatio Reni et fluviorum insolita et diutina. ||
Ann. Rem. et Col. cont. S. S. XVI, 733, 40. Tussis magna fuit. || Ann.
S. Vincentii Mett. S. S. III, 159, 1. Inundationes aquarum. || Ann.
Magdeburg. S. S. XVI, 193, 30. Hoc anno multa edificia vi ventorum
diruta sunt, annosa robora evulsa; fruges habundabant, vinum deperiit. ||
Ann. Pegav. cont. S. S. XVI, 261, 7. Vinum et fruges perierunt. || Cr.
S. Petri Erford. mod. S. S. XXX, 371, 41. Hoc anno ex assiduitate ventorum estas solito calore caruit, unde et vinum seu frumentum
multis locis periit. Autumnali eciam tempore ex assiduitate imbrium et instancia ventorum facta est aquarum inundacio non mo-
dica. || Ann. Ratispon. cont. Hugonis de Lerchenfelt S. S. XVII, 589, 5.
6. Kal. Junii (27. Mai) bruma consumsit totas fruges siliginis circa Ratis-
ponam et vinum.

1175. Roberti canon. S. Mariani. Autissiod. chr. S. S. XXVI, 241, 17.
Valde fuerunt tenues segetum messiones, quia magna ex parte quae
coloni terrae mandaverant preteriti anni exundationes obruerant. || Sigeb.
cont. Aquicinct. S. S. VI, 415, 18. Estas pluviosa et dampnosa
mensem Augusti mensis et autumpnalem vindemiam protelavit. Per
Galliam et Germaniam panis inopia multos affligit. Sub hac tempestate multi monachi et milites in hac nostra regione elemosinas largas

---

1) So der cod. Scotorum, die Codices der B-Klasse haben inhaltlich dieselbe Nachricht, aber in kürzerer Fassung.
2) Die Nachricht stammt aus den Ann. S. Jacobi Leod. und er-
gänzt zum Teil ihre verstümmelte Fassung.

pauperibus tribuebant; inter quos Valcellenses monachi eminebant. 23. Magna circa nativitatem Domini fluminum redundantia, in tantum, ut Sequana, Axona et Hysa alveos suos egressi, sub una nocte magnum circummanentibus damnum inferrent, multos etiam necarent. ‖ Cʜ. S. Pᴇᴛʀɪ Eʀꜰᴏʀᴅ. ᴍᴏᴅ. S. S. XXX, 371, 46. Estatis quoque siccitas magna fuit.

1176. *Hungersnot in Mittelfrankreich (Roberti chr.), in Lothringen (Ann. Catalaun., Ann. S. Vincent. Mett.) und dem Elsaſs (Ann. Maurimonast.).* Sɪɢᴇʙ. ᴄᴏɴᴛ. Aǫᴜɪᴄɪɴᴄᴛ. S. S. VI, 415, 40. Magna panis et vini abundantia. ‖ Rᴏʙᴇʀᴛɪ ᴄᴀɴᴏɴ. S. Mᴀʀɪᴀɴɪ Aᴜᴛɪssɪᴏᴅ. ᴄʜʀ. S. S. XXVI, 241, 23. Maxima per Gallias fames invaluit[1]), in qua multarum abbatiarum, sed precipue Cisterciensis ordinis, magna apparuit munificentia in pauperibus sustentandis. In plerisque etiam ecclesiis multa ob sustentacionem pauperum invadiata sunt ornamenta, multa sanctorum fereta decrustata. ‖ Aɴɴ. Cᴀᴛᴀʟᴀᴜɴ. S. S. XVI, 489, 45. Fames valida ubique terrarum, ut ex sextarius frumenti ad 15 solidos acciperentur.‖ Aɴɴ. S. Vɪɴᴄᴇɴᴛɪɪ Mᴇᴛᴛ. S. S. III, 159, 2. Fames valida. ‖ Aɴɴ. Mᴀᴜʀɪᴍᴏɴᴀsᴛ. S. S. XVII, 181, 29. Hiems dura fuit et hominum pestilentia et fames magna et siccitas et fervor maximus.

1177. *Die Hungersnot des vorigen Jahres dauert noch fort (Ann. S. Clement. Mott., Ann. S. Renigni, Div.). Bei der isolierten Nachricht aus Franken (Ann. Halesbrunn.) wird man besser einen besonderen lokalen Notstand, als eine Ausdehnung der Hungersnot so weit nach Osten annehmen.* Sɪɢᴇʙ. ᴄᴏɴᴛ. Aǫᴜɪᴄɪɴᴄᴛ. S. S. VI, 416, 42. Estas nimium fuit sicca et calida. Messis triticea provenit uberior solito. Post finem mensis Augusti, autumpnus nimis extitit pluvialis. Vindemia etiam ipsius temporis multis in locis corrupta est. Nam quadam matutinali nebula uve contacte atque ita putrefacte sunt, ut vinum ex eis expressum magnum bibentibus attulerit incommoditatem. Multi etiam in hac nostra regione diversis laborant febribus, multi et moriuntur. 53. Initium hyemis frequentibus pluviis et ventorum flabris satis molestum. ‖ Cʜʀ. Cʟᴇᴍᴇɴᴛ. Mᴇᴛᴛ. S. S. XXIV, 502, 3. Fames valida. ‖ Aɴɴ. S. Bᴇɴɪɢ. Dɪᴠ. S. S. V, 45, 29. Hoc anno fames valida invaluit. tabula argentea maioris altaris pauperibus duxit.... ‖ Aɴɴ. Hᴀʟᴇsʙʀᴜɴɴ. S. S. XVI, 14, 30. Hyemps dura et hominum pestilentia simul evenerunt, et subsecuta magna fame, tanta siccitas et tantus fervor estatis subsecuta sunt, ut queque virentia exsiccarent. ‖ Aɴɴ. Pʀᴀɢᴇɴs. S. S. III, 121, 9. Nimia siccitas attenuavit fruges.

1178. Sɪɢᴇʙ. ᴄᴏɴᴛ. Aǫᴜɪᴄɪɴᴄᴛ. S. S. VI, 417, 19. Circa finem Januarii mensis, cum gelu et nix liquarentur, inundatio fluminum per totas Gallias talis erupit, que sclusas vivariorum et structuras molendinorum rapido impetu secum ferret, domos everteret, multos etiam necaret. 32. Estas sicca nec nimis calida usque ad 5. Non. Julii (3. Jul.) extitit. Abhinc pluvie erumpentes, usque in ipsis Kalendis Januarii homines afflixerunt. Nam fenum secare, triticum metere, vinum colligere, semen iacere vix potuerunt. ‖ Cʀ. S. Pᴇᴛʀɪ Eʀꜰᴏʀᴅ. ᴍᴏᴅ. XXX, 372, 23. Hyemps diuturna, adeo ut a XII. Kal. Novembris (21. Okt.) usque in mediam quadragesimam ferme duraverat. ‖ Aɴɴ. S. Pᴇᴛʀɪ Eʀᴘʜᴇsꜰ. ᴍᴀɪᴏʀ. M. G. S. S. kl. Ausg. 62, 30. XI. Kal. Augus. (22. Jul.) tempestas valida et grando insolita, ita ut non tantum fruges in plerisque partibus interirent, verum et arbores in plerisque locis foliis et ramis magnitudine grandinis lapidum penitus vastarentur.

1179. Sɪɢᴇʙ. ᴄᴏɴᴛ. Aǫᴜɪᴄɪɴᴄᴛ. S. S. VI, 417, 42. Secunda ebdomada mensis Januarii nives copiose ceciderunt, subsequitur gelu maxi-

---

1) Über die Entstehung der Hungersnot s. die beiden vorhergehenden Jahre.

mum, usque in medium mensem Februarium, nimis molestum. Reliqui dies eiusdem mensis, Marcius quoque et Aprilis, vento flante continue subsolano, gelidissimi fuerunt nimis. Hoc istius anni inicio carissima pecudum fuit annona, ita ut quod retroactis annis tribus comparabatur denariis, nunc tribus venderetur solidis, feni videlicet et straminis. Subsequuta est mortalitas ovium seu boum. 418, 3. Messis triticea solito fuit rarior; porro avena seu tercii mensis semina suprascripta reparavere dampna. 7. Autumpnus perpulcher et calidus usque 5. Nonas Octobris (3. Okt.) extitit. || Ann. Elnon. maior. S. S. V, 15, 45. Eodem anno factum est gelu grave, durans ab Id. Nov. (13. Nov.) usque circiter Kal. Mai. || Ann. Magdeburg. S. S. XVI, 194, 38. Hiemps gravis ipso anno ipsum etiam vernum tempus occupavit, ita ut 13. Kal. Julii (19. Jun.) flores in arboribus primum apparerent. || Ann. Admunt. cont. A. S. S. IX, 585, 38. Grando multa.

1180. Sigeb. cont. Aquicinct. S. S. VI, 418, 50. Hoc anno per hanc nostram Galliam profert humus frumentum, hordeum, legumina et sufficientem avenam.

1181. Ann. Stederburg. S. S. XVI, 214, 51. Eo tempore nec ad praesentem annum spectantes fruges habuimus, et futuro prospicere, quia seminare non potuimus, nullatenus valuimus; unde pro conquirenda annuna sexaginta novem marcas argenti expendimus. || Ann. Marbac. S. S. XVII, 161, 42. Annona cara, vinum bonum et bene venale.

1182. Sigeb. cont. Aquicinct. S. S. VI, 421, 17. Luna mensis Augusti et in accessu et in discessu nimis extitit pluviosa et admodum frigida; que magnam incommoditatem per multa generavit loca. Nam segetes humide in horreis sunt recondite; fenum nundum resecatum nec collectum vix potuit colligi; et quod plus omnes pene dolent, vini maturitas et collectio tardius provenit. || Ann. Egmund. S. S. XVI, 469, 33. Hiemps mollis. || Ann. Marbac. S. S. XVII, 161, 46. Vinum multum et bonum; hama vendebatur pro 6 denariis Argentinensibus. || Cont. Cremifan. S. S. IX, 546, 36. Inundationes variae.

1183. *Lokale, auf Holland beschränkte Hungersnot, entstanden durch Überschwemmungen und anhaltenden Regen, der die Ernte verdirbt (Ann. Egmund.).* Ann. Egmund. S. S. XVI, 469, 37. Eruptio fluminum in plerisque locis fuit, et tanta inundatio pluviae, ut sata omnia interirent, maxime in episcopatu Traiectensi et Hollandensi comitatu, ut innumera multitudo famis angustia impellente propria colonia relicta, alias migraverit. || Ann. Floreff. S. S. XVI, 625, 25. Mense Julio tanta aquarum eruptio ex imbrium collectione facta est, quod et villas et sata vastavit, domos subvertit, plurimos submersit. || Cont. Cremifan. S. S. IX, 546, 40. Hiemps asperrima eodem anno.

1184. Ch. S. Petri Erford. mod. S. S. XXX, 374, 20. Verno tempore ventus vehemens et assiduus magnam cladem intulit, ita ut non solum semina verum ipsam quoque terram, cui iniecta erant, traiceret.

1185. Ann. S. Dionysii Rem. S. S. XIII, 84, 9. Ea vini fuit abundantia, ut quodcumque vas hominum ad recondendum non sufficeret, multaeque vineae vindemiandae brutis animalibus relictae fuerint.|| Ann. S. Vinc. Mett. S. S. III, 159, 9. Inundatio aquarum. || Sigeb. cont. Aquicinct. S. S. VI, 423, 24. Hic annus habundat frumento et vino.

1186. Siged. cont. Aquicinct. S. S. VI, 424, 14. Pridie Kal. Julii (30. Jun.) turbo gravissimus et tempestas valida, ab Affrico veniens et ad subsolanum tendens, per multa loca fruges et omnia sata pessumdedit. Nam lapides ovo galline maiores per loca diversa ceciderunt, qui pecora in campis et aves in aquis occiderunt, fenestras quoque vitreas ecclesiarum, et domorum tegulas confregerunt; stipula quoque, que in agris remanserat, ita erat fetens et inutilis, ut nec pastui esset apta bestiis. 23. Vindemia in pago Belvacensi et Noviomensi per tempestatem suprascriptam tota pene perdita, non solum in his locis, sed etiam in Arida Gamantia vel Humida, in comitatu quoque Ostrevandensi et Hainoensi; et ubicumque transivit, flenda et dolenda reliquit vestigia. || GISLEBERTI CHR. HANONIENSE M. G. S. S. kl. Ausg. 174. Eodem anno et tempore mense Julio tempestas quedam magna cum tonitruo et grandine et pluvia a Warda sancti Remigii per mediam Hanoniam in longum transvolans, segetes in campis non solum prostravit, sed totus contrivit, arbores desiccavit, aves in nemoribus et campis et lepores et feras in silvis interfecit, bestias eciam in pascuis occidit, et Hanoniam graviter afflixit. || ANN. PRAG. S. S. III, 121, 17. Eclypsis solis feria quinta; mortalitas hominum facta est. || CHR. PULKAVAE ED. DOBNER, MONUM. HIST. BOEM. III, 198. Item eodem anno sol paciebat Ecclipsim, et magna mortalitas hominum est secuta.

1187. ANN. S. DIONYSII REM. S. S. XIII, 84, 11. Tantus fuit vini defectus, ut infinitae vineae sine omni fructu invenirentur, ubique aliquando fuerunt collecti centum modii vini, vix unus inventus est. || ANN. MELL. CONT. S. S. IX, 505, 26. Omnium penuria maxima facta est, et pestilentia hominum simul et animalium.[1]

1188. CHR. REG. COL. CONT. I. M. G. S. S. kl. Ausg. p. 140. In Aprili eruptiones rivulorum factae, quales ante nemo viderat; sed et in siccis locis iuxta fluenta maximarum inundationum ebulliciones apparuerunt. Estas sicca et ferventissima fuit.

1189. LAMBERTI PARVI ANN. S. S. XVI, 649, 43. Tanta inundatio aquarum facta est mense Aprili in civitate Leodiensi, in ea parte, que dicitur extra castrum, ut multos submergeret, et mortuorum corpora diluvium aquae de sepulchris erueret. || CHR. REG. COL. CONT. I. M. G. S. S. kl. Ausg. 143. Estas ferventissima usque ad Augustum mensem fuit, in quo etiam mortalitas hominum et pecudum inmensa contigit.

1190. CHR. REG. COL. CONT. I. M. G. S. S. kl. Ausg. 147. Hyems sicca et calida. Mortalitas hominum inmensa. — In Maio grando insolita circa Moguntiam ad 100 villas et amplius omnia vastavit. Omnis hic annus pluvia et crebris inundationibus plenus fuit.

1192. CONT. AQUICINCT. S. S. VI, 428, 13. 18. Kal. Febr. (15. Jan.) 4. feria, post solis occasum, in ipso noctis crepusculo, visa est a multis species ignis terribilis, totum orbem ad partem borealem occupans. Subsecuta est in multis locis in partibus illis plaga ignis divini. Unde in episcopatu Tornacensi et multis locis indictum est ieiunium 6. ferie exceptis infirmis et infantibus universis. 429, 29. Luna mensis Augusti crescens et decrescens nimis extitit pluviosa et tempestuosa, et metentibus nimis molesta; tamen subsequens luna mensis Septembris fuit gratiosa, unde messis triticea et vindemia mediocriter fuit bona. || BALD. NINOV. CHR. S. S. XXV, 537, 40. Eodem anno ignis in aere visus est per totam Galliam nocte, ita ut singuli proxima sibi loca ardere putarent. Subsecuta vero est fames fere septennis.[2] || CHR. REG. COL. CONT. I. M. G. S. S. kl. Ausg. 155. Estas ferventissima in Augusto mense subito tepore refriguit; unde febres acutae et quartaniae passim in hominibus dominantur.

1193. ANN. S. STEPH. FRISING. S. S. XIII, 55, 16. Locus noster — — attritus est — — grandinis depopulatione.

---

1) Die Datierung der Annalen in diesem Teile ist sehr unsicher, daher ist der Notiz, die durch keine anderen Nachrichten bestätigt wird, wenig Bedeutung beizulegen.

2) Die Hungersnot begann nicht, wie die Chronik anzunehmen scheint, schon in diesem Jahre, sondern wie sie nachher in Übereinstimmung mit den anderen Nachrichten angiebt, erst 1196.

1194. Ann. Floreff. S. S. XVI, 626, 1. Grando mirae magnitudinis mense Julio cum impetu venti ruens, vineas et sata vastavit, arbores concussit, fructus excussit, tecta et vitreas confregit. || Reineri ann. S. S. XVI, 651, 35. Messis bona, vindemia optima. || Chr. reg. Col. M. G. S. S. kl. Ausg. 156. In Maio vinee floruisse vise sunt. || Ann. S. Vitonis Virn. S. S. X, 527, 46. Fames valida adeo ut frumentum precio 4 librarum venumdaretur.¹) || Ann. Scheftlar. maior. S. S. XVII, 337, 31. Facta est grando et tempestas valida 11. Kal. Septembris (22. Augst.). || Cont. Cremifan. S. S. IX, 548, 30. Danubius in Austria glaciali molestia versus Niwenburch ebullit, et meatum suum longius vagando relinquens, homines cum villis mergendo adnichilavit. Eadem regio mirabili incendio in civitatibus et opidis et villis et uredine in agris longius late rara annona consumendo depauperatur. Inundationes tribus vicibus magnae et intollerabiles atque insolitae omnes pene regiones, villas et circumpositas domos demoliendo occupaverunt. || Cont. Claustroneorg. II. cod. Scotor. S. S. IX, 619, 24. Hoc anno propter ariditatem terre que totam Austriam invaserat, coloni eiusdem terre cruces suas tollentes cum orginibus diversa limina sanctorum pecierunt. 31. Danubius iam vice altera contra solitum inundans, vicina loca cum hominibus et iumentis occupat.

1195. *Ein regnerischer Sommer (Cont. Aquincinct., Reiner.) bereitet die grofse allgemeine Hungersnot des folgenden Jahres vor. An zwei Stellen, im Elsafs (Ann. Argent.) und in Österreich (Cont. Claustroneoburg. II), wo auch das Jahr 1194 schon besonders ungünstig war, kommt es schon jetzt zur Hungersnot.* Siged. cont. Aquicinctina VI, 432, 50. Pluvia mensis Augusti metentibus nimis fuit molesta, Septembris vindemiam colligentibus gravis Octobris seminantibus nimis incommoda. Sexto Idus Octobris (10. Okt.) ventus vehemens post noctem mediam ab Affrico veniens, domos evertit, — — || Reineri ann. S. S. XVI, 652, 6. Hoc anno pluvia iugis a festo sancti Johannis (24. Jun.) usque ad natale Domini, et maxime tempore sationis, ita ut in natale Domini vix esset perseminatum. 11. Hoc anno modius siliginis circa Maium 18 solidis, modius speltae 9, modius ordei octo se redemit. Messis pigra, vindemia tarda et periculosa. Hoc anno tempestas gravissima post festum sancti Jacobi (25. Juli) omnes fruges contrivit, numquam antea tam gravis, sicut dicebatur ab his qui seniores erant, in diebus eorum apparuit; per multa enim loca diversis temporibus istius anni cursum suum fecit nec aliquis locus est huius provinciae, qui ab hac tempestate immunis extiterit. || Ann. Argent. S. S. XVII, 89, 32. Eodem anno facta est maxima fames in terra. || Cont. Cremifan. S. S. IX, 549, 2. Inundationes iterum diversae, et intemperies aeris totum pene orbem vexat. 6. Sterilitas agrorum ubique terrarum. || Cont. Claustroneorg. II. cod. Scotorum S. S. IX, 619, 39. Fames magna homines et iumenta aut penitus deficere aut mori coegit. || Cont. Claustroneobg. II. cod. B. S. S. IX, 619, 24. Fames valida facta est in Teutonia.²) || Cont. Clau-

---

1) Die Nachricht gehört zu einer Gruppe von Nachrichten, die nach Angabe des Herausgebers Waitz einem den Ann. S. Vincentii Mett. nahe verwandten Werke entstammen. Die vorliegende Nachricht entspricht dann Ann. S. Vinc. a. 1197 und ist also hier wertlos.

2) Die Codices der B-Klasse bringen die Nachricht irrtümlich schon a. 1194. Das Versehen ist durch eine Verschiebung entstanden, indem sie alles, was cod. Scot. richtig unter 1194 bringt, an den Schlufs von 1193 setzen. So bleibt für 1194 überhaupt keine Nachricht übrig und hier findet sich dann die Nachricht über die Hungersnot, die cod. Scot. am Anfange von 1195 bringt. Beide Handschriften fahren dann 1195 sehr ähnlich fort.

STRONEOBG. III. S. S. IX, 634, 13. Hoc anno autumpnali tempore quoddam genus locustarum, 4 pennas habens, venit ab exteris regionibus, transiens per Ungariam et Marchiam et Carniolam, vastans in circuitu omnia; cum elevaretur a terra quasi nebula consurgebat, et pre multitudine sua lucem diei et splendorem solis obtenebrabat. **1196.** *Beginn der grofsen allgemeinen Hungersnot, die über Belgien (Cont. Aquicinct., Ann. Elnon., Bald. Ninov., Ann. Floreff. Reiner.), Lothringen (Ann. Derv.), Westdeutschland (Chr. reg. Col., Caes. Heisterbac.) und Süddeutschland bis nach Österreich hin (Ann. Zwifalt., Ann. Scheftl., Ann. Wernh., Cont. Cremif.) sich ausdehnt.* SIGEB. CONT. AQUICT. S. S. VI, 433, 36. Multi, et maxime iuvenes, acuta febre moriuntur; inter quos et Johannes Cameracensis episcopus, cum ad regem in Northmannia proficisceretur, Ambianis mortuus est. Gravissima panis penuria hoc anno multos afflixit et multos pauperavit. Ab Apennino monte usque ad mare Oceanum, per totam Galliam et Germaniam, fames in tantum prevaluit, ut maximam utriusque sexus multitudinem contigerit interisse. Nam triticum 40 vel 50 solidis venundabatur; quod pro quatuor aut quinque ante hanc pestem dabatur; unde accidit ut multi, qui putabantur sibi sufficientes esse, diro famis gladio perurgente, coacti sunt alio emigrare. Sicque factum est, ut excrescentem pauperum multitudinem sine magno gravamine sustentare possent hii, qui respectu Dei manum misericordie eis porrigebant. Carnes quoque iam fetentium animalium et radices inusitatas herbarum compulsi sunt manducare. Non tantum panis, set etiam cetere res manducabiles, inaudito nobis precio venundabantur. Lupi circa Alpes in itineribus et in villis in unum congregati, absque ullo timore multos devorant. Triticea messis et avene collectio ultra estimationem hominum fuit rarissima. ‖ ANN. ELNONENS. MAIOR. S. S. V, 16, 23. Hoc anno apud Tornacum rasera frumenti venundatur 50 solidis quod a predecessoribus nostris non est auditum. ‖ BALDUINI NINOV. CHR. S. S. XXV, 538, 7. Fames prioribus annis paulatim cepta totum mundum conterruit anno Domini 1196. Pauci tamen perierunt, quia a fidelibus sustentati sunt. ‖ ANN. FLOREFF. S. S. XVI, 626, 3. Hoc anno fames valida multos extinxit. ‖ REINERI ANN. S. S. XVI, 652, 20. Annus iste gravis et periculosus, seges cara. 24. Pluvia iugis et periculosa, pauperes maximam victus patiuntur penuriam, et maxime circa principium Augusti Corpus beati Lamberti propter imminentia pericula, et pluviarum inundationes, et timorem sterilitatis et egrae messis et parvae, in vigilia sancti Jacobi (24. Jul.) cum maxima devotione non sine multis lacrimis in montem Cornelii deportatur, ibique missa spetialis a clero et populo sollempniter celebratur — — — Messis tarda circa festum sancti Bartholomei (24. Augst.) vix habuit principium, eodemque tempore modium siliginis 18 solidis vendiderunt, modium speltae 8 solidis et dimidio. 37. Satio pulcra, mustum vix habitum Luce euangelistae (18. Okt.); sic permansit tempus usque ad finem incarnationis, hoc est natalis Domini (25. Dec.). Hiemps prolixa usque ad Martium. ‖ ANN. DERVENSES S. S. XVI, 490, 24. Fames valida ita ut frumentum XXX sol.[1]) ‖ CHR. REG. COL. CONT. I. M. G. S. S. kl. Ausg. 158. Penuria frumenti et annonae magna facta est, quae et in sequentem annum usque duravit. Eratque fames valida et pene omnium victualium penuria inaudita. — Estas frigida et humida. ‖ CAES. HEISTERBAC. DIAL. DIST. II. c. 30. ED. STRANGE I, 103. In principio episcopatus eiusdem Adolphi, cum praecessissent anni magnae

---

1) Pertz vermutet auf Grund einer Notiz Abfassung der Annalen in S. Mustier en Der, jedenfalls stammen sie aus der Diöcese Châlons sur Marne.

abundantiae, tres fuerunt anni tantae sterilitatis, ut in primo modius siliginis venderetur marca argenti.¹) || Ann. Zwifalt. maior. S. S. X, 57, 39. Maxima tres annos pressit fames hic Alamannos. || Ann. Scheftl. maior. S. S. XVII, 337, 34. Fames valida facta est. || Ann. Wernheri aliorumque Tegernseen. S. S. XXIV, 58, 28. Hoc anno fames valida et annona ita cara, ut modium in Augusta venundaretur 30 solidis, et Francienum vinum non erat penitus. || Cont. Cremifan. S. S. IX, 549, 14. Rara annona et sterilitas magna in diversis mundi partibus.

1197. *Die Hungersnot nimmt noch an Intensität zu, auch das Notstandsgebiet hat sich noch weiter ausgedehnt, die Nachrichten sind zahlreicher. Es sind erhalten Berichte über die Hungersnot aus Belgien (Guielm. chr. Andr., Ann. Elnon., Cont. Aquicinct., Bald. Ninov., Ann. Parch., Reiner, Hist. monast. Vicon.), Lothringen und Ostfrankreich (Ann. S. Vincent. Mett., Chr. universal. Mett., Ann. S. Pauli Vird., Ann. Dervens., Ann. S. Nicasii Rem.), Westdeutschland (Chr. reg. Caes., Heisterbac.), Westfalen (Caes. Heisterbac.) und Süddeutschland (Ann. Spiren., Ann. Marbac., Chr. Ebersh., Ann. Ottenbur. Ising. min.).* Guielmi chr. Andren. S. S. XXIV, 724, 47. Ceptum opus²) brevi tempore elapso surgit in altum, et famis angustia totam affligens patriam urget et accelerat opus sumptuosum. Nam multos hic operarii vidimus non nummis conductos, sed solo pane et tenui cervisia contentos et pro adiectione alicuius pulmenti satis exhilaratos. || Ann. Elnon. maior. S. S. V, 16, 27. Viatici copia deficiente, fit fames acutissima et clades vehemens. || Siged. cont. Aquicinct. S. S. VI, 433, 52. Menses Januarius, Februarius, Martius quoque et Aprilis, hoc anno fuerunt naturales et hominibus gratissimi. Verumtamen fames, annis superioribus concepta, nullum habuit temperamentum, quia superioris anni annone rara collectio nullum potuit conferre levamentum. Nam usque hodie fame moriuntur milia milium; multi enim hac necessitate constricti, contra consuetum vivendi usum latrones effecti, laqueo sunt suspensi. Set vernalis temporis temperies gratiosa, et seminum ut videtur pulchra processio, fit expectantibus non minima consolatio. 434, 19. Vindemia per totam Franciam, in pago scilicet Remensi, Laudunesi, Suessionensi, Noviomensi et Belvacensi, rara fuit et tarda; unde accidit, ut rustici, qui vineas colebant et pecuniam super vinum futurum mutaverant, non valentes vinum reddere, compulsi sunt fugere. || Balduini Ninov. chr. S. S. XXV, 538, 30. Fames, que 6 fere annis debachata est, ita omnia consumpsit, ut sextarius siliginis, quem 7. denariis apud Niniven constare vidimus, 19 solidis Valenchenensis monete venderetur. || Ann. Parch. S. S. XVI, 606, 40. Hoc anno vendebatur modius frumenti 63 solidis et modius siliginis 53, modius vero ordei 30 et amplius, et multi fame perierunt. || Reiner. S. S. XVI, 652, 41. Anni istius periculum vix audeo scribere, cum numquam similem viderint, qui vixerunt hoc tempore. Multitudo pauperum fame moritur. Cadavera mortuorum animalium indifferenter ab eis comeduntur, et fere ab universis propter imminentem necessitatem desperatur. Modius siliginis 18 solidis, modius speltae 10 usque ad festum sancti Barnabe (11. Jun.) venditur. Insequenti autem die (12. Juni) de modio siliginis 32 solidi accipiuntur, de modio speltae 17. Procedente autem tempore cum messis adesse speraretur, malum increvit, et circa festum sancti Jacobi (25. Juli) modius siliginis 40 venditur, modius spelte 20 solidis. Pauperes per plateas iacebant et moriebantur et ante fores ecclesiae nostrae,

---

1) Adolf von Altena war Erzbischof von Köln 1193—1205, die Notjahre sind nach der Chr. reg. Col. 1196, 1197 und 1198.
2) Ein Krankenhaus für das Kloster.

cum matutinae laudes canerentur, iacebant gementes et morientes, elemosinam quae summo diluculo fiebat expectantes. Hoc anno in epiphania (6. Jun.) annona defuit nobis, et plus quam centum marchas usque ad Augustum in pane expendimus, nec vinum a medio Maio nisi raro usque ad novam vindemiam habuimus. Cervisia autem toto anno defuit nobis. Panem vero siligineum 15 diebus ante Augustum comedimus, aquam autem in conventu indifferenter bibimus. Quid plura? Annus iste post plurima pericula dissentionis, que praecesserant, gravissimus fuit ecclesiae nostrae, qualem nec prius habuit nec amplius possit habere. Abbas noster domnus Gozuinus cum in tanto defectu posse suum videret deficere, abbatiam, praesente episcopo Alberto, in capitulo nostro in die sancti Marci ewangeliste (25. Apr!.) sponte resignavit. Episcopus autem liberam optionem eligendi nobis, sicut debuit, dedit; nos autem communi habito consilio in momento, in ictu oculi ut ita dicam, domnum Gerardum, abbatem Sancti Laurentii, virum iuvenem, set iudustrium et providum, et in omnibus locis abbatiae nostrae amicis optimis, qui prius nostra diripiebant, vallatum et munitum, elegimus. — — — ‖ Hist. monast. Vicon. cont. auct. Nicolao c. 7. S. S. XXIV, 302, 23. Arnulpho cum officialibus suis sumptuosius et lautius vivente, quam ordo exigeret, denuo cepit domus debitis obligari, maxime vero eo quod per multos annos annona ita fuit cara, quod infinita milia pauperum fame perierunt, et nos, qui multum seminavimus parum intulimus. Inde provenit, ut quod dandum erat pauperibus in usus communes verteretur, ut etiam ante ianuas religiosorum inedia confecti morerentur egeni. Tunc impletum est illud propheticum: Clerici eorum non proderunt eis. Erat ergo videre miseriam. Nam qui prius solebamus esse pauperibus liberales, pre nimia continuatione famis, que 5 annis sine interpolatione alicuius fertilitatis duravit, nobismet ipsis timentes, ne nihil serentes nihil reciperemus, plus quam mille marchatas avene ad opus iumentorum comparavimus. Siquidem in agricultura periti non solo foragio, sed et avena ea sustentari asserebant. Exinde accidit, ut quod dandum erat pauperibus pro iumentis expenderemus, venditoque nemore nostro, quod procerum et annosum nobisque valde necessarium habebamus, ad extremam fere penuriam devoluti sumus. c. 10. p. 304, 1. Desolationem Terre promissionis secuta est terre sterilitas, ut predictum est; in qua quidem, quod mirum est dictu, multa victualia inveniebantur venalia, licet grandi pretio venderentur, ut etiam inopes, si pretium habuissent, evadere potuissent. Tunc nos et omnes fere ecclesie regularium et secularium tum ex inhumanitate, tum ex diffidentia, retentis vasis aureis et argenteis aliisque ornamentis et pecoribus multis, graviter offendimus, quod fons misericordie ignoscat, eo quod in substentationem pauperum expensa non sunt; tantum nempe invaluerat fames, quod nihil aut modicum talis expensa crederetur proficere. Hanc sterilitatem, que inundatione pluviarum continua accidit, secute sunt guerre — — — ‖ Ann. S. Vincentii Mett. S. S. III, 159, 18. Fames valida; hoc anno venit quarta frumenti 12 solidis, et facta est mortalitas maxima. ‖ Chronica universalis Mettensis S. S. XXIV, 519, 25. Fames magna inaudita; venditio annone, quarta frumenti 13. solid. Met. ‖ Ann. S. Pauli Virdun. S. S. XVI, 501, 42. Eodem anno fames invaluit, ut maldrum 20 solidis comparetur. ‖ Ann. Derv. S. S. XVI, 490, 25. Hoc anno venditur similiter IX sol. ‖ Ann. S. Nicasii Rem. S. S. XIII, 84, 19. Facta est fames validissima, ita quod pauperes pre panis inopia morticiniis ovium equorum et boum etiam in ipsa quadragesima cogerentur vesci, et fecem vini loco panis comedebant; innumeri vero fame perempti sunt; sextarius quoque frumenti 16 solidis venditus fuit. ‖ Chr. reg. Col. cont. I. M. G. S. S. kl. Ausg. 159. Penuria annonae et frumenti magna et fames valida, ita quod maldrum siliginis in partibus Reni ad 15 solidos vendebatur. || Caes. Heisterbac. Dialog. miracul. dist. X, cap. 47 ed. Strange vol. II, 251. Post mortem praedicti Henrici Imperatoris tanta fames erat, ut maldrum siliginis in Alemannia marca Coloniensium, et in quibusdam provinciis decem et octo solidis venderetur, et ex magnitudine famis populus innumerabilis extingueretur. dist. IV. vol. I, 233.

c. 65. De largitate pauperibus famis tempore a domo Vallis sancti Petri exhibita.

Eo tempore quo fames illa validissima, quae anno Dominicae incarnationis millesimo centesimo nonagesimo septimo fuit, incubuit, et plurimos exstinxit, domus nostra, licet tunc temporis pauper fuerit ac novella, multis subvenit. Sicut dixerunt hi qui numerum inopum ante portam consideraverunt aliquando una die mille quingentis eleemosynae datae sunt. Dominus Gerardus tunc Abbas singulis diebus ante messem, in quibus carnibus uti licebat, bovem unum in tribus caldariis cum oleribus circumquaque collectis coqui iussit, et cum pane per singulos pauperes divisit. Simile factum est de ovibus aliisque pulmentariis. Sicque per Gratiam Dei omnes pauperes supervenientes, usque ad messem sustentati sunt. Et sicut audivi ab ore iam dicti Gevardi Abbatis cum timeret, ne forte annona pauperum ante tempus deficeret, et pistorem pro eo quod panes nimis magnos faceret, argueret; respondit ille: Credite mihi, domine, in pasta valde parvi sunt et in fornace crescunt. Parvi immittuntur et magni extrahuntur. Retulit mihi idem pistor, frater scilicet Conradus rufus, qui adhuc vivit, quia non solum panes in fornace, immo etiam farina creverit in saccis et in vasis, — — — c. 66. Eodem tempore domus in Hemmenrode, mater nostra non minorem caritatem, imo tanto maiorem, quanto ditior fuit, pauperibus exhibuit. Tanta enim fames pauperes premebat, ut mulieres praegnantes ante portam in nemore pariendi tempora implerent. — — Gerardus enim Praepositus sancti Simeonis in Treveri moriens circa sexcentas libras argenti illis legavit, ex quibus centum ad portam in usus pauperum sequestravit. Portarius vero centum libras suas recipiens, non ex eis vineas vel agros, sed totidem maldra siliginis apud Confluentiam comparavit, quibus satis sufficienter usque ad messem pauperes sustentavit. c. 67. Retulit mihi frater Godescalcus de Volmuntsteine, monachus noster, post eadem cara tempora cellarium quendam ordinis nostri de Westfalia occurrisse sibi. Quem cum interrogasset, quo festinaret, respondit ille: Ad concambium. Ante messem ob necessitatem pauperum pecora nostra occidimus, calices et libros nostros inpignoravimus. Modo Dominus misit nobis hominem, qui tantum nobis auri dedit, ut eius quantitas in duplo erogatis respondeat. Unde vado illud cambire pro argento, ut ex eo possim pignora nostra redimere, et greges reparare. || Ann. Spiren. S. S. XVII, 84, 2. Eodem anno facta est tanta fames quod multi mortui sunt; modius enim siliginis valuit octo uncias denariorum et modius tritici pro novem unciis vendebatur. || Ann. Marbac. S. S. XVII, 168, 29. Eodem anno apparuit commeta. Ipso quoque anno facta est fames tam valida in Alsatia, quod passim per campos et vicos gregatim mortui fame inveniebantur. Nam mensura, que vulgo burevirteil dicitur, marca argenti vendebatur. || Chr. Ebersheim. S. S. XXIII, 448, 31. Tantaque fames orta est, quod exinde multi interierunt. Siligo vendebatur quadringentis denariis, ordeum trecentis. || Ann. Ottend. Isingr. minor. S. S. XVII, 316, 54. Fames facta est tam magna per totam Germaniam, ut maltrum siliginis 30 solidis venderetur et maltrum tritici duabus libris. Que per quinque annos durans multa hominum milia necavit. || Cont. Cremifan. S. S. IX, 549, 15. Hoc anno in mense

Februario et Martio turbines ventorum maximi et inundationes et hominum infirmitates et pestilentiae efferbuerunt. ‖ Gvielmi chr. Andren. S. S. XXIV, 732, 14. Nam, ut verum fateamur, qui toto tempore sui ei conviximus, per 13 fere annos, *quibus huic loco prefuit, non minori pretio quam 10 solidis polkinum frumenti vendidit, et aliquando 20, aliquando 30, aliquando etiam 40 et amplius solidos inde accepit, sicque vicinorum penuria ei habundantiam ministravit.[1])

1198. *Die Hungersnot ist fast überall erloschen, nur noch an zwei vereinzelten Stellen in Trier (Gest. Trev.) und Neresheim in Schwaben (Ann. Neresh.) wird davon berichtet, doch besteht auch in Lüttich (Reiner.) und Köln (Chr. reg.) noch ein gewisser Notstand.* Reineri ann. S. S. XVI, 654, 15. Modius siliginis 15 solidis, mense Junii carius est venditus, modius speltae 7 solidis, modius ordei 8 solidis, vini sextarium 14 denariis est venditum, et vinum de Rochella primum in hanc civitatem est advectum. 20. Philippus — — — Mosellam transivit, quae prae siccitate nimia, qualis ante centum annos non fuit, transitum liberum praebuit. 52. Fluvius Mosa numquam minor visus est, quam fuit hoc tempore. Vinum carum. Modius siliginis 12 solidis. Modius speltae septem ante natale Domini. Moneta nova. ‖ Gest. Trev. cont. IV. S. S. XXIV, 392, 42. Fuit fames magna, ita ut maldrum siliginis marca venderetur. ‖ Chr. reg. Col., cont. I. M. G. S. S. kl. Ausg. 166. Penuriae annonae magna. ‖ Ann. Neresheim. S. S. X, 22, 43. Fames magna per tres continuos annos violenter oppressit terram hanc pluresque extinxit.

1199. Sigeb. cont. Aquict. S. S. VI, 435, 49. Messis et vindemia mediocriter abundat.

1200. Reineri ann. S. S. XVI, 655, 18. Modius siliginis pro tribus solidis et dimidio, modius speltae pro duobus solidis. Siccitas magna a medio Martio usque ad Kalendas Maii (1. Mai). 22. Inaudita mortalitas boum per totum imperium.

1201. Reineri ann. S. S. XVI, 655, 44. Hyemps longa a festo Sancti Martini (11. Nov.) usque ad Kal. Martii (1. März); annona bono precio fuit, set vinum carum. Bona spes fuit in flore vindemie, set postea frustrata est, Augusto impediente.

1202. Reineri ann. S. S. XVI, 656, 9. In Kalendis Februarii (1. Feb.) omnia victualia defuerunt nobis. Modius siliginis 5 solidis, speltae 40 denariorum, vinum 6 denariorum.

1203. Reineri ann. S. S. XVI, 657, 31. Mustum Mosellanum 10 denariorum, modius siliginis 10 solidorum, spelte autem 5 solidorum, hordei 4. ‖ Ann. S. Nicasii Rem. S. S. XIII, 84, 37. Hoc anno tantus fuit vini defectus, quod sextarius albi vini de Autisiodoro et partibus remotis adducti pro 32 denariis, vini vero rubei pro duobus solidis, medonis et cervisie pro 6 denariis contra solitum apud nos comparabatur.

1204. Reineri ann. S. S. XVI, 658, 13. Modius siliginis 8 solidis, speltae 5, ordei 4 venditur in festo omnium sanctorum anni praesentis (1. Nov.), vinum 8 denariis. ‖ Chr. reg. Col. cont. II. M. G. S. S. kl. Ausg. 175. Hoc anno hyemps prolixa et asperrima fuit.‖ Chr. reg. Col. cont. III. M. G. S. S. kl. Ausg. 216. Estas calida et sicca. 219. Hyemps longissima et nimis asperrima. | Ann. S. Nicasii Rem. S. S. XIII, 84, 40. Hoc anno vinee in floribus suis pluvia inundante corrupte, botris cadentibus paucos et parvos racemos retinentes, vix ad maturitatem pervenientes, ita defecerunt, quod modius vini pro

---

1) Vgl. auch ibid. p. 714, 47.

40 solidis emebatur, et pro vini penuria medone et cervisia braciata mel et avena cariora vendebantur.

1205. *Hungersnot in Thüringen (Chr. S. Petri Erford. mod.).* Reineri ann. S. S. XVI, 558, 51. Hyemps aspera et longa. Mortalitas ovium per totum imperium. 659, 5. De qualitate hyemis huius anni pauca volo scribere ad cautelam praesentium et noticiam futurorum. Hyemps hoc anno quinquies respiravit, graviorque semper fuit subsequens respiratio priore; prima respiratio in festo sancti Martini (11. Nov.), secunda in festo sancti Andree (30. Nov.), tercia in festo sancti Marcelli (16. Jan.), quarta in festo purificationis (2. Feb.), quinta in pascha (10. Aprl.). Per totum Februarium et totum Martium aratra non exierunt ad colendum nec cultores ortorum ad laborandum. Silvestres fere ad villas veniebant, quaerentes pascua tamquam domesticae; multae tamen fame periere. Mortalitas permaxima ovium et ceterorum animalium, deficiente pabulo et hyemis seviente periculo. In Kalendis Maii (1. Mai) vix erat aliqua notitia annonae in satis; set ex insperato Dominus magnam copiam annonae tribuit, et estas sicca fuit; a festo sancte Marie Magdalene (22. Jul.) usque ad Kalendas Augusti (1. Augst.) estus nimius et intolerabilis fuit, set post Kalendas quievit. 33. Messis bona. Vindemia rara. Modius siliginis 10 solidorum, spelte 5, vinum octo denariorum. || Ann. Foss. S. S. IV, 32, 7. Hiemis maxima asperitas usque ad festum sancti Benedicti (21. März). || Ann. Bland. S. S. V, 30, 24. Hiemps valida durante glacie a 14. Kal. Feb. (19. Jan.) usque ad 14. Kal. Apr. (19. März). || Cr. S. Petri Erford. mod. XXX, 379, 28. Hoc eciam anno facta est fames valida in Thuringia et per omnes regiones.[1]

1206. *Lokale Hungersnot in Österreich (Ann. Mell.).* Reineri ann. S. S. XVI, 659, 50. De qualitate temporis huius anni dicimus, quod usque ad circumcisionem Domini (1. Jan.) nulla fuerunt signa hiemis, nec in gelu, nec in nive, set a circumcisione Domini in 15 sequentes dies et non amplius hyemps desevit; reliquum tempus usque in pascha (2. Aprl.), non quasi ver, set quasi estas fuit. Seges tamen cara, vinum carius et omnia quae ad victum hominis prodesse debent carissima, in alleciis, in ovis et carnibus, et piscibus. 660, 13. Messis bona, vindemia optima, in Mosella infra vindemiam sextarium vini pro denario Treverensi; ego qui interfui, vidi. Apud nos vinum sex denariorum. 21. Hoc anno inter festum sancti Jacobi (25. Jul.) et ad vincula sancti Petri (1. Aug.) tantus fervor solis incaluit, ut videres messores vim caloris ferre non valentes passim per agros morientes. Tres fuerunt mortui, quos ego presentium scriptor agnovi. 27. In vigilia sancti Nicholai (5. Dec.) post vesperas saepius auditum est tonitruum, ita ut a nobis opinatum sit esse fulminatum. Hyemps tarda sed aspera et februaria. Inundatio aquarum maxima, maxime in Alemannia et Francia, ita ut Mogus in altitudine triginta duarum ulnarum se extolleret, Renus quedam claustra subverteret, et plurima milia virorum et mulierum et parvulorum submergeret, Secuana Parisius parvum pontem cum edificiis suis frangeret, et molendina impetu suo deduceret. Mosa tamen, noster fluvius, magnus fuit set pacificus. || Ann. Argent. S. S. XVII, 90, 1. Datum fuit in Argentina unum quartale vini pro duobus solidis; sequenti ebdomada dabatur pro duobus denariis, et vas vacuum pro duabus libris. || Chr. univers. Mett. cont. cod. Paris. (2) S. S. XXIV,

---

[1] Einen Anhalt für die Ursachen der Hungersnot giebt die Angabe zum vorhergehenden Jahre „rex Philippus — — — Thuringiam ingressus — — — omnem regionem tempore messis ferro et igne crudeliter vastavit." Der harte Winter, von dem wir sonst hören, wird weiter zur Erhöhung des Notstandes beigetragen haben.

524, 7. Maxima inundacio aquarum. ‖ Ann. Mell. cont. S. S. IX, 506, 31. Fames valida facta est. ‖ Ann. Admunt. cont. S. S. IX, 591, 26. Inundatio aquarum tam intollerabilis, ut homines cum oppidis et domibus in Swewia pessumdaret.
1207. Reineri ann. S. S. XVI, 660, 40. Mensis Maii crudelis fuit, quia sevitia yemis non naturalis vineas, silvas quasi quodam igne combussit; set pluvia superveniens in Kalendis Junii (1. Jun.), magnam utilitatem vineis praestitit. Glaties non modica visa est Bonefatii martyris (5. Juni). Estas sicca. Messis pulcra. Satio pulcherrima. Vindemie satis tempestiva. Set gelu Octobris fere abstulit omnia vina. 47. Hyems temperata, sine magno gelu et continuo. ‖ Chr. Albrici monach. Trium Fontium S. S. XXIII, 887, 22. Et hic annus pre nimia siccitate veris et etatis satis extitit calamitosus.
1208. Reineri ann. S. S. XVI, 661, 5. Modius siliginis 5 solidis, speltae modius tribus venduntur, vinum 7 denariis. 8. Temperies aeris tam veris quam estatis; habundantia annonae in campis laudabilis, vinum sicut prius. Siligo tribus solidis, spelta 30 denariis comparatur. Sicut a veridicis relatoribus audivimus, flores visi sunt in vineis in vineto in prima ebpthomada Maii in montibus. 19. Mensis Augusti pluviosus fuit diebus 15 primis. Annonae habuntantia qualis non fuit a quadraginta annis et supra. ‖ Chr. reg. Col. cont. II. M. G. S. S. kl. Ausg. 183. Estas levis et sicca, fertilis et calida, adeo ut maldrum siliginis 6 libris, 7 denariis emeretur. ‖ Ann. Mell. cont. S. S. IX, 506, 35. Et tempore messis pars vulgi non minima aut nimietate estus aut sitis ariditate vitali spiritu precluso, miserabiliter extincta est.
1209. Reineri ann. S. S. XVI, 661, 30. Annus iste pauperum gloria, divitum mestitia, habundans ad votum in annona. Modius siliginis 15 denariis, spelte eodem precio venditur. Cetera genera annone precio inferiore. Vinum praecipuum 5 denariis. Sicut anno 1197 modius syliginis venditus est 40 solidis, ita hoc anno 40 modii siliginis dati sunt pro 40 solidis. 663, 17. Annona bono pretio, siligo duobus solidis, spelta 20 denariis, et hordeum et avena carior spelta. ‖ Chr. reg. Col. cont. III. M. G. S. S. kl. Ausg. 230. Hoc anno erat aestas tonitruis, fulminibus et imbribus valde tempestuosa, et hyems nimis asperrima.
1210. Reineri ann. S. S. XVI, 663, 20. Hiems longa, aspera et continua a Kalendis Januarii (1. Jan.) usque ad festum sancti Mathie apostoli (24. Feb.), pestilentia murium in agris, in satis et domibus, in villis. Idus Aprilis, hoc est dominica in palmis[1]), hora nona audita sunt tonitrua magna cum grandine miro, aere mirabiliter mutato. Flores praeter solitum tarde apparuerunt, vix aliqui flores arborum in Aprili apparuerunt, vix enim apparuerunt spice in siligine Urbani papae (25. Mai). 28. Annona carior solito, siligo 6 solidorum, spelta quatuor. 664, 14. Annona bono pretio, Vinum sex denariorum.[2]) ‖ Cr. Reinhardsbrunn. S. S. XXX, 577, 22. Hyems dura et prolixa et intollerabilis valde subsecuta est, ita ut veterani homines unanimiter testarentur tantam intemperanciam frigoris sua recordacione non fuisse; homines quam plures nimo gelu mortui sunt, pecora, volucres et apes quam plures perierunt; vinee et annose arbores ita lese sunt, ut usque ad imas radices arescerent. ‖ Ann. Mell. cont. S. S. IX, 506, 40. Pluvia maxima repente effusa est et inundatione facta multi homines perierunt, 3. Kal. Junii (30. Mai) die dominico circa meridiem. Item tempore

---

1) Id. Aprilis = 13. Apr. Palmarum = 11. Apr.
2) Bezieht sich auf das Ende des Jahres, die letzten Worte des Abschnittes.

messis 5. Id. Aug. (9. Aug.) pluvia incipiente, et septem dies continuos durante, Danubius aquarum habuntantia supra duos cubitos intumescens, continua aedificia plurima ingurgitavit, et effusus per campestria, que messa fuerant auferens, vineta quoque et prata sabulo sternens, in suo tractu maximam cladem exercuit. Reliqua passim per agros tam ea que messa fuerant, quam que meti non poterant putruerunt. || Ann. Gotwic. S. S. IX, 602, 28. Hoc anno instante messe inundatio ....non repente veniens sed paulatim crescens et pene per mensem dur...... omnem annonam que satis larga creverat sub d........... annichilans putrefecit. Danubius non solum adiacentes verum etiam longe positas villas

1211. *Lokale Hungersnot in Baiern (Ann. S. Steph. Frising., Ann. Scheftl. maior.).* Reineri ann. S. S. XVI, 664, 16. Hiemis asperitas. 17. Siccitas estatis et Augusti, Defectus vini, propter vineas gelu attritas. 21. Abundantia frugum. || Ann. S. Steph. Frising. S. S. XIII, 55, 39. Hoc anno pestilentia magna et fames valida per totam Bawariam facta est. || Ann. Scheftlar. maior. S. S. XVII, 338, 2. Fames facta est ex inproviso fere per totam provinciam. || Ann. Mell cont. S. S. IX, 506, 47. Maxima nix, qualem se nemo in partibus nostris vidisse testabatur, effusa est; per quam multi cum incaute graderentur, incidentes violentia frigoris et venti, cum emergere non possent, extincti sunt.|| Heinrici chr. Lyvoniae M. G. S. S. kl. Ausg. 89. Et facta est pestilencia magna per universam Lyvoniam, et ceperunt homines egrotare et mori, et mortua est maxima pars populi, incipiens a Thoreyda, ubi cadavera paganorum iacebant inhumata, usque in Methsepole, et sic in Ydumeam usque ad Lettos et Wenden, et mortui sunt seniores, qui dicebantur Dabrelus et Ninnus et alii multi. Similiter in Saccala et Ugaunia facta est plaga mortis magne et in aliis terminis Estonie, et multi, qui gladiorum percussionem fugientes evaserunt, amare mortis pestem evadere non potuerunt.

1212. Reineri annales S. S. XVI, 664, 22. Hiems temperata. 23. Februarius plurimum ventosus cum aquarum inundationibus. 27. In parasceue (23. März) per octo dies hiems fuit asperrima que omnes nuces abstulit. Martius tamen siccissimus fuit. 665, 25. Estus Julii permaximus quindecim primis diebus. 48. Annona bono precio fuit. Spelta duobus solidis, siligo 40 denariis, vinum 7 denariis.

1213. Reineri annales S. S. XVI, 666, 7. Hiems longa set temperata a Kalendis Novembris (1. Nov.) usque in pasca (14. Aprl.), hoc est Tiburtii et Valeriani. Processus florum tardus, set postea bonus. Nivis modicum set glaciei plurimum. 28. Circa Maium vinum carum et rarum 8 denariis. Annona bono precio, siligo 4 solidis, spelta 28 denariis. 670, 40. Hiems longa a Kalendis Novembris (1. Nov.) usque ad octavas pasce set non continua (26. Aprl. 1214). Annona bono precio, siligo trium, spelta duorum solidorum, vinum septem denariorum.

1214. Ann. Bland. S. S. V, 30, 29. Inundatio maris.

1215. Reineri ann. S. S. XVI, 672, 45. Jems in Februario aspera et sicca. 47. Hordeum carius siligine, avena carior spelta, modius siliginis duobus solidis, spelta 20 denariis, vinum carior sex denariis venditur. 51. Motus florum et cunctus avium tardissimus. 673, 8. Mosa maximus in Maio. 10. In inventione sancte crucis (3. Mai) tempestas maxima cum imbribus et tonitruis descindens arbores eruit, fruges in quibusdam locis contrivit. Maius pluviosus.

1216. *In Österreich (Ann. Zwifalt. min.) beginnt eine Hungersnot, die aber erst im nächsten Jahre gröfsere Ausdehnung gewinnt.* || Reineri ann. S. S. XVI, 674, 16. Annona bono precio. || Ann. Zwifaltenses minores S. S. X, 58, 52. Australem populum pressit fames innumerum.

1217. *Grofse Hungersnot über den ganzen Osten verbreitet. In Norddeutschland (Detmar, Magdeburg. Schöppenchr. a. 1218, Chr. Montis Seren. a. 1218), Baiern (Ann. S. Steph. Frising., Ann. Wessofont. Annony. monach. Bav. chronolog.), Böhmen (Ann. Zwifalt.), Österreich (Ann. Gotwic., Ann. S. Steph. Frising., Ann. Wessofont.) und Ungarn (Ann. S. Steph. Frising., Ann. Wessofont.).* Reineri Ann. S. S. XVI, 675, 35. Hiems longa in fine Januarii et Februarii aspera a festo sancti Severini (8. Jan.) usque ad Kal. Martii (1. März). Annona bono precio, spelta 18 denariorum, siligo 2 solidorum, vinum 7 denariorum. In Leodio nulla certa moneta. 676, 9. Annona in duplo carior solito, siligo quatuor solidis spelta tribus. 37. Hoc anno in Mosella vinum fuit habundans, set superveniente repentino frigore cruda remanserunt et male defecata, unde multi diversas incurrerunt infirmitatum molestias. ‖ Ann. S. Benig. Div. S. S. V, 48, 46. Hoc anno fuit magnus ventus per totum mundum. Mortalitas hominum, defectio fructuum. ‖ Ann. Zwifalt. maior. S. S. X, 59, 14. Vinum habundat. ‖ Detmar. St. Chr. XIX, 296, 15. Des jares wart grot hungher unde warde twe jar. 297, 11. Dor na wart so grot watervlöt, dat vele dusent volkes dar verdarf.[1]) ‖ Ann. S. Steph. Frising. S. S. XIII, 56, 1. Stella comes visa est. Fames valida per totam Bawariam et Austriam et Marchiam et Ungariam. ‖ Ann. Wessofont. ed. Leutner Hist. Wessofont. II, 28. Cometa visus est. Fames eciam valida sequitur per totam Bavariam, Austriam, Marchiam et Hungariam. ‖ Anonymi monachi Bav. compil. chronologica rer. boic. Oefele II, 335. Fames valida fuit. ‖ Ann. Gotwic. S. S. IX, 603, 5. Fames valida et inopinata usque adeo prevaluit ut multos .... plerosque etiam ipsa morte interficeret. Quam famem mortalitas non parva subsecuta est. ‖ Ann. Zwifalt. min. S. S. X, 59, 1. Multa milia hominum in Austria et Boemia fame perierunt.

1218. *Die Hungersnot des vorigen Jahres dauert in Norddeutschland auch noch in diesem Jahre fort (Detmar a. 1217. Magdeburg. Schöppenchr., Chr. Mont. Sereni).* Reineri Ann. S. S. XVI, 676, 41. Yemps sine yeme et sine nive; annona multo carior solito ante natale (25. Dec. 1217) et post siligo octo solidis, spelta 4 se redimunt. 677, 8. Messis optima, vindemia bona, yemps asperrima a festo omnium sanctorum (1. Nov.) usque ad festum sancti Andree (30. Nov.), postea pluvialis usque ad natale (25. Dec.). 16. Inaudita pestilentia caulium, non solum per regna transmontana, set per totum imperium. ‖ Balduini Ninov. chr. S. S. XXV, 541, 3. Erucarum inaudita multitudo operuit terram. ‖ Caes. Heisterbac. Dialog. miracul. dist. II. c. 3 ed. Strange II, 3. Anno videlicet gratiae millesimo ducentesimo decimo octavo, cum mare in partibus Frisiae terminos suos egrediens, multarum provinciarum terras occupavit, villas delevit, ecclesias lapideas deiecit, tantam hominum extinguens multitudinem, ut summa centum milia transcenderet. Ita exaltati sunt fluctus eius, ut turrim altitudines operire viderentur, et procellam impellens, generale diluvium terris minaretur. ‖ Magdebg. Schöppenchr. St. Chr. VII, 143. Hir na worden twe dure jar[2]), do satte me van greven Hoiers rade van Valkenstein dat men nein dicker beir scholde bruwen wenn ein stoveken umme einen penning, und vorbot alle kroge in dissem lande, dat halp sere to brotkorn. ‖

---

1) Bezieht sich wohl auf die Sturmflut von 1219, vgl. Emo a. 1219.
2) Die beiden Notjahre sind 1217 und 1218, nicht 1218 und 1219, wie die Quelle anzunehmen scheint. Die Hungersnot von 1219 war nur auf Friesland beschränkt und kann nach ihrer Entstehungsursache, einer Sturmflut, nicht in Zusammenhang mit einer Hungersnot in Magdeburg gebracht werden.

Chr. Montis Sereni S. S. XXIII, 190, 46. Fames magna facta est, que priori anno inchoata tantum invaluit, ut modius siliginis, qui vulgo heimece dicitur, tribus lotis et nonnumquam carius venderetur. Huius temporis necessitatem ecclesia Sereni Montis pre ceteris experta est. Cum enim multe provinciales ecclesie rebus hac longe inferiores nullum in se famis haberent vestigium, in ista tantum viguit, ut fratres, die quadam panem, quo ad prandium uti debebant, mutuare in villis circumiacentibus cogerentur. Quadam vero vespera pane deficiente, incenati manentes omnium vicinorum suorum fabula sunt effecti. Tunc eciam ordeaceo et avenaceo pane uti didicerunt, quibus priorum prelatorum temporibus siligo nonnumquam intollerabilis videbatur. In aliis quoque eorum cibariis tanta erat tenuitas, ut quod dictu verecundum est, eos non semel in diebus lacticiniorum solo pane cervisia remollito vel fece calida contentos esse oporteret.

1219. *Hungersnot in Friesland als Folge einer Sturmflut, die das Land zum grofsen Teile überschwemmte (Emo).* Reineri Ann. S. S. XVI, 677, 18. Yemps longa a festo omnium sanctorum (1. Nov.), usque ad Kalendas Martii (1. März). 21. Nova moneta pauperibus gravissima. Vinum quinque denariis, siligo quatuor solidis, spelta tribus venduntur. 23. Sterilitas in satis, yeme faciente, messis modica et humilis, arescentibus hominibus pre timore future famis; set ille qui pavit quinque milia hominum de quinque panibus, paucitatem illam panis convertit in melius. Estas nulla set quasi veris tempora. 30. De vindemia huius anni, dicimus, quod cum racemi multa evaserint pericula, maius, quod de voluntate Dei peccatis nostris exigentibus credimus contigisse, evadere non potuerunt; nam cum vindemia esset in ianuis, repente supervenit intempestivum gelu et asperitas immitis boree intolerabilis, cuius initium septima die Octobris et per dies octo continue duravit. Quid multa? Tunc videres vineas foliis spoliatas et nudas, racemos nigros dependentes, quasi in clibano decoctos; ita periit vindemia. Illud idem vinum quod de torcularibus elitiebatur, ultra spem habundans inveniebatur. Itaque vinum fuit karum, novum novem, vetus decem denariorum. Nonas Octobris (7. Okt.) ortum est tempus pluviale cum vi ventorum et aquarum frequenti inundatione, quod perseveravit sine intermissione usque ad natale (25. Dec.), et quod mirum est sine gelu et sine nive. || Emonis chr. S. S. XXIII, 488, 40. Die inquam mensis Januarii 16., cum aliquot diebus precedentibus spirasset affricus, sed non immoderate, die prefata plus solito invaluit a mane usque ad vesperam, sed precipue ut visum est, ab hora nona diei invaluit. — — — Verum per intervalla grandinem cum magna acerbitate proiecit, quia calor solis in alto erat, qui guttas attraxit; sed frigore constricte in grandinem sunt verse. Et hiis iaculis ille cruentus affricus armatus miseros mortales tam in mari quam in terra afflixit crudeliter. Cunque homines pro defendendis domiciliis suis plurimum usque ad solis occasum et ultra laborassent et furorem occeani minime formidassent, iam hora dormitionis securitatem qualemcunque promittente, illico choro cruentissimo crudelis cessit, affricus collaterali zephiri a septentrione. Et quia mare funditus motum fuit per affricum, choro ruente, effluxit, et effusum est multis voluminibus et crementis, more bullientis aquae, et optinuit precipue maritimas Frisie, et more repentine mortis invaluit et attraxit pauperum domicilia, divitum domos indomite aggrediens, sicut quidam dixit: Mors eque tuguria pauperum et turres divitum pulsat. Cunque aliquid resisteret, eo amplius furor arma nocendi exacuit, more humani ingenii assiliendo recurrens et relabendo fugiens, donec crebris assultibus ipsas domorum columnas effodiendo et frangendo evulsit. Dum igitur hora dormitionis securitatem, ut dictum est, promisisset, et subito violentia maris amplius invaluisset et quasi per spatium unius hore noctis ascendisset, ceperunt miseri mortales fugere et scandere domorum solaria, et pro terra trabium robora calcare; et fenestras per tecta facientes, tutissimum sibi refugium putaverunt, non in tectis, sed super tecta commorari. Multi siquidem volentes, sed non valentes tempestati resistere et res perituras defendere, perierunt, quos violentia currentis aque in terra subsistere non permisit. O dolor et gemitus, videre homines tanquam natatilia maris inter fluctus iactari, videre miseros aliquot sudibus compressis et substratis sibi, vel feno vel stramine, quo trahebat vis maris, sine navi navigare. In quo diluvio milia virorum, mulierum et parvulorum perierunt, et ecclesiae destructe sunt. 489, 29. Mane facto cepit sevire affricus, et miseros mortales submersos cum ceteris animalibus quasi gremio terre immeritos eventilare; cui accedente vespera restitit aquilo a septentrione. 490, 31. Sed adhuc iratus erat Altissimus, et residuum maris fame flagellavit et pestilentia, iuxta comminationes prophetarum, qui semper populum rebellem, ne peccarent vel ne perirent a facie gladii, famis et pestilentiae, terruerunt. — — — 39. Erant quidam blasfemi, qui in labore hominum non fuerunt, in cacuminibus villarum constituti et Silvarum accole, in quorum terminis quasi unius hore incursum, quippe quia non erat nisi unica maris estuatio, licet multum aucta crementis, qua tot milia stravit civili prelio rabies occeani et mitigata recessit. Et ideo illi habundantes panem pauperibus et annonam divitibus, sicut econtra Idumei aquam negaverunt Israelitis. Et isti res alienas ex inundatione rapientes, ut proprias cum gaudio amplexati sunt et creatis insticiariis pro restitutione earum maliciose absconderunt. In illa maris inundatione accidit, cum hinc inde aggeres dissipasset et quasi irrecuperabiliter destruxisset secus Emesam circa terminos fratrum, et multi depauperati recessissent de finibus illis, quorum erat reparare, mare crebro ascendit pristinos terminos reposcens. || Sächs. Weltchr. M. G. S. S. Deutsch. Chr. II, 241, 4. Do wart oc du grote watervlot[1]), de liude unde lant irdrencte wol ses unde drittich dusent. || Ann. Zwifalt. min. S. S. X, 59, 5. Eodem anno magna nix et aspera hiems. || Ann. Prufening. S. S. XVI, 607, 22. Hiemps solito asperior et longior. || Cosm. cont. Ann. Prag. I. S. S. IX, 170, 37. Hyems calida fuit et pluviosa.

1220. *Lokale Hungersnot in Schwaben, offenbar von keiner grofsen Bedeutung, da nur durch eine Nachricht (Ann. Zwifalt. min.) belegt.* Reineri Ann. S. S. XVI. 677, 47. Natalis festivitas (25. Dec. 1219) ventosa fuit et pluvialis cum aquarum inundatione, subsequensque tempus simile preterito usque ad conversionem sancti Pauli (27. Jan.). Tunc per tres dies yemps aliquantulum aspiravit, quarto autem die pluvia quasi penitens vires resumpsit. Blasii martiris (3. Feb.) aliquantulum nivis cecidit set cito pertransiit. 678, 19. Ante festum sancti Johannis (24. Jun.) annona multo carior fuit solito, siligo 11 solidis, spelta sex et dimidio solidos, hordeum sex solidis, avena 5 solidis venditur; vinum vile et caro, non solum pauperibus, set etiam divitibus. Hoc anno defuit annona, solaria que prius erant repleta sunt vacua et magnum famis esset periculum, nisi habundantia siliginis, quod nos de inferiori terra in vehiculis et plaustris fuisset allata, annona tamen in campis satis laudabilis. 40. Ante natale Domini (25. Dec.) nulla fuerunt hygemis signa, sed quasi veris tempora. Silligo 8 solidis, spelta 4 et 4 denariis vendebantur, vinum 6 denariis. || Emonis chr. S. S. XXIII, 495, 9. Facta est horrenda maris diruptio et multis metuenda in horrore crepusculi. Sed quamvis in multa profunditate estuaverit, non tamen equo molimine delevit

---

1) Cod. 18 und 19 fügen hinzu: in deme nortlande.

homines ut antea, quia terminos maris nondum occupare ausi sunt ut olim. || Ann. Zwifalt. min. S. S. X, 59, 7. Hoc anno fames magna facta est.

1221. *Hungersnot in Polen (Ann. Pol.).* Ann. Parch. S. S. XVI, 607, 6. Facta est inundatio apud Lovanium, que transivit refectorium versus atrium. || Ann. Floreff. S. S. XVI, 626, 31. Hoc anno apparuit cometes; mortalitas hominum maxima. || Reineri Ann. S. S. XVI, 678, 47. Hyemps aspera a circumcisione Domini (1. Jan.) usque ad purificationem sanctae Mariae (2. Feb.). | Emonis chr. S. S. XXIII, 495, 21. 6. Kal. Marcii (24. Feb.). — — cum hiems secundum naturam piscium versus finem suum magis humida, aquis videlicet pluviae, et minus frigida fore debuisset spiritus temporis fefellit. Nam die prefata, cum aliquot diebus precedentibus chorus ope partim zefiri, partim circii, antequam mare eiceret, dira inequalitate vexasset, effuso occeano dirupit aggeres Neptunus et totam terram sua replevit amaritudine, loca tamen superiora statim deseruit, sed in inferioribus exspacians ruptis obstaculis versus Silvas, moram fecit odiosam. Siccitas magna secuta est. Collecta est messis ordei, quod debile fuit tam culmo quam arista et tenue. 14 vero Kal. Octobris (18. Sept.) luna 29. effudit se occeanus, et terram totam optinuit, et que sicca fuit paulo ante, repleta est amaritudine. || Ann. Pol. I. S. S. XIX, 632, 12 (= Ann. Pol. III = Ann. Cracov. compil. a. 1221 u. 1223). Facta est erupcio ymbrium et aquarum inundacio per triennium in Polonia, et ex hoc fuit fames per byennium, mortui sunt multi.[1]

1222. Emonis chr. S. S. XXIII, 495, 43. Siccitas arrefecit paschua; herba ordei et avene brevis fuit et rara, sed Silve abundabant siligine. Verumtamen si tellus irriguum superius suo tempore aliquot ebdomadibus habuisset, famem frugum ubertate depulisset, decursis iam tribus annis et mensibus sex. 496, 4. Pluviae vero in capite Kalendarum Septembris et deinceps leserunt messem ordei, avene, feni. || Sigeh. cont. Bergen. S. S. VI, 440, 29. *Gewitter am 11. August.* || Sächs. Weltchr. M. G. S. S. Deutsch. Chr. II, 243, 14. Do irdrank oc Isleve van ener groten wolkenborst unde vile ludes darinne. || Chr. Montis Sereni S. S. XXIII, 199, 30. De inundacione aquarum ex pluvia in villa Isleve et in vicinis villis ducenti et quinquaginta et amplius homines perierunt 2. Kal. Augusti (31. Jul.) et edificia plurima eversa sunt. || Ann. S. Rudberti Salisbg. S. S. IX, 782, 41. 11. Kal. Junii (22. Mai) post vesperas confuso subito aere venit grando afferens lapides in modum ovi gallinae, qui per magnam partem prata, campos, hortos, pomeria devastaverunt

1223. Emonis chr. S. S. XXIII, 498, 37. Accessit memorabile festum assumptionis beate Virginis (15. Aug.), in quo post peracta missarum sollemnia inundantia pluviarum fosse et depressa terrarum quasi lacus adimplentur, et campi in stagna aquarum conversi sunt. Et videres lacteas adhuc, cum iam regio alba deberet esse ad messem. — — 44. Periit feni copia ex parte maxima et messis precipue vernalis late per multas provincias. Arbores olim fructifere poma negabant et vindemia diu dilata est. || Ann. Marbac. S. S. XVII, 175, 7. Orta est pestilentia maxima pecudum et iumentorum, incipiens ut dicebatur ab Ungaria, et per omnes provincias interiacentes transiens usque ad nos, que etiam duravit amplius quam per triennium. || Ann.

---

[1] Es ist das natürlichste als das eine Notjahr, ob das erste oder zweite läßt sich nicht entscheiden, 1221 anzunehmen. Die Ann Cracov. compil. trennen die Nachricht der ursprünglichen Vorlage in zwei Teile, geben 1221 die Nachricht von den drei Regenjahren und setzen dann in das dritte Jahre darauf den Anfang der Hungersnot.

S. Nicasii Rem. S. S. XIII, 85, 16. Et ab illa die (6. Aug.) tanta pluvia inundavit, quod fere omnes segetes stantes in terra fuerunt putrefacti et vinee ad debitam minime pervenerunt maturitatem. || Not. Cononis praep. Lausonnen. S. S. XXIV, 783, 33. Parum vini crevit in vineis ultra quam dixerit se vidisse aliquis tunc vivens. Et expenderat C. prepositus eo anno in facienda vinea de Oschie 24 s. preter vindemias et accepit in ea 7 sextaria. *Es folgen noch fünf ähnliche Notizen.* Eo anno fuit tanta multitudo de nucibus Avellanis, quantam nullus tunc vivens dixit se umquam vidisse, et post pentecostes (11. Jun.) fuit tanta caristia annone, quod cuppa avene fuit vendita 17 den. et cuppa frumenti 4 sol.

1224. *Mehrere Quellen berichten von einem heftigen Sturme, der die Körner des Getreides aus den Ähren geschüttelt haben soll, es handelt sich offenbar um eine weit verbreitete Getreidekrankheit (Gotfr. Viderb. cont. Funiac., Chr. Albr., Aegid. Aureaevall., Cr. S. Petri Erford. mod.). Gleichzeitig breitet sich eine verheerende Viehseuche aus (Ann. Marbac. a. 1223, Chr. Albr., Gotfr. Viderb. cont. Funiac., Ann. S. Rudberti, Cont. Garst., Ann. Gotw.). Beide Umstände bereiten die schwere Hungersnot der beiden folgenden Jahre vor, die sich an einer Stelle schon jetzt bemerkbar macht (Gotfr. Viderb. cont. Funiac.).* Ann. Foss. S. S. IV, 32, 22. Hoc anno fuit hiemps continua a festo Dyonisii (9. Okt. 1223) usque ad festum Marci euangeliste (25. Aprl.). || Aegidii Aureaevall. g. episc. Leod. lib. III. c. 94. S. S. XXV, 119, 27. Post 2 vero annos, cum in estate siccitas foret pre nimio calore, in festo beati Jacobi et Christofori (25. Jul.) Dominus noster emisit ventum validum de tessauris suis, qui concussit aristas triticeas, que mature erant, et per totam Teutoniam, Allemanniam, Frantiam et usque Ispaniam excussa fuerunt grana. || Chr. Albrici monch. Trium Fontium S. S. XXIII, 914, 14. Ventus validus extitit ultra modum nocivus in invencione sancti Stephani (3. Aug.) in diversis terrarum partibus, segetes ad medium excutiens. 38. Mortalitas maxima animalium, veniens a partibus Orientis per Greciam, eodem anno transivit per Hungariam, et anno sequenti fuit in Alemannia et sequenti anno altero in Francia. || Gotifredi Viterb. cont. Funiacensis S. S. XXII, 343, 1. De valido vento qui contigit anno Domini 1224, in invencione prothomartiris Stephani (3. Aug.). Tanta commocio ac vehemencia ventorum facta est, ut segetes, que usque ad messem profecerant, quasi triturate essent, excussis frugibus et spicis rectis et vacuis remanentibus, in agris deperirent. Hec plaga tam horribilis per omnes provincias et regiones dylatata fecit annone penuriam et insperatam multis intulit egestatem.

De eodem versifice.

Adveniens ventus vehemens vacavit aristam,
Fruges excuciens, pestem circumtulit istam.
Plurima sic orbis penetrat vi regna potenti,
Defectus anno res parturit ista sequenti;
Prevalet ergo fames, et publica crescit egestas.
Sternit amara necis pecus insuper omne potestas.

Emonis chr. S. S. XXIII, 508, 9. Eodem anno Augustus pluviosus spem feni et annone fraudavit. Nam faba preter solitum ante festum beati Bonifacii (5. Jun.) effloruit, et circiter idem festum rosa natalicium habuit. A festo beati Martini (11. Nov.) gelu forte constrinxit lutum et lacus ad meandum, exceptis paucis et brevibus intersticiis per totam hiemem et ultra. || Cr. S. Petri Erford. mod. S. S. XXX, 390, 8. Ventus excussit in agro annonam. || Ann. S. Rudberti Salisbg. S. S. IX, 783, 7. Pestilentia animalium per totam Austriam, Marchiam et Karinthiam[1]) gravissima facta est. ‖ Ann. Gotwic. S. S. IX, 603, 25. **Hiems continua siccitas gravem frugibus et vinetis intulit perniciem.** Subsecuta est evestigio tempore estivo gravis et inaudita pecorum mortalitas, que tam divitibus quam et inopibus necessarium derogavit subsidium. ‖ Cont. Garsten. S. S. IX, 596, 5. **Pestilentia animalium sevit per universum orbem.** ‖ Cont. Claustroneobg. II. S. S. IX, 624, 4. **Magna pestilentia et ante inaudita vastavit pene universum mundum.**

1225. *Grofse allgemeine Hungersnot; verbreitet über Teile Belgiens (Chr. Andr., Ann. Floreff., Aegid. Aureaevall.), Ostfrankreich (Chr. Albrici), das Rheinland (Chr. reg., V. Engelb.), Friesland (Emo), die norddeutsche Ebene (Ann. Stad., Brem. Chr., Cr. S. Petri Erford. mod.) und ganz Süddeutschland (Ann. Wessofont., Ann. Scheftlar. maior. u. min., Chounradi Schirens.). Die Viehseuche dauert fort (Sächs. Weltchr., Chounrad. Schiren., Ann. Mell. cont.).* Guielmi chr. Andren. S. S. XXIV, 765, 6. **Fames hoc anno quam plures opprimit et affligit.** ‖ Ann. Floreff. S. S. XVI, 626, 41. **Hoc anno fuit fames valida.** ‖ Reineri ann. S. S. XVI, 679, 19. **Hoc anno fuit hiemps asperrima a festo omnium sanctorum (1. Nov.) usque medium Aprilem. Annona bono precio a messe usque Kal. Februarii; postmodum in Kalendis Maii spelta 10 solidis, siligo 17, frumentum 20 venditur, ordeum octo.** ‖ Aegidii Aureaevall. g. episc. Leod. lib. III. c. 94. S. S. XXV, 119, 31. Pro quo in sequenti estate tanta caristia secuta est, 'quod modius bladi vendebatur 25 florenis Leodiensibus, et lupi exeuntes de silvis irruebant in homines, etiam ut dicitur, infantes asportabant a villis circa Renum pre angustia famis. ‖ Chr. Albrici monach. Trium Fontium. S. S. XXIII, 917, 15. Hoc etiam anno in tantum carum tempus fuit, quod modius frumenti vendebatur 28 solidis Leodinensium. 20. **Hyemps hoc anno fuit longissima, a festo sancti Luce (18. Okt.) usque ad quindenam post pascha (13. Apr.), et de lunatione in lunationem satis aspera.** ‖ Chr. reg. Col. cont. IV. M. G. S. S. kl. Ausg. 255. Hoc anno erat hiemps longissima et valde asperrima, fames eciam magna et inaudita, per biennium durans.[2]) ‖ Caes. Heisterbac. v. Engelbertti lib. I. cap. 8. Böhmer, Fontes II, 304. Anno praeterito cum annona venderetur sex solidis et eo amplius, et quod magis terruit homines nec haberi quidem posset pro pecunia, naves cum annona comparans autoritate sua e provincia Moguntina eas iussit adduci, et per cenobia que magis indigebant distribui. Eodem tempore Colonie per totum episcopatum suum ad totius provincie subsidium cerevisiam coqui inhibuit, malens maximis reddi- tibus quos recipiebat ab illis qui cerevisiam coquebant carere, quam questus sui causa populos fame perire. ‖ Emonis chr. S. S. XXIII, 508, 13. **Sacratissimo die pasche, videlicet 3. Kalendas Aprilis (30. März), eurus ab oriente nubibus intumuit, et in octava eius (6. Apr.) nive candida et tecta et prata operuit, et sic intravit cano capite Aprilis et frigido, nondum pro voto multorum, qui feno et pabulo et annona caruerunt. Et fuit illis diebus magna caristia omnium rerum. Mortua sunt pecora pre inopia feni et agni pre frigore, et debiles erant oves. Tria enim concurrerunt, frigus insolitum, mortalitas animalium et caris-**

---

1) Cod. S. Petri: per totam fere mundum.
2) Die letzten Worte des Jahres 1224; es ist also offenbar der Winter 1224 auf 1225 gemeint. Soll nun hier, wie sich das häufig findet, die Hungersnot als eine Folge des harten Winters hingestellt werden, dann wären die Notjahre 1225 und 1226. Man könnte aber die Nachricht von der Hungersnot auch als einen Nachtrag auffassen, der sich auf das ganze Jahr bezieht, dann erhielten wir 1224 und 1225 als Notjahre. Jedenfalls bleibt das eine Notjahr 1225 bestehen.

tia annone metuenda. Vendebatur nempe quarta pars modii pro
duabus marcis et dimidia. 509, 10. Julius sicut leo fervidus in
inicio sui secutus est, sed posteriora eius pluviosa usque 7. Id. Augusti
(7. Aug.); et expectabatur temperies, quia prata densa erant et sata ad
messem propter irriguum Julii. Sed luna quarta, quasi post horam
vespertinam, turbo cum tempestate subito exortus est, et secuta est continua inundantia pluvie. — — 20. Augustus totus pluviosus fuit, et
terre cultoribus iniuriosus; et collecta est messis cum culmo viridi et
grano lactenti, et mentita est spem seges. *Am 27. Okt. ein Erdbeben.*
Postea maxima pluviarum inundantia secuta est, et impleta sunt
prata aquis abissi superioris. || BREMISCHE CHR. VON RYNESBERCH ED. LAPPEN-
BERG G. Q. D. ERZSTIFTS U. D. STADT BREMEN 72. Do was also groot dure
strenge tijt. || ANN. STAD. S. S. XVI, 359, 1. Fames validissima.||
SÄCHS. WELTCHR. M. G. DEUTSCH. CHR. II, 245, 13. In deme selven jare
wart groit sterfde van vē over alle lant van rinderen inde van schafen. ||
CR. S. PETRI ERFORD. MOD. S. S. XXX, 390, 13. Hoc eciam anno, quia
in precedenti ventus excusserat annonam, maxima caristia fuit.||
ANN. WESSOFONT. ED. LEUTNER HIST. WESSOF. II, 29. Praeterea fames
valida incolis illius terre incubuit. Insuper pestilencia inedicibilis
predicte terre dominabatur. || CHOUNRADI SCHIRENS. ANN. S. S. XVII, 632, 48.
Pestilentia pecudum maxima fuit, ita ut non sigillatim sed cater-
vatim ruerent, quam secuta est non parva fames et lues hominum.||
ANN. SCHEFTLAR. MAIOR. S. S. XVII, 338, 28. Eodem etiam anno pesti-
lentia et fames ubique terrarum facta est. || ANN. SCHEFTLAR. MIN. S.
S. XVII, 343, 31. Et fames valida fuit et pestilencia magna. || ANN.
MELL. CONT. S. S. IX, 507, 27. Pestilentia animalium hoc anno
sevit, et post pestilentiam mortalitas hominum secuta est.

1226. *Im Westen scheint die Hungersnot nachgelassen zu haben,
sonst beherrscht sie aber noch im Ganzen ihr Ausdehnungsgebiet des
vorigen Jahres. Es sind Nachrichten aus Niedersachsen (Sächs. Weltchr.),
Lübeck (Detmar), Thüringen (Chr. Reinhardsbr.), Schwaben (Ann. Zwifalt., Ann. Neresh.) und Baiern (Chounradi Schiren., Ann. Scheftlar.) erhalten. Die Viehseuche dauert noch fort (Cononis Lausann. notae, Ann.
Zwifalt. mai., Ann. Neresh.).* CHR. ALBRICI MONACH. TRIUM FONTIUM. S. S.
XXIII, 918, 17. Tempore rogationum (25—27. Mai) tempestas sevissima
et nostris temporibus inaudita cecidit in territorio Laudunensi, specialiter tamen apud abbatiam Fusniaci, ita quod ipsius abbatie et sex
grangiarum eius domos discooperuit et pomeria ex maxima parte era-
dicavit et confregit — — || GOTF. VITERB. CONT. FUNLACENSIS S. S. XXII,
343, 42.

Anno Domini 1226 facta est tempestas maxima circa Funicum
per decem miliaria.
Succedente gravis tempestas tempore surgens
Cuncta terit, vastat, homines terrore perurgens.
Signa ruunt nemorum, pecus interit omne per arva.

CONON. PRAEP. LAUSANNEN. NOT. S. S. XXIV, 783, 45. Fuerunt mortui boves et vacce a mari Rutenorum in Hungaria et Saxosonia et
Alemannia et Burgundia usque ad mare Massilie in plurimis locis fere
omnes, et in quibusdam locis oves, in quibusdam porci, in quibusdam
capre, in quibusdam galline et in quibusdam pisces. || EMONIS CHR. S.
S. XXIII, 511, 18. In autumpno pestilentia equorum fuit, quorum
lingue et ungule putrescebant; sed sanguine fuso desuper ungulam con-
valuerunt. || DETMAR ST. CHR. XIX, 305, 8. Dar na wart grot hungher.||
SÄCHS. WELTCHR. M. G. S. S. DEUTSCH. CHR. II, 245, 15. In deme anderen jare darna wart groit hunger unde sterbin. De wart walle
gemaisgeit van greve Sivartz rade van Blankenbŭrg, also dat man
alle cŭfbeir up deme lande verlovede, inde dat neyman geynen mart

zů cůfbeir in sette, in dat man eynen stůf beirs umbe eynen pennic
gůlde, inde neyman me kornes in gůlde, han he zů eynem mainde
bedorte, inde we is me hedde dan he is bedorte zů eme inde sime ge-
sinde, dat he id vort verkogte zů beschedener ziit. ‖ ANN. ERPHORD.
M. G. S. S. XVI, 27. Inundatio maxima fuit in Thuringia VI. Kal.
Septembris (27. Aug.). ‖ CRON. REINHARDSBRUN. S. S. XXX, 605, 36. In
illo tempore fuit fames validissima in omnibus partibus Alemannie
et iam duraverat usque ad tercium annum. Afflixit Deus eciam homines
diversis modis, peccatis suis exigentibus, nunc per periculum mortis
subitanee et inprovise, nunc vero per enormem rabiem pestilencie, facte-
que sunt inundaciones aquarum maxime et tales, quales non fuerunt nec vise sunt diebus nostris. ‖ ANN. ZWIFALT. MAIOR. S. S. X, 59, 24.
Pestilencia pecudum per universas terras grassatur, fames etiam
pressit homines. ‖ ANN. NERESHEIM. S. S. X, 23, 23. Pestis animalium, fames et defectus victualium graviter invaluit. ‖ CHOUNRADI
SCHIREN. ANN. S. S. XVII, 633, 13. Ventus vehemens et grando per mundi
partes plurimas desevit, unde et sterilitas et fames non parva secuta
est, domibus, edificiis, arboribus a vento non modico et grandine con-
cussis et deciectis. ‖ ANN. SCHEFTLAR. MAIOR. S. S. XVII, 338, 31. Eodem
anno fames invaluit.

1227. CHR. REG. COL. CONT. IV. M. G. S. S. kl. Ausg. 260. Hoc anno
in Decembri ventus validus partes aedificiorum stravit, arbores radicitus
eruit. Hiemps nimis erat pluviosa.

1228. ELLENHARDI ANN. S. S. XVII, 102, 3. Vinee floruerunt in
Aprili et mature uve habebantur in festo beati Johannis baptiste
(24. Jun.).¹)

1229. ANN. MOSOMAG. S. S. III, 164, 1. Eodem anno tanta fuit
inundatio aquarum et pluviarum, quod rivuli fluentes pre nimio
impetu fecerunt caunas in terris ad modum speluncarum. — — ‖ CHR.
REG. COL. CONT. IV M. G. S. S. kl. Ausg. 261. Hoc anno hiemps erat
longa et aspera (1229—1230).

1230. ANN. COLBAZIENSES S. S. XIX, 716, 17. Hiems illa magna a
festivitate omnium sanctorum (1. Nov.) usque in pascha (7. Aprl.). ‖ ANN.
BAVARICI S. S. XXV, 638, 10. Tota hyeme illa tanta asperitas inhorruit, ut multi fluvii, qui ante large fluebant, a fundo usque ad summum ita indurescerent pre frigore, ut fluere desinerent, circa tempus
vero vernale cum solveretur glacies, Danubius ex multitudine glaciei et habundantia aquarum excessit terminos suos; turres, muros,
domos, pomeria arbores subvertit horreaque multa extinxit et agros a
se remotos vastavit, replensque omnia glacie immensi ponderis, quod
glacies per magnum tempus ipsius anni duravit.

1231. *Lokale Teuerung in Österreich und Passau.* ANN. BAVARICI
S. S. XXV, 638, 8. Magna pestilencia fuit inaudita, que pene uni-
versum mundum vastavit. ‖ CONT. SANCRUC. I. S. S. IX, 627, 51. Item
facta est caristia; Patavie dabatur modius frumenti pro quinque talentis.

1233. *Nach einem auffallend harten Winter entsteht in Nordfrankreich Hungersnot (Vinc. Bell.); aus demselben Grunde auch Miſsernte in
verschiedenen Landstrichen Mittel- und Südfrankreichs (Cononis Laus.
not.). Gleichzeitig Hungersnot in Livland (Ann. Stad.).* VINCENT. BELLOV.
SPECUL. HIST. HIST. DE FR. XXI, 72 G. Anno quoque praenotato magnum
gelu fuit, ita quod segetes congelatae fuerunt; unde et fames magna
secuta est in Francia. ‖ CHR. ALBRICI MONACH. TRIUM FONTIUM S. S. XXIII,
932, 46. Die Martis post dominicam Trinitatis (31. Mai) quedam mala
per fulmen et tonitruum facta sunt, et sequenti die, hoc est feria 4,

---

1) Verwandte Notiz: Notae hist. Altdorf. Mittl. d. Inst. IV, 211.

Kalendis Junii (1. Jun.), apud Leodium — — ceciderunt lapides glaciei mire magnitudinis — — ‖ Cononis praep. Lausannen. not. S. S. XXIV, 789, 27. Fuit hiemps valida, qualem nullus tunc vivens in Burgondia dixit se vidisse, et fuerunt pre frigore mortue nuces et vinee fere omnes apud Bisuncium et Salinum, Arbens, Divionem et Beaulna et Altisiodorum, Lugdunum et Viennam et Valentiam et Sabaudiam et Tarentasiam et Gebennam et Belicium et Sedunum et etiam in aliis locis, ita quod multi qui solebant habere 100 mo[dios] vini vix habuerunt 3, et parum fuit de frumento, sed Lausan. satis per Dei gratiam crevit de frumento et vino. ‖ Chr. reg. Col. cont. IV. M. G. S. S. kl. Ausg. 265. Hoc anno messis et vindemia fuit pluviosa; vinum plurimum sed vile. — Eodem anno hyems solito asperior inhorruit et multas vineas, ficus et olivas per Italiam, Franciam et Teutoniam congelavit.‖ Emonis chr. S. S. XXIII, 514, 48. Effudit abissus superior horrendam satis pluviarum inundantiam a Kalendis Julii et deinceps; et exspaciata est aqua huc atque illuc per campos et planiciem terrarum, duobus annis retroactis satis aridis. Presertim post exaltationem sancte crucis (14. Sept.) tanta fuit ymbrium effusio mense Septembri, ut diluvio maris posset adequari; et ideo fenum multum periit et prata relicta sunt cum vellere suo. Residuum feni magnis navibus ducebatur per campos et vias, quasi per alta maria. — — Verisimile fuit, quod in illa inundatione superioris abissi, que hactenus salsugo in sinu terre delituit, diluta sit et absorta. Extunc enim terra cepit solitos fructus reddere.‖ Ann. Stad. S. S. XVI, 361, 24. Fames validissima in Livonia, ita ut homines se invicem comederent; etiam fures, a patabulis abstracti, magna aviditate devorabantur.

1234. *Harter Winter, die Hungersnot in Frankreich dauert fort (Chr. Andr.). Im Donaugebiet grofse Frühjahrsüberschwemmung (Ann. S. Rudbert. Salisburg., Cont. Lambac., Cont., Sancruc.), als deren Folge eine Hungersnot entsteht (Cont. Lambac.).* Guielmi. chr. Andr. S. S. XXIV, 772, 45. Hiems gravis et aspera non solum totam Galliam, sed et Italiam et Angliam multo tempore torquet et affligit, et non tam frigoris angustia quam famis miseria pauperes miserabiliter afficit. ‖ Ann. Erphord. frat. Praedicat. M. G. S. S. kl. Ausg. 88, 3. Hoc anno hiems asperrima fuit, adeo ut in Mediterraneo mari institores Venetiam cum oneratis summariis pedestri itinere per glaciem transirent; que nempe hiems non parvam per totam Italiam in vineis et olivetis intulit cladem. ‖ Ann. S. Rudberti Salisbg. (cod. S. Petri). S. S. IX, 786, 4. Danubius alveum suum egressus, vicos quam plures et civitates muratas in Austria impetu glaciali destruxit. ‖ Cont. Lambac. S. S. IX, 558, 44. Hoc anno, resoluta glacie Danubii, ipse Danubius meatus suos longe lateque diffudit, et tanta inundatione excrevit, ut omnes vicos et villas adiacentes destruxit. Omnis etiam annona et pecorum infinitus numerus interiit, et quod his omnibus miserabilius est, infinita hominum multitudo periit. Quam vastationem valida fames subsecuta est. ‖ Cont. Sancruc. II. S. S. IX, 638, 4. Tota hyeme illa tanta asperitas frigoris inhorruit, ut multi fluvii qui ante large fluebant, a fundo, usque ad summum ita indurescerent pre frigore, ut fluere desinerent. Circa tempus vero vernale cum solveretur glacies, Danubius ex multitudine glaciei et habundantia aquarum excessit terminos suos, turres, muros, domus, promaria arboresque subvertit, hominesque multos extinxit; vineas et agros a se remotos vastavit, replensque omnia glacie immensi ponderis, que glacies per magnum tempus ipsius anni duravit.

1235. *Hungersnot in Ostfrankreich (Vincent Bellov., Conon. Lausan. notae). Im Südosten dauert die Hungersnot des vorigen Jahres noch fort (Ann. S. Rudberti Salisburg.).* Vincent. Bellov. specul. hist. Hist. de

Fr. XXI, 72 H. Anno sequenti facta est magna valde fames in Francia, maximeque in Aquitania, ita ut homines herbas campestres sicut animalia comederent. Valebat enim sextarius blandi centum solidos in Pictavia. Ibidem quoque facta est magna pestilentia, qua multi pauperes, magni et parvi, sacro igne accendebantur, ita quod ecclesia Sancti Maxentii talibus illuc allatis implebatur. || Chr. Albrici monach. Trium Font. S. S. XXIII, 936, 48. In hac hyeme scilicet in principio huius anni inundatio aquarum post liquefactionem nivium enorma dampna multis intulit. Sicut in Hoyo 5. Idus Februarii (9. Feb.) feria 6. Hoyolus cepit intumescere circa mediam noctem usque ad tertiam cum tanto impetu, quod eius inundatio perveniens usque ad quintum gradum Petronii in foro siti — — || Cononis praep. Lausannen. not. S. S. XXIV, 792, 28. Eo anno fuerat nimia caristia annone a pasca (8. Apr.) usque ad messem, et fuit vendita cuppa frument[i] 3 s. et plus et cuppa avene 16 denariis. || Ann. Erphord. frat. Praedicat. M. G. S. S. kl. Ausg. 90, 27. Hoc etiam anno in die pentecostes (27. Mai) magna tempestas pluvie et grandinis in Thuringia non modicam ovibus et segetibus intulit cladem. || Ann. S. Rudberti Salisbg. S. S. IX, 786, 16. Imperator per Canales[1], — — intravit Teutoniam tempore maxime famis. 31. Dux Austrie consilio Judeorum terram Austrie clausit, nec per terram vel aquam annonam in partes superiores ire permisit, nec tamen eo minus civitas Salzpurch et tota provincia illius frumento sibi de Suevia allato vinoque Latino et Franconico habundavit. || Cont. Sancruc. II. S. S. IX, 638, 20. Item Danubius ex habundantia aquarum terminos suos excedens, agros, villas, segetes vastans, homines quoque qui in insulas confugerant, cum iumentis suis et aliis rebus extinxit.

1236. Ann. Marbac. S. S. XVII, 178, 25. Ipso anno facta est habundantia vini maxima, ita quod vas unum quadraginta capiens amas vacuum vendebatur pro viginti unceis et quartale vini pro denario. || Notae hist. Altohfenses. M. D. Inst. f. öst. Gesch. IV, 211. Tanta erat vindemiae fertilitas, ut unum quartale vini venderetur pro duobus denariis. || Ann. Erphord. M. G. S. S. kl. Ausg. 92, 10. Hoc anno adeo calida fuit hiems, ut vix sedecim dies glaciales in ea computari potuerint, in qua et audita sunt tonitrua VI. Idus Marcii (10. März).

1237. Ann. Marbac. S. S. XVII, 178, 39. Et nota, quod ante autumpnum ipsius anni vendebatur quartale vini pro sedecim denariis, cuius tanta fuerat habundantia in anno priori. || Menkonis chr. S. S. XXIII, 524, 19. Lues etiam in linguis et ungulis equorum exorta est; sed post sanguinis minutionem sub lingua et super ungulis convaluerunt. Omnia fere semina degenerarunt; fenum habundavit propter irriguum. Autumpno itaque prolabente, cum varia febris vexaret religiosos, in tantum ut per totam Frisiam vix sufficerent sani ministrare infirmis, nec etiam infirmitoria caperent infirmos, — — || Cont. Sancruc. II. S. S. IX, 639, 20. Circa vindemiam que satis sterilis erat ipso anno.

1239. Ann. Erphord. fr. Praedicat. M. G. S. S. kl. Ausg. 96, 17. Adeo lenis exstitit hiems, ut a festo Thome (21. Dec.) fere usque ad purificationem (2. Feb.), exceptis montanis, nix visa non fuerit, nec glacies.

---

1) Friedrich II. überschritt die Alpen im Mai auf dem Wege durch den Canale die Ferro über Chiusa und Pontafel nach Villach (Böhmer Regest.* 2089 d), seine Anwesenheit in Admunt ist am 30. Mai bezeugt (Böh. Reg. 2090 a), er zieht dann weiter über Wels nach Regensburg. Die Nachricht von einer Hungersnot pafst also nach Ort und Zeit sehr gut zu der Hungersnot des vorhergehenden Jahres, von der aus Lambach berichtet wird.

1240. Vincent. Bell. specul. hist. Hist. de Fr. XXI, 73 K. Anno quoque praenotato, a Dominica post Natale Domini (1. Jan.) usque ad Exaltationem sanctae crucis (14. Sept.), fuit siccitas magna, vinaque tam fortia fuerunt, ut non possent bibi commode sine aqua.

1241. *Die Mongolen fallen im Frühjahr in Ungarn ein, durch die Verwüstung des Landes entsteht eine Hungersnot, wahrscheinlich schon in demselben Jahre (Mart. Oppav.).* Chr. pont. et imp. Rhenense e cod. Gissensi 177. N. Arch. IV, 74. Et codem anno crevit tanta habundancia vini, quod carrata solvit 40 denarios Wormaciensium. || Mart. Oppav. chr. S. S. XXII, 472, 10. Reliquum vero vulgus tam in viris quam in mulieribus, quos invenire potuerunt, in ore gladii exterminantes, sic terras illas, maxime Ungariam, redegerunt in solitudinem, ut pre fame pervalida matres puerorum suorum vescerentur carnibus, ut plerique pulvere cuiusdam montis pro farina uterentur.

1242. *Hungersnot in Ungarn (Ann. S. Rudbert. Salisburg., Cont. Sancruc.).* Ann. S. Rudb. Salisbg. S. S. IX, 788, 2. Hoc anno propter crudelem exterminationem et vastationem Tartarorum, ob nimiam rabiem famis, innumerabiles homines in Ungaria se mutuo comederunt, ita ut nec filii a parentibus nec parentes a filiis abstinerent. 15. Locuste magna corporis quantitate Austriam intrantes in tanta multitudine, quod vineta et pomeria plurima consumpserunt, insuper equos et animalia in campis pascentia corroserunt. || Cont. Sancruc. II. S. S. IX, 641, 8. Interea fames horribilis et inaudita invasit terram Ungarie, et plures perierunt fame quam ante a paganis. Canes edebant et cattos et homines; humana caro publice vendebatur in nundinis. Deinde lupi rapaces et infesti, nemini parcentes, prevaluerunt in terra ita quod vix aliquis auderet de domo sua inermis procedere. Deinde locusta id quod seminatum erat corrosit. In quindecim dietis in longitudine et latitudine homo non inveniebatur in regno illo.

1244. Ann. S. Nicasii Remen. S. S. XIII, 86, 32. Hoc anno tanta fuit vini habundantia, quod sextarius proclamatus et venditus pro 8 ovis. || Cont. Sancruc. II, S. S. IX, 641, 28. Multe civitates igne domestico consumpte sunt propter siccitatem et sterilitatem que hoc anno inhorruerat.

1245. Ann. Bland. S. S. V, 31, 12. Hoc anno magna inundatio aquarum facta est 3. Idus Junii (11. Jun.). || Menko. chr. S. S. XXIII, 539, 43. Eodem anno a cathedra sancti Petri (22. Feb.) cepit exoriri siccitas, gelu in principio terram constringente, ut facillime aratis tereretur, ut sic labor agricolarum est diminutus; sed circa pentecostem (4. Jun.) pluvia tantum increvit, quod segetes in multa parte perierunt; et sic eo anno facta est maxima penuria panis, et duravit usque post diluvia illa multiplicia, que fuerunt anno Domini 1249.

1246. Chr. reg. Col. cont. V. M. G. S. S. kl. Ausg. 288. Eodem anno mense Maio et Junio tanta fuit penuria annone Colonie, ut raro panis inveniretur venalis. Et id eo acciderat, quia cives statuerant, quod maldrum siliginis nonnisi pro tribus solidis venderetur, cum in rure plus solveretur. Cuius statuti eos penituit, cum viderent magnam populi afflictionem, quia propter idem statutum annona Coloniam non adduceretur. 280. Eodem anno hyemali tempore ultra solitum Rhenus plurimum exundavit. || Menko. chr. S. S. XXIII, 540, 8. Eodem anno in festo Luce euangeliste (18. Oct.) crescente rabie ventorum, aggravata est inundatio salsi maris et sic factum fuit diluvium particulare, et multe naves fuerunt submerse vel confracte, et homines submersi.

1247. Ann. Stadens. S. S. XVI, 371, 29. Die sanctorum Basilidis et Cirini (12. Jun.) feria quarta, post meridiem, cum esset aura calida et serena, subita tempestas orta est, et inter pluviam et tonitrua grando densissima cecidit, cuius quantitas plus quam columbini ovi magnitudinem adaequavit. ‖ Excerpta chr. Riedeseliani Hassiaci, Kuchenbecker Analecta Hassiaca III, 7. Um diese Zeit waren 7 gute Jahre und so wolfeil dafs man kein Gesind kriegen konte und musten viel Adel- und Geistliche Gesinds halben ihren Ackerbau aufschütten die Dörffer konten keinen Hirten zu ihrem Viehe überkommen.

1248. Ann. Egmund. S. S. XVI, 478, 21. Circa festum beati Martini episcopi (11. Nov.) maxime fuere tempestates ventorum et tanta fuit inundatio maris, quantam nullus mortalium eo tempore viventium meminit factam, in omnibus terminis maris, praecipue in comitatu Hollandie, Flandrie, et Fresie orientalis et occidentalis. Aggeribus vero mari oppositis in omnibus locis ruptis et collisis, maximam fuit videre miseriam in suffocatione iumentorum et pecudum, viris vix cum liberis et uxoribus evadentibus et in trabibus domorum suarum residentibus, donec a vicinis misericordia motis vix vivi inde navibus abstraherentur. Eo tempore pisces marini qui vulgo bullik et rivisk dicitur circa Delf ex flumine retibus abstracti sunt. Eodem anno a festo Luce ewangeliste (18. Okt.) usque ad diem beati Valentini (14. Feb. 1249) per totam hiemem nix visa et glacies non fuerunt, nisi unius noctis aut duarum ad maius noctium. Ventus vero ex plaga occidentali ita continue flabat, — — ‖ Menko. chr. S. S. XXIII, 542, 17. Eodem anno feria 6. post octavam sancti Martini (20. Nov.) surgente rabie ventorum satis immoderata, — — facta est elevatio maris, et rupti sunt aggeres occeani, et operuerunt aque superficiem terre, ita ut in Campo Rosarum aggerem plurimis locis supergrediens totam curiam impleret; et sic dolores et genitus non modicos suscitavit. In ipsa maris estuatione ventus boream a circio transiliens ad aquilonem se transtulit, et sic in aggeribus versis contra aquilonem et vulturnum preter consuetudinem maximum dampnum evenit. In ordeo etiam hiemali et tritico, que abundantius seminata fuerunt, propter siccitatem estatis et autumni damnum accidit gravissimum. Sed cito rupto aggere mediterraneo iuxta fossatum effluxionis aquarum, quod dicitur Delf, aque hinc inde sunt diffuse, maxima ad Silvas australes; et maxima pars siliginis periit — — *in der Nacht vom 27. auf den 28. Dec. neue Sturmflut.* ‖ Chr. reg. Col. cont. VI. (S. Pantal. III) M. G. S. S. kl. Ausg. 296. Eodem anno hyems in partibus nostris tota erat corrupta, pluvialis et omnino remissa, ita quod per totam hyemem duobus diebus, et hoc interpolatis, modica glacies est visa. ‖ Chr. pont. et imp. Rhen. e cod. Gissensi 177. N. Arch. IV, 75. Vinum maxime acidum crevit. ‖ Sächs. Weltchr. M. G. S. S. Deutsch. Chr. II, 258, 8. In der winachten nacht (24. Dec.) ward darna en grot blicse unde en donreslach. Darna in der kindre nacht (28. Dec.) ward en regen unde en wint vamme sudwestene — — Du vlot van der sê hof sic so ho, dat siu tobrac al de dike in den niderlanden, unde erdranc volk unde vê ane tale, unde gescha grot jamer. ‖ Ann. Erford. frat. Praedicat. M. G. S. S. kl. Ausg. 106, 25. Hoc etiam anno V. Kal. Januarii (28. Dec.) flante aquilonari vento mare minoris oceani tanta violentia maritimis terris appulsum est, ut circa villam Hamburc CCC [naves] periclitate referantur; quot autem in Hollandia vel Fresia seu ceteris maritimis regionibus perierint, novit Deus, — —.‖ Ann. Stad. S. S. XVI, 372, 11. Maxima inundatio aquarum nocte puerorum (28. Dec.) et in utroque litore Albiae plurima submersio hominum. ‖ Ann. S. Rudb. Salisbg. S. S. IX, 790, 7. Propter nimias gwerras et pessimum statum Austrie vinum et victualia non fuerunt claustris et civitatibus sive terris ab Austria deportata.

1249. *Mißernte am Rhein (Chr. reg.) und in Friesland (Menko.).* Chr. reg. Col. M. G. S. S. kl. Ausg. 296. Unde in subsequenti estate (1249) fruges, licet abundanter provenissent, fructum speratum non reddebant, sed et vinum licet multum, non bene potuit maturari. ‖ Menko. Chr. S. S. XXIII, 543, 5. *Sturmflut am 4. Feb.* 17. Et quia hec plaga circa extremam partem hiemis accidit, aque totiens augmentate tardius defluxerunt, et in humilioribus locis vix circa festum sancti Liudgeri (26. März) terra fuit arrabilis, et tunc ex quadam vi salsugininis et matutino gelu terram constringente, fuit terra valde solubilis et videbatur pinguis, delectabanturque agricole in facilitate laboris ex tale solubilitate terre, et fere ubique locorum plus solito seminatum est. — — 26. Cepit autem semen terre inmissum prima folia pulchre ostendere, sed natura aruit, quia non habebat humorem vegetantem, sed pocius sua salsugine arefacientem, quia quo magis sol incalescebat, eo magis salsugo ad superficiem terre trahebatur, et sic homines ad augmentum flagellationis sue semen et laborem perdiderunt. Quidam etiam propter defectum graminum pecora in Threnthiam et quocunque poterant pro alimonia miserunt, ex quibus ad augmentum flagellationis plurima mortua sunt. Et non fuit locus, quo quisquam flagellum Dei evaderet. — — In Silvis autem et aliis locis, ubi propter locorum eminentiam siligo per salsam aquam non poterat attingi, aliud accessit flagellum. In agris enim eorum, pascuis salsugine infectis, quasi nulla fuerunt gramina nec fenum in pratis, et sic misera pecora pre fame terram corruptam cum radicibus evulserunt et fere in illis locis omnia mortua sunt. Et sic nulla pars Frisiae fuit a flagellis libera.

1250. Menkonis chr. S. S. XXIII, 543, 38. Similiter prior pars estatis fuit nimis sicca, et **pestilentia animalium** increvit, et fere omnia pecora Silvanorum, que fuerunt piori anno·residua, vel ex novo aliis iam mortuis, empta moriebantur, et in calore estivo corpora mortuorum animalium computrescebant, et fuit ibi fetor intolerabilis, de quo etiam **homines corrumpebantur,** *es folgt ausführliche Beschreibung der Krankheit.* ‖ Cosmae. cont. ann. Prag. I. S. S. IX, 172, 23. 6. Non. Julii (2. Jul.) **grando magna** cecidit post meridiem, quae multa damna intulit segetibus autumnalibus et vernalibus, vineis, arboribus pomiferis et aliis, multamque stragem fecit pecorum, volucrum diversi generis, silvestria etiam animalia plura peremit; in plerisque locis regni Bohemiae et maxime circa Pragam homines quoque et iumenta multa submersa, et aedificia et granaria plurima turbine diruta. Quae grando duravit indissolubilis infra septem dies, et mirae fuit magnitudinis et triangula, et quaedam musco permixta, quam etiam nimia **pluviae** secuta est **inundatio.**

1251. Cosmae cont. ann. Prag. I. S. S. IX, 173, 6. In purificatione vero sanctae Mariae (2. Feb.) episcopo praedicante magna vis ventorum exorta est, et aer obscuratus est, ita ut vix poterant hominum vultus dignosci, postea **nix magna** in plerisque partibus Bohemiae descendit, qualem non meminit aetas nostra. 16. 8. Idus Augusti (6. Aug.) primo crepusculo orta est magna vis ventorum et choruscationum et tonitruum. *Ebenso heftige Gewitter am 14. u. 18. Augst.* De quorum gravi impulsu multa aedificia ruerunt, horrea funditus eversa sunt, homines plerique fulminati, **fruges grandine** percussae, fructus arborei excussi, vineae laesae per totam diocesim Pragensem. Annona male provenit et praecipue hyemalis. 27. Nimia etiam **siccitas** fuit, propter quam homines seminare non valuerunt in Augusto, in Septembri et Octobri medio. Hoc etiam anno male provenerunt annona, vinum, fructus arborei.

1252. *Schon das vorige Jahr hatte eine Mifsernte gebracht und im Herbste war die Aussaat durch die Ungunst der Witterung erschwert worden (Cont. Cosmae a. 1251). Plötzlicher Frost und Schneefall zu Pfingsten verschlimmern die Lage noch mehr, es entsteht eine Hungersnot in Böhmen (Cont. Cosmae) und Österreich (Cont. Sancruc. II).* Cosm.

Cont. Ann. Prag. I. S. S. IX, 174, 6. In vigilia penthecosten (18. Mai) et in die sancto (19. Mai) magnum frigus inhorruit, et nix in plerisque locis descendit, a quorum asperitate multa iumenta, oves et pecora mortua sunt. 10. Pabuli sive straminum magnus defectus fuit. Ver fere totum siccum fuit, cuius finis satis humidus erat; fames satis dura in fine veris et in initio aestatis. 17. Eodem anno hyemalia mediocriter in plerisque partibus provenerunt, aestivalia fere penitus defecerunt excepto milio. 20. Eodem anno hyems aspera fuit et glacies grossa ad duas ulnas. || Cont. Sancruc. II. S. S. IX, 643, 12. Fames prevaluit in terra et in tota Austria frumentum valde carum fuit, ita ut modius frumenti venderetur pro undecim talentis et in aliquibus locis sola metreta daretur pro tribus solidis, et multi homines fame interierunt. || Canon. Sambiens. Ann. S. S. XIX, 699, 7. Fames invaluit in Austria ita quod modius tritici pro 11 talentis et 40 denariis vendebatur.[1])

1253. *Hungersnot in Lothringen (Chr. univers. Mett.), auch in Strafsburg ist die Teuerung noch fühlbar (Ellenhard.).* Chr. univers. Mett. S. S. XXIV, 523, 2. Estas et hiemps gravissima (1252—53) quam sequenti anno secuta est fames et mortalitas maxima — in Lotharingia. || Ellenhardi Ann. S. S. XVII, 102, 27. 7. Idus Julii (9. Juli) quartale veteris annone vendebatur pro 16 solidis et in crastino eiusdem diei dabatur pro 7 solidis; quartale novi tritici pro quatuor solidis. || Ann. S. Rudb. Salisbg. S. S. IX, 792, 40. Hiems asperrima (1253—54) fuit, ita ut multi homines et iumenta frigore interirent. || Ann. capit. Posnan. S. S. XXIX, 449, 31. Eodem anno a festo pasche (20. April) usque ad festum sancti Jacobi apostoli (25. Juli), cuius festum est in messe, incessanter nocte et die pluit seu pluebat pluvia; et tanta fuit inundacio facta, quod per multos agros et per vias potuit navigari; et cum metebantur segetes, querebantur montes ad fruges reponendas.

1254. *Allgemeine Mifsernte in Böhmen (Cont. Cosm.) und im Donaugebiete (Herm. Altah., Cont. Sancruc. II., Cont. praedicat. Vindob.).* Cosm. cont. Ann. Prag. I. S. S. IX, 175, 23. Hoc etiam anno male provenerunt annona autumnalis et fructus arborei, vinum penitus defecit. Cuius defectus quantitatem, quod antea contigerit, aetas nostra non meminit. || Herman. Altu. Ann. S. S. XVII, 396, 37. Eodem anno sterilitas frugum magna fuit et maxime circa Danubium, ut nec semina possint haberi: Set et in nocte sancti Marci ewangeliste (25. April.) per maximum frigus vinee et fructus arborum perierunt, ita ut valde modicum vini nasceretur et illud nimis esset acerbum. || Cont. Sancruc. II. S. S. IX, 643, 20. Messis et vindemia satis mala fuerunt hoc anno. 29. Eodem anno fuit magna sterilitas per plures terras in vino et frumento.[2]) || Cont. praed. Vindob. S. S. IX, 728, 1. Nota quod omnes vinee per totam Austriam de pruina perierunt, ita quod centum iugera unam karratam non habuerunt.

1255. *Hungersnot in der Gegend von Melk, offenbar im Zusammenhange mit der Mifsernte des vorhergehenden Jahres, doch läfst die vereinzelte Nachricht darauf schliefsen, dafs der Notstand nur lokale Bedeutung hatte.* Ann. Mell. cont. S. S. IX, 509, 9. Hoc anno tanta fuit acris inclementia, ut terra siccitate depressa, ut nec agri segetes, nec uvas vineta, nec arbores fructus redderent suis cultoribus, in tantum ut divites cum pauperibus famis inediam angustiati sustinerent.

---

1) Die Nachricht stammt, wie aber die Verschiedenheit des Preises zeigt, wohl nicht unmittelbar aus der Cont. Sancruc. II.
2) Der Canonicus Sambiensis übernimmt die Nachricht fast wörtlich.

1256. *Lokale Hungersnot im Elsaſs (Ann. Colm. min.).* Ann. Colm. min. S. S. XVII, 190, 42. Fames erat. || Notae Diessen. S. S. XVII, 326, 12. Intemperies grandinis contrivit omnes fruges nostras hyemales et estivales in barrochia nostra et alias usui nostro cedentes ad numerum 86 curiarum et houbarum, et decimas 7 ecclesiarum, scilicet Prunnen inferioris, Mûsingen, Wezzilingen, Frûtingen, Prunnen superioris, Mishinriet et Sancti Georii. Hec facta sunt in vigilia sancti Laurentii (9. Augst.). || Cosm. cont. ann. Prag. I. S. S. IX, 176, 35. Eodem anno ubertas annonae in plerisque partibus fuit, sed vini et pomorum carentia. || Ann. Mell. cont. S. S. IX, 509, 13. Effuso cornu copie tam prospera tempora divinitus sunt secuta, ut conterranei ex felici frugum habundancia vinique copiositate vix possent preacte penurie reminisci.

1257. Menko. chr. S. S. XXIII, 547, 1. Iniciatus fuit novus agger in Sonde, et satis fuit firmatus; sed cum non esset satis exaltatus, increscente nimis occeano, dominica ante festum Gereonis (7. Okt.) Fivela fuit irrupta, que anno eodem, videlicet in estate instanti, fuit reparata. Sed illa irruptio, que fuit in aggere Thitardi Jüldelenga non potuit stabiliri. || Cosm. cont. ann. Prag. I. S. S. IX, 177, 1. Eodem anno intrantibus Kal. Augusti (1. Aug.) facta est maxima inundatio aquarum, quae gravia et grandia damna per totam Pragensem dioecesim intulit in ortis, in seminatis campis et aedificiis, quae iuxta ripas posita fuerunt; plures etiam homines suffocavit. || Cont. Lambac. S. S. IX, 559, 51. Mirabilis inundatio pluvie aput civitatem Prunne in Moravia subito erupit, et ad sex miliaria terram et arbores cum edificiis totaliter subvertit et quod miserabilius est multa milia hominum interierunt. || Ann. Polon. I. S. S. XIX, 634, 37. In Moravia circa Bucinam diluvium emersit, multos homines submersit in nocte in die sancte Margarethe virginis (13. Jul.).

1258. *Allgemeine Miſsernte in Frankreich (Rich. g. Senon. eccl.), am Rhein (Ann. Wormat., Ann. Spiren., Ellenhard.) und in Schwaben (Ann. Neresh.).* Richeri gesta Senoniensis eccl. lib. V. c. 4. S. S. XXV, 332, 29. In inicio anni illius tanta bestiarum, scilicet boum et vaccarum, in circumadiacentibus regionibus mortalitatis cursum desevisse, ut nullus hominum assereret, tam generalem tamque sevissimam in terris nunc aliquando apparuisse; *Beschreibung der Krankheit.* c. 5. p. 333, 20. Quid igitur dicam de fructibus illius anni, cum tanta eiusdem anni intemperies extiterit, ut vix calor solis etiam terram aliquantulum tangere posset, ut fruges illius anni ad aliquam maturitatem parum aut nichil devenire possent? Nam tanta nubium densitas per totam illam estatem celum obduxerat, ut, si estas vel auctumnus esset, vix aliquis cognoscere posset. Nam fenum illius anni vi pluviarum indesinenter infusum exsiccari non valuit, quia solis calorem pre densitate nubium habere nequibat. Messis vero tanta intemperantia aeris eodem anno retardata est, ut nullo modo tempore suo colligi posset, sed usque ad Septembrem prorogata est, ita ut etiam in spicis segetum ipsa grana germinarent, quia ita seges illa humida in horreis collocata ex maiore parte sui computruit. *Wein- und Obsternte miſsraten.* 52. Sed tamen pestilentia pecorum ipso anno finiente non finivit, sed per totum sequentem annum regiones plurimas tempore suo et vaccis penitus vacuavit. || Ann. Wormat. Boos Mon. Wormat. 155, 37. Anno 1258 dominica letare, que fuit 5. nonas mensis martii (3. März) de abundantia nivis tanta venit abundantia aquarum et tam vehementi torrente processit, quod vallus civitatis Wormatiensis prope cemiterium Judeorum in maxima quantitate rumpebatur, ita quod super ponte porte sancti Andree duo submersi fuerint. || Ann. Spiren. S. S. XVII, 85, 13. Eodem etiam anno maxima fuit corrupcio vini et frumenti et aliarum frugum, et appellatus est annus idem a vulgo munkeliar. ‖ ELLENHARDI ANN. S. S. XVII, 102, 36. Tanta fuit aeris intemperies, quod annona computrivit in terra; et botri crudi et immaturi remanserunt, ita quod tempore vindemiarum gelu superveniente, in sportis et in saccis inferebatur et in torcularibus cum calciis calcabantur, et effluxit glacies cum vino. ‖ ANN. NERESHEIM. S. S. X, 24, 23. Penuria magna fuit.

1259. *Lokale Hungersnot in Baiern (Ann. S. Steph. Frising., Ann. Wessofont., Ann. Scheftlar.) und Salzburg (Ann. S. Rudb. Salisburg.). Dagegen ein besonders gutes Jahr in Frankreich (Rich. g. Sen. eccl.) und am Rhein (Ann. Wormat., Ellenh.).* RICHERI G. SENON. ECCL. lib. V. c. 5. S. S. XXV, 334, 1. Sed sequens annus tam temperatus et fertilis extitit, ut adeo bonis habundaret, ut iam nemo preteriti anni inordinationis non reminisceretur. Unde quilibet cognoscere potest, quod non obliviscitur misereri Deus et non continet in ira misericordias suas, sed cum iratus castigat, sicut pater filiorum misereretur et parcit. ‖ ANN. S. BENIGNI DIV. S. S. V, 50, 11. Hoc anno fuit infirmitas et mortalitas hominum in toto mundo, ita ut pauce domus essent in quibus aliquis sanus inveniretur; cepitque inicium hec mortalitas in magna ebdomada ante pascha (6.—12. Apr.), duravitque circiter unum mensem. ‖ ELLENHARDI ANN. S. S. XVII, 102, 39. Sequenti autem anno crevit optimum vinum. Anno Domini 1259 dabatur quartale vini pro 4 solidis et quartale frumenti pro 4 solidis in curia Dalmazingen.[1]) ‖ ANN. WORMAT. BOOS. MONUM. WORMAT. 156, 18. In die apostolorum Petri et Pauli (29. Jun.) quo fuit estas calida et sicca, sic ut a martio usque ad augustum parum vel nichil pluerit, et tamen vini et omnium frugum magna fuit abundantia, ita ut vasa carius quam vinum venderentur. ‖ ANN. S. STEPH. FRISING. S. S. XIII, 57, 10. Hoc anno fuit maxima fames et homines de diversis terris exulaverunt euntes ad partes Ungaric. ‖ ANN. WESSOFONT. ED. LEUTNER. HIST. WESSOF. II, 33. Eclipsis lune apparuit XV. Kal. Junii (18. Mai). Eodem anno fames validissima facta est et morticinium grande nimis hominum atque pecudum. Et innumerabilis multitudo hominum Hungariam est profecta. ‖ ANN. SCHEFTLAR. MIN. S. S. XVII, 344, 24. Fames valida fuit, et multitudo hominum in Ungariam profecta est. ‖ ANN. S. RUDB. SALISBG. S. S. IX, 795, 7. Maxima caristia orta est per omnes terras, quam sequitur maxima pestilentia hominum. ‖ COSMAE CONT. ANN.. PRAG. I. S. S. IX, 177, 41. Vinum miri valoris provenit in tota Bohemia. ‖ CONT. LAMBAC. S. S. IX, 560, 12. Estas calida et sicca.

1260. CÖLNER JAHRBÜCHER REC. B. ST. CHR. XIII, 30, 4. Do was ein grois gewesser, dat der Rin also ho up sprank ind alle wasser. ‖ COSMAE CONT. ANN. PRAG. I. S. S. IX, 177, 48. Hoc etiam anno sata laesa sunt et vineae et fructus arborei, quaedam siccitate, quaedam grandine in plerisque partibus. In aliis autem partibus vinum copiose provenit.

1261. ELLENHARDI BELLUM WALTHER. S. S. XVII. c. 8. 107, 6. Et tamen dicto autumpno crevit tanta habundancia vini, quod ama boni vini dabatur undique in terra pro quatuor denariis et plenum vas vini pro vacuo vase; et hec fuit causa quod magna fuit habundancia vini et quod vina non poterant duci ad civitatem. Karistia tamen nulla fuit in civitate. Quartale enim frumenti vendebatur pro quatuor solidis, quartale vero vini pro quatuor denariis. ‖ FRITSCHE CLOSENERS CHR. ST. CHR. VIII, 135, 23. Do wart grosse genuhte fruhte und wines, daz ein ome wines galt 2 d. unde der beste 6 d. ‖ CANON.

---

1) Thalmäſsig nördl. von Eichstädt.

Sambien. Ann. S. S. XIX, 699, 22. Item magna karistia facta fuit, modius tritici pro 10 talentis dabatur.[1])
1262. Menkonis chr. S. S. XXIII, 550, 43. In octava Agnetis (28. Jan.) subito circa horam terciam, irruente choro collaterali zefiri et subsequente circio nimis immoderate, multe domus corruerunt. — — Et occeanus vehementer commotus aggeres infregit, et aque salse superficiem terre operuerunt, et aqueductus in Fiskmare irruptus supernatavit, et aque per noctem et fere per diem irruperunt, donec ferventissimo labore omnium fratrum Floridi Orti et tocius parochie, necnon et civium de Waltersum spacium aqueductus lignis infixis et straminibus cum terra interiectis fuit obstructum et in vigilia purificationis (1. Feb.) exaltatum et firmatum. Quia vero terra fuit dulci aqua satiata, salsugo eam non infecit, sed fruges sequentis estatis competenter fuerunt prosperate. || Cosmae cont. Ann. Prag. I. S. S. IX, 178, 20. Sata diversi seminis tam hyemalia quam aestivalia in plerisque Bohemiae partibus fere penitus perierunt, tum a grandine, tum a siccitate, tum ab exercitu transeunte in Ungariam, excepto solo milio, ita ut nec homines victualia nec 'iumenta et pecora poterant habere pabula sufficientia. Verum in paucissimis eiusdem terrae partibus copia frumenti crevit in habundantia, vini quoque et fructuum arborum exigua fuit ubertas. || Chr. Boh. auct. Neplach. abb. Opatovic. Font. rer. Boh. III, 475. Incendia multa fuerunt in Boemia, et fames gravissima. — Eodem eciam anno caristia maxima et fames fuit in Boemia.[2]) || Ann. Mell. cont. S. S. IX, 509, 36. Vulgata sepe per Austriam fertilitas tanta est hoc anno uredine sterilitatis absorpta, ut segetes in herbis premortue pre nimio solis ardore, ad ipsas tempore messis resecandas non opus esset falcibus, sed magis vellencium manibus.

1263. *Hungersnot in Böhmen, Mähren (Cosmae cont. Ann. Prag., Heinric. de Heimberg, Chr. dom. Saren., Chr. Pulkav.), Österreich (Cont. Mell., Cont. Laubac., Cont. Sancruc. II) und Ungarn (Cont. Sancruc. II). Auch in Baiern herrscht Mißwachs (Ann. Wessofont.,° Ann. Scheftlar.).* Ann. Wessofont. ed. Leutner Hist. Wessof. II, 31. In octava S. Agnetis (28. Jan.) ventus tam validus est exortus, ut non solum edificia plurima subverteret, sed eciam prosternendo multas arbores magnum damnum faceret in nemoribus et silvis. Eodem anno tanta fuit sterilitas et ariditas terre, ut in omnibus prouinciis cum multa penuria tam iumenta quam eciam homines sustentabantur. *Comet.* || Ann. Scheftlar. min. S. S. XVII, 344, 34. Sterilitas magna et ariditas fuit. Et sol obscuratus est die dominico, Nonis Augusti, festo sancti Oswaldi (5. Augst.). || Cosm. cont. Ann. Prag. I. S. S. IX, 179, 1. Maxima fuit caristia frumenti, foeni et pabuli in Bohemia et Moravia, ita ut mensura regalis siliginis venderetur 120 denariis quandoque plus quandoque minus monetae Pragensis, tritici autem multo amplius, et pisae 150. Tunc et maxima fames fuit in populo, ita ut multi agricolae et artifices varii, venditis pecoribus et rebus aliis, nec se sustentare valentes, cogerentur hostiatim eleemosynam petere; plures etiam, domibus suis in rure relictis, cum uxoribus et liberis iverunt mendicatum; multa etiam pecora et iumenta mortua sunt propter maximum pabuli defectum et

---

1) Die Annalen beruhen in diesem Teile ausschließlich auf österreichischen Quellen, also muß auch diese Nachricht auf Österreich bezogen werden.

2) Es erscheint unwahrscheinlich, daß die Hungersnot schon in diesem Jahre begonnen hat, wie die späte Kompilation (N. Abt von Opatowitz von 1355—62) annimmt. Die Fortsetzung des Cosmas weiß 1262 nur von einer Mißernte und läßt mit den anderen gleichzeitigen Quellen die Hungersnot erst 1263 beginnen.

hyemis asperitatem, quae plus solito hoc anno inhorruerat. || Chr. Pulkavae ed. Dobner Monum. hist. Boem. III, 232. Anno Domini MCCLXIII perierunt fruges grandine siccitate, nec non exercitu transeunte. Anno Domini MCCLXIII in Boemia propter predictas causas caristia fuit magna, multique homines ex hac famis inopia sunt defuncti || Heinrici de Heimbg. ann. S. S. XVII, 714, 46. Fames validissima fuit per Moraviam et Austriam, ita ut multi fame morerentur, comedentes radices, arborum cortices. || Cr. domus Saben. auct. Heinr. de Heimburg. v. 706. S. S. XXX. 696. 18.

> Illis temporibus, quando Domini fuit annus
> Mille duo CLX et tercius annus,
> Ipse fuit durus miseris nec non gravis annus;
> Nam pro dimidio data est metreta talento.

Cont. Lambac. S. S. IX, 560, 26. Fames facta est in Austria. || Ann. Mell. cont. S. S. IX, 509, 39. Gravissima fames Austriam per circuitum vastavit. || Cont. Sancruc. II. S. S. IX. 645, 29. *Mondfinsternis am 24. Feb.* Hoc anno fuit maxima fames per totam Austriam et Ungariam et Boemiam et Moraviam, qualis ante raro visa fuit, et duravit usque ad messem. *Sonnenfinsternis am 5. Aug. Mondfinsternis am 20. Aug.* 37. Hoc anno fuerunt vindemia festilissima.

1264. *Hungersnot in Schlesien (Ann. Wratislav. antiqui), offenbar im Zusammenhange mit der vorjährigen Hungersnot.* Chr. minor M. G. S. S. kl. Ausg. 670, 14. Pluvie et repentine inundationes aquarum circa festum beati Nicolai (6. Dec,) multas villas in Saxonia miserabiliter submerserunt. || Ann. Wratislav. antiq. S. S. XIX, 528, 28. Visa est cometa 5. Kalendas Augusti (28. Jul.), que stetit usque ad 6. Nonas Octobris (2. Okt.), que multam famem, effusionem sangwinis, mortem animalium et principum signavit. Tanta enim fames in Almania extitit, ut multi relictis agris suis fugerunt in Poloniam; extitit mors animalium ut nullas carnes bovinas comedere vel emere presumerent. || Ann. Polon. III. S. S. XIX, 637, 10. Cometes stella apparuit 80 diebus et mortalitas animalium est nimia secuta. || Ann. capit. Cracov. S. S. XIX, 601, 37. Cometa sive cometes, quem quidam dicunt ignitum sydus, quidam nubem accensam, apparuit et stetit quasi octoginta diebus. Mortalitas animalium. || Ann. S. Rudb. Salisbg. S. S. IX, 797, 3. Cometa visa est per duos menses, quam mortalitas hominum in plerisque locis, maxime in Ungaria, subsecuta est.

1265. Ann. S. Rudb. Salisbg. S. S. IX, 797, 15. Grando sevissima lesit Bawariam pluribus vicibus et alias terras, vastans dominicalia ducum, fora et civitates ducum.

1266. Cosm. cont. Ann. Prag. I. S. S. IX, 179, 48. Hoc etiam anno annona, fructus arborum et vinum male in Bohemia provenerunt propter grandinis et siccitatis laesionem. || Hist. a. 1264—1279. S. S. IX, 650, 10. Kal. Aug. (1. Aug.) in Schadwienna, tanta ex concursu in nocte et collisione nubium facta est inundacio ut quingentos homines extingueret, et ecclesiam ibidem pluresque domos ac edificia funditus devastaret.

1267. Menkonis chr. S. S. XXIII, 552, 1. Cum ventus per aliquot dies per nothum et affricum mare concitasset, subito inter crepusculum et conticinium affrico successit crudelis circius vehementi afflatu, et per plurimas partes Frisie occeanus aggeres infringens diluvium induxit. Sola vero Fivelgonia ab hac plaga fuit libera, — — || Cr. S. Petri Erford. mod. S. S. XXX, 404, 6. Ipso anno fuit hyems dura et sicca et estas similiter nimis calida et sicca. || Cr. minor cont. I. M. G. S. S. kl. Ausg. 675, 8. Similiter in Thuringia et in confinio eius multe egrotationes ac pestilencie hominum et pe-

cudum irruerunt. || Ann. Basil. S. S. XVII, 193, 25. Annus bonus et in omnibus habundans.
1268. Ann. Basil. S. S. XVII, 193, 31. Circa Columbariam non pluit 12 septimanis, videlicet a festo Mathię (24. Feb.) usque ad festum septem fratrum (10. Jul.); fuitque calor magnus. 34. Ex nucum habundantia arbores fractę sunt. Renus crevit usque adeo, quod omnes pontes destruxit.
1269. *Teuerung am Mittel- und Oberrhein.* Günther Cod. dipl. Rheno-Mosell. II. No. 234, p. 364. *Erzb. Werner von Mainz an d. Bürger von Koblenz dat. Laach 8. Augst.* Sciatis etiam quod propter caristiam et communem defectum annone quem sustinuerunt in nostris et superioribus partibus ciuitates et generaliter omnes principales terre nostre, nos fecimus interdici ne ad partes inferiores annona per Reni alueum aliquatenus duceretur. sed ne contra nos sinistre suspicionis materia aliquatenus habeatur. nos interdictum hujusmodi reuocamus ut annonam et res alias ducat quilibet prout placuerit. et reducat. || G. praeposit. Stederburg. cont. S S. XXV, 721, 47. Emimus — — quindecim modios siliginis pro undecim talentis et quinque solidis. || Ann. Basil. S. S. XVII, 193, 40. Crevit vinum bonum. || Ann. Wessofont. ed. Leutner Hist. Wessof. II, 34. In ipso festo Nativitatis Christi (25. Dec.) tanta facta est inundacio aquarum, quanta numquam a tunc viventibus visa fuit. || Ann. Pol. III. S. S. XIX, 637, 31. Wandalus fluvius subito inundavit.
1270. *Mifsernte und Teuerung in verschiedenen Teilen Deutschlands (G. praeposit. Stederburg., Ann. Basil., Cosm. cont. Ann. Prag. I). In einzelnen Gegenden entsteht auch Hungersnot (Cr. minor. cont. VII, Ann. Neresh., Herm. Alth., Ann. I. Rudb. Salisburg.).* G. praeposit. Stederburg. cont. S. S. XXV, 721, 50. Eodem anno[1]) defectum habuimus in annona; dedimus ergo dominabus duodecim talenta pro triginta modiis siliginis, domino Bertoldo vicario duodecim talenta pro viginti octo modiis tritici. || Ann. Basil. S. S. XVII, 193, 42. Botri maturi in octava Petri et Pauli (6. Jul.) in Rubiaca. Inundatio molendinam in Uffhen[2]) destruxit. 194, 16. Renus magnus in festo Jacobi (25. Jul.). Alsa magna in messibus circa Herichen[3]); quod secundum opinionem rusticorum signat sterilitatem. Quartale frumenti 30 solidis vendebatur. || Ann. Neresheim. S. S. X, 24, 36. Fames et defectus victualium gravissime invaluit. || Herm. Alth. ann. S. S. XVII, 406, 35. In ipsa cciam estate tanta siccitas fuit ubique, ut sata omnia arescerent; et ex hoc fames maxima est secuta. Attamen vinum in habundancia natum fuit. || Cr. minoris cont. VII. M. G. S. S. kl. Ausg. 702, 24. Anno Domini MCCLXX incepit esse fames valida in festo sancti Jacobi apostoli (25. Juli). || Ann. S. Rudb. Salisbg. S. S. IX, 798, 38. Magna caristia annone fuit hoc anno per circumiacentes terras. || Cosm. cont. Ann. Prag. I. S. S. IX, 180, 13. Periit tota annona tam hiemalis quam vernalis fere per totam Bohemiam, fructus arborum provenerunt mediocriter, vinum abundans fuit. || Ann. Pol. I. S. S. XIX, 638, 2. Ipso anno fluvius qui dicitur Niza fluxit sanguine tribus diebus, id est a feria sexta usque ad diem dominicum. Circa idem tempus fluvius Odora fluxit tribus diebus ita quod color eius aque fuit viridissimus, postea aliis tribus diebus tota aqua sanguinea. Iterum circum festum beate Marie Magdalene (22. Jul.) tribus diebus fuit maxima inundacio aquarum in Cracovia per Wyslam, qualis nunquam visa fuit. quia occupavit villas, segethes, prata et totum campum et spacium

---

1) Vielleicht auch 1269 gemeint.
2) Uffenheim zwischen Basel und Mühlhausen.
3) Ober- und Niederbergheim am Ill.

a monte sancti Stanislaij usque ad montem sancti Benedicti, et multos homines submersit et domos et molendina, et duravit hoc malum per 15 dies, et hoc diluvium per diversas provincias mundi et fecit Raba et Dunaiecz. *(Ganz ähnlich Ann. Pol. III u. IV. S. S. XIX, 637, 43 u. 639, 2.)* || Ann. capit. Cracovic. S. S. XIX, 604, 36. 12. Kal. Augusti (21. Jul.) fuit inaudita inundacio fluviorum, precipue Wizle, Rabe et Dunaiech. — — —

1271. *Die Hungersnot des vorhergehenden Jahres dauert fort, doch hat sich das Notstandsgebiet noch vergröfsert, es umfafst Thüringen (Cr. Reinhardsbrunn., Sifrid. de Balinhus.), Schwaben (Ann. August. minor.), Baiern (Ann. Pruvening., Monach. Füstenfeld., Ann. Scheftlar., Ann. Wessofont.) und Ungarn (Cont. Vindob.). Wohl ohne Zusammenhang mit dieser Hungersnot ist das gleichzeitige Entstehen einer Hungersnot in Friesland (Menko).* Chr. univers. Mett. S. S. XXIV, 523, 39. Mortalitas maxima in Lotharingia; illo anno 20 fratres in conventu fratrum Predicatorum Meten. mortui sunt. || Menkonis chr. S. S. XXIII, 559, 44. Eodem anno cepit accrescere fames et ovium pestilentia propter iugem pluviam trium annorum. || Ann. Basil. S. S. XVII, 194, 31. Putrefactum fuit vinum in vineis. Apes profecerunt. 36. Hoc anno et prioribus 1270, 1269 commederunt vermes folia arborum, quod vix aliqua cum foliis inveniebatur. Hoc incommodum sacerdos quidam aqua benedicta arboribus aspersa prohibuit. Mures frumenta devastant; caristia magna. || Cr. Reinhardsbrunn. S. S. XXX, 626, 52. Anno Domini M°CC°LXXI° valde magna fames in regionibus Theutunice erat, ita quod in festo sancti Jacobi (25. Jul.) maldrum frumenti Erffordense duas marcas puri argenti solvebat, et panis quod vix homini uno semel sufficeret pro uno solido d. Et multi homines fame perierunt.[1]) || Sifridi presb. de Balnhusin compend. hist. S. S. XXV, 707, 6. Eodem anno in Theutonia fames valida fuit et tribus annis duravit, ita quod multi homines fame perierunt.[2]) || Ann. August. min. S. S. X, 9, 51. In Suevia et per omnes circumiacentes provintias tanta fames invaluit, ut in eadem civitate modius tritici pro 4 libris, modius siguli pro 3 libris et 4 solidis, modius ordei pro 35 solidis, modius avene pro 24 solidis denariorum Augustensium venderentur, et plurimi pauperes famis angustiati miseria quasi exanimes, et plures inveniebantur mortui in plateis. || Ann. Pruvening. S. S. XVII, 608, 3. Tanta famis inopia regionem oppresserat, ut scapha siliginis ad summam 5 librarum Ratisponensium denariorum deveniret. || Monach. Fürstenfeld. chr. de gest. principum Böhmer Font. I, 12. Non longe etiam ante Rudolfo primo regnum intrante, post vel ante non est certum, fuit etiam prevalida fames longe lateque ex eo, quod eodem in tempore terra negaverat fructum suum et fuit permaxima sterilitas et defectus frugum, in tantum ut nusquam vel paucissimis in locis annona venderetur. Panis etiam non inveniebatur in foro publico vel communi, et pistores clausis domibus et serratis, ne a strepitu populi conculcarentur, pro condigno pretio porigebant panem ementibus per fenestram. Vendebatur enim mensura unius scaffe pro quatuor libris augustensis vel monacensis monete parum plus. Verum pauperiores miserum victum queritabant, alii glandes et queque grossiora in cibum confricabant, sicut olim ubi mortales primi temptabant mandere glandes, alii de herbis agrestibus victitabant, et immo sine panis edulio versi in tumorem et pallorem pre famis inedia multi supreme vite spiritum exalabant. — — Sic illo in tempore post dire famis molestiam super annonam descendit

---

1) Verwandt mit Cr. S. Petri Erford. a. 1272, nach Holder-Egger ist auch Cr. Minoris cont. VII a. 1270 in diesen Bericht aufgenommen.
2) Verwandt mit Cr. S. Petri Erford. mod. a. 1272.

benedictio Domini copiose, ita ut revertente anno granariis evacuatis et exhaustis, mensura que dabatur pro quattuor libris denariorum jam pro libra dimidia venderetur. Quis enim sperare potuit tam subito in emptione frumenti tam magnam partem pretii defalcari. ‖ Ann. Scheftlar. min. S. S. XVII, 345, 6. Fames magna fuit, quod modius siguli pro tribus libris denariorum Augustensinum et plus vendebatur, et multi homines pre fame mortui sunt. ‖ Ann. Wessofont. ed. Leutner Hist. Wessof. II, 34. Anno Domini MCCLXXI. Indictione XIII ex sterilitate terre fuit fames validissima ubique terrarum. ‖ Hist. A. 1264—1279. S. S. IX, 651, 52. Eiusdem tempore anni tam inaudita facta est pestilentia in Austria et Ungaria, ut ex tam vehementi pestilentie plaga in fossatis maximis simul et semel mortui homines tamquam peccora infoderentur. ‖ Cont. Vindobon. S. S. IX, 704, 5. Item vero rex Bochemie videns quod pre nimia fame que tantum invaluit, et usque ad messem plenarie perduravit, diucius cum tanta multitudine stare non posset, secessit inde¹), — —

1272. *Hungersnot in Friesland und den angrenzenden Gebieten Westfalens (Menko). Gleichzeitig Hungersnot in Erfurt (Cr. S. Petri Erford. mod.) im Zusammenhange mit der Not des vorhergehenden Jahres.* Menkonis. chr. S. S. XXIII, 560, 2. Eodem anno fuit maxima fames in Frisia et per totam Westfaliam, et mortalitas ovium. Multa enim Frisonibus et maxime orientalibus a Fivelgonia usque ad orientem eo anno ad augmentum famis accesserunt incommoda. Primo quia per peregrinos terra fuit evacuata argento; secundo quia propter nimiam pluviam per quatuor annos nimis modicum creverat frumentum, et maxime in Silvis, ubi aliis temporibus solebat abundare; nec etiam in Threnthia, nec secus Emesam, nec alicubi ad emendum inveniebatur, nisi in Datia et Slavia, ubi Dominus, qui irascitur et miseretur, dedit magnam copiam frumenti, ut saltem alicubi inveniretur, unde creatura Dei sustentaretur, quia ipse dat iumentis escam ipsorum et pullis corvorum invocantibus eum; tercio quia in odium Emesgonum et Hocidensium propter suam inobedientiam dominus episcpus nundinas secus Emesam interdixerat, et ita Frisones non poterant pecora vendere nec necessaria comparare cum butiro, caseis et equis, cum pecuniam non haberent, nec cum aliquibus rebus possent habere; et illi de Datia et de Slavia pecora eorum et similia non curabant, sed solam pecuniam sitiebant. Insuper iudices eorum in quibuslibet civitatibus interdixerunt, ne frumenta de terris illis deportarentur. Et sic mercatores tardaverunt, donec ab ipsis iudicibus mediante pecunia quasi secundo emeretur. Unde Dominus iustus iudex, quia ipsi conservis suis non compatiebantur, eodem anno cepit eis retribuere retributiones, quia cum in terris illis estivales fructus tarde soleant seminare, scilicet post festum sancti Bonifacii (5. Jun.), circa tempus illud tanta increvit siccitas quod fere omnes fructus estivales perierunt. — — — 31. Quarto etiam aucta est penuria, quia iam septem annis de loco ad locum serpserat pestilentia pecorum, et plurima moriebantur. Istis vero duobus annis fere ubique moriebantur oves, et ideo non poterant homines famem lacticinio sublevare, sicut quandoque solebant. Et sic tantum fuit fames aggravata, quod modius magnus ad tempus circa pentecosten (12. Juni) vendebatur pro 18 solidis sterlingorum paratorum denariorum ad manum, in Menterawalda unus modius pro 4 marcis sterlingorum ad inducias anni. Ipsi enim immoderatas accipiunt usuras, ita ut pro una marca ad manum accipiant quatuor post annum, pro uno modio quatuor post annum; et ideo verisimile est, quod idcirco laboraverunt

---

1) Ottokar stand mit seinem Heere im westlichen Ungarn.

enervare iurisdictionem spiritualem, ut usuras suas libere possent exercere. Predia etiam eo tempore quasi nullius erant precii, maxime in locis humilibus, et in Waltersum et eorum confiniis propter submersionem avene; nec inveniebantur emptores propter defectum pecunie. Ideo tantum invaluit fames, quod multi fame moriebantur; et plurimi essent morituri, si claustrales eis non subvenissent. Multi enim religiosi, sane sapientes et in Domino cogitatum iactantes, elemosinam auxerunt, — — In hac caristia plurimi angustiati fuerunt Silvani, et maxime in Astawalda et in Broke propter humilitatem agrorum, et ideo non pauci confugerunt in villas, quidam mendicando, quidam etiam quasi pro solo victu serviendo, licet prius habebant proprios agros ad colendum; quia cum Silvanis non prosperatur siligo, nec ad pecora, nec ad lacticinium habent refugium. Multi etiam tam de Frisia, quam de Threnthia patriam exierant, sperantes se alicub: meliorem invenire sustentationem. Nonnulli etiam de urtica et tribulis et lolio miseram vitam utcunque sustentabant, maxime tamen de lanceola, id est sude, quia Dominus, qui in ira sua non solet misericordie oblivisci, sepius in caris annis permittit lanceolam in pratis et pisces in mari ac precipue conchilia menarum plus solito abundare. || Cr. S. Petri Erford. mod. S. S. XXX, 406, 33. Eodem anno[1]) facta est fames valida in regionibus Teutonie et alibi, ita quod plures fame morerentur, et maldrum Erfordie solvebat plus quam VI marcas. || Ann. Basil. S. S. XVII, 194, 41. Tempus nebulosum a 15. Kalend. Septembris (18. Augst. 1271) usque Hilarii (13. Jan. 1272); raro apparuerunt sol vel luna; aura temperata. 195, 3. Festo sancti Mathei (21. Sept.) rusticus agrum seminavit, sed semen ob delictum periit, et oportuit eum secundo seminare. 19. Frigus fuit magnum tribus septimanis et precipue tribus diebus ante nativitatem Domini. Congelabatur enim sacramentum dominici sanguinis ante elevationem eucharistie. Fons congelatus in Sulczmatin et puteus in Rubiaca. Frigus autem in nativitate Domini solvebatur. || Herm. Altu. ann. S. S. XVII, 407, 8. In sequenti etiam auttumpno tanta inundatio pluvie erupit, ut parvuli rivi in tam magna flumina subito excrescerent, ut evulsis domibus multis, in submersione pecorum, abductione feni et annone homines circa valles residentes dampna plurima paterentur. || Ann. S. Rudb. Salisbg. cod. S. Petri S. S. IX, 799, 29. Item ex inundationibus maximis que fuerunt, multi tam in Austria quam in Babaria dampna plurima receperunt.

1273. *Hungersnot an der Ostseeküste (Ann. Lubic., Menko).* Chr. Colmar. S. S. XVII, 243, 45. Tanta fuit karistia[2]) propter multitudinem hominum, quod panis modicus duobus denariis vendebatur, et sextarium avene pro decem Coloniensibus denariis vix poterat comparari. || Ann. Basil. S. S. XVII, 195, 41. Tempus vindemiarum fuit siccum et amenum; parum vini crevit, quia vinee circa nativitatem Domini (25. Dec.) frigore perierunt. || Ann. Lubic. S. S. XVI, 414, 8. Magna fames fuit ni mundo, et duravit a quadragesima (26. Feb.) usque ad autumpnum sequentem; et statim dedit Deus habundantiam frugum, ita quod

---

1) Anno M°CC°LXXII fährt cod. E fort; MCCLXXIII cod. 2a und 2b; Sifrid von Ballhausen setzt dieselbe Nachricht, die er aus einer verwandten Quelle entnimmt, 1271 an. Die Chronik selbst meint unzweifelhaft 1272, sie bringt diese Notiz als einzigen selbständigen Zusatz zu dem sonst ganz aus der Cr. minor. cont. I entlehnten Abschnitte Jedenfalls wird man die vorliegende Nachricht mit Recht mit der Hungersnot, über die uns 1271 eine Reihe von Quellen berichten, in Verbindung bringen.

2) Die Not entsteht durch das Zusammenströmen grofser Menschenmassen in Achen zur Krönung Kaiser Rudolfs im Oktober 1273.

siligo, quae solvebat prius 5 sol., pro novem denariis quivis modius emebatur. Modius hordei qui solvebat 3 sol, pro 9 denariis[1]; et modius avenae qui solvebat 2 sol., emebatur pro 6 denariis. Qua fame durante infinitus populus defecit. || MENKONIS CHR. S. S. XXIII, 560, 27. Quia statim sequenti anno mercatores ceperunt fabam de Frisia in Datiam transvehere, quia illa eo anno in Frisia fuit prosperata. In Grippeswalda, ubi iam multis annis frumenta superhabundaverant, eo anno summa fuit egestas. 561, 6. Sed in illa estate paulo melius prosperata fuit annona, licet vernalis pluvia prohibuit agriculturam, quia eo anno ad cathedram Petri (22. Feb.) ceperunt homines arare ac seminare, et ideo competenter fuit prosperatum. Postmodum circa Gregorii (12. März) cum potissima est agricultura, increvit pluvia, et fere per septem ebdomadas. Et tunc quicquid proiectum fuit in lutosos agros modicum fructum attulit seminanti, et sic prime sationis fructus melius fuerunt prosperati. Eodem anno in autumpno cepit oriri mortalitas, et quidam etiam subitanea morte moriebantur. || COSMAE CONT. ANN. PRAG. prs. I. S. S. IX, 180, 22. 15. Kal. Septembris (18. Aug.) inundatio aquarum facta est magna in flumine Wltaviae, ita ut capella lignea quae sita erat ante pontem in Pesek totaliter cum fundamento defluxit, et alia ecclesia lapidea, quae erat sub ponte in insula, pars eius media collisa est, et omnia mollendina, quae erant circa civitatem Pragensem, cum aqua confracta defluxerunt; homines plurimos suffocavit, aedificia subvertit. In campis annona et foenum de pratis cum alluvione descenderunt; ortos olerum vitiavit, per civitatem Pragensem fluxit, extendens meatus suos usque ad ecclesiam sancti Aegidii et ecclesiam sancti Nicolai, fluens per totum vicum Judaeorum usque in ecclesiam sancti Francisci.

1274. ANN. BASIL. S. S. XVII, 196, 7. Hiems calida fuit valde. 15. Ordeum novum trituratum fuit tribus septimanis ante festum Johannis baptiste (24. Jun.). A Januario usque ad festum Johannis baptiste dies frigidi et tenebrosi; circa plenilunium et novilunium pluebat et legumina sine vermibus creverunt. 6. Kal. Junii (27. Mai) magna pluvia. Renus tum tantus, quantus unquam antehac anno; omnes pontes destruebat, nisi dum festo Jacobi (25. Jul.) pluere cessabat. Dies clari et calidi. 30. 13. Kal. Octobris (19. Sept.) cecidit pruina magna et multos botros deturpavit. In festo sancti Martini (11. Nov.) incepit vindemia.

1275. ANN. BASIL. S. S. XVII, 198, 1. Penuria frumenti fuit Basilee; quartale frumenti 10 solidis vendebatur. Fratres Predicatores Basilienses nigrum commedebant, cogente eos paupertate. Quarta feria in sexagesima (20. Feb.) fuit ventus validus, nix et frigus magnum. 7. Frumentum novum comedi octo diebus ante Johannis baptiste (17. Jun.). 9. Tertio nonas Augusti (3. Aug.) ventus validissimus, qui vineas et arbores devastavit, ramos ad tria miliaria deportabat; puerum cum cunabulo in Hercheim deportavit. Fructus pauci. 34. Grandines 4 in Bŏceberc ceciderunt; ex quibus una lapides habuit ut ova gallinarum, que omnia devastavit. Porci semivivi de agris domum delati. || CH. S. PETRI ERFORD. MOD. S. S. XXX. 411, 6. Eodem anno in marchia Misenensi facte sunt inundaciones aquarum, videlicet in Albia et aliis fluminibus de nimietate pluviarum circa festum sancti Bartholomei (24. Aug.), ita quod multe ville ac multi homines submersi sunt, montes magni destructi sunt, et pecora, frumenta quoque plurima perierunt Domino permittente. 15. Hoc anno tempora mutata sunt, et intemperies aeris prevaluit in tantum quod vinea et multe fruges ex habundancia pluviarum et ex defectu estivi caloris inmatura permanserunt. ||

---

1) Detmar, der die vorliegende Stelle übersetzt, hat hier 10 d. St. Chr. XIX, 354.

Cont. Vindob. S. S. IX, 706, 17. Item tempore mensis Maii, nubes aquas quas a mari et ab aliis fluminibus inmoderate anno proximo precedenti hauserant, diversis terrarum partibus dispersim divina providentia absque grandine et sine magno impetu refundentes; per singulos enim subsequentes menses dum ad hyemalem terminum in tantum ymber continuare studuit, quod ex inundatione per Ytaliam, Germaniam et Alamaniam universi rivi statutos terminos excesserunt: in Austria autem ut veridicam flavus Massagetes qui et Danubius bis inundans; tercia vero inundatione tempore autumpni longe lateque diffusus, molendina et edificia, acervos quoque cuiuslibet grani, incirculatos straminis et feni cumulos penes se extinxit. Annona etiam que pre continuatione pluvie ad horrea congregari non poterat, putrefacta est in campis, et quoniam repleta est terra et inebriata a pluvia, multa moncium cacumina et arbores una cum radicibus proni ad planiciem dilapsa semitas et convallia obstruxerunt. Vinee etiam inconsueto gelu territe pro botris ex se labruscas producentes, et inicialis terminus vindemii post Ydus Octobris (15. Okt.) prolongatus est et alique vinee Ydibus Novembris (13. Nov.) sunt vindemiate, et ecce vina hoc anno per Austriam amara sunt communiter et nimis acerba omnibus ad potandum. ‖ Hist. A. 1264—1279. S. S. IX, 652, 11. In die annunciationis (25. März) audita sunt tonitrua a parte aquilonis. Et quia teste propheta maligna et frigida sunt latera aquilonis ipso anno tam perniciosa ac continua facta est pluviarum inundatio, ut secundum illut ettyci: „Naturam cursus perderet unda sui." Propter raros namquam solis radios, et ymbres assiduos, vindemias in tantum vidimus serotinas, ut botri earum in nivibus legerentur, vinumque earum tante accerbitatis tanteque acetositatis extitit, ut verbum illud Ysaie impletum videres: Expectavi ut faceres uvam, et fecisti labruscam. Sequenti vero anno cum omnes vinee iam floruerunt, vinum anni preteriti adhuc scaturiendo suis in fecibus requievit.

1276. G. praeposit. Stederburg. S. S. XXV, 728, 39. Eodem anno circa messem invaluerunt mures, et demoliti sunt segetes in tantum, ut vix mediam partem frugum reciperemus. Qua necessitate conpulsi plus quam triginta marcas puri argenti expendimus annonam comparando. 729, 6. Domina Elizabet priorissa dicta de Helmenstat in officio custodie comparavit duos choros tritici pro marcis 10. ‖ Jacob von Königshofes Chr. St. Chr. IX, 869, 10. Do men zalte 1276 jor, do gabt ein viertel weissen 28 d. und rocken 16 d und gerste 10 d item 14 eyger umb 1 d., ein hůn umb 2 d und 8 heringe umb 1 d. ‖ Ann. Basil. S. S. XVII, 199, 4. Hiems gravis et longa. Festo Nicolai (6. Dec.) nix in montanis Alsatie, sed in planicie in vigilia nativitatis (24. Dec.) cecidit, durans usque ad festum Scolastice (10. Febr.). 30. Die pasce botri videbantur, scilicet Nonis Aprileis (5. Apr.). Tertia et quarta feria sequenti (7., 8. Apr.) veneae frigore perierunt. 44. Botri floruerunt 9. Kalend. Junii (24. Mai), et eadem die grana frumenti matura in Alsatia commedebantur. 200, 8. Basileae messes fuerunt inchoatae infra octavas sancti Joannis baptistae (1. Jul.). 22. Fraga, quae hymper vocantur, et botros commedi in assumptione Virginis beatae (15. Aug.), et eodem die fructum et flores plures arbores habuerunt. 25. Vinum circa Thuregum periit. ‖ Ann. Suevici S. S. XVII. 283, 30. Maxima etiam opulentia annone, quam antea fuisse nullus meminit, hoc tempore viguit, ita ut modius siliginis venderetur pro 11 denariis, et modius tritici pro 16 denaris. ‖ Cont. Claustroneoburg. IV, S. S. IX, 648, 34. Ventus etiam vehementissimus fuit, et tanta siccitas terre, ut pecora multa perierunt fame.[1)]

---

1) Die cont. Claustroneoburg. IV ist indirekt aus der hist. ann. 1264—1279 abgeleitet, die entsprechende Stelle findet sich dort a. 1277.

1277. *Hungersnot in Tirol (Chr. v. Marienberg), Steiermark und Kärnten (Joh. Victoriensis, Cont. praedicat. Vindob.).* G. PRAEPOSIT. STEDERBURG. S. S. XXV, 728, 42. Anno sequenti pestilencia pecorum est exorta, ita ut nobis secundum veram computacionem mille et ducente oves et plus quam centum vacce morerentur; unde in comparandis lacticiniis multa expendere oportebat. ‖ ANN. BASIL. S. S. XVII, 202, 5. Annus in omnibus habundans, excepto lino. Quartale ordei 3 solidis, avene 18 denariis, sigulum 4 solidis, triticum 6 solidis. ‖ GOSWINS CHR. DES STIFTES MARIENBERG ED. SCHWITZER TIROLER G. Q. II, 117. Anno domini MCCLXXVII tanta pestilencia erat in fame, quod modius siliginis vendebatur pro libris III veronensium.‖ JOH. VICTORIENSIS lib. II. cap. 5. BÖHMER FONT. I, 313. Hoc anno per Austriam Styriam et Karinthiam tanta fames extitit, ut homines cattas canes equos et mortuorum cadavera manducaverint. ‖ CONT. PRAEDICAT. VINDOBON. S. S. IX, 730, 38. Eodem anno[1]) maxima caristia in Karinthia facta est, ita ut homines se invicem comederent, et in Styria similiter se ipsos invicem comederunt. ‖ HIST. A. 1264—1279. S. S. IX, 652, 35. Tunc etiam temporis erat inaudita terre siccitas nascentibusque terre funditus arescentibus infinita peccora perierunt.

1278. *Fast in ganz Deutschland ein besonders gutes Jahr.* G. PRAEPOSIT. STEDERBURG. S. S. XXV, 729, 12. Fere generalis ac miserabilis plaga nostre provincie, peccatis hominum exigentibus, est exorta; nam tota siligo, cum iam esset in flore, per gelu periit, similiter alie segetes per ariditatem temporis minus valuerunt; et sic in comparando annona eodem anno plus quam quinquaginta marcas expendere oportebat; vix semina in omnibus curiis nostris colligere poteramus. ‖ LIBER CRONICOR. ERFORD. M. G. S. S. kl. Ausg. 770, 34. Sequenti anno facta est magna frugum habundancia, ita quod 4^{or} maldra tritici Erfordensis mensure emerentur pro LII solidis denariorum, scilicet maldro tritici solvente fertonem vel XIII solidos, maldrum havene pro dimidio fertone, et hoc stetit sic per multos annos.[2]) ‖ CR. REINHARDSBRUN. S. S. XXX, 629, 25. Facta est frugum habundancia, ita quod quatuor maldra tritici Erfordensis mensure emerentur pro marca. ‖ ELLENHARDI CHR. S. S. XVII, 125, 2. Ipso autem anno in tantum profecit annona, quod quartale tritici vendebatur pro 28 denariis et quartale siliginis pro 16 et quartale ordei pro 10 denariis et 14 ova pro 1 denario et pullus pro 2 denariis et 8 alletia pro uno denario. ‖ FRITSCHE CLOSENERS CHR. STÄDTECHR. VIII, 135, 28. Do man zalt 1278 jor, do ossent die müse die fruht uf dem velde, daz den luten kume daz driteil zū nütze kam und desselben jores galt 1 vierteil roken 16 d. und 1 vierteil gersten 10 d. und ein vierteil habern 7 d.. ‖ ANN. COLM. MAIOR. S. S. XVII, 202, 22. Regelsbiren 40 uno denario, gigilspiren 60 uno denario, Gruonacher poma ein bugty vol 5 denariis vendebantur. 27. Circa pasca (17. Apr.) quartale salis 6 solidis, quartale siguli 3 solidis 4 denariis, quartale ordei 20 denariis, quartale frumenti pro 6 vendebatur. Linum et lana cara. 203, 7. Item fraga matura fuere in principio Maii; item ordeum inveniebatur maturum in octava sancti Johannis baptiste (1. Juli). 31. Item in adventu Domini frumentum pro 4 solidis, pisa faba, lentes pro 3 solidis; siligo pro 2 solidis; ordeum pro 14 denariis; avena

---

1) Nach der Cont. a. 1278, da aber in diesem, dem vorhergehenden und folgenden Jahre die Ereignisse durchgängig ein Jahr zu spät angesetzt sind, so muſs sich die Nachricht auf 1277 beziehen.

2) Dieselbe Quelle wie Cr. Reinhardsbrun., benutzt aber hier die vollständigere Form.

pro decem denariis; talentum carnium pro denario vel tribus obolis. Mures fuerunt multae et annus in omnibus abundans. 41. Et fuit hic annus in omnibus abundans. Hyems calida fuit; de nocte enim congelabatur, post meridiem glacies solvebatur. In Carintia provincia, que sita dicitur apud Austriam, tanta fames extitit, quod homines carnes humanas comedebant et plurimi fame perierunt. || Ann. Colm. min. S. S. XVII, 192, 17. Et fuit annus in omnibus abundans. || Ann. Sindelfing. S. S. XVII, 302, 16. Annonae vilitas erat.

1279. Cr. Reinhardsbr. S. S. XXX, 629, 40. Facta est similis habundancia frugum, scilicet maldro tritici solvente fertonem. Maldrum avene solvit fertonem et dimidium. || Ellenh. ann. S. S. XVII, 103, 17. Tantum venit frigus subbato ante Oculi (4. März) et duodus diebus sequentibus, quod omnes fructus arborum perierunt. || Ann. hospit. Argent. S. S. XVII, 104, 10. Omnes fruges terre Alsacie per mures soffocate sunt et perierunt, et in aliis partibus circumiacentibus quasi nichil nocuerunt. Et hoc anno vendebatur quartale tritici pro 6 solidis et quartale siliginis pro 2 unciis, et quartale ordei pro 30 denariis. Et hoc anno habuit hospitalis Argentinensis de omnibus redditibus suis vix quadraginta quartalia. || Ann. Colm. maiores S. S. XVII, 204, 10. Item eodem tempore (Nach d. Mathiastage 24. Feb.) dabatur in Columbaria, que sita est in Alsatia, siligo pro 17 denariis, ordeum pro 18 denariis, avena pro 19 denariis. 13. Quartale frumenti dabatur pro 30 denariis. 18. Quarto Nonas Martii (4. März) venit frygus, et nuces et alia, que de arboribus eruperant, devastavit. 21. Precedenti sexta feria anseres et grues in Alsatiam propter calorem hyemis non venerunt. Item nuces perierunt. Item 18. Kalendas Maiias (14. Apr.) vinee perierunt. 25. Vinum circa festum pentecostes (21. Mai) dabatur pro duobus solidis, quia modicum in Alsatia et quia fuerit bonum valde. 35. Fructus arborum perierunt; frumentum profecit; avena defecit. 38. In Hornichen, villa Alsatie, cecidit grando magna. 39. In crastino Barnabe apostoli (12. Jun.) cecidit grando magna cum magnis lapidibus multis, quorum multi habebant magnitudinem ovorum, — — et damnum in diversis locis Alsatie. 205, 2. Et terremotus ecclesias et castra multa subvertit. 5. Item communiter vinum bonum fuit et preciosum. Quartale pro 20 denariis soma vero pro 30 solidis dabatur in Alsatia. 9. Messis communis fuit in Alsatia in vigilia Margarethe (14. Jul.). 12. In octava apostolorum Petri et Pauli (6. Jul.) fuit novum frumentum in Columbaria, dabaturque pro duobus solidis. 28. 7. Idus Februarii (7. Feb.) destruxit frigus fructus. Secundo autem Idus Marcii (14. März) venit nix, et quod frigus reliquerat, nix superveniens creditur destruxisse. Arbores sic destructe fuerunt quod usque ad Augustum pauca folia protulerunt. Vindemia fuit quasi nulla; vix enim decimam partem vinee, quam consuerant, protulerunt. Fuit et in multis locis Alsacie ante festum Michaelis (22. Sept.) vindemia terminata. Mures circa Argentinam maximam damnum fecerunt cultoribus in frumento. Fuit insuper vile et vernibus de facili replebatur frumentum. || Ann. Sindelfing. S. S. XVII, 302, 20. Vinum hoc anno preciosum erat; annona vero in optimo foro. || Excerpta ex expositione Hugo. de Rutlingen in chr. metr. Böhmer Font. IV, 131. Dabatur modius siliginis in Almania pro duobus solidis, modius speltarum pro viginti hall. modius avene pro sedecim hall. || Ann. August. min. S. S. X, 10, 14. Eodem anno tanta fuit habundantia frugum, quod modius siliginis pro 4 solidis Augustensibus vendebatur. || Ann. S. Rudberti Salisburg. S. S. IX, 805, 47. In Bawaria ventus fuit adeo validus, quod multa edificia subruit; pre frequenti etiam terre motu homines in campis per Romaniolam, relictis domibus, noctibus accubabant, plurime etiam arbores pre ventorum impetu sunt evulse. ‖ Cosm. cont. Ann. Prag. prs. II. S. S. IX, 196, 42. Autumnus calide exivit.

1280. *Beginn einer mehrjährigen Hungersnot, einstweilen nur in Böhmen (cont. Cosm., Ann. Colm.).* Miracula S. Mariae Argent. c. 3. S. S. XVII, 114, 28. Cum clerus et universa cohors populi civitatis Argentinensis pro serenitate aeris circa campi segetes cum reliquiis reverenter incederet, ecce omnes candele quantum cumque ibidem grandes pre nimia pluvie ingentis irrigatione exstincte sunt.[1]) ‖ Ann. Colm. maior. S. S. XVII, 201, 4. Quidam homines in quibusdam terris ceperunt comedere asinos, lupos, ranas, serpentes, que hactenus commedere abhominabilia credebantur.[2]) 7. Antiqui coloni dixerunt, in 50 annis se tantarum aquarum abundantiam non vidisse. ‖ Ann. Sindelfing. S. S. XVII, 302, 28. Eodem tempore (c. 29. Sept.) et anno vinum in optimo foro fuit. ‖ Ann. S. Rudberti Salisbg. S. S. IX, 806, 18. Magna inundatio facta est in Bawaria et in montanis, ita ut plures agros et domos eversas obrueret, et domos plurimas asportaret. ‖ Cosm. cont. Ann. Prag. prs. II. S. S. IX, 196, 42. Hyems aspera fuit et nivosa, quae asperitas duravit usque ad annunciationem beatae Mariae (25. März), et post dissolutionem nivis aquarum magna inundatio facta fuit infra 20 dies, ita quod molendina non poterant prae nimia abundantia aquae infra dies praedictos ad propria loca reduci et debito modo collocari. Eodem etiam anno magna caristia fuit omnium rerum, in annona, in carnibus, in piscibus, in caseis, in ovis, ita quod nonnisi duo ova gallinarum vix poterant pro denario comparari, multis tamen adhuc recolentibus, quia non multum retroactis temporibus 50 ova pro denario emebantur in Pragensi civitate. 197, 3. Nec fuit hoc anno seminatum ad hyemalia, nisi in remotis partibus a Pragensi civitate, et si fuit seminatum, tamen modicum, et ideo valida fames cruciabat pauperes, et multi egentium fame oppressi decesserunt. 30. 8. Kal. Julii anni praeteriti (1280) hoc est in vigilia sancti Johannis baptistae[3]) pluvia descendit post meridiem in maxima quantitate, quae multa et grandia damna intulit, subvertendo funditus aedificia et murorum in Pragensi castro circa ecclesiam sancti Georgii, murum castri versus aquilonem funditus evulsit et in Bruscam rivulum impetu suo deiecit — — —. 198, 7. Nec est etiam obmittendum de impetu ventorum, qui eodem anno 3. Non. Decembris (3. Dec.), hoc est in die beatae Barbarae, orti, sua vi et impetu veloci deiecerunt de turribus gravissima et firmissima aedificia. — — ‖ Heinrici de Heimburg. ann. S. S. XVII, 717, 9. Ipsa hyeme fuit nix maxima, que destruxit annonam. ‖ Cont. Vindob. S. S. IX, 712, 3. Item mense Julio inundatio maxima fit. Danubius multa edificia circumquaque destruxit. Item mense Augusto, 4. Nonas (2. Aug.), tonitrua, grando, choruscationes, et impetus pluviarum fit in Austria, — —

1281. *Hungersnot in Böhmen (Chr. imp. et. pont. Baw., Heinr. de Heimburg., Ann. cist. in Heinrichow, Cont. Claustroneoburg.), Mähren (Heinr. de Heimburg., Cont. Claustroneoburg.), Schlesien (Ann. cisterc. in Heinrichow., Ann. Lubens., Ann. Wratislav. maior.) und vielleicht auch schon in Polen (Cont. Claustroneoburg.).* Ann. Colm. maior. S. S. XVII, 207, 18. Aqua transiens castellum Sultze magnum damnum fecit, ibi-

---

1) Alle Wunder, die erzählt werden, fallen nach Angabe des Autors in die Zeit vom 28. Jul. bis 29. Sept. 1280. Das hier angeführte ist das erste.

2) Bezieht sich offenbar auf die Hungersnot in Böhmen, schon früher, v. a. 1278, p. 190, zeigt sich die Quelle über eine Hungersnot im Osten unterrichtet.

3) Ein Widerspruch in den beiden Datenangaben: 8. Kal. Jul. = 24. Jun.; vigilia Joh. bapt. = 23. Jun.

dem et arena plurimos perturbavit. In Gebwilre magna pars montis propter aquam cecidit, et torrentes per Alsatie montana damnum magnum in vineis et agris hominibus intulerunt. 37. Ciconie pauce circa cathedram sancti Petri (22. Feb.) venerunt. Alie reditum usque ad festum sancti Gregorii (12. März) transtulerunt. Earum vero, que prius venerant, quedam frigore perierunt. Nix cecidit magne profunditatis, que animalia sylvestria perturbavit. 42. Nix in vigilia purificationis (1. Feb.) magne profunditatis cecidit, que homines animalia sylvestria perturbavit, et usque ad festum sancti Gregorii (12. März) perduravit. 47. In festo sancti Georgii (23. Apr.) arboribus pauci flores apparuerunt. In vigilia sancti Marci audita (24. Apr.) sunt tonitrua. 208, 4. Grando magna cecidit circa Kentzingen 15. Kalendas Junii (18. Mai) fecitque damnum magnum, ovesque centum vel amplius interfecit. 28. Quartale frumenti pro 17 solidis[1]) dabatur, quartale vero vini pro denariis 9. || Ann. S. Rudb. Salisbg. S. S. IX, 807, 15. Hyemps memorabilis et insolita in nativitate seviens et nivium densitate fuit. 17. Nix competens a Frisinga usque in Longou in die beati Alexii (17. Jul.) cecidit, ita quod omnes indigene mirarentur. Estas penè tota pluviis inundat, ita quod ex intemperie aeris etiam senes quod ante tale non viderint sint mirati. 26. Generalis sterilitas terre facta est, adeo quod eius similem in terris pluribus paucissimi recordentur. Plurimi etiam fame moriuntur; panis etiam de avena coctus sollempnibus viris carus habetur. || Chr. imp. et. pont. Bav. S. S. XXIV, 224, 53. Fuerunt nives, pluvie et inundaciones aquarum magne, et cepit esse fames valida in cunctis inferioribus partibus Europe, et Bohemi quocumque divertebant fame et pestilencia interibant. || Heinrici de Heimburg. ann. S. S. XVII, 717, 43. Destructis itaque terris Bohemie et Moravie, cepit ipso anno fames magna invalescere in ipsis locis, ita ut non modica hominum multitudo fame interiret. Ipso anno gelu terram nimio algore premente auditum est grande tonitru. || Ann. cisterc. in Heinrichow S. S. XIX, 545, 22. Eodem anno fames valida oppressit terram Bohemie et Slezie, per quam Bohemi infiniti et alii multi perierunt. || Ann. Luben. S. S. XIX, 549, 44. Cepit fames valida in multis terris et duravit .. annis. || Ann. Wratislav. maior. S. S. XIX, 532, 13. Fuit mortalitas Bohemorum.[2]) || Ann. Polon. I. S. S. XIX, 646, 14. Inundacio aquarum fuit per totum fere mundum. || Cont. Caustroneobg. VI. S. S. IX, 746, 21. Item nix insolite nixit et duravit; per Bavariam et terras nemorosas sata perierunt; propter karistiam et prelia fame succedente per Moraviam, Bohemiam, Poloniam multi perierunt. || Cont. Vindob. S. S. IX, 712, 14. Item hyemps multum aspera fuit; in fine Februarii nix in multis terminis coacervatur, quod multe ville vix apparuerunt. Item mortalitas maxima animalium fit in Austria.

1282. *Die Hungersnot hat ihren Höhepunkt erreicht. Sie dauert in Böhmen (Cosm. cont. Ann. Prag. III, Königsaal. G. Q., Bernard. de ord. duc. Wawar., Neplach., Sifrid. de Balhus., Monach. Fürstenfeld.), Mähren (Heinrici d. Heimburg. ann., Chr. domus Sar.) fort und ist für dieses Jahr auch sicher in Polen bezeugt (Ann. Pol. I, Ann. Cracov. compil., Ann. Cracov. brev., Ann. S. Crucis).* Ann. hospit. Argent. S. S. XVII, 104, 22. In die assumptionis beate Virginis (15. Aug.) nova vina habebantur venalia in Argentina. Eodem anno festo crucis (14. Sept.) dabatur vetus vinum pro duobus solidis, et novum vinum pro duobus denariis. || Ann. Colm. min. S. S. XVII, 192, 24. In Alsatia quartale frumenti pro libra, et quartale vini pro duobus solidis vendebatur. || Ann. Colmar. maior. S. S. XVII, 208, 38. Nix intra octavam epiphanie

---

1) Preis nach der Ernte im Herbst.
2) Dieselbe Nachricht auch Ann. Grissow. maior. S. S. XIX, 541, 21.

(13. Jan.) cecidit, que nullo recordabatur intra 30 annos tante spissitudinis in Alsatie finibus cecidisse; plures etiam homines dicebantur in ea frigore periisse. 209, 12. In festo Petronelle (31. Mai) grana frumenti, cerusa, fraga matura inventa fuerunt in plurima quantitate. 20. Circa Bragam, metropolim Boemorum, fame mortui fuerunt homines; sexcenti triginta millia perierunt. Mulier confessa fuit, se pueros plures occidisse et fame cogente se retulit commedisse. Vir similiter dixit, se viros 21 occidisse et eos avide commedisse. In Alsatia quartale frumenti pro libra dabatur et quartale vini pro duobus solidis. Sorores de sancto Johanne de Columbaria inter tilia ordinis fratrum Predicatorum 6 septimanis cottidie pulmentum faciebant et eis panem bis in septimana dabant, et ad eas mille sexcenti pauperes, ut ibidem elymosinam reciperent veniebant. Novum frumentum in Alsatia duabus septimanis ante festum sancti Johannis baptiste (vor 24. Jun.) pauperes commederunt. Pepones mature commedebantur in festo sancte Margarethe (15. Jul.). 35. Item mel in Alsatiae finibus pluebat, unde multi olera seu fructus commedere recusabant. Item pestilentia in locis pluribus sequebatur. 39. Item messis ante festum Johannis (24. Jun.), et vindemia ante festum crucis (14. Sept.) in Alsatie partibus affuerunt. 210, 13. Item equi multi perierunt. 15. Frumentum pro 12 solidis dabatur.[1] ‖ Sifrid. de Balnhus. compend. hist. S. S. XXV, 709, 4. Mortuo itaque rege Odakaro statim maxima clades totius regni sui secuta est, ita quod per triennium cottidie gens Bohemorum de terra sua, fame compellente et inopia, relictis habitaculis, transmigrarent, venientesque in Thuringiam et Mysnam et alias partes Theotonie, miserabili inedia per plateas civitatum mortui corruerunt. ‖ Bernard. de ord. duc. Wawar. S. S. XXV, 662, 57. Fames magna fuit in terra Bohemie, ita quod aliqui rustici suos pueros occiderunt et comederunt. ‖ Monachi Fürstenfeld. chron. de gest. princip. Böhmer Font. I, 11. Illo in tempore post obitum regis Bohemie, qui occubuit in prelio, facta est fames magna in eadem terra; in tantum ut pre famis inedia infiniti homines morerentur. Sed non ut estimabant ex sterilitate, vel ex defectu annone, sed ex plaga Domini, magna lues mortalitatis in populo seviebat, in tantum ut in civitate Pragensi duo plaustra nil aliud facerent, nisi quod ad unam fossam ad hoc preparatam, extra muros cottidie mortuorum corpora deportarent. Profecto quodam in vico civitatis eiusdem fuit cumulus vel acervus de fimo, in quo jacebant plura corpora mortuorum. Que cum vidisset quedam mulier adhuc fortis et incolumis, desperans, sciens se etiam subito morituram, accessit propius et prostravit se in medio mortuorum, anime sue exitum inibi expectando. ‖ Cosmae cont. Ann. Prag. III. S. S. IX, 203, 45. Fames validissima omnium rerum, quae usibus humanis ad vescendum competunt, multarum terrarum homines interemit. Sed obmissis extraneis ad Bohemorum pressuras et calamitatum angustias progrediar, quia circumdederunt Bohemiam ex omni parte mala, quorum non est numerus; oppressionibus, spoliis excussionibus nocturnis et incendiis consumptioribus omnium rerum inimici induxerant famem in medium eorum, — — 204, 7. Unde restat dicendum de pauperioribus Bohemiae, qui rebus et divitiis multis affluebant, et hiis omnibus per praedationes et spolia amissis, cum egenis hostiatim mendicando esurie in mortem corruerunt. Circuibant itaque pauperes fame nimia compulsi civitatis Pragensis uicos, plateas et domos civium, petentes eleemosynam. Et quia iam nimia multitudo pauperum excreverat, ditiores in distributione eleemosynarum eis sufficere non poterant. — — 204, 14. Mendicabant

---

[1] Der Preis bezieht sich auf das Ende des Jahres, letztes Datum vorher 15. Nov.

etiam infiniti artifices et diversarum artium operarii, ex
quibus nonnulli habuere de facultatibus rerum suarum ad valorem centum marcarum argenti; et hiis omnibus alii exspoliati, aliqui in familia
sua consumptis vendebant de uxoribus suis armillas, inaures, monilia et
omnem ornatum, qui cultui femineo competebat in vestitu, cupientes
salutem vitae depulsa esurie conservare, et tamen multi ex hiis consumptis omnibus quae habebant, cum egenis hostiatim mendicando
vitam miserabili fine terminarunt. Habebant quidem omnes pauperes
favorem civium ingredi domos ipsorum ad expetendam eleemosynam,
intrantibus autem villanis mendicis civitatem Pragensem, quorum non
erat numerus, prae nimia multitudine coeperunt furari ollas circa ignem
cum cibis, qui ad vescendum civibus parabantur, alias etiam res domesticas, quascunque poterant rapere subtrahebant in damnum suum et
odium universorum. Et ita ab eo tempore denegatus fuit omnibus pauperibus introitus domorum, nec recipiebantur ad pernoctationes infra
civitatem et extra, quia multa mala ex eorum obscoenis actibus civibus
proveniebant. Quidam pauperes recepti ad pernoctandum extra moenia
civitatis, nocte surgentes, necato hospite et familia eius perempta ablatis rebus melioribus, recesserunt. Talia et hiis similia in plerisque
locis contigerunt. *Es werden verschiedene Mordthaten erzählt, dann folgt
eine Auseinandersetzung, wie in dieser Notzeit alle Bande der Pietät zerrissen wurden, wie die Eltern die Kinder und die Kinder die Eltern verliefsen.* 206, 1. Cumque pauperibus denegaretur ingressus domorum
civitatis Pragensis, nec ad pernoctandum reciperentur propter furti perpetrationes, quae ab ipsis committebantur, iacebant in nocte in vicis et
plateis, tanquam sues fimo involuti, qui eiiciebatur in vicos de stabulis
equorum, propter corporis nuditatem et frigoris asperitatem. Erat itaque tempus hyemale et aura frigidissima et continua; et ita
tempore aestivali non nisi occasione famis moriebantur, tempore vero
hyemali geminatum est malum, quia mors non per fenestram, sed per
ostium irrepsit in orbem inscia parcere humano generi; habebat quippe
fortes comites, famem, nuditatem et frigoris asperitatem, quorum robur
celeriter penetravit omnia confinia totius Bohemiae, interemit maiorem
partem mortalium, et non erat qui sepeliret. — — 16. Congregati sunt
itaque omnes consules et maiores civitatis, et diutius habito consilio
super hiis, quid esset faciendum ad purgandum huiusmodi turpitudinem,
tandem de consilio et voluntate communi decreverunt convenire operarios ad effodienda sepulchra maxima, in quibus multa corpora humana
possent collocari, quorum profunditas erat trium lastrorum, latitudo ab
omni parte decem cubitorum, et quodlibet sepulcrum capiebat corpora
mille vel paulo magis vel minus. Haec sepulcra horrenda prae
sui magnitudine erant octo: unum apud Sanctum Petrum in vico
Theutonicorum, in quo proiecta sunt 2000 corporum, — — 27. Erat
etiam ad officium sepulturae deputati aliquot viri, qui laboribus insudantes toto die vix poterant deferre ad sepulcra omnia corpora, quae
occubuerant ipso die ante solis occasum. Sed quia ex alia parte pontis
civitas antiqua populosior est, in currum vectura trahebantur corpora
ad humandum. — — — 41. Quidam homines miserrimi et infelices,
egestate nimia depressi, naturam corporis sui fovere nutrimentis consuetis non valentes, devorabant cadavera iumentorum, pecorum et quorumlibet animalium, mortuorum canum. Immo etiam — quod horribile
est auditui et nefandum, tamen quia auditui multorum insonuit sub silentio transire non possumus — quod quidam more canum latrantium homines perimendo in huius miseriae naufragio pro sustentaculo corporis devorabant. Quidam autem suspensos patibulo nocte furtim
ablatos tempore quadragesimali non deserentes, timore Dei avulso, comedere non formidabant, hominum abiecto pudore. Praeterea eodem

anno contigit in villa dicta Horaz, spectante ad ecclesiam Soczsensem, etenim quaedam filia omni pietate deposita, et immemor maternae dilectionis, matrem suam incisam in partes decoquens manducavit. || Königsaaler Geschichtsq. lib. I. c. XIII. Font. rer. Austr. S. S. VIII, 56 ff. Eo tempore per totum regnum Bohemie monasteria detruuntur. — — Monasterium siquidem Sedlicense ad tantam devenit inopiam, quod nihil penitus ibi remanserat, unde fratres suam possent evadere egestatem. Grangiae ipsorum perierunt, structurae corruerunt et villis spoliatis censum de pauperibus suis tollere nequiverunt. Non habentibus igitur fratribus, unde viverent, mobilia venduntur, et cleinodia monasterii iudaeis sub usurarum voragine exponuntur. Auxilium amicorum quaeritur, sed qui perituro succurrat monasterio, nullus penitus invenitur. Quid amplius? Consumptis his, quae habere poterant, annona deficiente panem de multis granorum generibus congestum sub gratiarum actionibus fratres comederunt, panis rudis, potus tenuis, alius quoque victus dabatur miserabilis, cibaria, brutis apta, monachis praeponuntur, quia pisa, olus et rapulae, si tamen habentur, oleo aut adipe rarissime condiuntur.

> Piscis raro datur monachis cum non habeatur
> Copia nummorum; compesce deus reproborum,
> Qui spoliant mentes, monachos pie respice flentes.
> His bona largire nec eos sic mitte perire,
> Debilis est victus monachorum sic et amictus
> Est multum durus, et humi positus, quasi murus
> Erigitur sursum, talem monachi puto cursum
> Sumptibus et pannis tenuerunt pluribus annis.

Fratres vero mirae mansuetudinis dum diu talem patienter in domino sustinuerunt miseriam, paucis domi remanentibus, ad alias domos ordinis disperguntur, ut in eis pro tempore starent et sic proprii monasterii pressuram saltem per suam absentiam relevarent, sed victu inibi omnino deficiente vasa, quae divino cultui dedicata fuerant, cum gemitu exponuntur et ea, quae recedentes reliquerant, domi remanentes consumere compelluntur. Patres igitur ordinis convenerunt et inito consilio ipsum monasterium redigere in grangiam simplicem decreverunt, quatenus tribus aut quatuor personis ibi habitatio fieret, ubi propter defectus innumeros magna fratrum congregatio mansionis commodum vitaeque necessaria non haberet. Quidam autem saniori suffulti spiritu hoc dederunt consilium, ut dominus Waltherius, qui ex tunc ipsi monasterio praefuit, vir quidem visum habens debilem, absolveretur et alius ad laborandum habilis canonica electione praevia eidem in officio succederet, qui destructo monasterio cum sollicitudine debita subveniret. Quo absoluto frater Heidenricus in abbatem eligitur sed destitutione perpendens monasterii oblatam curam suscipere verebatur, qui tandem auctoritate ordinis compulsus humeros iugo difficulter supposuit et amplius de dei misericordia, quam de propria confisus industria cum omni diligentia sibi commissi monasterii negotia dispensavit. — — || Rýmovaná kronika Česká tak řečeného Dalimila. c. 94. Font. rer. Bohem. III, 199.[1])

---

[1]) Ibid. auch eine mittelhochdeutsche Übersetzung, die inhaltlich ganz mit dem tschechischen Texte übereinstimmt. Dieser lautet in wörtlicher Übersetzung: Nach dem Tode des Königs im dritten Jahre trat eine Hungersnot in Böhmen ein, wahrlich das Jahr war von Gott selbst verflucht, so daſs die Menschen Menschenaas und auch ihre eigenen Kinder verzehrten. Es war ein solcher Schrecken, so sehr starben sie, daſs in jeder Stadt ein Wagen war, der nichts anderes that, als daſs er die Toten herausfuhr, auf ein Mal warfen sie mehr als zehn in die Grube. Dann im Jahre darauf war ein solches Gedeihen, daſs der

Po králově smrti na třetie léto
by hład v Čechách. Pravie, to léto było samým Bohem prokleto,
že liudie mrchu lindskú, i své děti jediechu.
Až hróza była, tako velmi mřiechu,
že v každém městě vóz bieše,
ten jinóho nečinieše,
jedno že umrlcě vozieše,
po jednú viece než desět' v dół uvržieše.
Pak na léto taká žizn bieše
že kořec žita šest' peněz zlých platieše.

KRONIKA NEPLACHOVA FONTES RER. BOH. III, 477 Et fames maxima subsequitur. || HEINRICI DE HEIMBURG. ANN. S. S. XVII. 717, 46. Fame invalescente et spoliis ingravescentibus tanta multitudo pauperum mortua est in Moravia, ita ut eciam omnes sepeliri non possent, set effossis in altum puteis corpora mortuorum in campis vel in vicis inventa, in ipsos puteos proiecta, tandem repletis puteis terra obruebantur. || CR. DOM. SAREN. AUCT. HEINR. DE HEIMBURG. S. S. XXX, 700, 33. Eius temporibus[1]) fit magna fames, moriuntur quam plures, ut non possent omnes tumulari. 39. Anno Domini MCCLXXXII° sub Johanne fuit fames. || ANN. POL. I. S. S. XIX, 646, 25 (= Ann. Pol. IV). Eodem anno fuit maxima fames in terra Cracoviensi, propter quam infinita milia hominum exiverunt in Rusiam et in Ungariam, sed qui iverant in Rusiam dati sunt Thartharis, qui vero transiverunt in Ungariam venditi sunt Comanis. || ANN. CRACOVIC. COMPIL. S. S. XIX, 605, 24. Eodem anno fames incepit que duobus annis fuit. || ANN. CRACOV. BREV. CONT. S. S. XIX, 666, 34. Fames horrenda fuit; nam mensura siliginis solvit 13 scotis argenti. || ANN. S. CRUCIS POL. S. S. XIX, 682, 43. Fames horrenda fuit in partibus Poloniae: nam mensuram tritici solvebant tredecim scotis Pragensibus.[2]) || CONT. VINDON. S. S. IX, 712, 24. Maxima mortalitas hominum fit per Boemiam et Moraviam. Nam Prage ac Brunne et alibi defuncti innumerabiles, velut fenum in curribus ac agros ducebantur; ibi in fossis profundis catervatim obstruuntur, tempore hyemalis et veris. || CONT. PRAEDICAT. VINDOB. S. S. IX, 731, 45. Eodem anno maxima mortalitas hominum fit per Boemiam, Moraviam et Austriam.

1283. CR. S. PETRI ERFORD. MOD. S. S. XXX, 418, 26. Eodem anno tempestates et grandines tales fuerunt, quales ante longa tempora non fuerunt audite; multos homines submerserunt — — || ANN. COLM. MAIOR. S. S. XVII, 210, 17. Hyems calida fuit. 18. Item ciconie festum cathedre sancti Petri diebus 15 pervenerunt (22. Feb.). 21. In annun-

---

Scheffel Getreide 6 schlechte Pfennige galt. — Im dritten Jahre nach dem Tode des Königs (Ottokar † 1278) wäre das Jahr 1280 oder 1281, doch braucht die allgemein gehaltene Schilderung nicht eben auf ein bestimmtes der drei Notjahre bezogen zu werden, das gute Jahr, von dem die Rede ist, muſs jedenfalls das erste Jahr nach der Hungersnot, also 1283 sein, darum ist die Nachricht hier unter 1282 angesetzt worden.

1) Johann III., Abt von 1281—1283.

2) Die Annalen datieren die Nachricht 1277, sie sind aber in den ersten Jahren, in denen sie Selbständiges berichten (seit 1269), vollständig unzuverlässig, es ist sonst nichts von einer Hungersnot in diesem Jahre in Polen bekannt. Die Nachricht zeigt in der Fassung eine gewisse Verwandtschaft mit den Ann. Cracov. brev. a. 1282 und gehört auch in dieses Jahr. Die Verwechslung ist offenbar durch das Versehen eines Abschreibers entstanden, der die letzte X von MCCLXXXII in eine V verwandelte.

ciatione dominica (25. März) vince botros et folia protulerunt. In octava vero nativitatis spice frumenti in locis pluribus apparuerunt. 27. In festo Gordiani Epimachi (10. Mai) inventa fuerunt grana recentia et fuerunt turtures et balumbe. 211, 1. Nuces Avellane, fraga, pira regalia, rape magne in bona quantitate crevisse dicuntur et lignum in vitibus abundavit. ‖ Ann. S. Rudb. Salisbg. S. S. IX, 808, 30. In die sancti Uedalrici (4. Jul.) grando maxima ad quantitatem ovorum cecidit in barrochia Vorowensi. ‖ Cosm. cont. Ann. Prag. III. S. S. IX, 208, 19. Eodem anno ver totum siccum fuit. Hoc etiam anno 4. Idus Mnii (12. Mai) frigus vineas et fructus arborum ita enormiter laesit; quod penitus nullos fructus protulerunt; laesit etiam segetes frumenti hyemales et aestivales per totam Bohemiam, tritici, siliginis, ordei, pisae caeterorumque seminum, ita quod in plurimis locis defalcatae sunt propter suam infructuositatem, quia nutrimenta parva vel nulla humanis usibus conferre videbantur.

1284. Ann. Colm. maior. S. S. XVII, 211, 13. Item in vigilia sancti Marci (24. Apr.) perierunt vineae multae. Fraga, pisa, cerusa matura reperiebantur in magna quantitate in festo pentecoste (28. Mai.), quod raro vidimus contigisse. Messis inchoata fuit in festo sanctorum Joannis et Pauli (26. Jun.), qui est post festum Johannis baptiste. 35. Bonum vinum crevit in bona quantitate, sed non durabile videbatur. ‖ Ann. S. Rudb. Salisbg. S. S. IX, 809, 17. Ventus validus adeo fuit per Bawariam et Austriam generalis, quod memoria eius similis non habetur. ‖ Cont. Vindob. S. S. IX, 713, 6. Eodem anno in estate, in partibus Austrie, circa Spanneperch in meridie facta sunt fulgura ac tonitrua horribilia et coruscationes et nubium disruptiones ac pluvie ingentes, in tantum quod aque de vicinis montibus defluentes in villis circumadiacientibus cooperiebant domos et horrea, submersaque est ibi in quibusdam villis multitudo hominum. — — ‖ Ann. Polonorum I. S. S. XIX, 648, 28 (= Ann. Pol. IV). Eodem anno Tarthari terram Ungarie que dicitur de Septemcastris, intraverunt et multos christianos captivaverunt et occiderunt. Christus autem tutor christianorum, magnam famem in eos et pestilenciam inmisit.

1285. Menko. chr. cont. S. S. XXIII, 563, 29. Anno eodem fuit hyems humida (1284—85), et cataractibus apertis recens aqua superabundavit et superexspaciata est planiciem terrae in tantum, quod homines prudentes assererent infra quinquaginta annos nunquam sic aquam pluvialem increvisse, pestilentia autem eodem anno sacerdotum maxima, nam infra 15 septumanas quadraginta duo moriebantur. 564, 30. Pluvialis aqua valde terram implevit circa festum Martini hyemalis (11. Nov.), trans Laycam recens mare intumuit et, aggeribus confractis, bis occidentalem Frisiam spatio interposito superexspatiata est. Postea die nativitatis Christi (25. Dec.) cum frigore intollerabili congelatio aquarum subsecuta est cum nive et grandine intermixta. Contigit et tunc temporis homines propter intollerabile frigus inter silvas et villas in pascuis mori. Fuerunt et tunc aquae congelatae in tantum, quod solidum iter itinerantibus trans Laycam praeberent, intrantes per paludes et nemora. Ubi prius ad centum annos nullus viam quaesivit indubitanter cum curribus pertransibant. Trans Emesam prope Oterthom, Longene et Knocka cum equis homines in glacie solidum iter carpebant. ‖ Magdeburg. Schöppencbr. St. Chr. VII, 169, 20. In dem 1285 jar was vele donres und unweders, und in dem achten dage sunte Peters und Pawels (6. Juli) vorhof sik bir umme de stad grot unweder an dem dage und stunt wente an de sextentit und regende und hagelde. — — dar af wart grot water und dede groten schaden. ‖ Ann. Sindelfing. S. S. XVII, 304, 3. In hieme boves multi moriebantur usque. 10. Kal. Jun. (23. Mai) grando Syndelphingae damnosa, et pestilentia facta buum, et mel carum. || Ann. August. min. S. S. X, 10, 18. Pestilentia pecudum solito maior per totam estatem duravit, ita ut in Augusta non decima pars vaccarum remaneret viva. || Cont. Zwetl. III. S. S. IX, 657, 40. Aves ubique moriuntur. Pars hyemis prima ante nativitatem Domini (25. Dec.) caloris miri habita est, et nix modica, et optima temperies, durans usque ad kathedram sancti Petri (22. Feb.) sequentis anni, ita ut per omne illud tempus numquam in falcibus flores deessent, et plura veris indicia sunt reperta.

1286. Menko. chr. cont. S. S. XXIII, 564, 38. Nec fuit mirum, quia ad festum Petri cathedrae (22. Febr.) gelavit et pluvialis aqua est subsecuta usque ad festum Gregorii (12. Mrz.). Et sic quicquid in autumno tritici aut hordei fuerat seminatum deperiit omnino. Gregorii papae cum agricultura deberet esse potissima, per gelu, quod de mane fortiter terram corripuit, tardati sunt agricultores, et pabulum iumentorum etiam in villis, etiam ad greges pascendos, non poterat inveniri propter aestatis praecedentis siccitatem et hyemis frigiditatem subsequentis. Fuit enim fenum tanti precii, ut modius frumentalis bene repletus ad quatuor vel sex denarios vix emi posset. Et si maior fuit . . . . . . In Daventria plaustrum feni pro decem solidis Deventriensibus vendebatur. Cum gramina nulla in pascuis crescerent, quam plures ruscas confregerunt et stramina rapientes de lectis suis, de domibus, pecudi apposuerunt, ne inedia deperiret. Preccium vaccae unius fuerunt sex solidi sterlingenses vel octo ad maius propter defectum pabuli. || Lat. Redmchr. St. Chr. XIII, 203, 29.

Cristi milleno bis centeno quoque seno
Ac octogeno flumina magna lego.

Ann. Colm. maior. S. S. XVII, 212, 47. Item Parisius tanta fuit caristia circa festum pentecostes (2. Juni), quod homo in die commedit 12 denariatas panis; sed in quadragesima tanta fuit, quod episcopus carnes commedere cum pauperibus dispensavit. 213, 14. Hic annus in fructibus et bonis omnibus abundavit. 28. Pridie Kalendas Octobris (30. Sept.) cecidit pruina magna in Alsatia; iterum in brevi post due, lesique fuerunt in campestri botri, et folia et botri multi, de vitibus ceciderunt; et crevit vinum, vasaque chara multum, quia pro 15 communiter vendebantur. 40. Glacies, que fluxit in Rheno, 115 naves submersit et villas aliquas devastavit.

1287. *Große Sturmfluten an der Nordseeküste.* Ann. Bland. S. S. V, 33, 28. Primo die Februarii (1. Feb.) commotum est mare; turbatis fluctibus et procellis eius, facta est inundatio orrida, — — tercia pars Hollandiae, cum omnibus habitatoribus suis, bestiis et universis creaturis interiit. Flandria, Fresia, Anglia, Dachia et omnis locus mari contiguus huius doloris amaritudine fuit plenus. || Balduini Ninov. cm. S. S. XXV, 546, 16. Mare ventis validissimis agitatum procellosis fluctibus solito multo altius intumescit, ruptisque ripis et obicibus, violenter egressum, in Hollandia, Zelandia, Frisia, Datia et Anglia et aliis multis locis virorum, mulierum et infantum ac diversi generis bestiarum multitudinem infinitam in se miserabiliter rapuit et involvit. || Ann. Floreff. S. S. XVI, 628, 39. Hoc anno tanta aquarum inundatio fuit in Zelandia, Frisia et Holandia, quamque nunquam audita fuerat, unde multi perierunt. || Ann. Tielenses S. S. XXIV, 25, 38. Inundacio maris ita crevit, quod persone virorum ac mulierum centum milia submersi sunt. || Joh. de Beka chr. ed. Buchelius Ultraiecti 1643. p. 94. Anno Domini MCCLXXXVII . die XIV. mensis Decembris ex magna ventorum intemperie factum est undosum diluvium, quod submersis hominibus et iumentis lachrymosum fecit excidium. || Rijmkronick van Melis Stoke 4. Bock. v. 498 uitgev. d. W. G. Brill. I, 233.

Doe ghevielt also zint,
Dat op de zestiende kalende
Van Loumaent (17. Dec.) God doe sende
Ene vloet also groot,
Daer vele volx in bleef doot.
Te hant darna sinte Aechten daghe (5. Feb.)
Sende God tote ere plaghe
Echter ene grote vloet.
Dese twee waren, als ic verstoet,
In enen winter int jaer ons heren,
Als ons de scrifturen leren,
XII hondert ende seven ende dachtich
Dese twe vloedo waren so crachtich,
Dat sie ghinghen over al tlant,
Dat leghet an dessewes cant,
Beide oester ende wester Vresen,
Ende Hollant moste oec verliesen:
Suuthollant verdranc oec mede,

MENKONIS CHR. CONT. S. S. XXIII, 565, 1. Anno gratiae 1287 decima quarta die Decembris factum est diluvium in partibus Frisiae periculosum in homines, iumenta et res, et propter hoc famosum in tempus futurum. Aquis vero sic coadunatis et commotis, inter conticinium noctis et gallicinium libere aggeres transeunt, et omne genus hominum, quod in locis humilibus mansionem habuerat, cum iumentis, domibus, frumento feno gurges aquarum miserabiliter funditus evertens ad Silvas deportabat. Domus lapideae quam plures corruerunt. In Silvis etiam agri ab ymo evulsi aquis ferebantur. In locis humilibus sine obstaculo impetus aquarum paludes transivit. Nec fuit mirum, quia a tempore cuius non extat memoria in partibus istis tam magna salsi maris ebullitio ad mensuram quinque pedum non est visa. Et propter hoc infinita populi multitudo periit submersa. In occidente, ut sacerdotes et decani coniecerant, a Stauria usque ad Laycam triginta millia hominum submersa. A Laica usque ad Emesam viginti millia perierunt, Orientales ut sunt, Riustingi, Astingi et Herlingi, a plaga praedicta immunes fuerunt. Agri etiam eorum sationales et pascuales fructum dederunt competentem; sed in locis humilibus, ut est in Sunedeswolda et Sconamora, agri quam plurimum fuerunt destructi. Res mira: vir unus, lupus unus, et canis et lepus in baculo ad silvas venerunt vivi. Multi etiam qui rabiem aquarum miserabiliter evaserunt. Et plerique pauperes, recedente aqua, paludes ascenderunt, construentes ibidem casas, in quibus frumentum quod ibi ab aquis fuerat proiectum triturabant. Circa Martini hyemalis (11. Nov.) vacca pro tribus solidis aut quatuor vendebatur, et hoc nulla de causa, nisi quod paucissimi paucos fructus collegerant. ‖ HENRICI DE HERVORDIA CHR. ED. POTTHAST p. 211. Quintodecimo anno Rudolfi in festo sancti Nycasii (14. Dec.) ex maris inundatione submersa sunt in Selandia 15 insule una cum 15000 hominum utriusque sexus, ut legitur in cronicis Flammighorum. ‖ CR. S. PETRI ERFORD. MOD S. S. XXX, 419, 26. Eodem anno in Fresia submersi sunt per inundacionem aque pene octoginta milia hominum. ‖ ANN. COLMAR. MAIOR. S. S. XVII, 214, 7. Item vinum bonum crevit in locis, ubi vinum durum crescere consueverat, et vinum durum crevit in vineis, que vinum optimum proferre in Alsatia consueverant.

1288. MENKON. CHR. CONT. S. S. XXIII, 565, 20. Sequenti anno circa assumptionem Mariae (15. Aug.), etiam circa exaltationem sanctae crucis (14. Sept.), oceanus turbine ventorum commovetur ita ut pene omnes naves, quae se alto pelago commiserant, periclitarent, et submersi sunt centum gubernatores; — — 29. Anno graciae ut supra 7. Kalendas Novembris (26. Okt.) circa festum Simonis et Judae in oriente prope Oterdum et in occidente prope Usquert, in Merna et in Suterdicke propter destructionem aggerum, qui minime in dictis locis fuerunt reparati, salsum mare ebullivit, et superexpatiata est aqua planiciem terrarum, venitque ad loca humiliora, ut est Germerwolt, Waltersum, Astawalt, ubique fluitando. || Cr. S. Petri Erford. mod. S. S. XXX, 420, 26. Eodem anno circa festum sancti Michaelis (29. Sept.) per nimiam vim ventorum multa milia hominum in aqua que vocatur Lacus prope civitatem Lubecensem cum omnibus que habebant simul cum navibus miserabiliter submersi sunt. || Ellenh. ann. S. S. XVII, 103, 21. Anno D. 1288 vise fuerunt glacies circa festum beati Urbani (25. Mai), et choruscationes et tonitrua circa festum undecim milium virginum (21. Okt.). Ipso anno vinum periit, annona autem in tantum profecit, quod quartale tritici vendebatur pro 30 denariis, quartale siliginis pro 20, ordei pro 13 denariis. || Ann. Colmar. Maior. S. S. XVII, 215, 18. Circa festum purificationis (2. Feb.) venit ventus magnus, qui in Flandria oceanum de alveo suo ad tria magna miliaria inundare fecit, et plus quam quinquaginta milia hominum interfecit. 24. Circa Kalendas Marcii (1. März) tantum frygus fuit, quod infra Basileam clausit glacies aquas Rehni et vinum congelebatur in ecclesiis in calicibus et ampullis. 30. 17. Kalendas Maii (15. Apr.) nocte perierunt vinee, et solidus denariorum Basiliensis datus fuerat in vineis rustico laboranti. 40. Item 6. Idus Julii (10. Jul.) cecidit grando magna et fecit damnum in diversis locis et fulgur — —. || Flores temp. auct. fr. ord. minor. S. S. XXIV, 242, 7. 1288 in vigilia sancte Margarete (12. Jul.) in Sukental fragore nubium 300 homines perierunt. || Ann. Sindelfing. S. S. XVII, 305, 32. Item proxima die post translationem sancti Benedicti (12. Juli) maxima tempestas vineas, agros, homines grandine et aqua destruxit: Ezzelingen, Butispach et villam in Wile prope Holzirringen penitus devastavit grandine.

1289. Ellenh. chr. S. S. XVII, 131, 49. In expeditione autem predicta[1]), incipiente crastino Margarete (16. Juli) et durante usque ad feriam sextam post Adelfi (2. Sept.), caristia rerum inexcogitatarum magna fuit orta, ita videlicet, quod unum ovum galline venderetur pro 9 denariis, — — bos pro 5 solidis, una nummata panis pro tribus magnis Turonensibus, due oves pro uno ovo, quatuor porci pro uno solido et lectus pro 5 solidis; nec tamen aliquis in tanta penuria ex parte ista ratione famis interiit, sed ex parte adversa infiniti. || Ann. Colm. maior. S. S. XVII, 216, 22. Grando magna circa Basileam fuit, que frumentum, fructus, vineas devastavit. 29. Circa Columbariam fuit messis ante festum Johannis baptiste (24. Jun.) inchoata, et ante festum sancte Praxedis virginis (21. Juli) terminata. 217, 5. Hiems calida (1289—1290); herbe flores, arbores flores et folia ante nativitatem Domini (25. Dec.) produxerunt; venatores tum fraga in Alsatia invenerunt; pice cum gallinis pullos ante trium regum (6. Jan.) protulerunt; arbores folia antiqua retinuerunt usque ex eis recentia prodierunt; vites botros, folia, flores ante Hilarii (13. Jan.) protulerunt; pueri in Egesheim in aqua fluenti balneabant.

1290. Menko. chr. cont. S. S. XXIII, 567, 26. Frequens pluvia autumnalis segetes cum feno destruxit in agris et pratis. Propter nimiam abundantiam aquae pluvialis prope Arnum et Daventriam Rhenus et Isla effluxerunt, et destructa est Batua prope Islam. Domus multae devastatae sunt, hominibus submersis. Item crastina Benedicti abbatis rabies aquarum ventis agitata Frisiam replet. In ista congre-

---

1) Feldzug Rudolfs gegen Burgund.

gatione aquarum antiquum Silsteth funditus est evulsum in Otterdum, et aquae transierunt terminos suos repleveruntque omnia prata, et nisi praeter omnem Waltersum per vim. ‖ Ann. Colm. maior. S. S. XVII, 217, 28. Hiemps calida et pluviosa, aestas frigida et pluviosa. In Burgundia prope Susanam cecidit grando magna, cuius lapides duorum vel trium panum magnitudinem superabant. Laesit novem ecclesias parrochiales, et sexaginta millia hominum computabantur periisse. 39. Hiemps calida (1290—91); annus pluviosus. Rhenus quater ante nativitatem Domini (25. Dec.) inundavit. 218, 2. Fructus propter nimiam productionem florum totaliter perierunt. Frumentum crevit vile. ‖ Cont. Vindob. S. S. IX, 716, 16. Eodem anno inveniebantur viole in nativitate Domini (25. Dec. 1289) et in circumcisione (1. Jan. 1290) et in epyphania (6. Jan.), et deinceps per totam Austriam arbores produxerunt flores in hortis et pomeriis, sicut in Maio, et qui vidimus testamur, quia insolitum prius fuerat.

1291. Ann. Colm. maior. S. S. XVII, 218, 38. Crevit vinum nobile et virtuosum. ‖ Cont. Vindob. S. S. IX, 716, 40. *Kg. Andreas v. Ungarn fällt in Österreich ein.* Segetes tempore messis tam per pabulum quam per incendium et conculcationem pedum equorum ac hominum penitus devastavit; et talis pestilencia sex septimanis in terra ista duravit, et multo deterius huic terre fecit, quam Bela — —

1292. Ann. Colm. maior. S. S. XVII, 219, 5. Hiems temperata usque ad purificationem (2. Feb.), postea invaluit frigus, quod Renus in Brisaco ex utraque parte pontis fuit congelatus, quod equis et bigis communiter transiverunt. Cives dederunt 10 libras, quo glacies scinderetur, ut naves possent transire. Ciconie Kathedra Petri (22. Feb.) non venerunt, sed circa Gregorii (12. März) pauce Columbariam venerunt, quia multe frigore perierunt. Frumentum charum; quartale siliginis 10 solidis Columbarie vendebatur circa Gregorii (12. März). ‖ Ann. Sindelfing. S. S. XVII, 307, 1. Annona erat satis cara.

1293. Ann. Colm. maior. S. S. XVII, 220, 23. Item estas calida et sicca, et vinum bonum, ut dicebatur generaliter habundavit. ‖ Chr. Colm. S. S. XVII, 258, 50. In obsidione hac[1]) regis exercitus bonis omnibus habundabat. Annus fuit calidus et siccus, vinum optimum — — Columbarienses vinum et bladum sufficientia habebant. Quartale frumenti vendebatur 7 solidis.

1294. *Hungersnot in Lothringen (G. episc. Mett.) und im Elsaß (Ellenh.).* G. episc. Mett. cont. III. S. S. X, 551, 26. Huius etiam temporibus, anno scilicet 11 et 12[2]), inaudita caristia et in ultimo tanta copia vini fuit, ut pro tribus solidis cum dimidio modius haberetur, qui prius vineis in hyeme congelatis, vendebatur 26, ita ut pro tribus solidis infra unum mensem haberetur unus modius vini, ut pro una quarta bladi et pro uno modio vini haberetur ‖ Ellenh. ann. S. S. XVII, 103, 43. In die beate Margarete virginis (15. Jul.) annona valuit in Argentina: siligo videlicet tredecim solidos et triticum 14 solidos; et in die Marie Magdalene (22. Juli) sequenti non inveniebatur panis venalis in tota civitate Argentinensi, eodemque die fracta fuerunt omnia scampna panificum per vulgum civitatis Argentinensis. Eodem die Margarete cives Argentinenses dederunt in elemosinis pauperibus centum quartalia siliginis una vice. ‖ Ann. Colm. maior. S. S. XVII, 220, 39. Item 17. Kalendas Februarii (16. Jan.) venit frygus tantae fortitudinis, quod circa Haginogiam multae vinee frigore perierunt, tilie et arbores aliae fisse fuerunt, pisces in aquis, aves et homines in sylvis pariter perierunt.

---

1) Während der Belagerung Colmars.
2) Nach Angabe der Gesta regierte Buchard 13 Jahre bis 1296, also müssen hier die Jahre 1294 und 1295 gemeint sein.

221, 3. Item karistia magna fuit et quartale frumenti pro 18 solidis dabatur et sorores de Columbaria plus quam 300 quartalia in una sua grangia pauperibus erogaverant ante festum Marie Magdalene (22. Jul.). Venit circa Basileam ventus validus, fulgura, tonitrua, pluvia magna, que domus destruxerunt et arbores magnas et fortes funditus sive radicitus evulserunt. || Chr. pont. et imp. Rhen. e cod. Gissensi 117. N. Arch. IV, 76. Cecidit maxima nix, qualis unquam visa fuit et duravit quinque ebdomadis.

1295. Gest. Boemundi archiepsc. Trev. S. S. XXIV, 480, 5. Per totam dyocesim Treverensem vinee congelantur et vindemiis cessantibus, non pauci ad vindemiandum vineas intrare dedignabantur. || Cont. Vindob. S. S. IX, 718, 8. Eodem tempore tanta fuit austeritas frigoris, ut nix et pluvia plurimos facerent defficere inibi venientes. 17. Eodem anno tanta inundatio aquarum facta est, ut aqua Wienna hosspitale civium et fontem ante hosspitale situm transcenderet, ita ut infirmi in lectulis natare et vix afugere viderentur; et rivus qui Satelpach dicitur ad Sanctam Crucem per totum claustrum et ante liberariam usque ad gradum ecclesie intravit. 21. Eodem anno per totam yemen aura adeo lenis fuit, quod stuppis bene caruissent homines si voluissent. 35. Eodem anno perierunt poma, ita quod in foro Wienne pro infirmis vix parva et corrupta inveniebantur 12 pro 8 denariis. || Ann. Colm. maior. S. S. XVII, 221, 23. Rhenus, qui longo tempore oppidum Brisacum ab Alsacia diviserat, isto anno pro parte ad latus montis se aliud transferebat. Inundacio cuiusdam aque ad oppidum Rinveldin, — — 37. In Colmar uno hoc anno mortui pueri 777. || Cont. Florianen. S. S. IX, 750, 16. Eadem estate diversis temporibus plura loca a fulmine sunt cremata. Eodem quoque anno 12. Kalendas Septembris (21. Aug.) circa horam vespertinam subito cepit ventus validissimus, qui per diversa loca Austrie plura edificia et etiam muros validissimos deiecit.

1296. *Teuerung in Lüttich (Ann. S. Jacobi Leod. min.), gleichzeitig Hungersnot in Baiern (Anonymi monach. Bav. chronolog.).* Ann. S. Jacobi Leod. min. S. S. XVI, 643, 32 (= Joh. Hocsem.). Eodem anno bladi fuit caristia, et vini quarta 27 Turonensibus vendebatur, quod nunquam ante visum fuit. || G. Boemundi archiep. Trev. S. S. XXIV, 480, 9. Inundaverunt aque Treveris, et flumen Moselle elevatum est super muros Treverenses in ripa Moselle sitos, ita quod celaria in medio civitatis sita aquis replerentur, quod etiam prius numquam visum est a diebus antiquis. || G. episc. Mett. cont. III. S. S. X, 551, 30. Fuit etiam ipso 13. anno tanta pluviarum inundantia, ut colles et domus multe ruerent et ipsi montes horride finderentur. || Anony. monach. Bav. compil. chronolog. rer. boic. Oefele S. S. II, 340. Fames validissima fuit ita quod modius Monacensis siliginis vendebatur pro V libris denariorum; modius avenae pro III libris.[1]

1297. Ellenh. ann. S. S. XVII, 104, 4. Tempore auctumpnali tanta excrevit habundancia vini, quod vacuum vas vendebatur pro una libra, et quiquumque habuisset centum vacua vasa, habuisset quinquaginta plena vini pro quinquaginta vacuis. Vetus vero vinum dabatur gratis, ut vacuarentur vasa et implerentur novo vino; et clamabatur publice in civitate: Bonum vinum gratis in diversis cellariis. Et quartale annone vendebatur pro 7 solidis. || Chr. pont. et imp. Rhen. e cod. Gissensi N. Arch. IV, 76. Carrata vini solvit 5 solidos Hallensium in Wormacia. || Ann. Colm. maior. S. S. XVII, 222, 23. Cogente pestilentia atque mortalitate Columbarienses canonici processionem cum

---

[1] Über den Wert der isolierten Nachricht läfst sich nichts Bestimmtes angeben.

reliquiis indixerunt. In vigilia purificationis (1. Feb.) circa terciam ad ecclesiam homines religiosi ac clerici Sancti Martini convenerunt — — 44. Botros maturos in conventu in festo Dominici (4. Aug.) commederunt. In Columbaria multa nova vina bona inveniebantur in nativitate sancte Marie virginis gloriose (8. Sept.). 223, 2. Ama boni novi vini in Slezcistat pro octo denariis vendebatur. 25. Vas vini dabatur in Columbaria pro denario, ut vas evacuaretur. Unum vas rappes pro vase vacuo vendebatur pauperibus. Boni crevit abundantia vini. 23. Quinto decimo Kalendas Decembris (17. Nov.) colligebantur rose in Columbaria Alsatie, in horto fratrum Predicatorum. Et eadem die cecidit nix magna, et usque ad illum diem frygus modicum instavit.

1298. Ellenh. chr. S. S. XVII, 140, 24. Qui marscalcus preceptis domini sui voluit obedire, et rogaverat aliquos cives Argentinenses, quod ei annonam venderent. Quorum aliqui sic responderunt. Licet unum quartale siliginis vendatur bene pro decem solidis Argentinensibus, et quartale avene sex solidis, tamen sic nolumus vendere, sed quantum unum quartale siliginis valet et vendi potest infra octavam sancti Joannis baptiste (1. Jul.) et eiusdem diei estimationem volumus nobis esse salvam et quod infra dictam octavam sancti Johannis baptiste annona taxatur. Tandem conditio predicta inter predictas partes intervenerat sic, quod si aliquis tria milia quartalia siliginis, aliquis quinque milia et quantum voluit recepit; et iter versus partes inferiores receperunt. 37. Interfecto vero Adolfo rege predicto in die Processi et Martiniani (2. Jul.) anno Domini 1298 annona minus valuit de die in diem. 44. Termino vero solutionis annone appropinquante, infra octavam Johannis baptiste prescriptam civibus Argentinensibus, Albertus Dei gratia Romanorum rex misit illum de Landenberg, suum marscalcum, ad civitatem Argentinensem, quod interesset taxationi annone prescripte ac solutioni eiusdem. Annona vero, videlicet quodlibet quartale siliginis taxatum fuit iuxta forum commune pro quinque solidis, avena vero pro tribus solidis, et carrata vini pro duabus que prius octo libras valuit, et omnia mundi necessaria bono foro vendebantur. 138, 45. Annona enim, que vendebatur ante adventum suum [1]) pro decem solidis, vendebatur subito postea pro quatuor solidis, et pro minori. Eodem itaque tempore tanta fuit habundancia vini, quod unum picarium vini dabatur pro ovo, et unum picarium boni vini pro uno denario. || Ann. Colm. maior. S. S. XVII, 224, 26. Mortalitas magna extitit et commestio boum prohibebatur. || Chr. Colm. S. S. XVII, 265, 52. Tanta autem fuit in ducis [2]) exercitu caristia, quod panis vix valens denarium pro 6 denariis vendebatur. || Ann. Pol. I. S. S. XIX, 652, 31 (= Ann. Pol. III). Generalis pestilencia animalium in tcta Polonia.

1299. Chr. Elwag. S. S. X, 39, 1. Hoc anno pestis animalium per omnes terras gravissime invaluit.

1300. Joh. Hocsem. gest. pont. Leod. lib. I. cap. XXIV. Chapeaville, Gest. pont. Leod. II, 333 D. Anno Domini 1300. die secunda Decembris inundatione mosa tantum excreuit, quod antiquum Hoy pontem superfluens trabes anexit, quae fluminis impetu defluentes arcam vnum pontis noui lapidei diruerunt. || Ann. Ensdorf. S. S. X, 6, 45. Hoc anno maxima pestilentia animalium et maxime vaccarum per totum mundum suborta est.

1302. Ann. Gand. ed. Funck-Brentano p. 29. Circa istud tempus tanta fuit caristia et fames in Gandavo, quod vulgares communiter pane facto de avena vescebantur; villa enim Gandensis se tenuit cum

---

1) Zur Zeit von Albrechts Wahl, gewählt am 27. Juli.
2) In Albrechts Heere auf seinem Zuge gegen Adolf von Nassau.

rege, toto territorio circumiacente cum Guidone et Wilhelmo existente, et ideo frumentum et alia victualia non nisi furtive in ea poterant introduci. || Ann. Colm. maior. S. S. XVII, 227, 2. Inundatio Rheni tanta fuit, quod homines de Nuwenburch in Friburgum navigio potuerunt pervenire, quod usque ad illud tempus fuerat inauditum. 25. Nono Kalendas Februarii (24. Jun.) et sequenti die perierunt vinee et magna pars frumenti et multa alia, et non fuit frigus ista hyeme nisi his diebus prenominatis; et non fuit calor estate sequenti nisi duobus diebus, et hiis fuerunt duo homines prope Rubiacam calore nimio suffocati. Acre vinum atque debile noscitur crevisse, et circa festum sancti Martini (11. Nov.) quartale pro duobus solidis vendebatur; vinum vero vetus pro 32 denariis vix poterat comparari. — — *Es folgen noch hier u. Zeile 34 ff. einige Weinpreise.* 228, 3. Circa festum sancte Lucie (13. Dec.) venit frigus tollerabile. Circa festum sancti Thomae (21. Dec.) venit frigus magnum, quod pauperes plurimum perturbavit et permansit usque post epiphaniam (6. Jan. 1303). Hoc frigus terram fidit, et sacramentum dominicum in calicibus congelavit. Circa Bisuncium fluvius Dubius congelatus fuit et homines glaciem ascenderunt et glacies sub eis fregit et homines promiscui sexus quingenti pariter perierunt in die sancti Stephani (26. Dec.). Hoc anno aquarum exstitit inundatio et Renus fluvius tante magnitudinis extitit, quod nullus hominum recordabatur, eum tante magnitudinis extitisse. In Brisaco Renus congelabatur, quod canes in glacie poterant pertransire. 20. Vinum vile crevit in Alsatia, sed bonum in Turego et Wormacia dicebatur. || Cont. Zwetl. III. S. S. IX, 660, 15. Eodem anno ex intemperie aeris vina Austrie communiter in tanta sunt procreata amaritudine, ut nullus retroactis temporibus a quoquam sub simili acerbitate procreata tam generaliter recordaretur.

1303. Ann. Colmar. maior. S. S. XVII, 228, 33. In festo sancti Marci (25. Apr.) ariste florentes in Columbaria videbantur. Item flores herbarum plurimi prodierunt. Eadem die perierunt vinee. Item ipso die fraga recentia videbantur. 38. Item ante festum sancti Marci fabe et vinum floruere. Tertio nonas Maii (5. Mai) in Rubiaca quedam vinee perierunt, et flores fabarum tribus diebus antea dicebantur periisse. 43. In festo sancti Urbani (25. Mai) matura cerusa in Columbaria vendebantur. Item frumentum novum inveniebatur. 229, 8. Messis inchoata fuit in festo sanctorum Johannis et Pauli* (26. Jun.) sed diebus octo ante frumentum pauperes collegerunt. In uno culmo frumenti ariste 13 prodierunt. 22. Bonum vinum crevit et carrata vini novi in vitibus pro decem libris non poterat comparari. 26. Hoc anno vinum bonum crevit et persica et alii arbores fructibus abundabantur. 36. In die sancti Andree (30. Nov.) atque sequenti venit ventus fortis. — — Hyems Rome frigida in Alsatia calida. — — || Ann. Wratislav. antiq. S. S. XIX, 529, 34. Habita fuit yemps estivalis, quod homines nullum frigus senserunt.

1304. Ann. S. Petri Erford. mod. S. S. XXX, 436, 31. *Gewitter am 30. Nov.* || Anonymi chr. Wirceburgense Eckhart, Coment. rer. Franc. oriental. I, 821. In die Philippi et Jacobi (1. Mai) cecidit nix tam magna, quod arbores multas fregerit. || Ann. Colmar. maior. S. S. XVII, 230, 8. Hyems calida. 21. Fraga in Amliswire in sancti Urbani (25. Mai) festivitatibus vendebantur. 28. Ante festum Johannis baptiste 15 diebus novum ordeum vendebatur. 39. Annus hic calidus fuit et nullus hominum recordabatur annum tante caliditatis extitisse. Messis ante Johannis (24. Jun.) inchoata et ante tres consumata. Botri maturi in vigilia sancti Johannis (23. Jun.) in Alsatia videbantur. Tantus calor in Alsatia erat, quod senes communiter dixerunt, nullum annum tante caliditatis suis temporibus evenisse. Annus sine pluvia et calidus; et bonum vinum crevit, quod loqui fecit pauperes per talenta. 45. Vinee montium vinum bonum in maxima quantitate protulerunt. 231, 3. In Alsatia tantus erat calor, quod carrucarii nudi per campos bigas suas cum oneribus deduxerunt. Tantus fuit calor, quod rivus volvens duas rotas solam vix molendine volvere dicebatur. Panis modicus pro denario dabatur et frumentum pro 5 vel 6 solidis vendebatur. Annus hic calidus, clarus, sine notabili pluvia, vinum protulit bonum in montibus et magna quantitate, et ubi credebat se quis vas aut tria replere, quinque faciliter adimplevit. In quibusdam vero locis campestria vinum debile ac modicum potulerunt. Quartale frumenti pro 5 vel 6 solidis vendebatur, sed panis modicus pro denario dabatur. Si enim pro 12 solidis frumentum venditum fuisset, panis nimis extitisset. Ideo panis modicus erat, quia molendina frumenta molere non valebant. Vinum bonum abundabatur ac pro parvo precio dabatur, quia Rhenus vinum deducere non valebat. Rhenus tante parvitatis erat, quod in locis pluribus inter Argentinam et Basileam poterat transvadari. ‖ CONT. ZWETL. III. S. S. IX, 662, 1. Eo etiam anno Danubius ariditate nimia ita inaruerat, ut inter Neunburgam et Chremsam in tribus locis vadabilem equis et curribus se preberet. ‖ CONT. SANCRUC. III. S. S. IX, 733, 18. Rex eciam Romanorum Albertus — — Bohemiam ingressus, incendiis et rapinis cuncta devastans, ibidem duravit, quosque yemis asperitate et famis necessitate reddire ad propria compelleretur.

1305. *Hungersnot in Frankreich (Mart. Opp. cont. Angl.) und in Cöln (Cöln. Jahrb.).* MART. OPPAV. CONT. ANGLICAE FRAT. MIN. S. S. XXIV, 259, 22. Facta est fames valida in regno Francie, eo quod erat inibi caristia magna, sic ut summa frumenti venderetur pro 40 solidis sterlingorum. ‖ CÖL. JAHRBÜCHER REC. A. ST. CHR. XIII, 20, 17. In deme selven jaire ervrois der Rin, dat man dar over geink up sente Agneten advent (20. Jan.). in deme selven jare was de grose duir zit, dat vil luits hungers sturven.[1]) ‖ LAT. REINCHR. ST. CHR. XIII, 204, 1.

Annis post mille trecentis addito quinque
Est glacie Renus Heriberti (16. März) lumine plenus.

ANN. COLMAR. MAIOR. S. S. XVII, 231, 19. Hyems diu duravit. Stramen ad commedendum ovibus et aliis pecoribus prebebatur. Ciconie et multe alie parve avicule fame et frigore perierunt. Allaude multe capiebantur. Rhenus naves oneratas portare non valebat pre nimia parvitate.

1306. *Hungersnot in Böhmen (Kr. Neplach.), angeblich von zweijähriger Dauer.* ANN. FRANCOFURT. GROTEFEND Q. Z. FRANKF. GESCH. I, 1, 4. Nota quod anno domini MCCCVI in vigilia purificationis beate Marie virginis gloriose (1. Feb.) circa noctem due turres pontis et ipse pons Frankenfordensis pro majori parte, multis utriusque sexus hominibus desuper stantibus, propter nimiam glaciem et aquarum inundacionem ceciderunt. qui homines quasi ad quingentos estimati omnes pro tunc submersi perierunt.[2]) ‖ KRONIKA NEPLACHOVA FONT. RER. BOH. III, 478. Fames duobus annis non ex sterilitate terre sed ex malicia vastancium plus quam terciam partem hominum consumpsit.

1308. AEGIDII LI MUISIS CHR. DE SMET. CORP. CHR. FLAND. II, 175.

---

1) Es liegt kein entscheidender Grund vor, die Richtigkeit der Nachricht anzuzweifeln und eine Verwechslung mit 1315 anzunehmen, wo übrigens die Quelle richtig wieder von Hungersnot berichtet. Nachdem die Rec. A. schon 1298 eine selbständige Nachricht gebracht hat, beginnt jetzt eine bis 1333 fortgesetzte Reihe selbständiger Notizen. Der Anfang des Jahresnotiz von 1305 ist zweifellos selbständig, warum soll es die Fortsetzung nicht auch sein?

2) Vgl. Deutsch. Ann. ibid. p. 4, die die Stelle übernehmen.

Anno MCCCVIII, mense Septembri, fuit tempus pluviale in tantum quod fluvius Scaldae prae magnitudine exivit metas, et in processione in pluribus locis peregrinos per naves transire oportebat.

1309. *Nach einem besonders harten Winter entsteht im Westen Belgiens ein bedeutender Notstand (Aegid. li Muis.), gleichzeitig herrscht Hungersnot in Hessen (Chr. Ridesel.).* Aegidii Li Muisis chr. De Smet. Corp. chr. Fland. II, 176. In illo anno fuit tantum gelu quod etiam in mari nautae moriebantur, et etiam fuit post gelu maxima aquarum abundantia. Anno illo fuit eclipsis solis ultima die Januarii (31. Jan. 1310)[1]), et eodem anno fuit karistia bladi et vini. || Ann. S. Jacobi Leod. S. S. XVI, 644, 1. Hyemps asperrima, deinde aquarum inundatio maxima. Eodem fit eclipsis solis ultima die Januarii (31. Jan.). || Joh. Hocs. gest. pont. Leod. lib. I. cap. XXXI. Chapeaville, Gest. pont. Leod. II, 351 B. Eodem anno hyems asperrima: deinde aquarum inundatio maxima 15. Kal. Februarii in Huyo molendinao, pontes (18. Jan.), domos diruit, in vna domo sex homines suffocando. Eodem anno in vigilia purificationis (1. Feb.) circa meridiem fit solis ecclypsis. || Gest. Trev. c. 234 ed. Wyttenbach. u. Müller II, 206. Isto tempore fuit frigus permaximum, cujus aequiparantia a nullo tunc vivente potuit recordari. || Excerpta chr. Riedeseliani Hassiaci, Küchenbecker Analecta Hassiaca col. III, 14. War ein greulicher Hunger und Pestilentz-Sterben. || Cr. S. Petri Erford. mod. S. S. XXX, 443, 25. Magna inundancia aquarum facta fuit circa diem santi Alexii (17. Jul.).

1310. *Hungersnot in Mitteldeutschland (Ann. aus Dietkirchen, Mart. Oppav. cont. Fuld.) und gleichzeitig in Baiern (Ann. S. Rudb. Salisburg.), hier hauptsächlich infolge von kriegerischen Verwüstungen des Landes.* Annalen aus Dietkirchen M. G. Deutsch. Chr. IV. 1. p. 118, 20. Frigus lesit omnes vineas, et nucum arbores exscindebantur, eratque in die natalis Domini nostri (25. Dec.).

> Anno milleno ter centeno decimoque
> Oppressit totum tunc dira caristia mundum,
> Atque fames multos dissolvit corpore sanos;
> Annone maldrum binis marcis fuit emptum.

Mart. Oppav. cont. Fuld. ed. Basil. 1559, p. 245. Anno Domini millesimo trecentesimo decimo, fuerunt pluuie multae, et inundationes magnae in uerno et aestate, et subsequuta est magna sterilitas frumenti et uini, qualem tunc nemo meminerat audivisse et in pluribus locis, panis non inueniebatur ad uendendum: et pauperes more bestiarum comedebant herbas.[²]) || Ann. S. Rudberti Salisbg. cont. S. S. IX, 821, 5. Item dux Austrie misit circa festum beati Martini (11. Nov.) dominum Uolricum de Walse cum trecentis armatis in Titmaning contra ducem Babarie; qui adiunctis sibi hominibus archiepiscopi Salzburgensis tam districtum Salzburgensem quam etiam districtum ducis Babarie spoliis et incendiis devastarunt, in tantum ut propter frigus et famem tanta mortalitas hominum est secuta, ut a prefato festo usque ad festum purificationis (2. Peb. 1311) in uno cimiterio Titmaning plus quam duo milia et trecenta funera sint sepulta, et mortalitas hominum per totam Babariam fuit magna subsecuta. || Ann. Mell. cont. S. S. IX, 511, 17. Vinee per Austriam et orti fruc-

---

1) Ringförmige Sonnenf. am 31. Jan. 1310, nicht 1. Feb., wie Joh. Hocs. angiebt. Die Quellen rechnen den Tag noch zu 1309, da sie den Jahresanfang auf Ostern ansetzen. Der kalte Winter war also der Winter 1309—1310.

2) Die Nachricht ist in gekürzter Form in die Magdeburger Schöppenchr. St. Chr. VII, 182 übergegangen.

tuum comesti sunt per brucos, per duos annos se continue succedentes. ||
Ann. Matseen. S. S. IX, 825, 7. Pestilentia hominum et pecorum atque
pecudum facta est magna. || Ann. cistercien. in Heinrichow S. S. XIX,
545, 42. In die beati Jacobi apostoli (25. Jul.) mane incepit pluere, et
duravit continue illa pluvia per duos dies et noctes per quam aqua,
que Niza vocatur, tam inundavit, quod ante civitatem Glatz multas domos subruit — —.

1311. *Hungersnot in Süddeutschland (Ann. Halesbrunn., Ann. Osterhov., Ann. August. min.).* Hessische Congeries ed. Nebelthau Z. F. hess. Gesch. VII, 321. War in allen Landen grofs Sterben der Pestilentz, desmahls ist Landgraff Johannes zu Hessen zu Cassel an der Pestilentz gestorben. || Ann. Halesbrunn. maior. S. S. XXIV, 48, 19. Eodem anno fuit maxima fames per totum fere mundum, ita ut in Nüremberg unum sumerinum siliginis pro 4 libris Hallensium venderetur. || Ann. Osterhov. S. S. XVII, 557, 37. Eodem anno fuit tanta karistia, quod modius Landawensis siliginis vendebatur pro 6½ libris Ratisponensibus, scaffa Pataviensis pro undecim libris Pataviensibus, Australis modius pro decem libris Wiennensibus. || Ann. August. min. S. S. X, 10, 41. In die Egidii (1. Sept.) hora vespertina venit grando super Augustam — — — 48. Eodem anno karistia magna fuit. In tempore messis vendebatur modius siliginis in Augusta pro 26 solidis. Et post messem cepit crescere pretium annone de septimana in septimanam, ita quod circa festum Michahelis (29. Sept.) modius siguli dabatur pro 42 solidis denariorum. || Kronika Neplachova Font. rer. Boh. III, 479. Et VII. kalendas Augusti (26. Jul.) in Glacz maxima inundacio fuit, et innumeras domos abduxit, et homines utriusque sexus, ut refertur, ad mille animas submersit.

1312. *Hungersnot in Österreich (Ann. Matsee., Cont. Zwetl. III).* Ann. Matseen. S. S. IX, 825, 12. Fames validissima facta est, ita ut mensura siliginis unius videlicet metrete pro tribus solidis denariorum aut amplius venundetur, mensura vero avene pro nummis 60 venderetur. || Cont. Zwetl. III. S. S. IX, 665, 1. Eodem anno metreta siliginis ante pascha (26. März) pro sexaginta denariis vendebatur. Caristia autem a pascha usque ad nova tantum de die in diem crevit, quod demum metreta tritici pro dimidio talento vendebatur, metreta siliginis pro tribus solidis et 15 denariis, hordei pro 70, avene pro 60. Unde etiam contigit, ut multi homines in terra Austrie, et precipue in altera parte nemoris, et in terra Bawarie fame morerentur. Eodem anno quedam tempestas in Bachovia et in Chremsa repente inundans, aliquos homines et domos quamplurimas subruens et abducens interemit, molendina multa et vineas destruxit. || Ann. Polon. II, S. S. XIX, 636, 37. Wisla maxime inundavit.

1313. *Hungersnot in Süddeutschland, belegt durch Nachrichten für das Elsafs (Joh. Vitodur.) und Salzburg (Ann. S. Rudberti).* Joh. Vitodur. chr. ed. G. v. Wyss. p. 69. Circiter ista tempora propter karistiam que invaluerat in pluribus mundi partibus perierunt nimia pre fame in civitate Alsacie dicta Colmur tot homines, quod in duabus foveis extra muros ad hoc paratis sepulti fuerant XX et XVII centena et in aliis tribus LXXX. XIX centena hominum qui pro majori parte de Westerrich et de Lothoringia ut fertur extiterunt. Nam illic fames crudelius inhorruerat et ut eam homines ibidem habitantes effugerent, ad civitatem prenominatam, terre fructibus tunc magis exuberantem, turmatim confluxerunt. Tempore ejusdem famis accidit homines de terris prefatis fugere et ad terram Ungarie, tunc fertilem et uberem, sterilitatem aliarum terrarum penitus nescientem, properare. Cum autem in mangna multitudine ad unam navim fluvii Danubii consedissent, ut proficiscerentur ad terram Ungarie, nauta, intelligens ipsorum intencionem et iter et insuper perspiciens eos fame prevalida maccratos confectos et pene consumptos, navem subvertit et omnes pariter in profundum Danubii dimergendo eos precipitavit dicens: „Melius est quod in hoc fluvio pereant, quam quod terram totam Ungarie depascendo consumerent." Quod factum inhumanum immo dyabolico perswasum instinctu dum ad nostros terrigenos relacione plurimorum pervenisset, nautam celebriter commendabant. || Ann. S. Rudberti. Salisburg. cont. S. S. IX, 821, 52. Eodem anno erat tanta karistia quod metreta tritici dabatur pro tribus solidis et duobus denariis. || Cont. Zwetl. III. S. S. IX, 665, 12. Eodem anno pius Dominus sterilitatem prioris anni omnium victualium habundantia compensans, in tantum terram fructificare fecit, ut tempore novorum metreta tritici pro sex vel minus, siliginis pro quatuor vel minus, hordei pro quatuor vel minus, avene pro duobus vel ad maius pro tribus denariis venderetur. Insuper carrata vini secundum qualitatem valoris sui circa talentum vel infra vel paulum supra comparabatur, nisi esset egregium vinum. Tanta enim erat copia vini presertim in Austria, ut vasis deficientibus unum vas vini pro vase vacuo equaliter traderetur; et quia tunc vindemia nimis erat serotina contigit ut fructus uvarum in vineis, et mustum in torcularibus et in doliis congelasceret; et circa festum sancti Martini (11. Nov.) in Wienna et Neunburg vix eadem vindemia complebatur. Poma etiam et pira et omnes huiusmodi fructus in tanta copia, sicut a longe retroactis temporibus contigerat habundantius provenerunt.

1314. *Hungersnot in Böhmen (Ann. Boh. brev.).* Ann. Boh. breviss. S. S. XVII, 720, 40. Ex magnitudine frigoris et nivis facta est caristia maxima et pestilentia hominum et brutorum animalium infinita multitudo, et facta est tunc miseria inaudita. || Canon. Samb. ann. S. S. XIX, 706, 12. Eeodem anno fratres habebant expedicionem in fines Ruthenorum Criwicz, amiserunt multos equos et ad sarcinam et expensas deductas, et multi homines fame perierunt et fratres famem sustinuerunt.

1315. *Allgemeine Hungersnot. Das Notgebiet erstreckt sich über Belgien (Jacob. Muev. Aegid. Li Muisis, Jan de Klerk, Chr. Villar., Joh. Hocsem., Levold v. Nordhof., Ann. Foss., Mart. Opp. cont. Brabant.), Holland (Wilh. Procurator), das Rheinland (Ann. Agripp., Cöl. Jahrb., Lat. Reimchr., Cr. van der hillig. stat, Not. Col., Gest. Trev.), Westfalen (Chr. episc. Mind.), die Ostseeküste von Lübeck bis Esthland (Detmar, Ann. Lubic., Can. Samb.), Brandenburg (Detmar). In Süddeutschland wird über die Hungersnot nur aus dem Elsaß (Ann. Marbac.) und Baiern (Ann. Windberg.) berichtet.* Jacobi Muevini chr. De Smet Corp. chr. Fland. II, 457. Eodem anno, facta est fames valida et caristia permaxima, ita ut venderetur raseria bladi ad mensuram Tornacensem IV lb. fortis monetae, plurimis haereditates suas propter inopiam victualium vendentibus, et ob hoc ad summam paupertatem devolutis. || Aegidii Li Muisis chr. De Smer. Corp. chronic. Fland. II, 207. Eodem anno, fuit magnus defectus vini in Francia, quod in Tornaco non bibebantur nisi vina sancti Johannis. Anno etiam illo, post recessum dicti regis Ludovici, pro inundatione pluviae, et quia bona terrae male recepta fuerunt, et in multis locis devastata, incepit caristia bladi et salis, in tantum quod raseria salis sex libras vendebatur, et de die in diem caristia augebatur. || Jan de Klerk Brabantsche Yeesten. Buch V. cap. X. v. 783—820. Collect. de Chroniques Belges I, p. 442.

Int jaer Ons Heren, weet voerwaer,
Dertienhondert ende XV jaer,

Doen begonsten die drie plaghen,
Die men ewelic sal ghewaghen,
Die God sende den menschen ie ghen:
Deerste plaghe dat was die reghen,
Die in die maent von Meie began,
Ende duerde een jaer voert an,
Soe dat die vrucht ende dat coren
Daer bi meest bleef verloren.
Dander plaghe volghede daer naer,
Sonder beiden, int selve jaer:
Dat was die sware dieren tijt.

— — — — — — — — — —

Niet broot allene, mer alle spise
Was soe diere, dat ghelike
Noit en gheviel in ertrike.
Die viertele rogs, die gout
In Antwerpen, dies ben sic bout,
Tsestich conincs tornoyse groot.
Tvolc was in soe groter noot,
En mochte vertellen man en gheen;
Want dat ghecarm ende dat gheween,
Dat men hoerde van den armen,
Mochte enen steene ontfermen,
Daer si achter straten laghen
Met iammere ende met groten claghen,
Ende swollen van honghere groot,
Ende bleven van armoeden doot,
Soe dat menre warp bi ghetale,
In enen putte tenenmale,
Tsestich ende oec mere.
Dus wrac God Onse Here
In ertrike des menschen sonden,
Daer si met weelden in stonden.

CHR. VILLARIEN. MONAST. CONT. II. S. S. XXV, 213, 8. Dominus Johannes de Malre abbatizavit anno Domini 1315, et fuit suo tempore fames et mortalitas maxima, qualis non est audita a centum annis et infra. ‖ JOH. HOCSEM. GEST. PONT. LEOD. lib. II. cap. VI. CHAPEAVILLE, GEST. PONT. LEOD. II, 373 C. Hoc anno vsque ad Augustum sequentem tanta fuit mortalitas et caristia, quod modius siliginis mensurae Thenensis, (quorum quinque modii quatuor tantum mensurae Leodiensium adaequant) decem florenis aureis vendebatur, et de hospitali in Iovanio biga bis, vel ter in die onerata sex vel octo cadaueribus mortuorum, extra villam in nouo facto caemiterio, miseranda corpuscula continuo deportabat: quae cum transiret quotidie ante domum, qua tunc morari coeperam, foetore cogente, conduxi mihi domum in suburbiis iuxta campos. Et idem in villis caeteris contingebat; et tamen bladis granaria erant plena sed ad loca maritima, vbi maior erat caristia portabantur. ‖ LEVOLDS V. NORTHOF CHR. D. GRF. VON DER MARK ED. TROSS. p. 156. Eodem anno incepit caristia, quae durauit usque ad Augustum anni sequentis. ‖ ANN. FOSS. S. S. IV, 33, 51. Hoc anno valuit modius spelte 6 solidos veterum grossorum, fuitque gentium imortalitas inenarrabilis. ‖ MART. OPPAV. CONT. BRABANT. S. S. XXIV, 262, 32. Cuius vacationis tempore[1]) maxima fames, morta-

---

1) Während der Sedisvakanz nach dem Tode Clemens V., † 14. April. 1314, bis zur Wahl Johanns XXII. am 7. Aug. 1316.

litas et sterilitas terrarum fuit, quanta ab alicuius memoria tunc viventis antea visa non est, quia modius siliginis valebat duodecim solidos grossorum Turonentium regis Frantrie et ultra. ‖ Willelmi Procuratoris Egmond. chr. Matthaeus Veteris aevi analecta II (edit. II), 579. Eodem tempore quo et praedicta fiunt, videlicet circa mensem Augusti omnipotentis iustitia volens humanum genus corripere, nec non pro suis sceleribus quam plurimos castigare, famis tristitiam, famemque per omnes casus tam validam incepit mittere in terram, qua mundus corripitur, et etiam multi quodammodo divites affliguntur, pauperes vero quam plurimi per vias semitasque errantes, nec se famis miseria dirigentes locorum variis moriuntur. ‖ Chr. episc. Mindensium Leibniz S. S. rer. Brunswic. II, 190. Item post hoc, ut metro sequenti elici potest, caristia maxima fuit, et multi fame et inedia perierunt. Ut lateat nullum tempus famis, ecce, CUCULLUM¹). ‖ Detmar. St. Chr. XIX, 427, 8. In deme sulven jare was bi der zee unde in der Marke so dure tiid, dat de schepel rocghe gholt 10 scillinghe Brandenburghes, oc was zo grot hunger in Estlande. ‖ Ann. Lubic. S. S. XVI, 424, 21. Magna fuit fames in mundo, maxima tamen in episcopatibus, scilicet Rigensi, Osiliensi, Darbatensi et Revaliensi et in eorum confinibus. Et pro certo dicitur, quod quidam in hiis terminis propter famem nimiam devoraverunt proprios suos pueros, et quidam famelici vivi intraverunt sepulcra, in quibusdam locis multitudini fame decedentium facta, ut in hiis morerentur et darent finem poenis suis. Fratres vero domus Teotonicorum multos suos homines salvarunt per amministrationem annonae habundantis reservatae in loculis castrorum suorum. ‖ Canon. Samb. ann. S. S. XIX, 704, 14. Tanta fames in Lyvonia et Esconia orta est, quod matres filiis vescebantur. ‖ Ann. Marbac. S. S. XVII, 179, 20. Versus de tempore magne caristie: Hoc lateat nullum; tempus famis ecce: cucullum. ‖ Ann. Windberg. S. S. XVII, 565, 31. Facta est fames magna, ita quod scaffa siliginis solvebat quinque libras et sexaginta denarios monete Ratisponensis. ‖ Joh. Staindelii chr. generale Oefele I, 515. Pestilentia et fames in Germania saevit maxime, ubi tertia pars hominum prostrata fuit, et infra unum diem infecti deficiebant. ‖ Ann. Agrippin. S. S. XVI, 737, 24. Anno 1315 erat magna pestilencia, ita quod multi fame perierunt. Unde

Ut lateat nullum tempus famis ecce cucullum.

Cöl. Jahrb. Rec. A. St. Chr. XIII, 21, 7. In den jairen uns herren 1315 was de groisse sterfde und groisse dure zit. ‖ Lat. Reimchr. St. Chr. XIII, 204, 5.

Annis ter quinque ter centum iungito mille
Magna fames viguit morteque non caruit.

Cronica van der hilliger stat van Coellen St. Chr. XIV, 663, 33. In den jaeren uns herren 1315 was ein grois duir zit in duitschen ind welschen landen, dat men den armen zolies dat si moichten broit nemen van den fensteren dae men broit verkochte, ind sturven vil lude hungers. ind die duir zit werde anderhalf jair. ‖ Not. Col. N. Arch. XIII, 598. M°.CCC.XV fuerunt maxima cara tempora. ‖ Gesta Trev. c. CCL ed. Wyttenbach u. Müller II, 235. Isto tempore fuit fames permaximaque caristia in tota ista terra: ita quod maldrum siliginis vendebatur Treviris pro quinquaginta solidis monetae tunc gravis. Cellis in Hammone venditum est maldrum tritici septem

---

1) Die Buchstaben dieses Wortes ergeben als Ziffern aufgefaſst und zusammengezählt die Jahreszahl 1315.

libris Hallensibus gravium Trevirensium pro XIV Hallensis. Etiam pestilentia universalis erat adeo magna, quod multorum pauperum corpora exanima, fame et pestilentia infecta, in stratis publicis inveniebantur, et a pluribus civitatibus magnae generales foveae in cimiterium consecratae parabantur, et pretia statuebantur, ut ipsa cadavera sepulturae traderentur. Istae plagae, heu! post mortem lamentabilem Henrici imperatoris in flagellum omnium nationum statim esse coeperunt, et plus quam per triennium miserabiliter duraverunt. Unde quidam metrificator:
Ut lateat nullum tempus famis esse cucullum.

1316. *Die Hungersnot dauert in den betroffenen Gebieten mit unverminderter Kraft fort. Es sind Nachrichten erhalten aus Lothringen (Ann. S. Vit. Virdun.), Belgien (Aegid. Li Muisis, Jan de Klerk, Ann. Parch., Gest. abb. Trud., Ann. Foss., Joh. Hocsem., Levold v. Northof), Holland (Ann. Tielen., Joh. de Beka, Will. Procurat.), aus dem Rheinlande (Lat. Reimchr.), aus Bremen (Brem. Chr. v Rynesberch), Magdeburg (G. episc. Magdeburg., Magdeburg. Schöppenchr.), aus Thüringen (Cr. S. Petri Erford. mod., Urk. aus Avignon) und der Mark Meifsen (Ann. Vetrocell.). Aus Süddeutschland ist nur eine Nachricht über eine ausgesprochene Hungersnot in Franken erhalten (Anonymi chr. Wirceburg), aber in Strafsburg herrscht Teuerung (Fritsche Clos.) und im Südosten, in Böhmen (Königsaal. G. Q.), in Salzburg und Österreich (Ann. S. Rudberti Salisburg., Cont. Zwetl. III) bereitet sich die Hungersnot des folgenden Jahres vor.* Ann. S. Vitonis Virdun. S. S. X, 529, 12. Magna fames et maxima mortalitas hominum. || Ann. Derv. S. S. XVI, 490, 48. Hoc anno non fuit vinum in toto regno Francie et valuit 1 sextarium frumenti quatuor libras, et modium. || Aegidii Li Mu:sis chr. De Smet. Corp. chr. Fland. II, 207. Anno MCCCXVI, circa diem Maii, creverat penuria et caristia, et fuit in nostro climate aër intemperatus et male ordinatus, et raseria bladi vendebatur LX solidis, et raseria avenae XXVII solidis, et raseria pisorum XIV solidis, et vix pro pecunia poterant reperiri. Et populus coepit in multis locis parum de pane comedere, quia non habebant. Et multi fabas, hordea, vecias et grana, quaecumque habere poterant, miscebant sicut poterant, de hoc panem faciendo et comedendo. Et propter intemperiem aëris et famem validam coeperunt corpora debilitari et infirmitates nasci; ex quo secuta est mortalitas talis et tanta, quod ab aliquo tunc vivente non fuerat visum aut auditum hujus simile. Et testificor, quod in Tornaco tam viri quam mulieres de potentibus, de mediis et de mediocribus, senibus et juvenibus, divitibus et pauperibus, tanta copia moriebatur quotidie, quod aër erat quasi totus corruptus, et quod presbyteri parochiales saepe qua parte uti nesciebant, et tanta copia pauperum mendicantium in vicis moriebantur super fimis et ubique, quod per consiliarios civitatis fuit ordinatum et commissum certis personis, ut corpora pauperum sic morientium portarent circa Scaldam in valle de Vignea, et aliis locis et ultra Scaldam, in loco vocato Folais, ibique eos sepelirent, et pro qualibet persona habebant taxatum salarium. || Jacobi Muevini chr. De Smet. Corp. chr. Fland. II, 457. Anno vero XVI, praedictam famem et caristiam immediate subsecuta est mortalitas atrocissima ac saevissima, quae generaliter ubique super potentes, nobiles, divites, mediocres et pauperes crudelitatis suae vestigia dilatavit. || Jan de Klerk Brabantsche Yeesten. lib. V. c. X. v. 821—850. Collect. de Chroniq. Belg. I, 443.

Die derde plaghe, groot ende swaer,
Volghede na dit, int naeste jaer:
Dat was die sterfde, die swaerlike
Quam op arme ende op rike,

Dat nicmant en was soe ghesont
Hi en ontsach hem tier stont
Van der doot, des sijt ghewes.
Luttel ontghinc ieman des
Hi en moeste grote siecheit liden
Van der socht, ten selven tiden,
Weder hi starf oft ghenas.
Men seide dat verstorven was
Van den volke dat derden deel.
Danse, spele, sanc al riveel
Wart af gheleeght in desen daghen,
Van anxste dat die liede saghen.
Dat woert vantmen nu waer,
Dat daer te voren menich jaer
Ghesproken was, heb ic vernomen:
Dat die tijt noch soude comen
Dat men in ertrike soude scouwen
Sonder bliscap bruden trouwen,
Ende sonder seer ten liken gaen:
Dit sachmen nu, al sonder waen.
Ende onlanghe, eer dit ghevel,
Sachmen die cometen fel
In die lucht die hat den staert
Rechte staende Noort-West waert,
Di van naturen altoes bedieden
Doot van princen, oft plaghen van lieden.

ANN. PARCH. S. S. XVI, 608, 35. Visa est stella comata. Quam subsecuta est pestilentia universa, fames prevalida mors quam plurimos prosternens. Emebatur hoc anno et sequenti modius siliginis 24 libris et modius salis totidem; set post decrescendo in quinto anno pro 20 solidis; omnis populus infectus; quidam de vita desperantes languebant, fere plus quam tertia pars moriebatur, nullus quasi mortem amici sui curabat, quia quod debuit . . . ., ita ut omnes fructus corrumperentur. Quantum mors et fames illis duobus annis regnabant et quantos populos destruebant ubique terrarum, sed plus in inferioribus terris nullus dicere posset: Morsque fames fit in M, C tria sexque decem. ǁ GESTA ABB. TRUD. CONT. TERITIA prs. II. S. S. X, 416, 7. Eodem anno fuit generaliter per diversa terrarum regna maxima sterilitas, mortalitas et blandorum caristia, ita ut in partibus Hasbanie nostre habitationis modius siliginis mensure Sancti Trudonis pro 11 florenis emeretur. Nam circa nativitatem sancti Johannis (24. Jun.) usque ad messem fuit aura continue pluvialis, ita quod grana interius erant quasi a farina vacua. Et ideo homines a mensa surgentes, cum nutritivus minime fuisset panis, statim esuriebant, et multo plus edebant quam actenus consueverant. Propter quod communes et pauperes populos fames tanta premebat, ut famelici per vicos deambulando supini in terram cadentes exspirarent. Victualia tamen aliorum conmestibilium fuerunt competentis fori. Item in anno huius caristie larga elemosina pauperibus distribuebatur ad portam. Fuit enim in domo elemosinarii vel a tempore Willelmi primi abbatis aut a presentis abbatis Ade fornax constructus cum caldaria grandi, in qua statutis diebus pottagium ex pisis et condimentis coquebatur, quod mendicantibus et pauperibus distribuebatur. ǁ ANN. FOSS. S. S. IV, 34, 1. Valuit modius spelte per totum annum 40 grossos. ǁ JOH. HOCSEMII GEST. PONT. LEOD. lib. II. cap. VI. CHAPEAVILLE GEST. PONT. LEOD. II, 373 D. Anno vero sequenti minori, quam vnius floreni, pretio modius vendebatur. Contigit autem hec caristia ex eo quod ante festum beati Joannis (24. Jun.) praecedentis vsque ad Augustum pluere non cessauit; propter quod grana intrinsecus quasi vacua remanserunt; et circa mare propter inundationem defecit annona. lib. II. cap. VII. p. 375 A. Tandem tam caristia quam guerris ambae partes, id est Episcopus et aduersarii sui, — — || LEVOLDS V. NORTHOF CHR. D. GRF. V. D. MARK ED. TROSS p. 156. Anno Domini MCCCXVI. invaluerunt caristia, fames et mortalitas. Valuit enim modius speltae quatuor solidis grossis et amplius. || ANN. TIELENSES. S. S. XXIV, 26, 15. Tanta fuit caristia, qualis ante non est visa; maldrum enim tritici emebatur pro sex libris, maldrum siliginis pro quinque libris, maldrum ordei pro tribus libris et sex solidis et maldrum havene pro duabus libris. || JOH. DE BEKA CHR. ED. BUCHELIUS ULTRA-IECTI. 1643. p. 108. Anno Domini MCCCXVI radiosus Cometes apparuit, mortifera pestis inhorruit, et valida fames invaluit, adeo quod plerique pauperes, (si fas est dicere,) cadavera pecorum sicuti canes cruda corroderent, et gramina pratorum sicuti boves incocte commederent: fuit etiam haec fames ac pestilentia tam aspera, quod mendicantes absque numero morerentur in campis, sylvis sive nemoribus, et eorum corpora sine catholicis exequiis sepulturae traderentur in locis agrestibus. Quapropter haec miseranda calamitas a Threnis Jeremiae Prophetae solum in hoc discrepare videtur, quod hic manus mulierum proprios filios non decoxerunt, et eorum carnes urgente fame, non manducaverunt. Post biennium vero divina misericordia compatiens, humanae miseriae largitatem munificentiae suae clementer ostendit, et incrementa frugum ubique terrarum in tantum addauxit, ut modius siliginis pro quinque grossis Turonensibus emeretur, qui paulo pridem pro quinque solidis Turonensibus emebatur. || LAT. REIMCHR. ST. CHR. XIII, 204, 2.

Anno milleno ter CCC sexto quoque deno
Magna fames vere per terram morsque fuere.
Non prius audivit homo talia qui modo vivit.

WILLELMI PROCURATORIS EGMOND. CHR. MATTHAEI ANALECTA II, 579. Anno sequenti scilicet MCCCXV[1]) fuit tam valida haec pestis, tamque amara, quod per eam omnis pietas, omnisque caritas negligitur, perpaucis elemosina tribuitur, quia licet pluribus copia panis largiendique possibilitas affuerit, divinae tamen pietatis fiducia carentibus, quod ut nunc in pauperibus cernitur, magna diffidentia ipsorum corporibus proximis temporibus affirmatur. Nec solum inter ignotos hoc tempore deficit misericordia, sed etiam inter affines sanguineque contiguos omnis clementia omnisque sublevatio denegatur, quum nec parentes filiis, nec filii parentibus in hac necessitate maxima volunt assistere, ipsisque licet habundantes vitae necessaria ministrare. Et ecce, quod magis est, conjuges divina ordinatione una caro existentes sibi invicem deficiunt, et inter eos victu parvi muneris thori fidelitas violatur. Fuit autem tantus horror tantaque necessitas praesenti agone, quod pauper dum fame moritur, et in plateis jacere conspicitur, non multo magis quam canis rabidus diversorum oculis reputatur. Fertur quoque veridicis, quod homines cujusdam villae tanta hoc tempore famis penuria cohaererent, ut ranis extractis paludibus, caninis quoque carnibus, vescerentur. Insuper, quod magis est veritate percipitur, pauperes quosdam ad abjecta pecorum cadavera procedere, et ibi more canum carnes crudas dentibus abstractas deglutire. Unde praesens maledictio non multum

---

1) Irrtum; es ist zweifellos das Jahr 1316 gemeint, die Nachricht schliefst sich unmittelbar an die Erzählung vom Beginn der Hungersnot an, der ausdrücklich in das Jahr 1315 gesetzt wird.

ab illa, quae in Threnis legitur, distare dinoscitur, nisi quod hic manus mulierum filios non coxerunt. Interea divinae pietatis clementia suae benignitatis largitatem volens ostendere, eodem anno, eisdem locis humano generi tam clementer affuit, quod mensura siliginis XV solidis Hollandicis comparata et amplius totidem ejusdem monetae denariis compararetur. In quo omnipotentis clementia ejusque potentia quam plurimum commendatur. Nec solum hac miseria hujusque taedio populos hoc triennio affligitur sed etiam in fine hujus mortalitate pecorum aggravatur.

 Morte famis cocto fuit M ter C que bis octo
 Cum reliquis binis doluit pecorum nece finis.

BREM. CHR. D. G. RYNESBERCH ED. LAPPENBERG G. Q. D. ERZSTIFTS U. D. STADT BREMEN 86. In deme iare des Heren M°CCC°XVI° in den twen iaren do golt die rogge de scepell XXIV older grote. In den suluen twen iaren starff alto vele volkes van hunger vnde van smachte. In den suluen duren iaren leet die erlike, gotlike, wise here deken Booch der hilghen kerken to Bremen geuen dor die lieue Godes alle syn brootkoren, des vele was, unde alle syn meel also, dat to deme lesten syn ghesinde sprack: here, gy en hebbet nicht meer vppe der lucht vnde in den casten. Die here sprack: gat vppe die lucht vnde soket all vmme, veghet die casten vnde gheuet dor Got alle die wile dat it waret; Got vnde die gude here sunte Peter gifft vns ghenuch. Die denere deden also en ere here hetede vnde quemen wedder in der stunde vnde spreken: here, wy vinden alle winkele vnde alle casten vull. Die here die wart van gotliker inwendigher lieue wenende vnde bot alle syn volk do twyge so sere dor Got gheuende. || GESTA ARCHIEPISC. MAGDEBURG. CONT. I. S. S. XIV, 430, 7. Orta est magna fames, ita quod multi homines mortui sunt. || MAGDEBURG. SCHÖPPENCHR. St. CHR. VII, 185, 16. In dem 1316 jare wart grot duer tid, dat vele lude van hunger mosten sterven, und ok starf vele vehes, und van den doden koien reddeden sik vele armer lude, de anders gestorven weren van hungere. de armen lude legen vor den doren buten der stad und ok ein deil binnen der stad up dem Breden Wege und soden und breden dat as und verkoften dat under sik. de becker de brot veil hadden in oren husen, de mosten mit stocken dar bi stan und weren vor den armen, boven dat se on dat nicht nemen. In disser duren tid spiseden de grawen monnike to Riddershusen bi Brunswik alle dage mer denn veirhundert volkes mit brode von der vasten wente to der erne, dat men dat koren sniden scholde. do geven se islikem armen minschen ein sekelen und ein brod und heiden se gan arbeiden und sniden. 196, 13. Dar na quam ein duer jar, dat ein wischpel korns galt wol 3 mark. do verbot he in dem lande dat neimant korn to der stad voren noch bringen moste. scholden do de ratlude de meinheit in der stad stillen und trosten, dat on korn in de stad mochte komen, do mosten se om aver geven 300 mark. || CRON. S. PETRI ERFORD. MOD. S. S. XXX, 446, 27. Fames valida, que iam per tres annos invaluerat, tam magna facta est, ut multi fame perirent. Nam in strata publica, in civitatibus, in opidis, in villis innumerabiles exanimes iacere videbantur. Unde cives Erphordenses misericordia moti magnas foveas quinque ante civitatem fecerunt, ubi quottidie proiecta sunt innumerabilia cadavera mortuorum. In Smedestete sepeliebantur centum XXXIII sexagene cum quinque hominibus.[1] || ANN. VETEROCELL. S. S XVI, 45, 11. Insuper caristia

---

1) Vgl. hierzu Beyer, Urkundenbuch d. Stadt Erfurt II. 170, No. 209; Urkunde Avignon 10. Sept. 1341. Es wird ein Ablaſs für alle Teilnehmer an einer jährlich stattfindenden Gedächtnisfeier zum Heile der

magna invaluit et duravit tercium dimidium anni, et innumerabilis multitudo hominum fame moriebatur. ‖ Canon. Samd. ann. S. S. XIX, 706, 28. Eodem anno fuerunt multe tempestates et inundancia a'quarum tam in estate quam in yeme sive autumpno. ‖ Fritsche Closeners Chr. St. Chr. Bd. VIII, 135, 5. Do man zalt 1316 jor, do galt 1 vierteil roken 30 sol. zů Strosburg. 16. Do man zalt 1316 jor, do galt ein vierteil kornes 30 sol. zu Strosburg, und in dem lande 2 lib. oder 2 lib. und 5 sol. von dem gebresten kam ein grofse sterbote. — — ‖ Anonymi chr. Wirceburg. Eckhart, Comment. rer. Franc. orient. I, 821. Ita magna fames erat et pestilentia grandis boum et pecorum, ut pauperes prae penuria et fame carnes mortuorum pecorum certatim comedebant. ‖ Ann. S. Rudberti Salisbg. cont. S. S. IX, 822, 13. Item eodem anno ante festum Johannis baptiste (24. Jun.), et in vigilia eiusdem (23. Jun.), et in vigilia apostolorum Petri et Pauli (28. Jun.), triplex inundatio tanta aquarum facta fuit, quod quasi particulare diluvium videretur. ‖ Ann. Salisburg. cont. cod. Monac. S. S. IX, 241, 24. Facte sunt inundaciones aquarum in vigilia Petri et Pauli (28. Jun.), de qua mundus totus turbabatur. ‖ Cont. Zwetl. III. S. S. IX, 666, 10. Inundatio maxima Danubii ac omnium fluviorum, tam ex pluviis quam eruptione venarum terre, quam nix maxima et nimis diuturna subsecuta omnia sata destruxit. ‖ Königsaal. G. Q. lib. I. c. 128. ed. Loserth Font. rer. Austr. S. S. VIII, 379. De pestilentiis, quae evenerunt in diversis mundi partibus anno domini 1316. Iste annus domini 1316 tot in se pestilentias et miserias continet, quod eas audire auris refugit, mens stupescit; in hoc anno, ut supra diximus, cometa quaedam in parte aquilonari apparuit, quae disponente deo plurima pericula nuntiavit; aestatis namque tempore contra naturam huius temporis facta est ex continuatis imbribus tam copiosa aquarum habundantia, quod more diluvii in locis pluribus subverteret aedificia, muros et castra. In partibus Saxoniae tantum Albea fluvius excrevit, quod quadringentas et quinquaginta villas aquae vicinas cum hominibus et pecoribus pariter delevit. In Austria, Polonia, Ungaria et Misna de hoc diluvio omnium hominum quaerimonia nuntiabat infinita pericula esse facta. Haec aquarum inundatio campos et valles cooperuit, fenum et segetes distruxit, secumque plura, quae rapuit, deduxit. Subsecuta est lacrimosa mors hominum et tantum mors praevaluit, quod in plerisque villis et civitatibus foveae profundae fierent, quae mortuorum insimul plurima corpora velut morticinia operiret. Bladum fenum deficit, deficiunt et pascua, ut esurire et interire incipiant homines et iumenta. Retulit nobis dominus Petrus Moguntinus archiepiscopus, quod infra dimidii anni tempus in civitate solum Metensi quinquies centum millia hominum mortua sunt, nihilominus equos, oves et boves et universa pecora campi necuit pestilentia huius anni, oves enim plures quam mille exceptis aliis animalibus praemortuis, quae ad Aulam regiam pertinuerunt, in grangiis perierunt. Aestatem hanc fluminibus non fructibus fertilem hiemps aspera subsequitur adducens nivis copiam, frigorisque rigorem. ‖ Ann. Pol. III. S. S. XIX, 655, 43. Intravit provinciam Saxonie anno mortalitatis.

1317. *Die Hungersnot hat in den meisten betroffenen Gebieten aufgehört, es sind aus Norddeutschland noch eine allgemein gehaltene Nachricht (Ann. Lubic.), weiter Nachrichten aus Mecklenburg (Ernst de Kirchberg) und Ostpreufsen (Can. Samb.) erhalten. In Strafsburg dauert die Teuerung fort (Fritsche Clos., Jacob v. Königshof.), dagegen hat die Not jetzt den Südosten, Baiern (Ann. Burghaus.), Salzburg (Ann. Salisburg.),*

Seelen von 8100 Bürgern, die während der Hungersnot in Neuschmidtstädt begraben worden sind, verkündet.

Österreich (Cont. Zwetl. III), Böhmen (Königsaal. G. Q.) und Schlesien (Ann. cisterc. in Heinrichow, Sigismund Rosicz) ergriffen. Ann. Lubic. S. S. XVI, 426, 23. Eodem tempore intollerabilis erat fames in Francia, Flandria, Hollandia, in partibus Reni, Westvaliae, Frisiae, Saxoniae [1]; et fame perierunt homines infiniti, multaeque villae desolatae manserunt, quia homines aut fame moriebantur aut relictis suis possessionibus cesserunt ad regiones extraneas, quorum infiniti declinarunt ad partes maritimas Saxoniae et Slaviae, mendicantes in civitatibus et villis, praecipue in civitate Lubicensi, ubi eleemosynis devotae gentis reficiebantur. Tamen multi fame adeo devicti cum alimenta susciperent, expiraverunt. In nulla autem praedictarum partium erat locus, in quo tempus esset tollerabilius, quam in civitate Lubicensi, in qua modius siliginis solvebat sex solidos et citra, modius ordei 3 solidos, avenae duos solidos. Et non solum isto anno, sed annis pluribus ante solvebat annona in partibus Slaviae et Holtzatiae et partibus aliis vicinis circa pretium praenotatum. Propter hanc karistiam, quae ante et post duravit fere 15 annis, et propter hominum seditiones et pestilentias eo tempore perierunt et depauperati sunt multi divites et potentes. || Ernesti de Kirchberg. Chr. Mecklenburg. c. CLX ed. Westphalen, Monum. ined. IV, 815.

Dy Czyd waz Hungir groz bekant,
Und groz sterben durch dy Lant.
M ter C . denus septenus tunc fuit annus.

cum $\binom{\text{Silig.}}{\text{Cereris}}$ modius bis X solid. fuit emptus.

Canon. Samb. ann. S. S. XIX, 706, 34. Eodem anno fuit fames per septem climata terre. || Fritsche Closeners Chr. St. Chr. Bd. VIII, 135, 20. Dise durunge ving in dem vorgeschriben jor an und verzoch sich in das nochgende jor do man zalt 1317 jor. do wart es alse diire alse do vor geschriben stot. || Jacob von Königshofens Chr. St. Chr. IX, 738, 10. Die türunge werte ein gantz jor von der dürunge und gebresten kam ein grosser sterbotte, das der spittel und [die] gruben bi sant Erhartz cappellen wurdent alle vol mit doten gefüllet, und hette men zů enge, me grůben zů machen. davon wart der spittel ussewendig der stat gemacht, nebent unser frowen brůder closter. || Ann. Burghaus. S. S. XXIV, 62, 44. Facta est penuria et fames maxima ita quod maldrum Purchuse vendebatur pro quinque solidis. || Ann. Salisburg. cont. cod. Monacen. S. S. XIII, 241, 26. Facta est penuria maxima, ut metreta Purchhuse vendebatur pro 5 solidis den.|| Cont. Zwtl. III. S. S. IX, 666, 12. Fames et sterilitas inaudita ex nive preteriti anni omnia sata destruente. Unde siliginis quasi nichil ille annus habuit, tritici vero parum amplius, hordei vero et avene ac estivalium satorum mediocriter, et vini modicum, ita ut rarus esset panis triticeus et siligineus; hordeaceus autem et avenaceus quasi communiter commedebatur. || Ann. Mell. cont. S. S. IX, 511, 35. Facta est inundatio aquarum per totam Almaniam, Ungariam, Bohemiam et Galliam. || Königsaal. G. Q. lib. I. c. 128. ed. Loserth Font. rer. Austr. S. S. VIII, 379. In hac hieme a festo beati Andreae apostoli (30. Nov.) usque ad diem Palmarum, qui videlicet quinto Kalendas Aprilis fuerat, Multavia fluvius in tantum congelatus permanserat, quod in ipsius glaciali superficie sine omni interpolatione cotidie quasi super aridam podulus transiens ambulabat. Ex hac diutina hieme acriori fame

---

1) Die Nachricht bezieht sich wohl ganz allgemein auf die Hungersnot von 1315—1317 und stimmt dann mit dem, was an Nachrichten über die beiden vorhergehenden Jahre erhalten ist, gut überein.

premebatur populus et pabula animalibus defecerunt, malum malo additur, quia regnum ubilibet et maxime religiosorum possessio assidue spoliatur. — — ‖ Ann Mechov. S. S. XIX, 669, 2. Mortalitas fuit. ‖ Ann. cisterciens. in Heinrichow. S. S. XIX, 546, 1. Fames valida Slecziam et totam Poloniam oppressit, per quam innumerabiles Poloni perierunt, ita quod in civitate Wratizlavie propter eorum nimiam multitudinem cives eos extra civitatem sepelire fecerunt, et ibidem ecclesiam ad honorem corporis Christi edificaverunt. ‖ Sigismund Rosicz Gesta diversa S. S. rer. Sil. XII, 38. Anno domini 1317 et 18 et 19 tanta fuit caristia et fames in Polonia et Silesia, ita quod pluribus in locis parentes filios et filii parentes necantes devoraverunt, plures etiam carnes de suspensis cadaveribus comederunt; multi etiam fame mortui, aliqui etiam post famem cibo salvati et recreati suffocati sunt, prout accidisse dicitur in Sagano, Freystadt, Kothwiz inter Saganum et Freystadt et aliis pluribus locis.

Druckfehler.

S. 2 Zeile 9 v. o. lies: **besonders hervorzuheben** statt hervorzuheben, besonders.
S. 14 Anm. 10 lies: **Leutner** statt Leuter.
S. 79 Zeile 20 v. o. lies: **klein** statt kein.
S. 85 ist zu tilgen in den Spalten Süddeutschland, Westen und Osten die Zahl 1312, dafür ist die Zahl 1312 in der Spalte Österreich einzufügen.
ibid. die Zahl 1314 in der Spalte Belgien zu tilgen.

www.ingramcontent.com/pod-product-compliance
Lightning Source LLC
Chambersburg PA
CBHW020107020526
44112CB00033B/1090